国家开发银行
CHINA DEVELOPMENT BANK

UNDP

融合投融资规则
促进“一带一路”可持续发展

——“一带一路”经济发展报告（中英对照）

国家开发银行
联合国开发计划署 著

中国计划出版社
北京

图书在版编目（CIP）数据

融合投融资规则 促进“一带一路”可持续发展 ：“一带一路”经济发展报告 ：汉英对照 / 国家开发银行，联合国开发计划署著. -- 北京 ：中国计划出版社，2021.3（2022.4重印）
ISBN 978-7-5182-1039-8

Ⅰ. ①融… Ⅱ. ①国… ②联… Ⅲ. ①投资－研究－世界－汉、英②融资－研究－世界－汉、英③“一带一路”－区域经济合作－经济发展－研究报告－汉、英 Ⅳ. ①F830.59②F125

中国版本图书馆CIP数据核字(2019)第237406号

融合投融资规则 促进“一带一路”可持续发展
——“一带一路”经济发展报告（中英对照）

RONGHE TOURONGZI GUIZE CUJIN “YIDAI YILU” KECHIXU FAZHAN
—— “YIDAI YILU” JINGJI FAZHAN BAOGAO (ZHONG YING DUI ZHAO)

国家开发银行
联合国开发计划署 著

中国计划出版社出版
网址：www.jhpress.com
地址：北京市西城区木樨地北里甲 11 号国宏大厦 C 座 3 层
邮政编码：100038 电话：（010）63906433（发行部）
新华书店经销
北京虎彩文化传播有限公司印刷

787mm × 1092mm 1/16 27 印张 888 千字
2021 年 3 月第 1 版 2022 年 4 月第 2 次印刷

ISBN 978-7-5182-1039-8
定价：138.00 元

编 写 人 员

国家开发银行编写团队

主　　编： 刘　勇　朱文彬

执行主编： 李一君

编写人员： 温　灏　龙　岩　李　潇　尹燕飞　梁　旭
夏冠中　李　嘉　杨雨清
（实习生慕雅琦、王茗、杨汀娟等参与报告校对等工作）

联合国开发计划署编写团队

主　　编： Balázs Horváth　杨璐菲

编写人员： 尚蔚然　Cecilia Pallares　胡平真　Carlotta Clivio
Bill Bikales　刘任飞　Cristina Pinna　邵译萱
Kevin P. Gallagher　Gregory Chin　刘崇文　Rene Zou
李　秾

序　一

联合国开发计划署和中国国家开发银行在共建“一带一路”合作框架下，共同研究形成了《融合投融资规则　促进“一带一路”可持续发展——“一带一路”经济发展报告》。这份报告从客观、理性的视角总结梳理各方参与共建“一带一路”的投融资经验实践，提出前瞻性政策建议，是落实第二届“一带一路”国际合作高峰论坛成果的重要举措，是国际投融资合作专业知识和国际经验的有益分享，也是双方推动共建“一带一路”高质量发展的积极探索。相信报告的出版，将进一步增进社会各界对共建“一带一路”倡议的深入了解，为各方参与共建“一带一路”提供有益指导。

2013年秋天，中国国家主席习近平开创性提出共建“一带一路”宏伟倡议，旨在动员更多资源，拉紧互联互通纽带，释放增长动力，实现市场对接，让更多国家和地区融入经济全球化，共同走出一条互利共赢的康庄大道。共建“一带一路”倡议源自中国，更属于世界，为世界经济增长开辟了新空间，为国际贸易和投资搭建了新平台，为完善全球经济治理拓展了新实践，为增进各国民生福祉作出了新贡献，成为共同的机遇之路、繁荣之路。

共建“一带一路”对接联合国发展议程，为各方实现包容可持续增长注入动力。共建“一带一路”同联合国2030年可持续发展议程在目标、原则、实施路径上高度契合，得到国际社会积极响应和支持，已经成为推动全球经济复苏的重要动力，各国分享发展机遇和成果的重要载体，推动构建人类命运共同体的重要实践平台。报告发现，共建“一带一路”倡议充分尊重并对接参与国的发展战略和实际诉求，提高投资质量、促进就业和环境可持续，创新全球经济可持续发展合作模式。

共建“一带一路”秉持共商共建共享，为世界各国及国际组织开展务实合作提供机遇。截至目前，中国与137个国家和30个国际组织签署了197份共建“一带一路”合作协议，其中包括10多个联合国机构。共建

“一带一路”倡议及其核心理念也多次被载入联合国等国际组织重要文件。2013 年以来，中国与“一带一路”沿线国家货物贸易进出口总额超过 6 万亿美元，“六廊六路多国多港”的互联互通架构基本形成，一大批基础设施和产业合作项目落地生根，促进了当地经济发展，改善了民生，成为一条合作共赢之路。

共建“一带一路”重视规则标准软联通，为完善全球治理体系贡献力量。中国发布了标准联通共建“一带一路”行动计划，与约 50 个国家和地区签署了 80 多份标准化合作框架文件。出台了《“一带一路”融资指导原则》和《“一带一路”债务可持续性分析框架》，努力为共建“一带一路”提供长期、稳定、可持续、风险可控的融资安排。中国始终是现行国际体系的参与者、建设者、贡献者，坚决维护以联合国宪章宗旨和原则为核心的国际秩序和国际体系，这是国际社会有目共睹的。

当前，共建“一带一路”已从“大写意”转入“工笔画”的高质量发展阶段，我们愿继续凝聚各方共识，勾画合作愿景，扩大对外开放，加强与联合国机构的沟通、协商、合作，坚持开放、绿色、廉洁理念，坚持以人民为中心的发展思想，积极对接普遍接受的国际规则标准，走经济、社会、环境协调发展之路，努力实现高标准、惠民生、可持续目标，为构建人类命运共同体不懈奋斗。

宁吉喆

中国国家发展和改革委员会副主任

2019 年 10 月

序　二

联合国开发计划署（UNDP）与中国国家开发银行（CDB）通力合作，最终完成了这份分析报告，呈现在大家面前，对此我深感欣慰。

《2030年可持续发展议程》包含了17项可持续发展目标（SDGs），这是一个前所未有的全球性框架，勾勒出人类在未来应做的努力：在全球范围内消除贫困，保护环境，并为人类创造一个和平繁荣的世界。这一事业无比崇高，其成功与否直接影响地球在未来的可居性，关乎后代子孙福祉。

2030年可持续发展目标是对先前的八项“千年发展目标”（Millennium Development Goals，MDGs）的延伸和扩展。所有目标的设定完成时间是2015年，中国对此作出的贡献有目共睹，尤其是帮助8亿人口摆脱贫困，在脱贫（目标一，MDG1）这项任务上占了全球的一半；此外，中国在帮助实现卫生和教育等其他核心千年发展目标方面的表现举足轻重，可以说，这些目标的实现离不开中国的努力。

现在，中国已是全球经济大国，将为实现2030年可持续发展目标作出同样的重大贡献。除了在国内实现可持续发展目标外，中国也已成为全球可持续发展的主要融资和投资来源，支持着其他的发展中国家。中国为国际合作提出了关键机制：“一带一路”倡议（BRI），这一倡议志向远大，旨在加强全球互联互通，促进全球金融、贸易、创新、知识和文化的交流。

经济增长对可持续发展固然非常重要。然而，仅靠经济增长是远远不够的。实际上，经济增长若是以损害环境为代价，或扩大了贫富差距，那都不是我们想要的模式，甚至有可能直接阻碍2030年可持续发展目标的实现。而中国提出的方案追求高质量的增长和生态文明的建设，这正是对此最强有力的回答。

本报告旨在通过制定和实施融合规则来指导“一带一路”项目的贷款和投资，协助管理“一带一路”沿线国家面临的可持续发展风险。在制定本报告内有关融合规则的建议时，专家组借鉴了中国自己制定的日益严格的管理国内外投资的规则，也汲取了全球金融机构——包括多边开发银行、国家发展银行及其他贷款方——所采用的最佳实践规则。这些建议还将诸如气候变化等新兴的发展挑战纳入考量，并且提出了相应的内置措施，来预判和管理其影响。联合国开发计划署认为遵循本报告内所提出的建议极为重要，因为这将为“一带一路”倡议的实施与联合国可持续发展目标的原则紧密结合作出巨大贡献。

在这里，我要感谢中国国家发展改革委和国家开发银行的领导：能与中方专家就本报告展开合作，我感到非常荣幸。我们希望以此帮助中国和共建“一带一路”伙伴国家的政策制定，各国共同合作，方能为2030年议程的实现添砖加瓦。

Valerie Cliff

联合国开发计划署亚洲及太平洋区域局代理局长

联合国开发计划署副署长

2019 年 10 月

前　言

2016年9月联合国大会召开期间，中国政府与联合国开发计划署（United Nations Development Programme，UNDP）签订了共同推进“一带一路”建设的《谅解备忘录》。2017年5月，首届“一带一路”国际合作高峰论坛于北京召开，其间双方签订了推进“一带一路”倡议的《行动计划》。这些战略性合作框架的建立印证了联合国开发计划署的坚定决心：在“一带一路”沿线国家促进可持续发展，并从中推动落实《2030年可持续发展议程》（*The 2030 Agenda for Sustainable Development*）的各项目标。在这一背景下，联合国开发计划署与《行动计划》的中方执行机构之一中国国家开发银行（China Development Bank，CDB）合作发布了《“一带一路”经济发展报告（2017）》（简称《2017年发展报告》）。

《2017年发展报告》概述了“一带一路”沿线国家的经济情况，总结了“一带一路”倡议的发展前景和机遇挑战。该报告汇总了当时最新的经济数据，涵盖了贸易、投资、产业合作、金融一体化及人文交流等关键领域。此外，该报告为“一带一路”利益相关方提供了制定政策和参与合作的重要参考，也指出了“一带一路”沿线国家和地区可能面对的机遇与挑战。《2017年发展报告》最大的亮点是提出了“双环流”贸易理论[①]，作为“一带一路”经济发展的理论基础，分析了“一带一路”在全球产业链中所扮演的角色。根据我们的研究，“一带一路”倡议能够促进贸易互联互通、提升贸易总量，并促进参与国家获取更多的直接投资。

近年来，我们观察到各国产业价值链合作逐渐加深，金融一体化不断加强，能力建设和教育事业领域的合作也迈上了新的台阶。《融合投融资规则　促进“一带一路”可持续发展——“一带一路”经济发展报告》是由中国国家开发银行和联合国开发计划署合作编写，展现“一带一路”最新成果的著作，双方凭借已有的研究基础以及良好的伙伴关系，共同

① 全球价值链正逐步从以发达国家为核心的“中心—外围”单循环模式转变为以新兴经济体为核心的，新兴经济体与发达国家、新兴经济体与亚非拉发展中国家的双环流模式。

确定了研究的目标、内容、框架以及分析方法，其中包括：

——共同研究重要的全球性发展议题，分析沿线国家的经济发展状况，讨论全球发展的融资问题，寻找可持续的投融资机制，促进包容性经济发展并以此消除贫困；

——共同建立相关的制度性网络，助力可持续的投融资活动；

——建设致力于实现可持续发展成果的合作项目，积累实践经验，为“一带一路”合作伙伴国家贡献发展红利。

目前，国际上尚未对“投融资规则”形成一致的、系统的定义。我们从推动投融资活动以及促进“一带一路”倡议伙伴国家可持续发展的角度，确定了报告中关于投融资规则的研究范畴和要素。在本报告中，我们重点研究了与可持续投融资活动直接相关的规划、环境与社会框架、债务、采购、风险评估、项目后评价等内容。

某个建设项目或某次投融资行为是否属于“一带一路”倡议的范畴，目前还未有统一的定义。本报告采用了中国官方文件所使用的统计口径，以及对“一带一路”共建国家和“一带一路”沿线国家的解释，并在不同语境下更多使用了“伙伴国家”的表述。我们认为，从国家层面看，凡是已经与中国签订合作协议/谅解备忘录的国家都应属于倡议伙伴国家。根据中国政府“一带一路”官方网站数据，截至2019年8月，中国已与166个伙伴国家和国际组织签署了合作协议或谅解备忘录；从投融资主体看，凡是伙伴国家/合作机构按照“共商、共建、共享”等“一带一路”合作理念开展的项目，或是有中方机构参与的“一带一路”合作框架下的项目，均可视为“一带一路”倡议的相关项目；从项目层面看，凡是能够促进互联互通的投融资项目，包括公路、铁路、港口、园区、能源、通信等基础设施项目，以及旨在促进国家工业化、贸易便利化和多边经贸合作的相关项目，我们认为均可视为“一带一路”倡议的相关项目。

需要说明的是，本报告的研究同时从前瞻性的角度提出了部分观点和建议，不代表国家开发银行和联合国开发计划署现行或未来可能的政策依据。

本研究成果同时以中文和英文两种语言版本呈现，两个版本在数据、观点、逻辑和内容上完全一致。为了更加尊重不同语言阅读者的语言环境，我们在翻译的基础上，对部分直接翻译的内容进行了语言调整，力求为读者更好地反映研究成果。

执行摘要

报告和研究所涵盖的内容

本报告由中国国家开发银行（CDB）和联合国开发计划署（UNDP）共同撰写，基于“一带一路”倡议与促进可持续发展目标之间的协同效应，重点研究“一带一路”投融资规则、促进包容性发展、助力可持续发展等问题，并提出了相关建议。

报告中，我们强调了“一带一路”倡议同《2030年可持续发展议程》的内在联系，梳理了“一带一路”伙伴国家、多边和双边发展机构的实践经验；分析了相关的联合国公约和协议。在此基础上，我们重点研究了基础设施领域的投融资机制和产品，并以东南亚地区为例分析协调“一带一路”投融资活动的重点和难点。报告提出了建立“一带一路”投融资规则框架的逻辑和建议，为今后“一带一路”建设可持续发展做出了较为前瞻性的设计。

2013年至今，“一带一路”倡议已在全球范围内展现了其对国际发展的重要性。通过政策沟通、设施联通、贸易畅通、资金融通和民心相通，“一带一路”倡议支持了五大洲相关国家、区域的经济和社会发展。倡议的理念、愿景和广泛内涵与《2030年可持续发展议程》协同增效，促进了可持续发展目标在全球范围内的持续进展。

目前，“一带一路”倡议也面临一些挑战，尤其是项目在经济、社会和环境的可持续方面，比如如何更好地减少碳排放、促进当地就业、保证债务可持续性等。这些挑战在一定程度上反映了“一带一路”倡议的复杂性以及“一带一路”参与国的多样性。我们认为通过融合的、透明的、协调的以及对标可持续发展目标的投融资规则来指引和规范“一带一路”建设项目，这些问题可以逐步解决。

在此背景下，中国和国际合作伙伴们共同呼吁以发展为导向，建立高质量、高标准和融合的“一带一路”投融资规则。这样的规则或将成为有效的协调机制，帮助参与国协调行动，实现国家自身发展目标，并推动实现全球可持续发展目标，包括减少贫困和不平等、应对气候变化以及促进建立反映发展需求的、以规则制度为基础的国际贸易和投资体系。

参与国的当地社区，也会从融合协调并对标可持续发展目标的规则中受益。这些规则会帮助当地社区更好地应对冲突，缓解社会、环境风险，改善民生和当地环境，增强当地社区表达其需求和关切的机会，并提升其对项目的参与感和主动性。

此外，融合的“一带一路”投融资规则体系能够增加国际多边机构、投资银行、商业银行的投入，促进国际市场私人资本的参与，为“一带一路”项目提供更宝贵和稳定的资金来源。

在“一带一路”伙伴国家建立融合的规则需要一定的时间，本报告为此研究和提出了一些实现融合的过程和途径。我们建议将融合的过程建立在各伙伴国家现有的规则之上，再逐步对接融合国际最佳实践。中国和“一带一路”参与国作为平等伙伴，在“一带一路”实施过程中，通过沟通政策、反复商议达成共识，帮助各国加强能力建设，从而推进规则的实施和执行。随着该融合过程的发展，更多国家将会采用对标可持续发展和最佳实践的规则，进而极大地促进国家、区域和世界范围内可持续发展目标的实现。

报告结构和研究方法

本报告主要涵盖三个部分：

• 回顾“一带一路”沿线国家和共建国家不断前行的可持续发展形势，总结沿线地区和相关产业的基本情况，并深入分析了自 2013 年以来“一带一路”国家投融资总体趋势。

• 全面对比多边开发银行、有代表性的国别开发银行和中国金融机构所采用的投融资规则，指出协调的规则能够提高建设项目总体质量，有助于更好地为全球提供公共产品。

• 系统提出“一带一路”投融资规则框架，提出八个主要原则，就每项原则分别提出具体建议。

为确保报告的质量，研究团队一直坚持求真务实的态度，采用全球视角。通过调查问卷，我们研究了 50 多家参与“一带一路”建设项目的中国公司，深入了解他们对主要挑战和投资风险的看法。英国财政部“一带一路”专家委员会协助我们发放了问卷，为我们提供了位于伦敦的国际金融机构、咨询、工程公司的意见建议。我们编写了若干案例研究，回顾了有关“一带一路”倡议的国际性文献，并走访了中国工商银行和中非发展基金，展开实地研究和细致讨论，以加强本报告的实证基础。我们还与中国财政部官员组织了一次讨论，以更好地了解中国和其他伙伴国家在债务可持续性方面主要考虑的问题。

为了全面了解“一带一路”的投融资环境，我们对参与国家的政治、经济和社会背景进行了细致分析，使用了各类关键指标，如营商环境指数、政治稳定指数、债务负担率等，引用了广泛而透明的数据，其来源既包含国际性机构的数据库（如世界银行、国际货币基金组织、联合国贸易和发展会议等），也有中国的相关政府部门发布的公开数据（如商务部、国家发展改革委、外交部等），还有个别数据来自独立智库。

我们根据2013—2018年的投资趋势，对特定区域（东南亚）和基础设施领域展开了深入分析，并提供了主要的融资指标和若干案例研究。这些都有助于我们更深入地了解“一带一路”建设的投融资现状。

为了对比研究全球投融资规则的核心共性，我们罗列了主要多边开发银行（MDBs）、有代表性的国别开发银行（NDB）和相关中国机构所建立和采用的规则，作为经济、社会和环境方面均具有可持续性的投融资“共同核心”规则。作为融合“一带一路”沿线国家规则的有益参考，本团队在兼顾“一带一路”伙伴国家的现有规则的同时，还指出相关联合国公约与协定所能扮演的角色。

我们给出的建议主要包含了以下内容：注重对环境的影响；保持项目全周期的财务可平衡；注重考量债务的可持续性；实施透明而开放的采购流程；全面建立风险管理框架；以及在相关项目的建设中推广包容可及的先进技术，确保有益于社会发展。此外，还应为所有利益相关方开放信息窗口，提供法律和商业许可信息。这些要素共同组成了倡议项目可持续性的核心部分，有助于“一带一路”倡议与可持续发展目标保持一致。

后续工作

伙伴国家的政策制定者和资金提供方可以采用本报告提出的视角，并根据报告中的现有内容展开进一步的讨论，研究团队还将会同有关部门根据需要提出投融资规则的具体政策指南和分行业手册，这些准则和手册可以作为务实的指导文件，在“一带一路”伙伴国家作为融合的规则采用、落实和执行。

此外，我们还建议对倡议伙伴国家的投融资规则现状做进一步评估，从而了解各方机构和专业人员在能力方面存在的差距，通过利益相关方的合作开展针对每个国家的能力提升计划，合理分配资金和资源，构建全球互联互通伙伴关系，实现可持续发展目标。

专有名词及对应缩写索引

ABC	Agricultural Bank of China	中国农业银行
ADB	Asian Development Bank	亚洲开发银行
AfDB	African Development Bank	非洲开发银行
AIIB	Asian Infrastructure Investment Bank	亚洲基础设施投资银行
ASEAN	Association of Southeast Asian Nations	东南亚国家联盟
BMZ	German Federal Ministry for Economic Cooperation and Development	德国经济和发展部
BOC	Bank of China	中国银行
BRF	Belt and Road Forum	“一带一路”高峰论坛
BRI	Belt and Road Initiative	“一带一路”倡议
BRICS	Brazil，Russia，India，China and South Africa.	金砖国家：巴西、俄罗斯、印度、中国和南非
CaDB	Caribbean Development Bank	加勒比开发银行
CAF	Development Bank of Latin America	拉丁美洲开发银行
CBIRC	China Banking and Insurance Regulatory Commission	中国银行保险监督管理委员会
CCB	China Construction Bank	中国建设银行
CDB	China Development Bank	中国国家开发银行
CIC	China Investment Corporation	中国投资公司
CIPS	Cross-border Interbank Payment System	人民币跨境支付系统
CIS	Commonwealth of Independent States	独立国家联合体
CMB	China Merchants Bank	招商银行
CPI	Consumer Price Index	消费者价格指数
CRBC	China Road and Bridge Corporation	中国路桥公司
CSRC	China Securities Regulatory Commission	中国证监会
DBS	Development Bank of Singapore	新加坡开发银行
DBSA	Development Bank of Southern Africa	南部非洲开发银行
DMRB	Design Manual for Roads and Bridges	道路和桥梁设计手册
DOE	Department of Environment	环境部门
DSA/DSF	Debt Sustainability Analysis / Framework	债务可持续性分析 / 框架
EBRD	European Bank for Reconstruction and Development	欧洲复兴开发银行

EC	European Commission	欧盟委员会
ECA	Export Credit Agency	出口信贷机构
EDCF	Economic Development Cooperation Fund	经济发展合作基金
EDI	Energy Development Index	能源发展指数
EHS	Environmental，Health and Safety	环境、健康和安全
EIA	Environmental Impact Assessment	环境影响评估
EIB	European Investment Bank	欧洲投资银行
EIU	*The Economist Intelligence Unit*	《经济学人》智库
EMP	Environmental Management Plan	环境管理计划
EP	Equator Principles	赤道原则
EPC	Engineering，Procurement and Construction	工程、采购和施工
EPFI	Equator Principles Financial Institution	赤道原则金融机构
ESA	Environmental and Social Assessment	环境与社会评估
ESCP	Environmental and Social Commitment Plan	环境与社会承诺计划
ESDD	Environmental and Social Due Diligence	环境和社会尽职调查
ESF	Environmental and Social Frameworks	环境与社会框架
ESG	Environmental，Social and Governance	环境、社会与治理
ESIA	Environmental and Social Impact Assessment	环境与社会影响评估
ESMP/ESMS	Environmental and Social Management Plan/System	环境与社会管理计划 / 系统
ESP	Environmental and Social Policies	环境与社会政策
ESRM	Environmental and Social Risk Management	环境与社会风险管理
ESRP	Environmental and Social Review Procedures	环境和社会审查程序
ESS	Environmental and Social Standards	环境和社会标准
EU	European Union	欧洲联盟
EXIM	Export-Import	进出口
FAO	Food and Agriculture Organization	联合国粮农组织
FDI	Foreign Direct Investment	外商直接投资
FI	Financial Intermediary	金融中介
FTSE	Financial Times Stock Exchange	富时 100 指数
GDP	Gross Domestic Product	国内生产总值
GE	General Electric	通用电气公司
GEF	Global Environment Facility	全球环境基金

GFC	Green Finance Committee	绿色金融委员会
GFI	Green Finance Initiative	绿色金融倡议
GHG	Green House Gas	温室气体
GNI	Gross National Income	国民总收入
GPA	Government Procurement Agreement	政府采购协议
GRI	Global Reporting Initiative	全球报告倡议组织
HIPC	Heavily Indebted Poor Countries	重债穷国
HSBC	Hong Kong and Shanghai Banking Corporation	汇丰银行
IB	Industrial Bank	兴业银行
IBRD	International Bank for Reconstruction and Development	国际复兴开发银行
ICBC	Industrial and Commercial Bank of China	中国工商银行
ICMA	International Capital Market Association	国际资本市场协会
ICSID	International Centre for Settlement of Investment Disputes	国际投资争端解决中心
IDA	International Development Association	国际开发协会
IDB	Inter-American Development Bank	美洲开发银行
IDFC	International Development Finance Club	国际开发性金融俱乐部
IE	International Enterprise Singapore	新加坡国际企业发展局
IEG	Independent Evaluation Group	独立评估小组
IFC	International Finance Corporation	国际金融公司
ILO	International Labor Organization	国际劳工组织
IMF	International Monetary Fund	国际货币基金组织
INDCs	Intended Nationally Determined Contributions	国家自主贡献
ING	Internationale Nederlanden Groep （International Netherlands Group）	荷兰国际集团
IPO	Initial Public Offering	首次公开募股
IPP	Indigenous People's plan	原住民计划
IRIR	Islamic Republic of Iran Railways	伊朗伊斯兰共和国铁路
IT	Information Technology	信息技术
IsDB	Islamic Development Bank	伊斯兰开发银行
ISO	International Organization for Standardization	国际标准化组织
JBIC	Japan Bank for International Cooperation	日本国际协力银行

JICA	Japan International Cooperation Agency	日本国际合作署
KfW	Kreditanstalt für Wiederaufbau（German Development Bank）	德国复兴信贷银行
LAC	Latin America and the Caribbean	拉丁美洲和加勒比地区
LDC	Least-Developed Country	最不发达国家
LGBT	Lesbian，Gay，Bisexual，Transgender	女同性恋、男同性恋、双性恋和变性人
LIBOR	London Interbank Offered Rate	伦敦银行同业拆借利率
LIC	Low-income countries	低收入国家
LNG	Liquefied Natural Gas	液化天然气
LPG	Liquefied Petroleum Gas	液化石油气
M&A	Mergers and Acquisitions	兼并与收购
M&E	Monitoring and Evaluation	监管和评估
MDB	Multilateral Development Banks	多边开发银行
MDRI	Multilateral Debt Relief Initiative	多边债务减免倡议
MEE	Ministry of Ecology and Environment	生态环境部
MEP	Ministry of Environmental Protection	环境保护部
MFA	Ministry of Foreign Affairs	外交部
MIGA	Multilateral Investment Guarantee Agency	多边投资担保机构
MIIT	Ministry of Industry and Information Technology	工业和信息化部
MOF	Ministry of Finance	财政部
MOFCOM	Ministry of Commerce	商务部
MOHURD	Ministry of Housing and Urban-Rural Development	住房和城乡建设部
MoU	Memorandum of understanding	谅解备忘录
MPA	Macro Prudential Assessment	宏观审慎评估
NDB	National Development Bank	国别开发银行
NDRC	National Development and Reform Commission	国家发展和改革委员会
NGO	Non-Governmental Organization	非政府组织
NSSF	National Social Security Fund	全国社会保障基金
OCBC	Overseas Chinese Banking Corporation	华侨银行
ODA	Official Development Assistance	官方发展援助
ODI	Overseas Direct Investment	海外直接投资

OECD	Organization for Economic Cooperation and Development	经济合作与发展组织
OHSMS	Occupational Health and Safety Management System	职业健康安全管理体系
PBOC	People's Bank of China	中国人民银行
PDB	Power Development Board	电力开发委员会
PPA	Power Purchase Agreement	购电协议
PPM	Project-affected People's Mechanism	对项目影响地区人民的补偿机制
PPP	Public Private Partnership	公私合营伙伴关系
PRI	Principles for Responsible Investment	负责任的投资原则
PRSP	Poverty Reduction Strategy Paper	减贫战略文件
RBP	Responsible Business Practices	负责任的商业实践
R&D	Research & Development	研发
RMB	Renminbi（Chinese currency）	人民币
SAFE	State Administration of Foreign Exchange	国家外汇管理局
SASAC	State-owned Assets Supervision and Administration Commission	国有资产监督管理委员会
SASB	Standards Association Standards Board	可持续会计准则理事会
SCO	Shanghai Cooperation Organization	上海合作组织
SDG	Sustainable Development Goals	可持续发展目标
SEA	South East Asia	东南亚地区
SEPA	State Environment Protection Administration	国家环境保护总局
SFGA	State Forestry and Grassland Administration	国家林业与草原管理局
SGR	Standard Gauge Railway	标准轨道铁路
SIA	Social Impact Assessment	社会影响评估
SIAC	Singapore International Arbitration Centre	新加坡国际仲裁中心
SINOSURE	China Export and Credit Insurance Corporation	中国出口信用保险公司
SME	Small and Medium Enterprise	中小规模企业
SMI	Sarana Multi Infrastruktur	印尼基础设施建设公司
SPDB	Shanghai Pudong Development Bank	上海浦东发展银行
SRF	Silk Road Fund	丝路基金
SRI	Socially Responsible Investment	对社会负责任的投资行为
SSCAF	South-South Cooperation Assistance Fund	南南合作援助基金

TDB	Trade and Development Bank	（非洲）贸易和发展银行
TMT	Technology，Media and Telecommunications	技术、媒体和电信
UAE	United Arab Emirates	阿拉伯联合酋长国
UEP	United Energy Pakistan	巴基斯坦联合能源公司
UK	United Kingdom	英国
UKEF	United Kingdom Export Finance	英国出口融资部
UN	United Nations	联合国
UNCTAD	United Nations Conference on Trade and Development	联合国贸易和发展会议
UNDESA	United Nations Department of Economic and Social Affairs	联合国经济和社会事务部
UNDP	United Nations Development Programme	联合国开发计划署
UNEP	United Nations Environment Programme	联合国环境署
UNFCCC	United Nations Framework Convention on Climate Change	联合国气候变化框架公约
US	United States	美国
USD	US Dollar	美元
VEB	Vnesheconombank（Russian Development Bank）	俄罗斯开发银行
WB	World Bank	世界银行
WBG	World Bank Group	世界银行集团
WRI	World Resources Institute	世界资源研究所
WTO	World Trade Organization	世界贸易组织
WWF	World Wildlife Fund	世界自然基金会

目　　录

第1章 “一带一路”沿线国家投融资概况

1.1 “一带一路”倡议与《2030年可持续发展议程》之间的关系

2013年，中国政府正式提出“一带一路”倡议。截至2019年8月，中国已与166个伙伴国家和国际组织签署了共计195份谅解备忘录或合作协议，为“一带一路”建设的发展奠定了坚实基础。[①]“一带一路”倡议内涵丰富，包括五大方面：政策沟通、设施联通、贸易畅通、资金融通和民心相通。倡议提出伊始，各国的合作是一系列经济和商业往来，旨在寻求沿线国家之间贸易和投资的新机遇，拉动经济的共同增长。而现在，一系列合作关系已经发展为一个更为广泛的经济、文化、科技等领域的全球性合作平台。“一带一路”倡议依托连接亚洲和欧洲的古代丝绸之路，并加入了连接东亚、东南亚、南亚、西亚和非洲的“海上丝绸之路”。“一带一路”倡议始终欢迎世界上所有对此感兴趣的国家和地区参与合作，扩大贸易、投资及其他形式的互联互通。

2015年对全球发展治理而言是具有里程碑意义的一年，国际社会将实现可持续发展目标列为未来的第一要务，联合国《2030年可持续发展议程》《亚的斯亚贝巴行动议程》和《巴黎气候协定》也均在2015年相继问世。在《2030年可持续发展议程》的框架下，联合国所有的193个成员国均通过了17个可持续发展目标，各国共同呼吁：努力消除贫困，保护地球并确保所有人都能享有和平与繁荣。想要真正实现可持续发展目标，我们必须首先实现长期持久的减贫目标、稳定的经济增长以及社会与环境的可持续性发展。各国政府、企业和个人在内的所有利益相关方都需要采取行动。

虽然“一带一路”倡议和《2030年可持续发展议程》的性质和范围不尽相同，但二者目标都是支持全球经济可持续发展，共同的愿景为二者协同增效搭建了广阔的空间。中国政府强调的“一带一路”倡议“五通”概念和《2030年可持续发展议程》提出的17个可持续发展目标密切相关，具有相似的未来愿景和发展目标。图1-1展示了二者间的关系：每个“一带一路”倡议的“五通”关键词都与一个或多个《2030年可持续发展议程》中的可持续发展目标相关。因此，“一带一路”倡议和可持续发展目标之间能够协同运作、相辅相成，潜力巨大。“一带一路”倡议

---

① 中国一带一路网（https：//www.yidaiyilu.gov.cn）。

的参与国家和国际机构提出，应当建立充分体现发展理念、包容、开放、可持续的投融资体系，加强各国互联互通；而联合国开发计划署可以成为这方面的可靠战略伙伴。

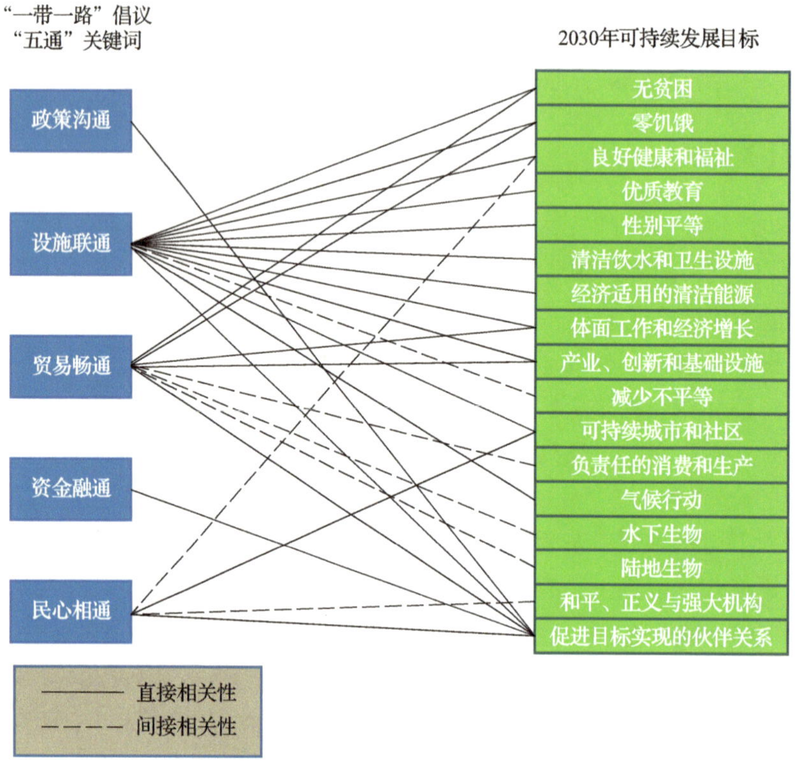

图 1-1　2030 年可持续发展目标与“一带一路”倡议优先领域之间的关系

资料来源：Hong，P.，《共同建设实现可持续发展目标的“一带一路”》，2016 年。

2017 年 5 月，首届“一带一路”国际合作高峰论坛在北京举行，人们看到了潜在的全球利益和美好的发展愿景，也听到了各种担忧。144 个国家派出了代表参加论坛，其中有 29 个国家元首。包括联合国下设机构在内的 70 多个国际组织也派代表出席了会议。论坛明确：“一带一路”倡议将以发展为导向，并正式与《2030 年可持续发展议程》建立联系。各国普遍认为，应通过“一带一路”倡议加强互联互通，坚持以共商共建共享的方式推进“一带一路”建设，实现共同且可持续的增长模式。

1.2　2013—2018 年“一带一路”沿线的投融资趋势回顾

2013—2018 年，中国与“一带一路”沿线国家的货物贸易额已经超过 6 万亿美元，增长率高于中国整体的增长速度。中国在“一带一路”沿线国家建设的境外经贸合作区的总投资额为 289 亿美元，为当地创造了 24.4 万个就业岗位和 20 亿美元的税收增长。[①] 中国在沿线国家的直接投资超过 800 亿美元，年均增长率为 7.2%（见图 1–2）。在未来，“一带一路”沿线国家将陆续建成互联互通基础设施，货物贸易会因为互联互通而持续增长，全球价值链的转型也将带动制造业企业的迁移，这些都意味着对“一带一路”沿线国家的投资将进一步增加。

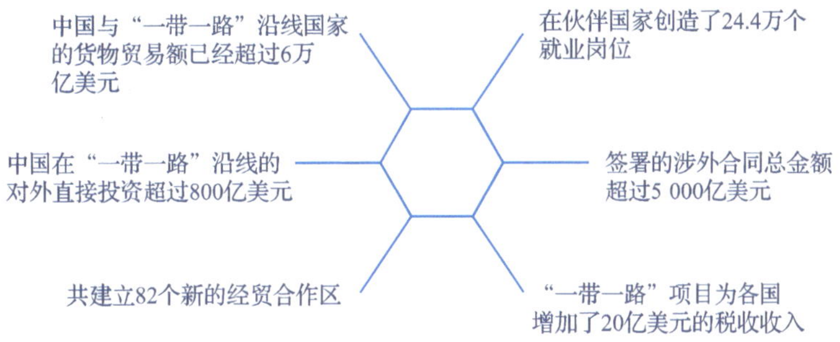

图 1–2 2013—2018 年“一带一路”倡议的合作成果

资料来源：《“一带一路”贸易合作大数据报告》，中国一带一路网（https://www.yidaiyilu.gov.cn）2018 年发布。

2013 年以来，沿线国家在港口、铁路、公路、电力、航空、数字互联互通和电子基础设施等领域展开广泛合作。例如，在铁路建设方面：2011 年仅有 17 列火车往来于中国和欧洲之间，运输货物价值仅为 6 亿美元。但到了 2018 年，中国和欧洲之间列车累计开行超过 10 000 列（见图 1–3），年运输货物总值达到 160 亿美元。中欧班列已经联通亚欧大陆 16 个国家的 108 个城市，欧洲主要目的地是德国、俄罗斯、哈萨克斯坦、塔吉克斯坦、波兰和白俄罗斯（见图 1–4）。双边贸易增长同铁路运输发展相互推动。[②] 最初，各条铁路线上主要运输电子产品，如笔记本电脑和手机，而随着时间的推移，品种不断丰富，加入了服装、葡萄酒和汽车等货物。

与此同时，2013—2018 年中国的各个城市还与倡议沿线 61 个国家的 1 023 个城市结为友好城市，并建立了合作伙伴关系，占中国对外建立友好城市关系总数的 40% 以上。中国与“一带一路”沿线的 29 个国家签订了免签或落地签协议，2018 年，到中国观光旅游的人数增加了 2.3 倍，中国公民出境旅游的人数增加了 2.6 倍，达到 6 000 万人（见图 1–5）。

---

① 《“一带一路”这五年：互联互通交出亮丽成绩单》，中国一带一路网 2018 年 10 月 6 日发布，https://www.yidaiyilu.gov.cn/xwzx/gnxw/67936.htm。

② 所引用的贸易数据可能包括独联体国家始发站或终点站位于中国的列车上所运输的货物。

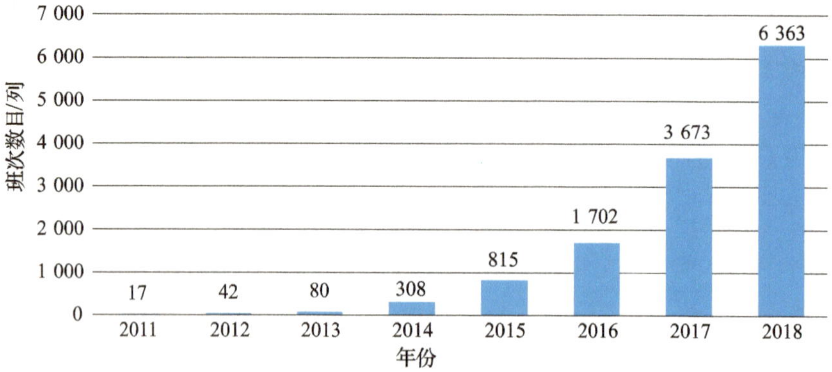

图 1–3 2011—2018 年中欧间火车班次数目

资料来源：《“一带一路”倡议的六年成绩单》，中国一带一路网（https：//www.yidaiyilu.gov.cn）2019 年 9 月发布。

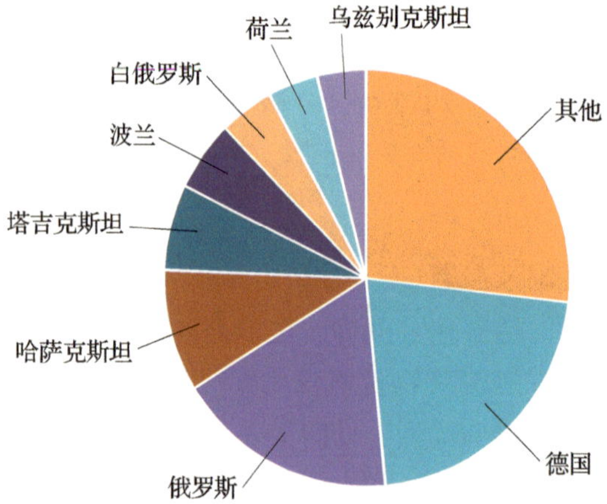

图 1–4 中国城市始发列车主要终点站国家

资料来源：《“一带一路”倡议的五年成绩单》，中国一带一路网（https：//www.yidaiyilu.gov.cn）2018 年发布。

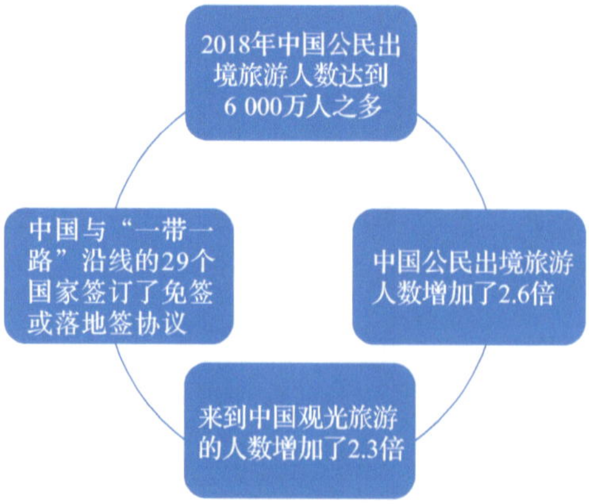

图 1–5 旅游业相关指数

资料来源：《“一带一路”倡议的六年成绩单》，中国一带一路网（https：//www.yidaiyilu.gov.cn）2019 年 9 月发布。

“一带一路”沿线的大部分投资主要集中于交通基础设施的建设，电子信息和数字连接方面的基础设施建设越来越受各国重视。各方陆续出台促进贸易投资和包容合作的落实办法。但是，在各国法律、政治、环境和社会特征不一致的情况下，投资仍面临不少挑战。各国政府和相关部门可以在政策制定和监管等方面创新机制，提高各方投融资规则的一致性，以此开辟新途径，清除障碍，有效协调与“一带一路”相关的投融资活动，帮助其与可持续发展目标保持一致。

近年来，全球贸易总量大幅波动，沿线国家获得的外商直接投资（Foreign Direct Investment，FDI）金额也极不稳定。根据联合国贸易和发展会议（UNCTAD，以下简称贸发会议）发布的《2019 年世界投资报告》称，2018 年全球外商直接投资流量为 1.3 万亿美元，中国是全球第二大对外投资国。虽然中国的对外直接投资在 2018 年持续下降，但其 1 300 亿美元的总量依然庞大，占全球对外直接投资总量的 10%。总体来看，数据还是呈上升态势，从 2013 年“一带一路”倡议提出时的 1 010 亿美元跃升到了 2018 年的 1 300 亿美元，尤其在沿线国家保持增长趋势（见图 1–6、图 1–7）。

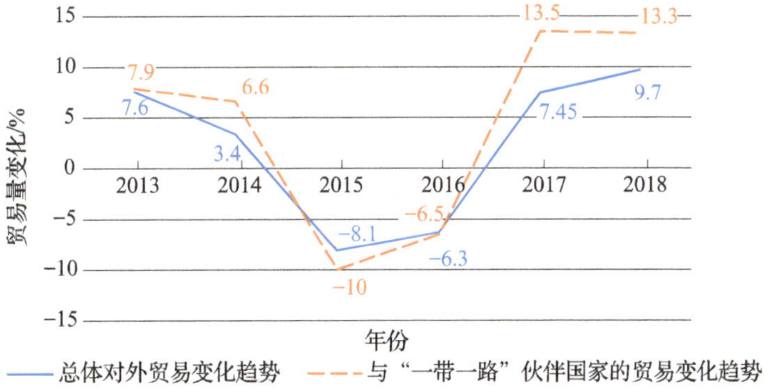

图 1–6 2013—2018 年中国与“一带一路”沿线国家的贸易总量变化趋势

资料来源：《“一带一路”倡议的六年成绩单》，中国一带一路网 2019 年 9 月发布；《中国对外贸易形势报告（2019 年春季）》，商务部 2019 年 5 月发布。

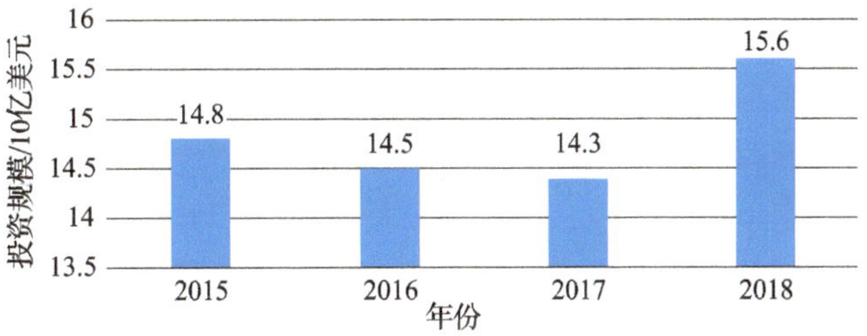

图 1–7 2015—2018 年中国对“一带一路”沿线国家的非金融类对外直接投资

资料来源：中华人民共和国商务部：2016 年 1 月 15 日商务部对外投资与经济合作司司长谈 2015 年中国对外投资合作情况；2017 年 1 月 19 日，2016 年中国在“一带一路”沿线国家的投资与合作；2018 年 1 月 16 日，2017 年中国在与“一带一路”沿线国家的投资与合作；2019 年 1 月 22 日，2018 年 1 月至 2018 年 12 月中国与“一带一路”沿线国家投资合作情况。

商务部数据显示，2018 年中国在“一带一路”沿线国家新签订的对外承包工程合同总额为 1 257.8 亿美元，为促进各国经济增长打下牢固的基础（见图 1–8）。自 2014 年以来，“一带一路”沿线国家项目开始实现盈利，并稳步增长。2019 年非金融投资规模有所下降，同时倡议沿线各国缺乏协调的投融资规则，导致交易成本较高，这也是一个急需解决的问题。

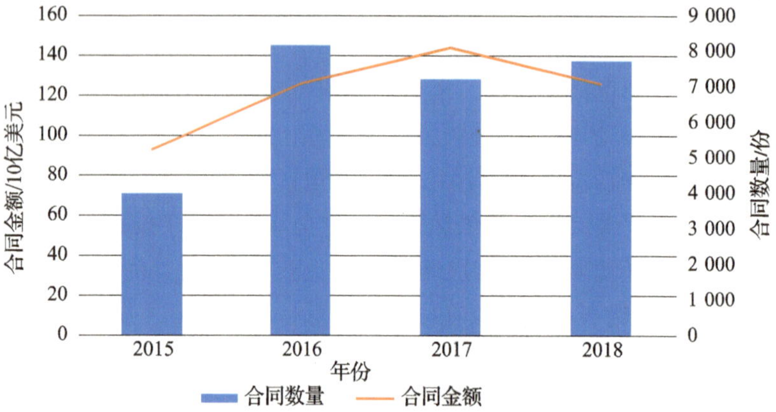

图 1–8 中国在“一带一路”沿线国家签订的工程承包合同数及合同金额（2015—2018 年）

资料来源：中华人民共和国商务部。中华人民共和国商务部对外投资与经济合作司（2016 年 1 月 15 日）：商务部合作司司长谈 2015 年中国对外投资合作情况；中华人民共和国商务部（2017 年 1 月 19 日）：2016 年在“一带一路”沿线国家的投资与合作（详见参考文献）；中华人民共和国商务部（2018 年 1 月 16 日）：中国在 2017 年与“一带一路”沿线国家的投资与合作；中华人民共和国商务部对外投资与经济合作司（2019 年 1 月 22 日）：从 2018 年 1 月至 2018 年 12 月，中国将与“一带一路”沿线国家进行投资合作。

图 1–9 展示了 2017 年“一带一路”沿线的投资领域分布：基础设施和能源开发是项目数量最大的两个板块，占 2017 年倡议沿线所有投资的 39%，其次是制造业、零售业和信息服务业。2013—2016 年，70% 的“一带一路”建设项目侧重于基础设施和能源领域，① 基础设施项目落成带来的收益通常超过其本身直接产生的利润，因为基础设施的改善将进一步提高沿线国家及周边地区的整体经济效率，促进生产力发展，培养竞争力。如今，沿线国家投资趋向多样化，大家认识到基础设施和能源供应在发展制造业和促进贸易方面固然发挥着重要作用，而可持续发展和投融资的多元化也一样重要。

---

① Zhou，Y.，et al.《“一带一路”倡议：一种包容、共生的方法，以实现全球共同繁荣》，波士顿咨询集团和中国发展与研究基金会，2018 年 3 月。

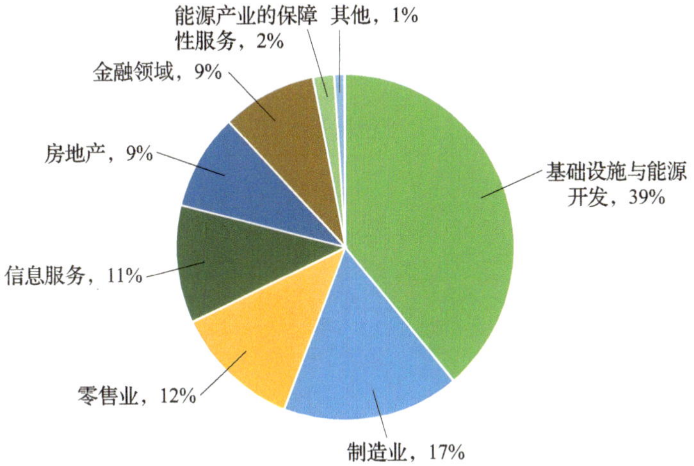

图 1-9 2017 年中方在“一带一路”沿线国家的投资情况（按行业分布）

资料来源：Zhou，Y.，et al.《“一带一路”倡议：一种包容、共生的方法，以实现全球共同繁荣》，波士顿咨询集团和中国发展与研究基金会，2018 年 3 月。

商务部公布的数据显示，越南和马来西亚是 2018 年倡议沿线投资的主要目的地。在 11 个东南亚国家中，有 7 个被列为首选投资目的地。在过去的几年中，新加坡和印度尼西亚经常位列榜首，标志着东南亚已经成为中国对外投资的热门地区（见图 1-10）。

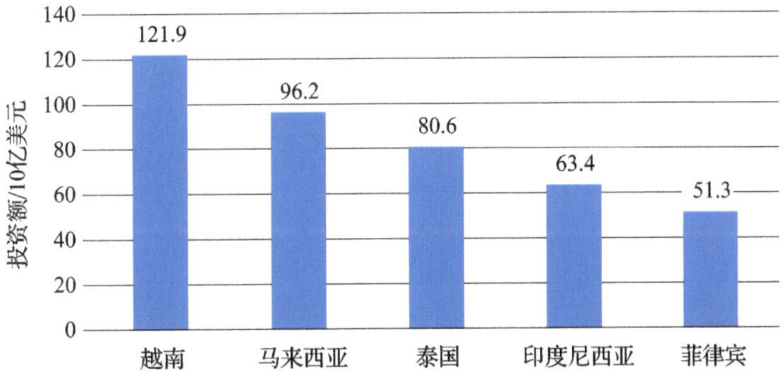

图 1-10 2018 年与中方签署谅解备忘录且获得中方直接投资最多的 5 个沿线发展中国家

资料来源：《“一带一路”这五年：互联互通交出亮丽成绩单》。中国一带一路网 2018 年 10 月 6 日发布，https://www.yidaiyilu.gov.cn/xwzx/gnxw/67936.htm。

同时，中国也一直在加强建设与“一带一路”沿线国家之间的金融伙伴关系，其中与巴基斯坦、马来西亚和俄罗斯的合作尤为突出。随着参与“一带一路”的国家越来越多，走向现代化和多样化的中国金融体系将会进一步促进倡议沿线国家的金融一体化，完善全球国际金融治理体系（见图 1-11）。

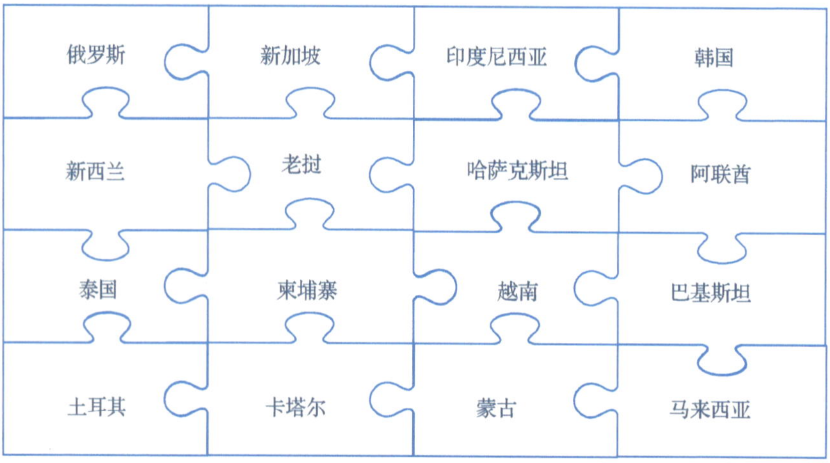

图 1-11 中国保持深度合作的部分伙伴国家①

资料来源：《“一带一路”这五年：互联互通交出亮丽成绩单》。中国一带一路网 2018 年 10 月 6 日发布，https://www.yidaiyilu.gov.cn/xwzx/gnxw/67936.htm。

注：①深度合作的伙伴国家指成功使用人民币跨境支付系统（CIPS）以便企业可以自由使用人民币进行结算，并且银联支付（Union Pay）被广泛接受的国家。截至 2019 年 10 月已有 60 多个沿线国家和地区使用 CIPS。

1.3 “一带一路”倡议伙伴国家的投融资环境

在本节中，我们总结了一系列调研成果，提供了一系列伙伴国家的相关数据。虽然此处并未涵盖目前所有的伙伴国家，但比较具有代表性，基本反映了共建“一带一路”国家的法律、经济和投资环境等整体特征。

正如表 1-1 至表 1-5 中的数据所示，“一带一路”伙伴国家体现出显著的多样性，这种多元特征不仅影响倡议伙伴国家的贷款和投资，对本报告提出的协调投融资规则工作也具有重要意义。部分伙伴国家已经是先进的高收入国家，投资条件和环境社会规则都是世界上最严格的。而另一部分则是低收入或中等偏低收入国家，投资环境仍存在改善空间，环境和社会等经济可持续发展规则仍然有待提高。各国的法律制度也差异巨大。同时，一些国家的宏观经济条件稳定，有利于新基础设施的投资和快速建设，而一些国家在这一领域还存在问题，如一些国家存在中度或严重负债问题，这些国家在寻求新的项目借款时更需要谨慎行事。

各个领域的多样化特征对实施“一带一路”倡议提出了挑战，因此我们认为应当在充分考虑各国实际基础上提出一套关于经济、环境和社会可持续性的投融资核心原则，与联合国可持续发展目标保持一致，并兼顾《巴黎气候协定》中各个国家所做出的承诺。

表 1-1 “一带一路”倡议伙伴国家和地区的主要经济与社会指数（2018 年或可查到的最近年份数据）

国家	人均 GDP①	FDI 净流入②	通货膨胀与 CPI③	外债存量④	物流绩效指数⑤	营商环境指数⑥
东南亚						
文莱	31 628	0.5	0.2	—	2.7	55
柬埔寨	1 512	3.1	2.4	66.9	2.6	138
印度尼西亚	3 893	20.0	3.2	36.6	3.2	73
老挝	2 568	1.3	2.0	90.2	2.7	154
马来西亚	11 239	8.6	0.9	69.4	3.2	15
缅甸	1 326	1.3	6.9	21.5	2.3	171
菲律宾	3 103	9.8	5.2	19.9	2.9	124
新加坡	64 582	82.0	0.4	416.5	4.0	2
泰国	7 274	13.2	1.1	35.1	3.4	27
东帝汶	2 036	0.5	2.3	6.7	—	178
越南	2 564	15.5	3.5	46.7	3.3	69
南亚						
孟加拉国	1 698	2.9	5.5	18.2	2.6	176
不丹	8 259	0	2.7	109.2	2.2	81
马尔代夫	10 224	0.6	–0.1	48.0	2.7	139
尼泊尔	1 026	0.2	4.1	18.9	2.5	110
巴基斯坦	1 473	3.0	5.1	27.6	2.4	136
斯里兰卡	4 102	1.6	2.1	60.8	2.6	100
东亚						
蒙古	4 104	2.2	6.8	253.9	2.4	74
中亚						
阿富汗	521	0.1	0.6	13.4	2.0	167
哈萨克斯坦	9 331	0.2	6.0	105.7	2.8	28
吉尔吉斯斯坦	1 281	0.5	1.5	103.0	2.6	70
塔吉克斯坦	827	0.2	3.8	67.7	2.3	126
土库曼斯坦	6 967	1.9	13.6	1.7	2.4	—
乌兹别克斯坦	1 532	0.6	17.9	33.9	2.6	76

续表 1-1

国家	人均 GDP①	FDI 净流入②	通货膨胀与 CPI③	外债存量④	物流绩效指数⑤	营商环境指数⑥
西亚						
亚美尼亚	4 212	0.3	2.5	87.5	2.6	41
阿塞拜疆	4 721	1.4	1.9	36.4	—	25
巴林	24 051	2.6	2.1	—	2.9	62
格鲁吉亚	4 345	1.2	2.6	110.6	2.4	6
伊朗	—	3.5	31.2	2.0	2.9	128
伊拉克	5 878	–4.9	0.4	35.6	2.2	171
以色列	41 614	21.8	0.8	25.4	3.3	49
约旦	4 248	—	4.5	76.1	2.7	104
黎巴嫩	8 570	—	6.1	145.1	2.7	142
科威特	32 244	0	0.7	—	2.9	97
阿曼	16 419	2.9	0.9	–15.2	3.2	78
卡塔尔	69 026	—	—	99.6	3.5	83
沙特阿拉伯	23 219	2.8	2.5	34.8	3.0	92
叙利亚	—	—	—	—	2.3	179
土耳其	9 311	13.0	16.3	59.0	3.2	43
阿联酋	43 005	10.4	3.1	73.5	4.0	11
也门	944	–0.3	41.8	26.1	2.3	187
非洲						
埃及	2 413	7.4	29.5	35.9	2.8	120
南非	6 160	2.3	6.3	52.0	3.6	82
摩洛哥	3 237	3.6	1.9	42.2	2.5	60
马达加斯加	461	0.6	7.3	31.8	2.4	161
埃塞俄比亚	772	3.3	13.8	33.4	2.4	159
欧洲						
阿尔巴尼亚	5 234	1.2	2.0	67.2	2.7	63
波黑	5 254	0.5	1.4	80.4	2.8	89
克罗地亚	14 869	1.3	1.5	81.8	3.1	58
白俄罗斯	5 762	1.5	4.9	67.7	2.6	37

续表 1-1

国家	人均 GDP①	FDI 净流入②	通货膨胀与 CPI③	外债存量④	物流绩效指数⑤	营商环境指数⑥
保加利亚	9 272	2.6	2.8	60.3	3.0	59
捷克共和国	22 973	8.5	2.1	83.0	3.7	35
爱沙尼亚	22 927	1.0	3.4	83.5	3.3	16
匈牙利	15 839	-72.8	2.9	84.6	3.4	53
拉脱维亚	18 089	0.4	2.5	121.0	2.8	19
立陶宛	19 090	0.9	2.7	78.5	3.0	14
北马其顿	6 084	0.7	1.5	72.0	2.7	10
摩尔多瓦	3 189	0.2	3.0	61.3	2.5	47
黑山	8 761	0.5	2.6	142.4	2.8	50
波兰	15 424	11.3	1.8	72.1	3.5	33
罗马尼亚	12 301	6.9	4.6	48.0	3.1	52
俄罗斯	11 289	8.8	2.9	28.1	2.8	31
塞尔维亚	7 234	4.1	2.0	71.7	2.8	48
斯洛文尼亚	26 234	1.5	1.7	100.3	3.3	40
斯洛伐克	19 547	2.6	2.5	111.0	3.0	42
乌克兰	3 095	2.5	11.0	89.6	2.8	71
大 洋 洲						
新西兰	41 996	1.6	1.6	101.6	3.9	1
美 洲						
巴拿马	15 575	6.6	0.8	143.7	3.3	79

资料来源：世界银行、IMF 执行董事会、CEIC 数据库。

注：①美元现值。

②当期现值 (单位：10 亿美元)。

③年度变化百分比。

④以占 GNI 百分比表示，取自世界银行数据库。马来西亚、伊朗、伊拉克、以色列、科威特、阿曼、卡塔尔、沙特阿拉伯、阿联酋、南非、克罗地亚、捷克共和国、爱沙尼亚、匈牙利、拉脱维亚、立陶宛、波兰、斯洛文尼亚、斯洛伐克、新西兰和巴拿马的外债存量以占国内生产总值的百分比计算，取自国际货币基金组织执行董事会的 Article Ⅳ报告。新加坡数据取自 CEIC 数据库，以占国内生产总值的百分比表示。

⑤分值 1 代表最低，分值 5 代表最高。

⑥分值越低代表营商环境越友好。

表 1–2 “一带一路”倡议伙伴国家国民收入归类（2019 年）

收入水平	国 家
低收入	尼泊尔、阿富汗、也门、塔吉克斯坦、叙利亚
中低收入	不丹、东帝汶、乌克兰、乌兹别克斯坦、印度、印度尼西亚、吉尔吉斯斯坦、孟加拉国、巴基斯坦、摩尔多瓦、柬埔寨、缅甸、老挝、菲律宾、蒙古、越南、埃及
中上收入	亚美尼亚、伊拉克、伊朗、俄罗斯、保加利亚、哈萨克斯坦、土库曼斯坦、土耳其、塞尔维亚、斯里兰卡、波黑、泰国、白俄罗斯、阿塞拜疆、阿尔巴尼亚、马来西亚、马尔代夫、黎巴嫩、黑山、格鲁吉亚、约旦、阿曼、罗马尼亚
高收入	以色列、匈牙利、卡塔尔、巴林、希腊、拉脱维亚、捷克共和国、文莱、斯洛文尼亚、斯洛伐克、新加坡、沙特阿拉伯、波兰、爱沙尼亚、科威特、立陶宛、阿联酋、克罗地亚

资料来源：世界银行。

“一带一路”倡议伙伴国家中，大多数高收入国家位于西亚、中欧和东欧地区。这些国家在获取对外直接投资和宏观经济稳定性方面均位居世界前列（已将 CPI 通胀和物流绩效考虑在内）。

表 1–3 至表 1–5 表明：国家法律和政治环境的稳定性与基础设施风险评级呈正相关趋势。不过二者之间可能并不存在直接的因果关系，人均收入或许是相关性的内在原因。

表 1–3 “一带一路”倡议伙伴国家基础设施风险评分

评分①	国 家
1	以色列、卡塔尔、新加坡、阿联酋
2	巴林、文莱、保加利亚、克罗地亚、捷克共和国、爱沙尼亚、匈牙利、哈萨克斯坦、拉脱维亚、立陶宛、马来西亚、阿曼、波兰、俄罗斯、沙特阿拉伯、斯洛伐克、斯洛文尼亚、土耳其
3	阿尔巴尼亚、阿塞拜疆、白俄罗斯、格鲁吉亚、希腊、印度、印度尼西亚、伊朗、约旦、科威特、黎巴嫩、黑山、菲律宾、塞尔维亚、斯里兰卡、泰国、乌克兰、越南
4	孟加拉国、约旦、波黑、柬埔寨、吉尔吉斯斯坦、摩尔多瓦、蒙古、缅甸、尼泊尔、巴基斯坦、叙利亚、土库曼斯坦、乌兹别克斯坦
5	阿富汗、东帝汶、埃及、伊拉克、老挝、塔吉克斯坦、也门

资料来源：计金标，梁昊光 . 中国“一带一路”投资安全研究报告（2018）［M］. 北京：社会科学文献出版社，2018.

注：①数字越大说明风险越高。

表 1–4 “一带一路”倡议伙伴国家社会安全指数

得分[1]	国　家
<10	文莱
10～20	斯洛文尼亚、不丹、阿曼、新加坡、克罗地亚、斯洛伐克、阿联酋
20～30	捷克共和国、匈牙利、科威特、立陶宛、罗马尼亚、蒙古、保加利亚、卡塔尔
30～40	哈萨克斯坦、老挝、波兰、塞尔维亚、斯里兰卡、越南、阿塞拜疆、爱沙尼亚、以色列、拉脱维亚、马来西亚、沙特阿拉伯、巴林、白俄罗斯、希腊、伊朗、约旦、乌兹别克斯坦、亚美尼亚
40～50	阿尔巴尼亚、孟加拉国、东帝汶、格鲁吉亚、印度、摩尔多瓦、土库曼斯坦、波黑、黑山、印度尼西亚、尼泊尔、缅甸、塔吉克斯坦、泰国
50～90	柬埔寨、土耳其、俄罗斯、乌克兰、黎巴嫩、巴基斯坦、菲律宾、阿富汗
>90	叙利亚、也门、伊拉克

资料来源：计金标，梁昊光 . 中国“一带一路”投资安全研究报告（2018）[M] . 北京：社会科学文献出版社，2018.

注：①得分越高说明安全度越低。

表 1–5 “一带一路”倡议伙伴国家其他相关指数
（2018 年或可查到的最近年份数据）[1]

国家	法制体系	就业人口比例[2]	物流绩效指数[3]	政治稳定风险[4]
东　南　亚				
文莱	混合法	—	2.7	45
柬埔寨	民法	80.3	2.6	65
印度尼西亚	民法	64.2	3.2	40
老挝	民法	77.7	2.7	50
马来西亚	混合法	62.4	3.2	30
缅甸	普通法	61.1	2.3	60
菲律宾	混合法	58.3	2.9	40
新加坡	普通法	65.7	4.0	20
泰国	民法	67.1	3.4	45
东帝汶	民法	37.8	—	50
越南	民法	76.0	3.3	50
南　亚				
孟加拉国	混合法	56.2	2.6	50

续表 1-5

国家	法制体系	就业人口比例[②]	物流绩效指数[③]	政治稳定风险[④]
不丹	民法	65.5	2.2	20
马尔代夫	宗教法	61.4	2.7	—
尼泊尔	普通法	81.9	2.5	35
巴基斯坦	普通法	51.7	2.4	60
斯里兰卡	混合法	50.2	2.6	55
东　亚				
蒙古	民法	56.1	2.4	35
中　亚				
阿富汗	混合法	64.9	2.0	85
哈萨克斯坦	民法	67.3	2.8	65
吉尔吉斯斯坦	民法	57.2	2.6	45
塔吉克斯坦	民法	38.9	2.3	75
土库曼斯坦	民法	62.7	2.4	60
乌兹别克斯坦	民法	62.1	2.6	60
西　亚				
亚美尼亚	民法	48.4	2.6	55
阿塞拜疆	民法	62.9	—	70
巴林	混合法	72.1	2.9	70
格鲁吉亚	民法	58.0	2.4	50
伊朗	宗教法	38.8	2.9	85
伊拉克	混合法	39.2	2.2	75
以色列	混合法	61.5	3.3	40
约旦	混合法	33.4	2.7	65
黎巴嫩	混合法	44.3	2.7	80
科威特	混合法	72.4	2.9	60
阿曼	混合法	69.4	3.2	60
卡塔尔	混合法	86.7	3.5	55
沙特阿拉伯	宗教法	53.2	3.0	55
叙利亚	民法	37.8	2.3	80
土耳其	民法	46.8	3.2	75

续表 1–5

国家	法制体系	就业人口比例[②]	物流绩效指数[③]	政治稳定风险[④]
阿联酋	混合法	80.9	4.0	50
也门	混合法	33.5	2.3	90
非　洲				
埃及	混合法	42.6	2.8	55
南非	混合法	40.6	3.4	35
摩洛哥	混合法	41.3	2.5	60
马达加斯加	民法	85.0	2.4	40
埃塞俄比亚	民法	78.9	2.4	70
欧　洲				
阿尔巴尼亚	民法	48.3	2.7	50
波黑	民法	37.1	2.8	65
克罗地亚	民法	47.1	3.1	35
白俄罗斯	民法	60.0	2.6	60
保加利亚	民法	52.4	3.0	35
捷克共和国	民法	58.8	3.7	30
爱沙尼亚	民法	59.9	3.3	35
匈牙利	民法	54.1	3.4	25
拉脱维亚	民法	56.2	2.8	35
立陶宛	民法	57.3	3.0	30
马其顿	民法	43.2	2.7	55
摩尔多瓦	民法	40.6	2.5	65
黑山	民法	42.8	2.8	45
波兰	民法	54.8	3.5	40
罗马尼亚	民法	52.1	3.1	25
俄罗斯	民法	59.1	2.8	55
塞尔维亚	民法	46.9	2.8	45
斯洛文尼亚	民法	54.8	3.3	20
斯洛伐克	民法	55.7	3.0	35
乌克兰	民法	48.9	2.8	75

续表 1-5

国家	法制体系	就业人口比例②	物流绩效指数③	政治稳定风险④
大 洋 洲				
新西兰	普通法	66.8	3.9	15
美 洲				
巴拿马	民法	63.8	3.3	45

资料来源：中华人民共和国商务部全球法律法规数据库、世界银行、《经济学人》智库（*the EIU*）。

注：①腐败控制数据详见世界银行全球治理指标（WGI，2017），https://tcdata360.worldbank.org/indicators/hc153e067?country=BRA&indicator=364&viz=choropleth&years=2017。

②指 15 岁以上人群占总人口的百分比。

③分值 1 代表最低，分值 5 代表最高。

④分值越高说明风险越大。

根据中国对外承包工程商会和中国出口信用保险公司发布的《“一带一路”国家基础设施发展指数报告 2019》，由于全球政治风险居高不下，世界经济复苏步伐有所放缓，“一带一路”国家基础设施发展指数 2019 年稳中微降。但与此同时，各国政府纷纷推出基础设施行业发展措施，通过吸引相关投资以实现刺激经济增长、熨平经济周期波动、优化产业结构等发展目标，支持孕育了多样化的投资机会。

许多“一带一路”伙伴国家存在腐败现象和政治动荡问题，对在这些地区经营项目的外国商业机构提出挑战，也会影响计划进入这些市场的投资者。这两个因素给外资公司的经营和扩张带来了巨大的不确定性，阻碍投资活动的规划和执行，难以带来可持续的经济发展和长期的社会效益。物流绩效是一个国家吸引投资能力的另一个关键指标，很大程度上反映了该国在国际贸易中的作用和竞争力。“一带一路”倡议相关地区的总体物流水平还很欠缺，给投资者参与和利用全球生产网络带来了挑战。同时也为交通基础设施的投资创造了机会，从而帮助提高贸易竞争力，实现具有可持续性和包容性的增长。

1.4 “一带一路”倡议投融资的机遇和挑战

自“一带一路”倡议启动以来，很多公共部门和私营部门提出了自己的设想，并广泛讨论了倡议将会带来的旨在促进伙伴国家的经济和社会发展，并帮助改善其自身发展的可持续性和治理能力的诸多机会。

在未来十年内，中国和伙伴国家将为“一带一路”项目投入数万亿美元的资金，而私营部门将会在这些国家积极寻求市场和商机，各国将在贸易、物流和运输基础设施的建设方面迎来较大发展，社会经济联系也会加强。私营企业享有规模更大、更加一体化的市场，获得健全的生产网络和更好的专业服务，融资也变得相对容易。总体而言，中国和其他国家政府应与其他地方、国家和国际利益相关方密切协商，协调政策和规则，让“一带一路”倡议为各方带来更多实实在在的多维机遇。

自 2013 年“一带一路”倡议提出以来，参与建设的各方已经取得了很大的成就，积累了宝贵的经验，为今后的可持续发展奠定了坚实的基础。第一届“一带一路”国际合作高峰论坛提出了涉及政策、设施、贸易、金融和人文等领域的成百上千个项目，这些成果已经全部按照设想落实。“一带一路”倡议逐步成为重大基础设施项目驱动的国际经济合作机制，促进了伙伴国家的经济和社会发展，提高了合作国的“自主而可持续”的能力和治理水平。

在面对机会和潜力的同时，各方也需要考虑投融资领域存在的风险，同时制定风险管理和缓释措施，最大限度减少风险。这些风险包括是否有利于合作国民生及包容发展、经济可持续以及环境可持续等，有些“一带一路”大型基础设施项目遇到了一些困难，原因包括但不限于当地民意是否支持，劳工政策是否得当，绩效是否如预期以及项目所在国家安全带来的风险。

中国的建筑和工程公司拥有大型基础设施项目必要的技术知识和实施能力，这源于他们在国内积累的丰富经验。“一带一路”倡议范围很广，大量项目在落实过程中几乎不可避免地会遇到困难，这可能导致项目的取消、重审或是超支。我们要借助已经积累的经验和教训，建立预防措施，这样就可以在很大程度上避免失败，降低那些可能对“一带一路”倡议产生负面影响的因素。

同样，我们还需要采取措施，在投资期间更直接地满足伙伴国家的可持续发展需求，并加强国内就业，利用更多当地供应商、更广泛有效地开展技术转让，并在投资活动完成后建立密切的上下游产业联系，提升社会经济和环境正面影响，提高伙伴国家参与全球供应链和价值链的能力。

1.4.1 当前的风险考量

通过分析，我们归纳了涉及投资过程的六个方面的风险：

Ⅰ. 经济风险

贷款人要求借款人还本付息，而投资者则寻求对其资产和回报的明确产权，保障这些收益再投资或汇回。一国需要有保障的法律、监管和税收制度、可靠的中央银行、稳定的价格水平、较低的劳动力成本、有效的预算管理等有利经济因素，以营造有吸引力的投资环境。这些都是借款人在发放贷款时着重考虑的因素。低经济风险有助于保证借方尽快偿还本息，有助于贷方获得对其资产和回报的明确产权并提升再投资或资本回笼的能力。“一带一路”倡议伙伴国家处于不同的发展水平，往往面临一个或多个方面的挑战。根据穆迪（the Moody's）数据，“一带一路”倡议伙伴国家中有50%属于可能存在大量信用风险的类别。[①] 另外融资条件不够透明会引起各方的猜测，当地承包商、劳动力使用比例也会对“一带一路”项目带来影响。

Ⅱ. 法律和政治差异风险

政治和法律风险的复杂性及影响难以评估。政治方面，政府的更迭或变动可能导致外国贷款或直接投资方式的变化。地缘政治因素影响倡议参与各国之间的信任关系。治理水平和当地投资环境差异也很大，根据世界银行2018年的数据，履行亚洲地区货物进口的所有程序需要50多天，而在G7国家则不到10天。[②] 法律方面，各国有不同的法律制度，如民法、普通法和宗教法，且合同的执行和确定财产权的规定也因国家而异。跨境项目的实施可能因为这种差异而面临更大困难。中国与全球化智库[③] 于2016年11月发布一项对300家中国公司做的调查研究：71%的中国公司将“政策变化”“政治动荡”和“政府征收”列为首要关注点。[④] 这些调查结果与德勤公司在2016年早些时候对中国国有企业的调查结果一致，认为“风险管控”是进行海外投资的三大挑战之一。2017年初，中国出口信用保险公司发布了关于“一带一路”沿线65个国家的风险报告，涵盖了政治、经济、商业环境和法律方面，并将叙利亚和阿富汗列为中国对外投资风险最高的国家。

Ⅲ. 文化差异风险

“一带一路”是一项横跨多个大陆的综合经济合作倡议，覆盖了许多具有不同文化、宗教信仰和历史背景的国家。文化差异可能给跨国管理系统以及投资者适应当地市场、遵守当地商业原则和捕捉市场机会等方面带来诸多障碍。人文交流有助于弥合教育和文化背景的差异，也可以帮助发现潜在的协同效应。

Ⅳ. 冲突风险

对贷款人和投资者来说，社会或经济不稳定的东道国吸引力较小。很多“一带一路”项目施工周期较长，设计项目时要考虑项目对于冲突的敏感性，这对于促进成功投资至关重要。另外，这也有助于伙伴国家实现可观的可持续发展收益并确保获得当地的大力支持。

---

① He，L.，《穆迪表示对“一带一路”沿线国家信用风险的担忧》，《南华早报》，2017年9月19日。

② Ruta，M.，《“一带一路”倡议的三个机遇和三个风险》，世界银行，2018年5月4日。

③ 中国与全球化智库（Center for China and Globalization，CCG）是位于北京的一所独立智库。

④ Shi，T.（2017，May 23）. Chinese firms wary of political risks on Xi's Belt and Road. Bloomberg News.

Ⅴ. 债务的可持续性风险

“一带一路”倡议沿线国家的债务可持续性问题已经成为这些国家、中国乃至整个国际社会关注的焦点。为了促进系统的理解、分析、缓和及管理债务可持续风险，应从国家和全球发展的角度考虑该风险的历史和系统原因。因此，需要平衡融资发展需求与债务可持续之间的关系，全面评估“一带一路”倡议沿线国家合同债务或主权担保债务中的还款义务、债务结构及预期经济回报。

“一带一路”伙伴国家的政治环境、经济形势、债务现状和资源禀赋早在几十年前就已形成。在倡议提出前，许多国家的主权信用评级和投资水平都较低。因为各种原因，一些风险在“一带一路”相关活动展开后，引起更多关注。因此，以科学方式评估“一带一路”伙伴国家自 2013 年以来的债务现状尤为重要。根据世界银行和国际货币基金组织的数据，[①]“一带一路”沿线多数国家的外债存量债务与国内生产总值的比例即债务负担率在 2013 年后并没有发生显著变化，这些国家缺乏开展新筹资活动或者偿还已有债务的能力。尽管“一带一路”的影响范围逐步扩大，但中国在大多数国家仍是新兴的投资者，日本、韩国以及美洲和欧洲的发达国家仍是“一带一路”沿线国家的主要投资者。但是，在很多情况下，中国常常为一些债务困难或者急需资金的基础设施提供投资。例如，埃塞俄比亚是非洲最活跃的“一带一路”伙伴国家之一，在过去 20 年中从中国获得了大约 121 亿美元的贷款。该国 290 亿美元总债务的其余部分主要来自中东、世界银行和其他债权人。[②] 由于已经达到很高的债务水平，增加任何来源的债务都会蕴含重大的风险，亟须加强对债务可持续性风险的管理。

“一带一路”伙伴国家、发达国家和国际组织间的进一步合作有益于“一带一路”相关债务风险的管理，可以提高其债务管理能力并有效监控潜在或不断上升的债务风险。文中建议的“一带一路”融合标准可以帮助实现这一目标。例如，通过在不违反国家法律和商业机密性的情况下报告贷款的条款和条件，在签署贷款协议之前开展债务可持续性分析（也包括源自政府担保的或有预算负债）等。

Ⅵ. 环境和社会风险

大型基础设施项目容易对环境产生负面影响。有关报告[③]中提到：“一带一路”倡议涉及的国家数量众多，“一带一路”建设的各项经济活动会对世界环境产生重大且深远影响。作为综合经济合作倡议和国际治理机制的一部分，“一带一路”倡议能够并且应该在落实《巴黎气候协定》中发挥更多的协调作用，最大限度降低对环境的负面影响。能源和交通基础设施是“一带一路”建设相关投资的重要部分，

① 世界银行，《2019 年国际债务统计报告》。

② Eom, J., Brautigam, D., Benabdallah, L.,《前进的道路：第七届中非合作论坛》，约翰·霍普金斯大学中国研究倡议工作文件 No. 2018/1，2018 年 8 月。

③ 马俊，Zadek，S.，《低碳的“一带一路”》，2019 年 3 月 28 日。

其中煤电和水电在能源中占比较大。为了落实《巴黎气候协定》，降低排放，燃煤电厂应该尽量在运营全过程中采用对清洁能源有成本竞争力的最新技术（超临界技术、碳捕获和碳存储等）。世界资源研究所（WRI）等机构 2019 年开展的能源和交通领域的项目系列调查认为，大多数燃煤电厂项目主要依靠传统技术，没有严格遵守国家自主贡献（NDCs）中的内容，[①] 不利于《巴黎气候协定》的落实。大多数大型基础设施项目也会对生物多样性产生负面影响。世界自然基金会（WWF）针对"一带一路"交通走廊与生物多样性和自然资源之间关系 [②] 进行了一系列初步的空间分析，发现存在潜在风险。WWF 建议各国在制定大型基础设施开发计划之前要进行仔细和全面的事前分析。比如大型水坝的建设所涉及的当地社区搬迁和补偿是一个常见问题，这会影响投资的公共声誉和社会经济价值，需要在水电项目规划的早期阶段就加以考虑。

目前我们没有找到关于"一带一路"大型项目环境与社会风险相关研究的出版物。2017 年 5 月中国环境保护部发布的《"一带一路"生态环境保护合作规划 》提出要增加透明度和加强信息共享，是在这个方向上迈出的一大步。

1.4.2 未来的风险考量

政策制定者应该始终保持警惕，不仅防范当前风险，也要考虑那些可能出现且我们从未遇到过的情况。为了避免或减轻这些风险，政策制定者应当采取相应策略，考虑风险管理措施。"一带一路"在全球范围内具有广泛的重要性，因此本文提出的"一带一路"倡议投融资规则相关建议，具有完善现有可持续发展路径的潜力，并希望通过"一带一路"国际合作机制的示范效应影响全球。

一些风险有很大的不确定性，有可能带来难以预期的后果。有些是全球性、系统性的风险，特别是未来全球气候变化、经常性的全球经济和金融危机、全球公共卫生和流行病问题（如寨卡病毒和埃博拉疫情）、病菌耐药性等。由于"一带一路"倡议增加了全球的互联互通，流行疾病也可能因此而加快传播速度。规避风险的手段之一是保险，然而，依赖保险业不足以管理或减轻所有风险，其中一些根本无法投保：目前可能还不存在足以计算未来风险的精算技术，而这是商业保险的基石。此外，未来一些关键风险源于全球的市场失灵，例如气候变化。因此需要采用协调一致的规则和政策，汇编整理最新的政策相关数据和信息，支持有效的监督和监测系统；加强国际治理和多边协调机制，助力"一带一路"可持续发展。执行风险评估和尽职调查的保险业者和利益相关者需要用其他手段和工具来管控风险，这些手

---

① Zhou，L.，et al. 世界资源研究所和波士顿大学全球发展政策中心工作文件《推动绿色"一带一路"倡议：从言语变为行动》，2018 年 11 月。

② 世界自然基金会，《"一带一路"倡议：世界自然基金会的建议和空间分析》，世界自然基金会简报，2017 年 5 月。

段和工具也有助于改善项目当地条件和业务环境。对于依靠私人投资或 PPP 模式的项目来说，这种需求尤其庞大。

“一带一路”倡议项目的数量众多、规模庞大而又种类丰富，在多个维度和领域可能存在风险，因此出现争议的情况是不可避免的。保险公司并不总提供争议解决方案，因此应该准备好争议管控和解决冲突的相应机制。采取协调一致的规则可以确保将争议解决条款纳入相应项目合同，在事前就设定好解决争议的各项细节，并提供相关的制度性支持，为“一带一路”倡议提供多边争端解决机构。中国大陆、中国香港和新加坡的法律和保险部门正在逐步建设此类争端解决的平台。

为了深入了解“一带一路”倡议的投融资挑战和风险，联合国开发计划署和国家开发银行联合开展了问卷调查，对平均市值 2.27 亿美元的 50 多家中国公司进行了分析。该调查发现：与东道国在规则问题上的争议、宏观经济的不确定性、较高的当地劳动力成本等是中国企业在倡议沿线投资所面临的最大风险和挑战。问卷结果也证实了倡议伙伴国家在商业和社会环境方面的复杂性，并强调了全面分析和预防风险的重要性。该调查采用频谱和描述性统计方法分析了选择题（包括单选和多选）、重要性排序题和开放式问题的结果（更多信息详见附件 1）。

1.5 前进的方向：融合“一带一路”伙伴国家投融资规则

协调投融资规则能够为成功应对上述复杂风险和挑战提供所需的一揽子政策，并为“一带一路”的贷款和投资创造一种协调的方法。这种做法有助于伙伴国家避免因规则不一致造成的分歧，并通过设计协调的方法降低其合规成本。同时，使“一带一路”相关融资和投资活动与可持续性的三大支柱即环境、经济和社会完全兼容，将释放“一带一路”倡议的巨大潜力，为所有国家可持续发展目标的实现做出重要贡献。

利益相关方、“一带一路”倡议伙伴国家和整个国际社会都极大期待我们在这方面能取得实质性进展。随着倡议在全球资本流动中发挥越来越重要的作用，倡议范围内的投融资规则协调工作将会成为重中之重，当所有倡议伙伴国家都认为采用这些规则是最佳选择时，“一带一路”倡议的相关规则将会促进全球的协调行动。

要实现国家发展和相关的可持续发展目标，行动的主要责任在于伙伴国家政府和社会。国际社会的援助支持和帮助将在投融资发展中发挥重要作用，对那些经济欠发达和制度较为薄弱的国家尤为如此，国际各方也有责任确保其行动为实现可持续发展目标做出积极贡献。此外，倡议伙伴国采取集体行动还有另一个原因：倡议的投融资活动和项目建设在遏制全球气候变化方面有决定性作用（请见专栏 1-1），也会影响全球化和国际贸易投资体系所带来的收益。

专栏 1-1 “一带一路”倡议在实现巴黎气候变化目标方面的重要作用

“一带一路”倡议投资的碳足迹是实现《巴黎气候协定》的目标（将全球平均温度上升限制在2℃以内，并努力控制在1.5℃以内）的重要因素。由于“一带一路”倡议影响广度和深度不断增加，快速优化“一带一路”投资结构并逐步减少“一带一路”沿线新的高碳排放基础设施的融资，降低“一带一路”沿线国家的碳排放，将会对气候变化带来积极的影响。中国在国内已经实施了一系列低碳、环保政策，取得了良好的效果。能源转型委员会在一份有影响力的报告中确定了三种降低碳排放的路径：一是提高能源效率；二是减少对高碳排放产品和服务的需求；三是在所有领域使用低碳技术。[①]符合可持续发展目标的、融合协调的“一带一路”投融资规则的实施可以在上述三种降低碳排放路径中发挥积极有效的作用。

以上方法并非要抑制经济发展，而是通过调整经济增长结构逐步实现。这需要为正在使用过时技术的用户提供更加有效的技术转让和投资，并逐步减少对高碳排放生产和消费模式的资金支持。

几十年来，外部行动者（特别是金融机构和商业企业）的责任已在若干国际金融、投资准则和规则中有所反映，涵盖环境、基础设施、贸易、劳工、社会、采购、争端解决等广泛领域。这些准则和规则不断地修改完善，能更好地反映可持续发展目标的多个方面。这些被普遍认可或采用的规则，既是国际投融资活动的基础，也是国际社会促使活动可持续发展的基本保证。

此外，私营企业和金融机构也加入了建立“绿色”“社会”和“ESG”规则的浪潮，对资本市场的决策发挥着越来越大的作用。中国一直是其中的积极贡献者，并形成了一些指导方针和规则，这与中国企业和金融机构高度相关，在环境领域尤为如此（详情请见第6章）。

本报告下文会介绍协调的投融资规则将如何有助于可持续发展目标的实现，并为所有倡议参与国家带来收益。鉴于“一带一路”倡议规模巨大，在带来确切的发展红利的同时，倡议有助于在政府、企业和金融机构之间产生互补协作行动的政策工具，同时有助于各国“国家体系（country systems）”的建立，所有行动者应当依赖已经确定的国内规则和政策，而不是逐个评估每个项目对外部规则的遵守情况。同时，协调的投融资规则将会大幅降低合规成本。

① 能源转型委员会，可能完成的任务——到本世纪中叶，将难以减排的行业的碳净排放降至零，2018年11月。

第2章　参与"一带一路"倡议的主要投融资机构

2.1　为"一带一路"倡议提供资金支持的主要金融机构

2.1.1　中国的金融机构

自"一带一路"倡议提出以来，中国的金融机构为沿线项目提供了重要支持（见表2–1）。其中最大的两家是中国国家开发银行（以下简称国开行）和中国进出口银行（以下简称进出口银行）。国家开发银行和进出口银行已发展成为具有全球竞争力的金融机构，为全球南南合作的基础设施项目提供资金支持以及长期发展性融资，为合作伙伴创造经济和社会效益。

表2–1　参与"一带一路"倡议的部分中方金融机构

机构类型	名称	主要金融工具	主要支持行业
开发性/政策性金融机构	国家开发银行	–中长期信贷 –中非基金等股权投资 –债券	基础设施、农业、工业
	中国进出口银行	–优惠贷款 –出口买方信贷 –担保	基础设施和工业设备
商业银行	中国银行	–公司贷款 –担保	基础设施、能源
	中国农业银行	–并购 –贷款 –出口信贷	农业、能源和电力
	中国建设银行	–出口信贷 –并购 –债券①	基础设施、交通运输、能源②
	中国工商银行	–贷款 –债券③	基础设施、农业、工业

续表 2-1

机构类型	名称	主要金融工具	主要支持行业
商业银行	中信银行	- 贷款 - 股权 - 出口信贷 - 债券	基础设施、能源、运输
	招商银行[4]	- 担保 - 信贷 - 贷款 - 货币互换 - 债券	能源、制造、运输、健康文化和旅游产业
	上海浦东发展银行	- 贷款 - 并购 - 债券	电子商务、基础设施[5]
	兴业银行	- 信贷 - 贷款	绿色发展、农业、基础设施[6]
投资基金	丝路基金[7]	- 股权 - 贷款	基础设施、能源、工业
国家出口信用保险公司	中国出口信用保险公司	- 出口信用保险 - 信用担保	基础设施和工业设备

资料来源：UNDP、中国国际经济交流中心。

注：①中国建设银行（2017 年 5 月 15 日）。《中国经营报》：金融支持“一带一路” 建设银行履行大行担当。http: //www.ccb.com/cn/ccbtoday/media/20170515_1494833079.html。

②中华人民共和国商务部，中国国际工程咨询协会（2017 年 9 月 7 日）：建设银行为 50 个“一带一路”海外重大项目提供 98 亿美元金融支持。

③中国香港贸易发展局“一带一路”网站（2018 年 5 月 17 日）：中国工商银行——金融服务覆盖“一带一路”区域最广的中资银行。

④招商银行官网。

⑤浦发银行：服务“一带一路”大连银行业推进跨境金融创新，2017 年 5 月 16 日。

⑥新华网：兴业银行差异化服务输血“一带一路”金融大动脉，2017 年 5 月 15 日。

⑦City of London. 大中华，亚洲商业计划。

I. 中国的开发性和政策性金融机构

- 国家开发银行

国家开发银行是中国最大的对外投融资合作银行，国开行的海外投融资大多数是基于市场化的商业行为。国开行按照商业化、市场化原则支持中国的“走出去”战略，帮助企业在海外发展，也为外国政府和公司提供资金支持。截至 2018 年末，国开行在“一带一路”沿线国家国际业务余额 1 059 亿美元，累计为 600 余个“一带一路"项目提供融资超过1 900亿美元。[①]中非发展基金于2007年设立，是国家开发银行控股子公司，这是第一家中国对外股权投资基金，旨在支持中国在非洲的投资。截至2018年底，中非发展基金累计投资近50亿美元。

- 中国进出口银行

中国进出口银行是中国的国有政策银行，负责向外国政府、中国企业提供优惠贷款。民间投资者的能力往往有限，优惠贷款是大型基础设施项目的重要融资来源。进出口银行还提供以商业利率为基准的出口买方和卖方信贷、非优惠贷款和信贷额度，以及海外投资贷款和混合融资等方案。截至2019年4月，进出口银行支持"一带一路"建设项目1 800个，贷款余额超过1万亿元人民币。进出口银行发起成立了中非产能合作基金，这也是一家中国对非洲的投资基金。

Ⅱ. 商业金融机构

商业银行的主要优势在于其广泛的海外分支网络和丰富的全球运营经验。截至2019年4月，共有8家商业银行在"一带一路"沿线国家和地区设立了63家一级分行，其中东南亚地区最为密集。[②]中国银行和中国工商银行在"一带一路"的投融资活动中发挥了较大作用。商业银行主要使用银行信贷、国际银团贷款和发行海外债券等方式为"一带一路"项目提供资金。各大银行也逐步推出多元化的跨境金融服务，如投行业务、海外保险、金融咨询服务以及投资公司风险管理服务。商业银行主要关注交通运输、能源类基础设施、通信、建筑和贸易等领域。

- 中国银行

为响应"一带一路"倡议，中国银行（以下简称中行）提出了"'一带一路'战略金融大动脉"计划。截至2019年3月，该银行在57个国家和地区拥有600多家海外分支机构，其中"一带一路"沿线国家占24个。中行在"一带一路"沿线国家跟进项目600多个，自2015年至2018年末，中行在"一带一路"沿线国家共实现授信新投放1 301亿美元。中行对"一带一路"倡议的金融服务模式包括信贷、海外债券、海外保险以及与其他金融机构的双边或多边合作。

- 中国工商银行

截至2018年底，中国工商银行（以下简称工行）已在47个国家和地区设立426家机构，并通过收购南非标准银行集团的方式间接覆盖非洲的20个国家。工

---

① 中国国家开发银行2017年年报。

② 中国民生银行官网，《金融科技助力银行业服务"一带一路"建设的策略分析》，2019年4月3日。

行还与143个国家和地区的1 545家海外银行建立了代理关系。其中在“一带一路”21个沿线国家设立131个分支机构。在东盟地区，工行在泰国、越南、老挝、柬埔寨、缅甸、印度尼西亚、马来西亚和新加坡8个国家设有60家分行。第一届“一带一路”国际合作高峰论坛期间，工行发起成立“一带一路”银行间常态化合作机制，经过两年的发展已覆盖45个国家和地区的85家成员机构，合作沿线项目超过59个，融资总额超过400亿美元。

- 中国农业银行

截至2018年底，中国农业银行（以下简称农行）已在17个国家和地区建立了22个海外机构，覆盖亚洲、欧洲、北美洲和大洋洲。2018年农行的海外资产总额达到1 200亿美元，比上年增长11.8%。农行推出了一系列“走出去”金融产品，如跨境并购贷款、出口信贷、海外债券和产业基金等，为中国企业提供各类国内外融资服务。

Ⅲ. 专项投资基金

投资基金是长期融资的重要组成部分，目前很多专项基金都是中外金融实体合作共建的。大多数私人投资基金都是开放式的，拥有多元化的金融服务，高收益率，并运用较为成熟的法律监管体系。自“一带一路”倡议提出以来，投资基金一直是“一带一路”项目的重要融资渠道，其作用还将伴随“一带一路”建设合作的深化而继续增强（见表2-2）。

表2-2 部分中国发起或参与的发展基金

基金名称	所属地区	承诺资本（10亿美元）
丝路基金	亚洲	55
绿丝路基金		30
中阿联合投资基金		4
中国－东盟投资合作基金		1
丝绸之路黄金基金		16
中国－中东欧基金	欧亚大陆	11
中俄投资基金		5
中哈产能合作基金		2
中俄地区合作发展投资基金		1.5
中国－中东欧投资合作基金		1
区域中俄人民币基金		1
中俄科技创新基金		1

续表 2-2

基金名称	所属地区	承诺资本（10 亿美元）
中巴基金	拉丁美洲和加勒比海地区	20
中拉产能合作投资基金		10
中拉合作基金		10
中国对拉美和加勒比地区联合融资基金		2
中国墨西哥基金		1
中国墨西哥能源基金		1
中非发展基金	非洲	10
非洲共同增长基金		2
中非产能合作基金		10
中葡合作发展基金		1
中国气候变化南南合作基金	南南合作	3
南南合作基金		3

资料来源：Gallagher，K. P.，et al.（2018，November）.《激励发展融资？中国在全球能源领域发展融资的利弊》，能源政策，122：313-321。

注：截至 2017 年底数据。

- 丝路基金

丝路基金是中长期发展投资基金，是专门为“一带一路”倡议而发起设立的融资机构，主要为经贸合作和多边互联提供融资。基金于 2014 年 12 月成立，初始资本为 400 亿美元，由中国投资公司和外汇储备（通过梧桐树投资平台有限公司）、中国国家开发银行、中国进出口银行共同出资。2017 年 5 月，中国政府宣布向丝路基金增资 1 000 亿元人民币。除了通过股权投资和贷款提供融资外，丝路基金还与国际发展性机构和国内外金融机构合作，建立联合投资基金、资产管理公司和其他类型的投资实体，并对项目开展联合融资。到 2017 年，丝路基金的投资项目覆盖了巴基斯坦、哈萨克斯坦、俄罗斯、阿联酋、埃及和“一带一路”沿线的其他国家。截至 2018 年底，丝路基金协议投资金额约 110 亿美元，实际出资金额约 77 亿美元，并出资 20 亿美元设立中哈产能合作基金。丝路基金与欧洲投资基金共同投资的中欧共同投资基金于 2018 年 7 月开始实质性运作，投资规模 5 亿欧元。丝路基金同国际金融公司、国家开发银行、进出口银行联合支持的巴基斯坦卡洛特水电站项目见第 4 章 4.4 节。

• 丝绸之路黄金基金[①]

丝绸之路黄金基金是一个 150 亿美元的多边投资基金，由上海黄金交易所监管。该基金投资于采矿工程项目和化学加工基础设施，旨在合作开发发展中国家的黄金矿床，并推动东道国和投资者共享利润。

• 中国－中东欧投资合作基金

中国中东欧投资合作基金为中东欧的高科技和清洁能源企业提供资金，特别关注创新产业。基金投资了波兰的风电场项目，捷克的太阳能发电项目以及保加利亚的电动和混合动力汽车项目。该基金使用多种投资工具，包括股权投资、夹层融资和混合金融产品。

此外，外国私人投资基金为投资者提供更多选择，包括各种创新和传统基金。例如，当股票市场波动性较大时，对冲基金"MAN"以其较高的回报率而闻名。

Ⅳ. 出口信用保险机构

中国出口信用保险公司（以下简称中国信保）是中国唯一一家承担出口信用保险业务的政策性国有保险公司。来自国家的预算拨款主要用于促进对外贸易和投资的发展。自 2013 年以来，中国信保已在"一带一路"上投保了超过 7 120 亿美元的贸易和投资项目。[②] 中国信保提供出口信用保险和再保险、海外投资保险、国内信用保险、信用担保、应收账款管理等出口信用保险服务。其中，短期出口信用保险最为频繁，其次是境外投资担保和中长期出口信用保险业务。由于以"一带一路"项目为重点，该公司的保险很多项目集中在基础设施和能源建设上，这些项目周期长，资本规模大，所在国家的投资环境比较不稳定，来自中国保险机构的支持极为重要。

2.1.2 海外金融机构

一些非中国金融机构正在为伙伴国家的基础设施项目提供资金。这些机构包括双边和多边发展机构以及商业银行。下文对一些主要机构及其提供的融资种类加以介绍。

• 多边开发银行向"一带一路"伙伴国家提供基础设施项目长期贷款，具体条件取决于这个国家的经济发展水平。多边开发银行包括世界银行、欧洲复兴开发银行、非洲发展银行、亚洲开发银行、欧洲投资银行、伊斯兰开发银行、新开发银行

---

① Devonshire-Ellis, C.,《谁在资助新经济丝绸之路？》，丝绸之路简报，Dezan Shira Associates，2017 年 9 月 21 日。

② 中国一带一路网，《中国信保在沿线国家累计承保超 7 000 亿美元》，2019 年 4 月 16 日。

和亚洲基础设施投资银行等。在这些案例中，我们区分了传统与新兴两大类型的多边开发银行。

传统的多边开发银行：世界银行集团和亚洲开发银行是参与“一带一路”倡议最主要的传统性多边开发银行。

——2018 年，世界银行集团向成员国和私营公司提供贷款、赠款、股权投资和担保总额达 669 亿美元。“一带一路”伙伴国家和地区约占该数额的 60%。世界银行集团包括：国际复兴开发银行为中等收入和信誉良好的低收入国家提供贷款、担保、风险管理产品和咨询服务；国际开发协会扩大信贷和赠款，以促进经济增长，减少不平等，改善低收入国家的生活水平；国际金融公司专注于发展中国家的私营领域；多边投资担保机构为发展中国家提供投资和担保；国际投资争端解决中心负责解决投资者与国家的各类争端。

国际复兴开发银行约占世界银行集团能源、采矿、运输、供水、卫生和防洪项目贷款的一半。国际开发协会为低收入国家的医疗保健和其他社会服务提供无息贷款，在“一带一路”的建设中占有重要地位。

——亚洲开发银行通过贷款、共同融资担保、技术援助和赠款等方式支持基础设施、能源、环境、教育和健康方面的项目。作为区域发展银行，亚洲开发银行可与各国商业银行合作，提供联合担保融资，降低融资成本。

新兴的多边开发银行：亚洲基础设施投资银行与金砖国家新开发银行是参与倡议沿线项目融资最主要的两个新兴多边开发银行。

——亚洲基础设施投资银行（以下简称亚投行）于 2016 年 1 月开始运营，现有 100 个成员国，其中近三分之二是“一带一路”倡议的合作伙伴国家，亚投行也为没有宣布参与“一带一路”建设的国家提供贷款。2016 年亚投行为 9 个项目提供了 17.3 亿美元的贷款，涵盖能源、交通和城市基础设施，帮助改善当地人民的生活水平。2017 年，亚投行为 15 个项目提供了 24 亿美元的贷款，包括通信技术等新领域。24 个亚投行项目中，有 16 个是与世界银行、亚洲开发银行或欧洲复兴开发银行等共同合作的，其中包括：

印度安得拉邦城市供水和污水处理改善项目[①]：由亚投行和安得拉邦政府共同投资 5.7 亿美元（股权占比分别为 70% 和 30%），以改善供水和卫生服务水平，并加强可持续服务的发展。

土耳其天然气储存扩建项目[②]：共计融资 27.35 亿美元，亚投行与世界银行各提供 6 亿美元的贷款，伊斯兰开发银行提供 3.5 亿美元贷款，土耳其石油管道公司（BOTAŞ）提供的资本金额为 7.35 亿美元。项目为期 6 年，目标是通过扩大地下储

---

① 亚洲基础设施投资银行，印度安得拉邦城市供水和污水处理改善项目信息，2018 年。

② 亚洲基础设施投资银行，土耳其天然气储存扩建项目，2018 年 6 月 24 日。

气能力来提高天然气供应的可靠性和安全性。

印度尼西亚曼达丽佳（Mandalika）城市和旅游基础设施项目[①]：亚投行与印度尼西亚政府共同资助3.17亿美元，为龙目岛曼达利卡地区的新旅游目的地开发提供可持续的核心基础设施。

截至2018年底，亚投行累计批准贷款75亿美元，撬动其他投资近400亿美元，已批准的35个项目覆盖印度尼西亚、巴基斯坦、塔吉克斯坦、阿塞拜疆、阿曼、土耳其、埃及等13个国家。

——金砖国家新开发银行于2015年7月正式开业。2016年7月，在上海成功发行了第一笔绿色债券，总值30亿元人民币，为期五年。新开发银行为30个项目提供资金，总额为80亿美元。[②] 2016年4月，共计8.11亿美元的贷款首次发放，支持位于巴西、中国、印度和南非的可再生能源项目。2016年10月，新开发银行在俄罗斯的首个项目Baishitan水电站开始动工。

• 双边发展机构在共建“一带一路”国家和新兴市场国家的双边官方发展援助框架内，提供优惠贷款。例如日本的国际协力机构、德国复兴信贷银行、韩国经济发展合作基金、法国开发署等。日本国际协力机构计划在未来五年内与国际金融公司共同融资，在共建“一带一路”新兴市场国家的私营部门项目中投资达到15亿美元。2017年初，国际金融公司和日本国际协力机构资助了孟加拉国414兆瓦双燃料联合循环发电厂项目[③]。

• 出口融资机构和出口信用保险机构以商业或优惠的方式向“一带一路”倡议沿线国家提供贷款，具体取决于伙伴国家和项目类型（如日本国际合作银行、韩国进出口银行、美国进出口银行等）。此类贷款或担保基本为中短期类型。

•“一带一路”伙伴国家的开发银行和公共金融机构为基础设施项目提供长期贷款，例如致力于基础项目融资的印度尼西亚公司PT Sarana Multi Infrastruktur/SMI，位于印度尼西亚南苏门答腊的Palembang–Indralaya收费公路就是PT SMI融资项目。

• 商业银行、基础设施基金和其他商业融资机构通过银团贷款、股权和其他金融工具为基础设施融资。例如汇丰银行、渣打银行、星展银行、华侨银行、马来西亚银行、花旗银行、美国银行等，这些机构都增加了相关投资，但他们通常不为绿地基础设施项目提供长期融资，即便有也是主要集中在新加坡等较为发达的国家。一般而言，双边和多边公共金融机构贷款的优惠幅度高于出口融资机构和商业

---

① 亚洲基础设施投资银行，印度尼西亚曼达丽佳（Mandalika）城市和旅游基础设施项目，2018年12月7日。

② 根据新开发银行官网公布的项目情况汇总。

③ FT日报，IFC and JICA to support $1.5 b in projects to modernize infrastructure in emerging markets，2017年5月17日。

银行。

2.1.3　中国金融机构和国际金融机构之间的合作

“一带一路”建设的融资合作逐步加深，中国的开发性金融机构、政策银行同新兴多边融资机构、中国的商业银行、传统多边融资机构以及出口信用保险公司之间通过建立合作机制、设立股权基金、开展银团贷款等合作方式，形成多元化融资架构。

“一带一路”倡议的每个伙伴国家都从各种来源获取基础设施资金，包括来自国家和地方公共预算的国内资金。中国的金融机构目前扮演重要的角色。在斯里兰卡、柬埔寨和老挝，中国金融机构是最主要的资金提供者，但并不是唯一的融资和投资来源。在越南、印度尼西亚、泰国和马来西亚等国，非中国的资金来源发挥了重要作用。

中国的开发性金融机构在与国际金融机构的合作中积极创新，合作采取多种形式，包括银团贷款、联合融资、转贷、授信、风险分担机制、持股等。例如，国家开发银行发起设立了上合银联体、中国中东欧银联体、中阿银联体等银行间合作机制，同渣打银行、巴克莱银行、花旗银行、德意志银行等签署针对“一带一路”项目的合作备忘录。中国进出口银行与俄罗斯开发银行、荷兰国际集团、（非洲）贸易和发展银行等外国银行合作，共同出资或提供流动性贷款，以支持出口买方信贷。

双边和多边开发银行在大型基础设施项目中的联合融资是比较普遍的做法。对于世界银行、亚洲开发银行、欧洲投资银行、德国复兴信贷银行和其他机构而言，联合融资是分散风险和节约项目开发成本的重要工具。亚投行选择共同资助“一带一路”伙伴国家的基础设施项目，与亚行合作支持孟加拉国天然气基础设施和效率改善项目；与世界银行合作支持菲律宾马尼拉大都会洪水管理项目和与阿塞拜疆 Trans Anatolian 合作支持天然气管道项目等。多边开发银行的合作也有利于建立协调一致的规则体系。多边开发银行通常认为，支持“一带一路”建设相关的项目，更多的是因为同自身机构发展目标相匹配，并促进全球可持续发展。这也说明，“一带一路”倡议本身具有较强的包容性和开放性特点。

“一带一路”倡议相关的项目是中国金融机构重点考虑投资的方向。因此，中国金融机构也越来越多地参与建立国际基金，在倡议的伙伴国家加大投资额度。

自 2005 年以来，国家开发银行发起建立了一系列银行间合作机制，作为与其他国家或区域性金融机构开展合作的平台，如：

- 上海合作组织银联体；
- 中国 – 东盟银联体；

- 中国 – 阿拉伯国家银联体；
- 中国 – 中欧和东欧国家银联体；
- 中非银联体；
- 金砖国家银行间合作机制；
- 中拉开发性金融合作机制。

基于这些平台，将以前一对一建立的金融工具和合作方式逐渐整合到这些合作机制中。成员银行有了谈判与合作的平台，可以探讨联合融资、联合投资、本币信贷、信用证以及人员交流和培训等方面的合作。

国际商业银行已经为“一带一路”建设项目提供金融服务，中国的银行也与其他银行和金融集团积极开展合作。国际商业银行主要提供补充金融服务，例如项目结构化建议、汇率利率对冲、贸易融资服务以及协助客户在国际资本市场发债等。[①]

- 渣打银行于2017年参与了50多个“一带一路”建设项目，到2020年，渣打银行计划提供200亿美元的融资以促进“一带一路”建设项目的发展。[②]渣打银行提供的金融服务包括贷款、银行间交易、资本市场和项目融资活动，例如为加纳电厂扩建项目提供7年融资；为斯里兰卡的液化石油气（LPG）存储终端项目提供10年融资支持，并通过各类方式促进外部融资，提供信用保险或利用衍生工具对冲货币风险；在中东，渣打与中国和本地银行或财团一起合作，例如，渣打银行同丝路基金合作签署了一项30亿美元的电厂项目融资工具，为绿地建设、运营和维护提供资金，这是海湾合作委员会地区的第一座燃煤发电厂。这个项目也是丝路基金为“一带一路”建设提供股权和债务的第一笔交易案例。

- 汇丰银行在首届亚洲货币新丝绸之路金融奖中被评为“一带一路”倡议最佳国际银行，反映了该银行致力于成为沿线项目客户主要金融合作伙伴的意愿。

- 2017年，中国国家开发银行和德意志银行签约，同意在未来五年内进行合作，旨在支持价值30亿美元的项目。

- 花旗银行与中国银行和招商银行签署了谅解备忘录，帮助中国公司开拓海外市场。花旗已经成为中国银行与“一带一路”倡议相关的债券发行的全球协调人。[③]

- 新加坡数字银行在2017年与中国农业银行签署了谅解备忘录。

- 自2016年以来，中国建设银行与新加坡国际企业发展局建立了合作关系，这是一家归属于新加坡政府的贸易发展机构。根据双方签订的谅解备忘录，中国建

---

① Hale, T.（2018, September 25）. Western banks gather to catch the Chinese investment crumbs. HKTDC Belt and Road.

② Mutethya, E. 中国日报，《渣打银行承诺继续支持“一带一路”》，2018年10月17日。

③ 花旗银行官网，https://citibank.com/icg/sa/belt-and-road/overview.html。

设银行将提供 300 亿美元资金，支持中国公司通过新加坡投资“一带一路”项目。

- 中国出口信用保险公司（SINOSURE）在 2016 年与英国出口融资部开展合作，以增加中英出口商在第三国开展基础设施建设时的抗风险能力。
- 德国商业银行与中国工商银行签署协议，承诺到 2023 年为“一带一路”倡议相关项目提供 50 亿美元贷款。

2.2 “一带一路”建设主要投融资工具与机制

自“一带一路”倡议提出以来，中国通过银行贷款、股权和债券市场为重大项目提供了可观的资金支持。最主要的资金来源为贷款，主要由开发性金融机构、政策性银行和国有商业银行提供，私人投资基金也提供了大量资金支持。

2.2.1 贷款

由于交通和能源基础设施项目的财务风险大，建设周期长，回收期长，主要是国有商业银行和政策性银行发放贷款。[①] 多边开发银行也提供这类贷款。

Ⅰ. 中资银行的贷款

根据波士顿大学的一份出版物，[②] 2015—2017 年，六家中资银行每年参与能源和运输行业的银团贷款为 360 亿 ~ 540 亿美元，是 2012—2014 年的 3 倍。2014—2017 年，六家中资银行参与了银团业务，为 32 个“一带一路”倡议伙伴国家的 165 个能源和运输项目提供了价值 1 430 亿美元的贷款。

- 国家开发银行发放的贷款包含基础设施贷款、并购贷款、外汇固定贷款和外汇流动资金贷款等，期限以中长期为主。大规模的基础设施合同会根据具体情况延长期限至 15 年以上。同时，贷款的利率范围主要按照市场化、商业化原则最终确定。
- 中国进出口银行提供国内外贸易、投资和合作贷款，同时参与国内外的银团贷款活动：

——对外贸易贷款包括出口贸易贷款和进口贸易贷款，资金用于支持国际及跨境（港澳台）的货物、服务和技术的相关交易。

——对外投资贷款包括海外资源开发性贷款等，提供给在国内外合法注册的中国企业，用于海外或境外（港澳台）的融资活动。

——对外合作贷款用于中国的对外合作，对象包括海外国家、区域性组织、金融机构、主权担保企业等。同时也帮助中国企业签下海外建设项目合同、获得国际主权合作贷款或是金融机构合作贷款。

---

① 人民日报，“一带一路”五周年特别报道，2018 年 8 月 20 日。

② Zhou，L.，et al. 世界资源研究所和波士顿大学全球发展政策中心工作文件《推动绿色“一带一路”倡议：从言语变为行动》，2018 年 11 月。

进出口银行向发展中国家提供优惠贷款，以促进互利合作，其中包括优惠贷款和优惠出口买方信贷。优惠贷款利率较低（2%～3%），时限较长（还款期限加上宽限期可以达到 15～20 年）。

Ⅱ. 多边开发银行的贷款

• 世界银行发放的贷款主要包括通过国际复兴开发银行发放的贷款（硬贷款）以及通过国际开发协会信贷（IDA credit）发放的长期无息优惠贷款（软贷款）。世界银行对“一带一路”的支持以硬贷款为主，包括项目融资和产业融资。

世界银行贷款期限较长，利息较低，各国获得贷款条件有差异。通常贷款期限可达 20 年、宽限期一般为 5 年，利率一般低于市场利率，对贷款收取的杂费也较少。软贷款的还款期则更长，最长可达 50 年。

• 亚洲开发银行（以下简称亚行）提供共同融资担保、技术援助贷款、项目贷款、规划贷款、部门贷款、发展金融机构贷款、特别项目执行援助贷款和私营部门贷款，支持基础设施、能源、环境、教育和健康等领域，亚行也提供一些赠款种类。

亚行的硬贷款利率为浮动利率，每两年调整一次，到期期限为 10～30 年，宽限期为 2～7 年。软贷款也就是优惠贷款，只提供给还款能力有限的发展中会员国或地区成员，软贷款的到期期限为 40 年，宽限期为 10 年，无利息，仅收 1% 的管理费。

• 此外还有间接的贷款性融资。2018 年 10 月，丝路基金与亚投行签订合作协议，享有优先债权人的条件，用于阿曼国家光纤宽带网络项目的设计与建设。[①] 国家开发银行于 2009 年启动的非洲中小企业专项基金通过当地的银行转贷拓展，也有一部分成为“一带一路”建设的资金。在过去十年，国家开发银行已承诺向 32 个非洲国家提供 42 亿美元的贷款，用于支持中小微企业的发展。[②] 这种方式可以利用当地金融机构熟悉当地情况的优势，为世界上金融市场尚未成熟的国家和地区提供信贷，不过这也要求风险管理标准化，以促进金融机构之间的风险分担机制。

2.2.2 债券

“一带一路”建设的投资者中相对较少使用债券融资机制，主要原因是亚洲金融市场形成了以贷款为主的传统融资方式。此外，中国的标准与国际债券标准（例如关于绿色债券）不完全一致。国际债券市场将是“一带一路”建设项目潜在的重要资金来源，其作用将会在未来逐渐增强。中国国家发展和改革委员会已经计划发行丝绸之路债券，以支持“一带一路”伙伴国家的项目。

---

① 丝路基金网站，2018 年 11 月 7 日新闻。

② 中非合作论坛官网，2018 年 9 月 25 日新闻。

Ⅰ. **中国金融机构发行的债券**

中国国家开发银行、进出口银行通过在国内和国际债券市场发行债券筹资，两家银行都在2017年发行了与“一带一路”倡议相关的绿色债券，例如国开行发行绿色债券支持巴基斯坦的一个风电项目。

对于相关可投资项目来说，中国的银行债券发行的整体规模有限，需要更多的机构作为债券发行人。近期公开的一些案例包括：

- 2014年，中国农业银行（ABC）成为第一家在中东发行人民币债券的中资机构，并继续在中国香港和新加坡发行境外债券。
- 2015年，第一支以“一带一路”为主题的债券成功发行，包括来自阿布扎比、匈牙利、新加坡、中国台湾台北和中国香港等地在内的商业银行机构担任发行人，债券包含人民币、美元、欧元、新加坡元和其他四种货币。①
- 2017年，农业银行新疆分行为乌鲁木齐国际机场改造扩建项目发行了第一笔“一带一路”债券，共计人民币5亿元，约合7 400万美元。②
- 2017年10月，中国工商银行正式在卢森堡证券交易所首次发行绿色债券，募集资金约合21.5亿美元（约143亿元人民币），本次发行的绿色债券同时符合国际和中国绿色定义，国际气候与环境研究中心（Center for International Climate Research）提供意见，中财绿融按照中国绿债标准进行外部审查，并获得气候债券标准认证，是当时单笔规模最大的获认证绿色债券。工商银行的这只“一带一路”气候债券覆盖美元和欧元两个币种，分3年和5年两个期限，是包括11亿欧元3年期浮动利率、4.5亿美元3年期浮动利率及4亿美元5年期固定利率的绿色债券。
- 2018年3月，中国政府授权本地和外国私营公司和政府机构通过上海证券交易所发行“一带一路”债券。
- 中国银行于2018年发行了32亿美元的“一带一路”债券。用户包括中国银行在新加坡、卢森堡、悉尼和新西兰的支行。③

Ⅱ. **私人机构和政府部门发行的债券**

2018年初，中国政府授权本地和外国私营公司及政府机构通过上海和深圳证券交易所发行“一带一路”债券。截至2019年3月，已成功发行10余个此类债券，总计超过35亿美元。俄罗斯铝业公司UC Rusal是第一家发行“一带一路”债券的外国公司。该债券价值10亿元人民币，并在上海证券交易所发行。④总部位于新加坡的普洛斯公司是亚洲最大的物流运营商，也于2018年初获得批准，在深圳证券

---

① 民生证券研究院，朱振鑫，《“一带一路”融资机制全梳理》，2017年3月。

② 中国财经，2017年5月22日新闻。

③ 中国银行网站，2018年4月11日新闻。

④ 中国一带一路网转载金融时报报道，余幼婷，《交易所债市稳步开放 促进“一带一路”资本融通》，https://www.yidaiyilu.gov.cn/xwzx/gnxw/50441.htm，2018年3月17日。

交易所发行多达 120 亿元的“一带一路”债券。①

中国香港特别行政区政府将推出一项广泛的绿色债券计划，旨在促进和支持“一带一路”倡议，并吸引国际投资者通过香港资本市场为倡议沿线的绿色项目提供资金。② 该模式有可能成为国际金融机构、基金和私人投资者参与“一带一路”投融资的主要形式，新加坡也可能参考并采取类似措施。

2.2.3 股权

I. 中国的海外直接投资

根据中国官方数据，截至 2017 年末，中国对外直接投资存量为 18 090.4 亿美元，存量规模占全球比重的 5.9%，位居全球第二位。2017 年中国对外直接投资流量为 1 582.9 亿美元，位居全球第三位。2017 年中国对“一带一路”相关国家直接投资达到 201.7 亿美元，同比增长超过三成；截至 2017 年末，中国对“一带一路”相关国家的直接投资存量为 1 543.98 亿美元，占中国对外直接投资存量的 8.5%，直接投资对于拉动当地经济增长，促进当地就业起着积极的作用。“一带一路”倡议前景广阔，将为全球可持续发展融资提供动力。中国鼓励私营部门也根据该倡议进行投资。

中国海外投资结构概述如图 2–1 所示。

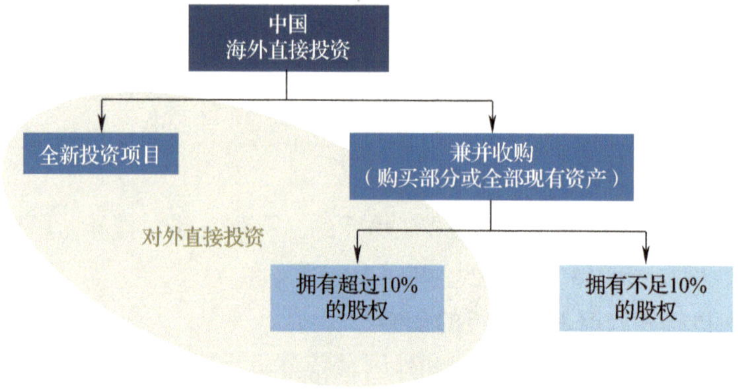

图 2–1 中国海外投资结构示意图

资料来源：官方统计。

Ⅱ. 兼并与收购（M&A）

中国对外并购（M & A）在 2013 年至 2018 年间大幅增长，与“一带一路”的

---

① 环球网，2018 年 1 月 5 日新闻。

② 中国香港贸发局“一带一路”咨询网站，“一带一路”基础设施投资趋势，2018 年 9 月 20 日。

发展相吻合，与2008—2013年的温和增长形成鲜明对比。中国海外并购总额在2008至2013年总计5 400亿美元。并购的总量在2014年后有较大的增长。2016年海外并购超过2 000亿美元，2017年和2018年海外并购分别为1 080亿美元和950亿美元，2013—2018年的总量几乎是2008—2013年的两倍[①]。

2017年，在与中国签署“一带一路”合作协议或备忘录的68个国家中，中国并购总额达到480亿美元，[②]与2016年的310亿美元相比，同比增长超过50%，是2013年的3倍多。超大额交易包括中国财团以116亿美元的价格收购了总部位于新加坡的普洛斯集团（Global Logistics Properties，GLP），中国石油天然气集团以18亿美元的价格收购了阿布扎比石油公司8%的股权等。

房地产在过去几年经历了急剧增长，几乎占并购总量的五分之一，而金融产品和新闻媒体仍然是关键领域，两个行业的并购投资合计增长10%。此外，2017年消费品已成为“一带一路”并购的四大主要行业之一，占总量的14%。

总的来说，这些并购领域比较集中，且在较为发达的国家并购交易额更大。

Ⅲ. 组合投资与联合投资

股权投资的主要初始来源是400亿美元的丝路基金。截至2017年底，丝路基金的承诺投资约为70亿美元，其中股权投资占近80%。其中一些例子包括：

- 在阿联酋萨贝塔购买了Yamal液化天然气（LNG）项目9.9%的股权。
- 与中国哈尔滨国际电气公司共同投资的迪拜Hassyan洁净煤发电厂。
- 2016年收购俄罗斯能源公司PJSC SIBUR HOLDINGS9.9%的股权。[③]

2017年11月，丝路基金与通用电气的子公司通用电气能源金融服务公司签订了合作协议，以建立能源基础设施共同投资平台。两家公司通过该平台在包括“一带一路”倡议伙伴国家和地区在内的电力、石油和天然气以及可再生能源领域进行投资。[④] 2018年7月，丝路基金和欧洲投资基金签署了谅解备忘录，以实施其首次共同投资计划。[⑤]

除丝路基金外，中国的企业是另一个重要的股权投资来源。在提出“走出去”战略之后，中国的海外直接投资不断增加，很多来自企业。

此外，一系列股权投资基金也为“一带一路”建设提供资金支持。这些基金的大多数都以商业为基础开展运作，并在能源、资源、基础设施、制造业、农业等关键部门开展中长期投资。

股权投资通常与贷款相结合，案例包括：

---

① 数据引自美国伟凯律师事务所（White & Case）的数据库，2019年1月13日。

② 中国日报新闻报道，数据源于安永会计师事务所，2018年4月11日。

③ 欧亚新闻社，2016年12月16日新闻。

④ 丝路基金网站，2017年11月10日新闻。

⑤ 中国日报网站，2018年7月16日新闻。

• 总金额为58亿美元的中老铁路项目：铁路连接万象与中老边界。中国和老挝已成立合资企业，股权分别为70%与30%，为铁路项目提供资金。中国进出口银行将以4.3%的利息提供4.65亿美元，35年到期，并配有5年的宽限期。①

• 孟加拉国佩特拉港口总金额为16.5亿美元燃煤电厂是中国机械进出口（集团）有限公司（CMC）与孟加拉国国有西北发电公司的合资企业项目。资金来自中国，孟加拉国提供了实物资产，股权由两者共享。

2.2.4 基于赠款的资金

赠款来自政府预算，用于公共发展领域或人道主义救济，由政府补贴并提供给外国政府机构。赠款是中国对外援助的重要组成部分，形式主要是直接财政支持、实物援助以及奖学金或医疗援助，但不包括与军事有关的资金。此类资金主要用于建立医院、学校和廉价住房，并支持供水或其他社会福利项目。

赠款通常占总发展资金的一小部分。中国向“一带一路”伙伴国家提供赠款的一个例子是中国南南合作援助基金（SSCAF），该基金由中国政府于2015年成立，旨在促进发展中国家人道主义援助及对农业和粮食安全、扶贫、教育培训、工业化、气候行动和公共卫生的支持。SSCAF的初始资本为20亿美元，在2017年的“一带一路”国际合作高峰论坛上又增加了10亿美元，以进一步促进发展中国家实现2030年议程。

有许多以环保为重点的基金提供赠款和贷款。这些资金并非专门为“一带一路”而设立，但确实向很多合作国家提供了赠款和贷款，是资金来源的重要补充。

尽管援助、赠款占整体融资总量的一小部分，但在解决市场失灵方面发挥着至关重要的作用。当与贷款一起使用时，也可以产生重要的杠杆效应，在针对最不发达国家的整体融资中通过混合融资提供更大程度的优惠。

2.2.5 公私合作伙伴关系

公私合作伙伴关系（PPP，又称公私合营制度）是政府与私营部门之间的长期合作安排，最常用于发展基础设施或提供公共服务，将在“一带一路”倡议项目中发挥越来越重要的补充性作用。很多发展中国家的政府为大型基础设施项目提供资金的能力有限，或无力全额承担项目带来的财政压力。同时由于投资周期长、融资成本高以及短期回报率低，民间资本通常不愿意参与基础设施项目，再加上政治和商业环境的不确定性以及一些沿线国家不成熟待完善的金融市场，项目对私人投资者的吸引力进一步弱化。因此，PPP模式便应运而生。

PPP模式有望为填补资金缺口和减轻政府财政负担做出重大贡献。私营部门经

---

① 日经亚洲评论，2018年3月28日新闻。

验丰富，具有市场敏感性，能高效利用资源，私营部门的参与可以提高“一带一路”倡议投资的效率，并有助于管理和降低项目风险。政府可以通过与政治和法律风险相关的项目保障和政策承诺来做一些补充性工作，以解决整个项目在实施过程中私营部门所担心的可能仍然存在的问题。[①]很多国家在一些情况下将PPP视为一种创新的项目融资模式。截至2017年4月底，“一带一路”倡议沿线64个国家已经实施865个PPP项目，总投资额为5 090亿美元。[②]

为了有效衡量PPP项目，我们需要分析一系列指标，跟踪其经济效益、风险分担机制以及社会和环境的可持续性。PPP项目的落实对减贫具有直接或间接的作用效益。各方应努力促使PPP项目符合可持续发展目标的评估框架。与传统的财政预算资助相比，PPP模式更能让资本发挥其作用。每个参与者能够集中精力，在优势领域发挥作用，提升整体效率：政府制定战略规划，提供公共产品和公共服务，并确保项目在社会与环境方面的可持续性；而私营部门在预算范围内能更有效地利用资源并最终交付项目成果。

公共和私营部门可以共同努力，最大限度地发挥大型基础设施在可持续发展方面的影响力。私营部门在公私合作伙伴关系中的贡献具有特殊的价值，这得益于其在专业知识、业务效率和积极性因素方面的相对优势。然而，各国PPP应用情况差异较大，人们对PPP模式的定义尚未达成共识。这是因为项目设计往往要因地制宜，具体情况具体分析，考虑所在国家的发展水平、市场化比例和公司治理制度等因素。

“一带一路”倡议的典型PPP项目涉及运输、可再生能源、电力以及石油和天然气行业，项目覆盖面很广，反映了伙伴国家的产业结构、发展重点和政策导向。影响公私伙伴关系的其他关键因素有伙伴国家的自然资源禀赋、人口结构、法律、监管和体制框架、投资环境、金融市场、政府的政策执行能力和可信度。由于中国在这个领域提供了坚实的政策支持，吸引更多资源联合投资合作伙伴国家的基础设施，预计PPP项目的规模和范围还会扩大。

“一带一路”建设对公私合作伙伴关系项目的需求正在迅速增加，发展中国家也要改善基础设施，解决公共产品供应短缺的问题。除了运输方面有巨大的资金需求外，在能源、水利和通信行业也有发展需求，因此带来的PPP项目机会也很多。在未来，各国政府与民间领域联合推出的通信和能源项目预计将取得重大进展。[③]PPP项目还可以使伙伴国家的国内私营部门也有机会参与“一带一路”倡议的基础

① Wu, Y., et al. (2017, September 10). Risk assessment in straw-based power generation public-private partnership projects in China: a fuzzy synthetic evaluation analysis. Journal of Cleaner Production, 161, 977-990.

② 联合国开发计划署工作文件，《中国的对外融资》，2019年。

③ 中国一带一路网，https://www.yidaiyilu.gov.cn/jcsj/sjyw/776.htm，2016年9月23日。

设施投资，目前已有相应的成功案例，如中俄石油天然气管道、中缅石油天然气管道、印度尼西亚和泰国的铁路项目、莫斯科的地铁建设项目、东欧的铁路重建项目以及印度的高速铁路项目。值得一提的是巴基斯坦的卡洛特水电项目（价值 17.4 亿美元）[①] 是“一带一路”建设 PPP 项目的另一个成功范例。根据具体情况的不同，公私合作伙伴关系可以在“一带一路”倡议的背景下发挥更重要的作用。例如，中国的国有企业可以在伙伴国家投资大规模的基础设施项目，然后在项目发展到中期阶段或是结束以后，将项目出售给中方或东道国的民间资本继续运营。此类投资形式既能降低风险，也能提高投资者意愿。

2.3 “一带一路”倡议与全球范围的主要投融资实践对比

基础设施投资周期长，回报低，通常要在低利率下进行数十年的融资运作，又因为或多或少具有公益特征，实现收益并不容易。基础设施投资应当造福贫困地区和贫困人口，盈利也就更加困难。结果往往是项目自身收入不足以支付贷款的本息。这就要求投资者改变原有的市场模式，采取新的措施。

基础设施项目的投资风险很高，需要精细化管理，降低风险，并控制投资成本，建议可以从环境、社会标准、严格的项目管理措施以及允许立法机构监督等方面着手。在有些情况下，如果项目所提供的服务具有重要的公益性质，对其提供优惠贷款或某种形式的融资补助，可以帮助确保基础设施项目的财务可行性和借款国的债务可持续性。如果本地的财政情况尚可，那么也可以考虑用一定量的财政资金支持投资项目中符合公共利益的部分。通过多元化、混合融资实现较低的综合平均利息，通过 MIGA、Euler Hermes、中信保等类型的保险机构可以覆盖一部分风险，除此之外风险敞口依然存在，且仍有大量项目无法担保。这些问题造成了贷款项目在经济和财务上的困难，甚至导致有些项目无法实施。

如前几节所述，到目前为止，贷款一直是中国的开发性金融机构、政策性银行和国有商业银行的主要融资方式。贷款的风险较低，能够整合来自多方的资源，用以支持大型项目，加强政府与市场之间的联系，这些原因都能解释投资者对贷款这种方式的偏好。股权投资涉及更高和更长期的风险敞口与交易成本。股权投资更需要从全生命周期的角度关注当地法律、法规、税收制度、劳动力市场、供应链以及文化和社会规范。承担高风险的同时股权投资可以带来更高的回报和永久的收入来源。

一般而言，中资银行严格按照中国政府和中国金融监管机构的法律法规，通过年度报告披露其信息。一些中资银行还根据国际金融法律法规披露其信息。出于商

① Chan，R.，《21 世纪丝绸之路——中国的“一带一路”倡议》，2017 年 5 月 18 日。

业机密性考虑，很多中资银行所披露的信息可能有一定局限，不利于利益相关者和研究人员评估某个伙伴国家全部债务。2018 年 12 月，中国驻巴基斯坦大使馆披露了中国为中巴经济走廊项目提供的融资，较为全面地描述了贷款条件，这一做法得到国际各界好评。[①]

"一带一路"建设经常用到的一些具体融资机制如下：

• 商业贷款是根据公司的整体情况、具体项目的预期业绩运作。项目融资发放效率较高，但项目如果风险高会给公司带来额外的风险。公司内部担保催生出很多公司贷款的衍生形式：国内银行为境内企业在境外注册的关联企业提供担保，境外银行收到担保函后也更愿意给境外投资企业提供担保服务。

• 优惠贷款和优惠出口买方信贷的总还款义务是以货币现值计算的，因此明显低于贷款的额度。长期低息贷款或能因此减少未来的还款义务，将还款总和降到当前所提供贷款的数额以下。当此类模式扩展到发展中国家时，其细节将由两国政府签署的贷款协议决定。如果没有相应的补偿机制，民间资本通常是不愿提供此类贷款的，额外的优惠政策可能带来商业损失。

• 银团贷款由一个或多个银行牵头，若干银行与非银行金融机构统一向同一借款方放贷，这种方法的优势有：①资金总量更多，期限更长；②实现风险分担，降低银行单独承担贷款总额所承担的风险。中国的各类商业银行对基础设施建设的资金支持基本都以银团贷款形式为主。

• 向当地银行提供信贷额度，为较小规模的项目提供资金服务。

• 混合融资整合了不同性质的资金资源，包括商业贷款、优惠贷款和赠款基金，对于前期成本偏高、投资回收期较长的项目来说，此种融资方式能够帮助其实现可持续发展。

• 股权投资是由中国金融机构支持重点区域的发展，并提供更多样化的金融工具。

• 绿色债券要求对绿色项目进行更严格的项目评估和透明度审查。

总体而言，"一带一路"倡议伙伴国家有一系列融资机制可供选择，每个机制对应着不同的风险和回报。投资者可根据其可用资金、政策目标和风险偏好进行选择。随着"一带一路"倡议的发展，融资机制和资金引导方面可能会出现更为复杂的模式。PPP 项目有较大发展潜力，但该模式和管理方式需要东道国政府强大的项目管理能力。[②]

---

① 中国驻巴基斯坦大使馆声明，《22 个中巴经济走廊项目融资情况》，2018 年 12 月 29 日。

② 商务部投资促进局和中国服务外包研究中心发布的研究报告，《"一带一路"下的投资促进研究》，2017 年 6 月。

第 3 章　东南亚地区投融资分析

如前一章所述，“一带一路”倡议对于区域内部和区域之间的经济联系和发展具有巨大影响。该倡议在过去几年中调动了大量资金和资源，一些地区和国家在参与该倡议各项活动、促进贸易、投资及与其他国家的经济联系方面取得了显著的成果。区域和国家特征，包括地理位置、基础设施和治理质量以及经济条件等，有助于解释不同地区和国家的资金分配和投资吸引力的差异变化，还有助于解释与投资和融资相关的风险问题。在参与“一带一路”建设的开始对接、审查改进并最终协调用于指导“一带一路”投融资活动的规则和原则之前，利益相关方必须了解各国的特征和国情及其伴随的风险和机遇。本章将分析东南亚作为“一带一路”投资流量较大的地区所具有的投资趋势和全景，展示该地区投资和融资活动的动态。随后将对所涉及的风险和挑战进行分析，并说明主要融资机制。

3.1　东南亚投融资趋势及背景

3.1.1　东南亚外商直接投资概况

东南亚地区（SEA）人口超过 6 亿人，名义 GDP 已超过 2.70 万亿美元，[①] 正在迅速成为亚洲主要的经济力量和全球增长推动力。根据摩根大通的分析，按照 2019 年的增长率，到 2030 年，东南亚将成为仅次于欧盟、美国和中国的全球第四大市场，这得益于受过良好教育的劳动力、丰富的自然资源和有利的地理位置。作为国际投资的热点之一，近年来东南亚的外商直接投资（FDI）稳步增长。基于联合国贸易和发展会议外商直接投资流动的国别数据，图 3–1 显示了流入东南亚的外商直接投资从 1990 年至 2018 年的变化情况。

随着“一带一路”倡议的发展，中国在东南亚的投资有所增加，预计还将持续增长。尽管 2017 年中国对外直接投资总体增速放缓，但对东南亚 11 国的投资有所扩大，投资额为 141 亿美元（见图 3–2），同比增长 37%，占中国直接投资总额的

① 东南亚国家包括文莱、柬埔寨、印度尼西亚、老挝、马来西亚、缅甸、菲律宾、新加坡、泰国、越南以及东帝汶。

8.9%，占中国对亚洲对外直接投资的 12.8%。[①] 截至 2017 年底，中国在东南亚的直接投资存量已超过 890 亿美元（见图 3-3），相当于中国对外直接投资存量在亚洲的 7.8% 和全球的 4.9%。

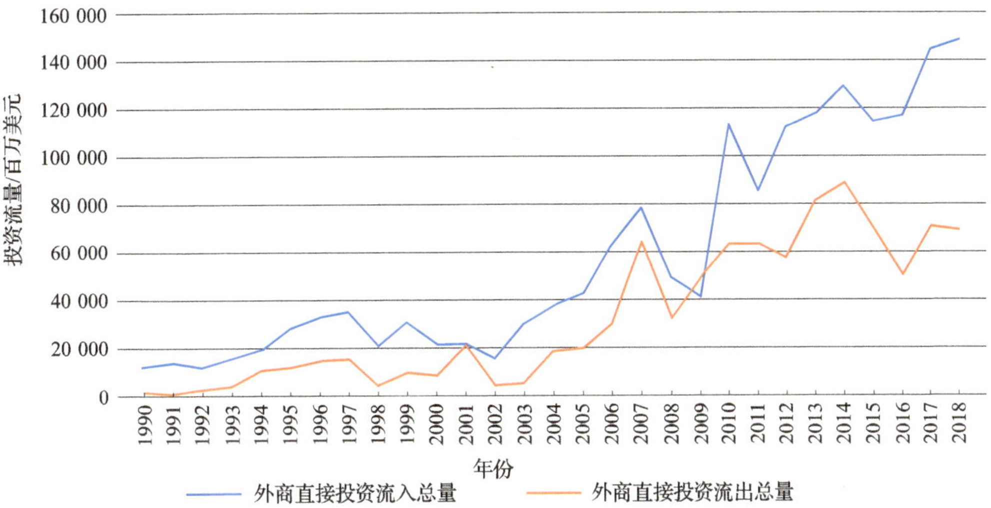

图 3-1　1990—2018 年东南亚的外商直接投资流量

资料来源：联合国贸易和发展会议，附件表 1，1990—2018 年按区域和经济分列的外国直接投资流入量，2019 年。

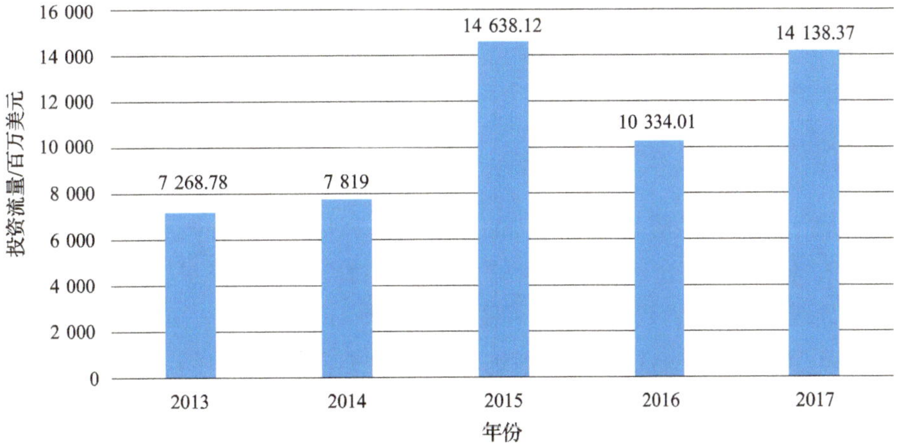

图 3-2　2013—2017 年中国在东南亚地区直接投资流量

资料来源：中华人民共和国商务部，国家统计局，国家外汇管理局 . 2017 年度中国对外直接投资统计公报［M］. 北京：中国统计出版社，2018.

---

① 本节使用的中国对外直接投资统计数据来自中华人民共和国商务部、国家统计局、国家外汇管理局联合发布的《2017 年度中国对外直接投资统计公报》，中国统计出版社，2018 年版。

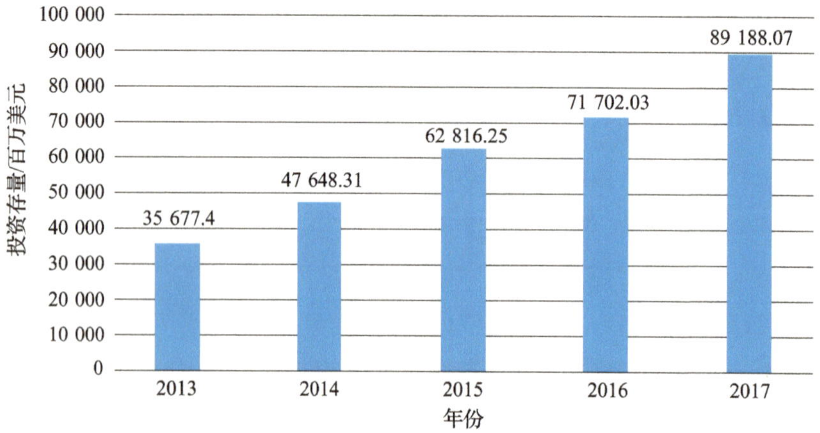

图 3-3 2013—2017 年中国在东南亚地区直接投资存量

资料来源：中华人民共和国商务部，国家统计局，国家外汇管理局 . 2017 年度中国对外直接投资统计公报［M］. 北京：中国统计出版社，2018.

截至 2017 年底，在东南亚的产业结构方面，中国对外直接投资存量中租赁和商业服务业排名第一，主要集中在新加坡（累计 156 亿美元，占该行业总投资额 175 亿美元的近 90%）。制造业累计 156 亿美元，主要在印度尼西亚、泰国和越南。就 2017 年投资流量目的地而言，新加坡排名第一，金额为 63.2 亿美元，同比增加一倍，占当年中国向东南亚投资总额的 44.8%，投资领域主要集中在租赁和商业服务业、批发和零售业；马来西亚排名第二，金额达 17.22 亿美元，占 12.2%，主要领域是制造业、房地产业和建筑业；印度尼西亚排名第三，金额为 16.82 亿美元，占 11.9%，投资领域主要集中在制造业、建筑业、电力、热力、天然气和水的生产和供应方面。[①]

3.1.2 东南亚国家营商环境

由于政治制度、经济政策和文化的差异（东南亚共有十种国家语言以及大量的当地语言和方言），每个东南亚国家的商业环境特点都十分鲜明。基于营商环境指数（由世界银行发布），[②] 如图 3-4 和图 3-5 所示，新加坡、马来西亚和泰国在接受调查的 190 个国家中排名较高，而该地区的其他国家则排在中间或较低位置，但实际上有些排名较低的国家在特定指标中表现可能较好。新加坡和马来西亚的基础设施投资环境有显著改善。新加坡政府正在寻求私人机构投资者对基础设施投资，而不是继续依赖公共支出。马来西亚出现了一些投资风险，包括货币对美元的贬值以及高层腐败丑闻，推迟了重大投资项目的实施。

① 本节使用的中国对外直接投资统计数据来自中华人民共和国商务部、国家统计局、国家外汇管理局联合发布的《2017 年度中国对外直接投资统计公报》，中国统计出版社，2018 年版。

② 营商环境指数表现的是在某一个国家获得营商便利性的难易程度。数值越低表明排名越靠前，营商更加便利。

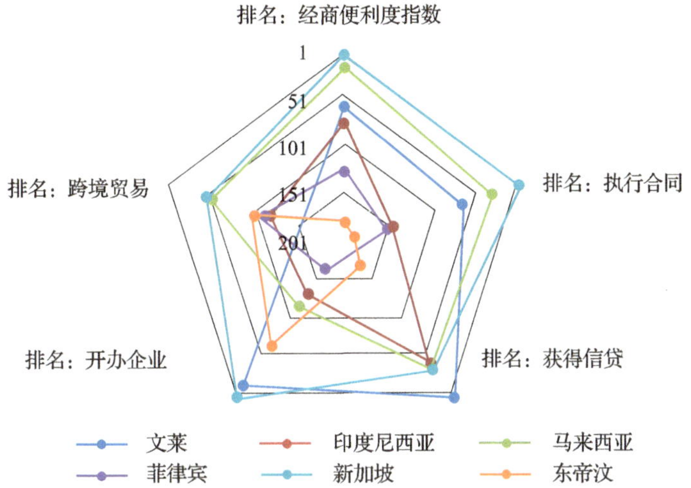

图 3–4　2019 年东南亚非湄公河流域国家营商环境指数

资料来源：世界银行《2019 年营商环境报告》。

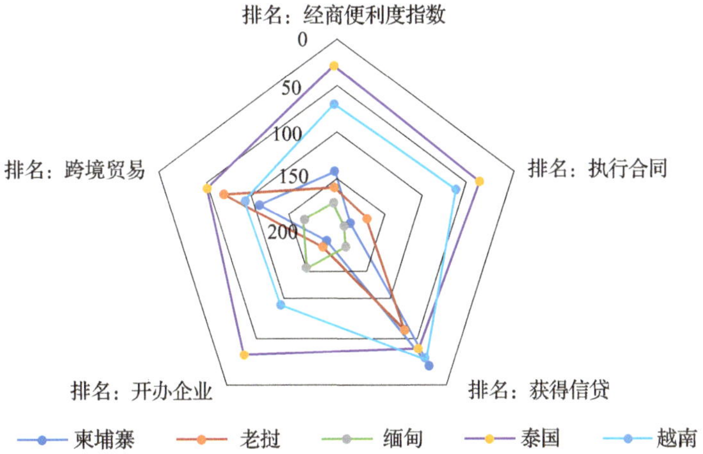

图 3–5　2019 年东南亚湄公河流域国家的营商环境指数

资料来源：世界银行《2019 年营商环境报告》。

根据北京大学东盟国家研究中心与走出去智库（CGGT）《中国 – 东盟贸易投资指数报告》的持续跟踪，泰国通过一系列投资促进国内基础设施的快速改善，成为最重要的投资目的地之一。由于电力短缺和缺乏化石燃料，泰国政府希望开发替代能源。[①] 印度尼西亚希望通过改善道路和港口等交通设施以及发电和电信设施，吸引更多投资，同时基础设施本身的巨大投资缺口也为外资进入提供了很好的机会。中国对雅加达—万隆高速铁路的投资是一个充满希望的开端。越南的基础设施水平低于泰国和印度尼西亚，特别是在道路、机场、电力供应和固定通信领域。近年

① Eijas Ariffin，《泰国为可再生能源铺平道路》，东盟邮报，2018 年 10 月 30 日。

来，越南政府开始投入更多资金，用于基础设施建设，约占 GDP 的 5.7%，这在所有东南亚国家中是最高的。[①]

表 3–1 和表 3–2 说明了东南亚各国在人口、经济规模、金融部门发展和债务指标方面的巨大差距。就经济规模而言，印度尼西亚的国内生产总值是文莱的 95 倍，但文莱的人均国内生产总值是印度尼西亚的 6.42 倍。在产业方面，经济发展较为成熟的新加坡、马来西亚和泰国等主要经济体对消费品、零售和服务业的影响较大，而经济欠发达的柬埔寨、老挝、缅甸和越南等国则重点关注农业和制造业。

表 3–1 东南亚国家的主要经济和发展指标（2018 年或可查到的最近年份数据）

国家	人均国内生产总值①	贸易总额②	FDI 净流入③	人类发展指数④	总人口（增长率）	人口预期寿命	就业人口比例（%）
文莱	80 778	94	468	30	428 962（1.1%）	77	59
柬埔寨	4 354	125	2 788	143	16 249 798（1.5%）	69	80
印度尼西亚	13 057	43	20 510	116	267 663 435（1.1%）	69	64
老挝	7 441	76	1 599	139	7 061 507（1.5%）	67	78
马来西亚	31 698	132	9 512	57	31 528 585（1.4%）	75	62
缅甸	6 662	—	4 002	148	53 708 395（0.6%）	67	61
菲律宾	8 935	76	10 256	113	106 651 922（1.4%）	69	58
新加坡	101 353	326	94 811	9	5 638 676（0.5%）	83	66
泰国	19 018	123	8 046	83	69 428 524（0.3%）	75	67
东帝汶	7 644	—	7	132	1 267 972（2.0%）	69	38
越南	7 435	188	14 100	116	95 540 395（1.0%）	76	76

资料来源：世界银行和 UNDP。有关人类发展指数的数据，源自联合国开发计划署《2016 年人类发展报告：人人享有的发展》。其他数据源自世界银行。

注：①2018 年，购买力平价调整后以美元计算。

②2018 年，亿美元。

③2017，百万美元现值。

④2018 年，1 代表最高；189 代表最低。

① 亚洲开发银行，Meeting Asia’s infrastructure needs，2017 年 2 月。

表 3–2　东南亚国家的主要财务和债务指标（2018 年或可查到的最近年份数据）

国家	银行不良贷款占总贷款比例（%）	金融部门提供的国内信贷（占 GDP 百分比，%）①	赠款，不包括技术合作②	人均官方发展援助净额③	通货膨胀，消费者价格（年度百分比，%）	外债存量总额④	一般政府总债务占 GDP 的百分比（%）
文莱	3.9	28.3	—	—	0.2	—	2.5
柬埔寨	2.0	85.7	6.2	52.7	—	15 336	29.4
印度尼西亚	2.3	47.2	18.5	0.9	3.2	369 840	29.2
老挝	—	—	10.0	68.5	2.0	15 588	63.0
马来西亚	1.5	143.1	7.3	–0.9	0.9	—	56.2
缅甸	—	—	22.5	28.9	6.9	14 936	38.2
菲律宾	1.7	69.1	18.1	1.5	5.2	78 824	39.6
新加坡	1.3	136.6	—	—	0.4	—	108.3
泰国	3.1	167.0	12.6	3.6	1.1	169 241	42.1
东帝汶	—	–10.9	2.9	186.6	—	158	5.4
越南	3.9	28.3	—	—	0.2	—	2.5

资料来源：世界银行和 IMF。

注：① 2018 年，占 GDP 的百分比。

②国际收支，百万美元现值，2017 年。

③美元现值，2017 年。

④已支付和未偿还债务，百万美元现值，2017 年。

一些东南亚国家在一定程度上面临政府债务问题，特别是老挝、马来西亚、柬埔寨、越南和泰国，近年加大了基础设施投资，增加了政府债务水平。与此同时，该区域一些国家通货膨胀问题在过去十年中没有明显改善，部分原因是国际粮食和石油价格上涨以及国际资本流入，这个问题在泰国、越南、印度尼西亚和菲律宾等国比较严重。

3.1.3　东南亚社会、政治和法律环境

近年来，东南亚地区的法律和政治环境更加稳定，通过遵守国内法和国际投资协定改善了法律环境，加强了产权保护，但仍然面临一些政策障碍和法律挑战。在此背景下，贷方需要确保在现任领导层之外为其融资赢得广泛的支持，否则会对已签订的协议带来不确定性。例如，马来西亚新政府要求修改由其前任签署的“一带一路”倡议合作协议，因为他们认为政府承担了过重的债务。再比如，就昆明至新

加坡铁路的老挝部分，该项目的估计建设成本占老挝国民生产总值的近 40%。[①] 投资额巨大的项目符合经济、社会、环境可持续发展要求，获得广泛政治和民意的支持非常重要。

据世界银行报告，完成东南亚国家所有进口程序大约需要 18 天，而 G7 国家不到 10 天。[②]法律方面，在 11 个东南亚国家的法律体系中，有两个基于普通法，六个基于民法，其余三个是混合法律制度。这种法律制度的变化可能对东南亚国家之间的联通性构成挑战，特别是当一个项目需要跨越司法管辖区时。

世界银行治理指标，涉及腐败、政治稳定与无暴力程度、法治、控制和监管质量等四个要素，为评估特定国家和地区治理水平提供了实用方法。图 3-6 显示了该地区的东南亚 11 个国家的治理指标排名。

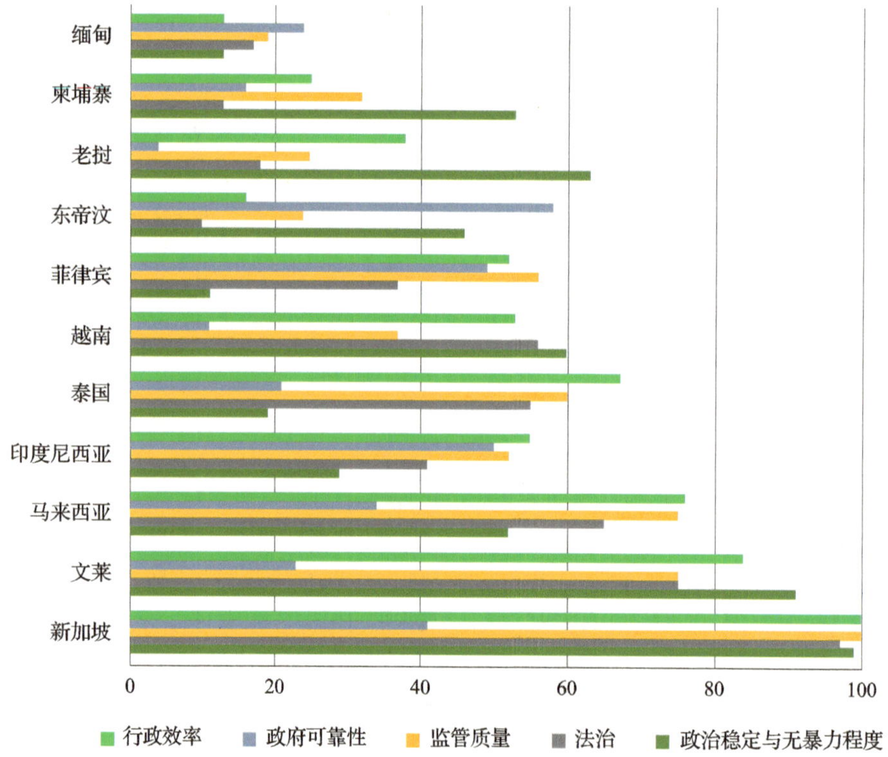

图 3-6 东南亚国家治理指标

资料来源：世界银行《2017 年全球治理指标》。

①② Michele Ruta，《“一带一路”的三大机遇和三大风险》，世界银行，2018 年 5 月 4 日。

3.2 东南亚投融资面临的挑战和风险

东南亚国家在经济发展、经济政策协调、金融市场发展、基础设施融资和建设、立法和执法方面存在很大差异。这种多样性可能会给投资和融资活动带来风险与挑战，特别是相互关联的项目。以东南亚国内立法和法规为例，本节回顾了四个法律领域的挑战和风险，即银行业开放、担保体系、争议解决和仲裁以及外汇管制。该分析强调了在进行充分和切实可行的协调和磋商之前，应考虑国家法律体系、宏观经济环境、税收、外汇等相关的多维风险对“一带一路”投融资活动的重要影响。

3.2.1 银行业的开放水平

银行业开放度是一个国家整体金融开放的重要方面，不仅与金融创新、区域或全球一体化及经济增长有关，还与投融资风险有关。更开放的金融市场有助于提高金融中介的效率并降低融资成本，封闭的银行业往往会对风险分担和资金的可用性产生负面影响，这两者对外国投资者都很重要。[①]银行牌照是在世界上大多数国家开展银行业务的共同先决条件，而在东南亚建立银行还存在其他挑战。

首先，对外国资本的限制仍然存在。在马来西亚，外资不得超过金融机构资本的40%（其余60%需为国内资本），通过收购也只能最多持有国内银行49%的股份。2014年以前菲律宾银行也有60%的外国所有权上限，这一年国会法案取消了所有权上限，以帮助该国加深与其他东盟经济体的经济一体化。1999年早些时候，新加坡的银行业改革取消了对外资只能占当地银行40%股权的限制。

其次，业务范围有局限。在老挝，外国银行可以申请开设代理机构或代表处，但经批准的代理机构或代表处只允许与其外国商业银行或金融机构客户联系，不能涉及任何银行或类似业务。同样，在缅甸，获得营业执照的外国银行只能作为联系机构，在与当地银行建立合资企业之前不得开展其他银行业务。缅甸中央银行已向包括中国工商银行和曼谷银行在内的13家外国银行授予临时营业执照以开设分行，但他们只能向外国公司提供贷款。

最后，进入东南亚的投资者和银行受到不同的运营限制。例如，泰国的外国银行只允许设立20个分支机构和20个自动柜员机。在马来西亚，中央银行要求外国银行的员工至少有30%是马来西亚人。

---

① Bayraktar Nihal，Wang Yang，《银行业的开放与经济增长》，世界银行第4019号政策研究工作文件，2006年。https：//openknowledge.worldbank.org/handle/10986/9273，许可编号：CC BY 3.0 ICO。《通过市场开放和企业现金政策进行金融自由化》，Yenn-Ru Chen，Robin K. Chou，Jhong-Hao Li，国立政治大学，2015年8月。

3.2.2 担保体系

大多数东南亚国家是多边投资担保机构（MIGA）的成员，该机构帮助外国投资者进入新兴市场并保护他们免受发展中国家的政治和非商业风险影响。MIGA成员可以在此平台下开展透明、互通、全面的知识共享，利用五种非商业风险应对潜在风险。担保可为投资者提供政治风险保险和财务责任不履行险，尤其是在防止被征收、战争与内乱、货币不可兑换和汇出限制等方面。这有助于新兴国家吸引投资，使投资者在条款和条件改善的情况下获得更多融资机会，并在总体上促进外商直接投资。

在柬埔寨，《特许权法》（第16条）列出的基础设施项目，在一些特殊情况下，可以依照金融监管部门制定的相关程序获得主权担保（例如政府担保付款）。在泰国，主权担保申请不仅受《担保法》和相关程序的约束，还需要经过泰国财政部审查。

对于抵押品，外国银行获得当地担保权益有限制或禁止性的规定。在一些特殊的行业，如重要的国家矿产资源，外国银行则不允许获得担保权益。此外，对可用作担保的财产类型也有限制。例如，越南的土地、投资相关法律规定，只有持有经营牌照的境内银行或境外银行的越南分支机构才被允许在不动产上设置抵押，因此一家未在当地设分支机构的境外银行不能直接在越南境内的不动产上设置担保。

3.2.3 争议的解决和仲裁机制

《承认和执行外国仲裁裁决公约》又称《纽约公约》，于1958年在联合国国际商业仲裁会议上通过，被视为国际仲裁的基本工具。该公约要求外国和非国内仲裁裁决不会受到区别对待，并要求各缔约国确保这类裁决在其法域内同国内裁决一样得到承认并普遍能够强制执行。虽然所有东南亚国家都承认并执行了《纽约公约》，但国际商业的重要性和复杂性持续增加，再加上东南亚国家不同的法律环境，对有效执行公约构成了一定挑战。展望未来，东南亚国家法院如何回应有关投资和融资纠纷的国际仲裁裁决，将对投资者及其在该地区的活动产生重大影响。

东南亚部分国家的国内仲裁和争议解决机制会给这个问题增加一层复杂性。例如，印度尼西亚是《纽约公约》的缔约国，但是其他缔约国的外国仲裁裁决必须在雅加达中央地方法院的适当命令下才能在印度尼西亚强制执行。如果印度尼西亚政府是外国仲裁裁决的一方，则执行令必须由印度尼西亚最高法院签发。在新加坡，国内仲裁法是对国际仲裁法的补充，新加坡国际仲裁中心（SIAC）是新加坡唯一的仲裁机构。泰国的法律制度允许当事人在法庭外进行仲裁，这是一种与法庭审理相平行的民事和商业纠纷解决途径。由于当事人可以自行选择适用的仲裁规则，因此该仲裁方式已成为解决争议的最常用方法。

3.2.4　外汇管制条例

外汇管制限制当地货币和外汇的自由兑换，有助于政府稳定其货币价值，然而这种限制对融资和投资活动构成了挑战，不利于吸引外国投资者，也限制国内投资者到国外寻求投资机会。

例如，柬埔寨法律未对项目资金注入或汇出本息施加限制，但所有这些行动必须由在柬埔寨永久设立的各个银行作为中间商进行操作。在老挝，外汇开支结算需要由老挝国家银行批准的商业银行或外汇兑换点兑换成当地货币。外国投资项目的利润可以在税后通过商业银行账户汇往国外，但需要按照老挝国家银行批准分批转账。在越南，如果企业账户仍有前一年的累计亏损，投资者不得将投资回报汇出。

一些东南亚国家的法律允许其政府在特殊时期暂时限制资本外流。例如，若发生外币危机，柬埔寨中央银行可以发布一份最长有效期为 3 个月的条例，暂停居民持有外币的权利。泰国央行也可以在外汇状况不佳的条件下限制外汇的汇出。

3.3　东南亚可持续投融资的经典案例

3.3.1　马来西亚槟城第二跨海大桥

马来西亚槟城第二跨海大桥，也被称为槟城第二大桥，创造了该地区最长的跨海大桥新纪录，获得 2015 年英国土木工程学院布鲁内尔大奖和 2016 年中国“鲁班奖”（境外工程）。该项目投资 15 亿美元，严格执行科技创新标准，不仅提高了项目的盈利能力，而且有助于保护施工区域的生态平衡。

Ⅰ. 经济可持续

该项目采用了大量新兴技术，在提高盈利能力的同时降低了整体运营成本。例如，使用高阻尼橡胶轴承将工程成本降低 4 900 万美元，同时也促进了当地橡胶工业的发展。在当地采购钢铁和混凝土等项目所需的材料，占项目采购总量的 31%。承包商与当地企业合作进行科研、设计咨询和施工，促进当地工业进一步发展，并为当地社区创造了大量就业机会。槟城第二大桥项目已产生超过 1 700 万美元的税收收入，在金融危机期间缓解了当地经济困难。

Ⅱ. 质量控制

承包商确保该项目的 30% 实行本地化管理，并组织了 30 多个本地培训课程。面向外国和本地员工建立了符合企业标准的职业健康安全管理体系（OHSMS）。当地质量经理负责日常质量安全检查和监督。在质量控制方面，该项目根据英国道路和桥梁设计手册（DMRB）开发，分段箱梁桥的组装、防震与防撞的质量控制遵循国内工程项目结构设计普遍使用的欧盟标准，或者遵循美国国家公路和运输协会的标准。为有效避免项目质量问题，项目部编制了“施工质量失效目录”，建立了针对性的预防系统。

Ⅲ. 环境可持续

马来西亚有超过15项同环境保护有关的法律法规。为了遵守法律并满足政府和项目业主的期望，承包商实施了各种环境保护计划，并支持有效的政府监督。例如，在水污染防治和质量控制方面，项目总经理在施工区周围设置了18个水质监测点，在泥浆运输区周围设置了4个水质监测点，并在泥浆倾倒区周围设置了4个水质监测点，以监测桥梁对周围海域的影响。每个监测点都有独立的环境保护部门每个月采集三个不同深度的水样进行水质分析，并每年两次使用卫星数据分析悬浮固体。除聘请当地环保工程师调查当地野生物种外，该项目还监测施工现场的污水和噪声水平，并在指定区域进行疏浚作业。经过近四年的连续监测，不仅污染水平保持在可接受的范围内，还发现当地的海洋生物多样性有所增加。

Ⅳ. 治理可持续

承包商将企业社会责任和可持续治理作为其战略规划和企业文化的一部分。执行理事会起草了社会责任、可持续发展、后评估工作和相关执行职能的计划。董事会成员先后批准了社会责任和可持续治理的整体计划。此外，公司建立了一个涵盖社会责任和可持续性相关内容的评估体系，将社会责任和可持续发展纳入了海外机构年度绩效评估。同时，该项目也作为其母公司中交建整体社会责任和可持续发展报告的案例。

Ⅴ. 应急管理可持续

项目指挥部制定并发布了12项应急预案，包括“应急媒体应对和突发事件处置”“防止恐怖暴乱应急预案”和“安全事故应急预案”。承包商的海外机构和项目部门基于应急计划和当地情况，起草了自己的应急方案。2012年4月，印度尼西亚苏门答腊岛发生8.6级地震，导致海啸预警，严重影响了第二条槟城大桥的建设进展。大桥项目部门立即执行应急计划，暂停现场施工，组织施工人员疏散到安全区域，并密切监控海啸预警。

3.3.2 老挝南瓯江流域梯级水电开发项目

Ⅰ. 项目概况

南瓯江流域梯级水电开发项目是老挝政府授权外国公司开发整条河流水能资源的第一个案例。该项目总装机容量为127.2万千瓦。2016年4月，一期项目的全部机组提前投产发电。

Ⅱ. **融资条件**

为了支持该项目，中国国家开发银行（CDB）坚持开发性金融理念，从项目的早期介入，为后期顺利融资创造条件。中国国家开发银行积极参与项目的顶层设计，确定项目的切入点，拜访项目业主及相关政府部门，分析老挝及周边国家电力市场情况，为政策制定者提供数据支撑。2011 年 4 月 20 日国家开发银行与项目实施方中国电建签署了《南瓯江项目融资合作协议》。

在满足有限追索的前提下，为项目融资提供了多层次风险分担机制。国家开发银行根据当地条件和一期、二期项目特点，因地制宜调整了风险缓解措施。项目一期采用 BOT（建设 – 运营 – 转移）模式，借款人为南瓯江流域水电有限公司老挝南瓯江流域发电有限公司（中国电建为投资开发南瓯江流域梯级水电一期项目在老挝首都万象市注册成立的项目公司）。此外，在 2016 年，由国家开发银行牵头的银团承诺为该项目提供中长期外汇贷款，贷款期限为 20 年。这有助于整合不同金融机构的资源，确保为项目建设提供大量长期资金，并分散参与银行贷款风险。

Ⅲ. **社会与环境影响**

南瓯江水电项目的开发尊重“绿色”和“科学发展”理念，增强了项目的社会责任性。项目推进方也强调他们作为“全球绿色清洁能源的开发者”“能够以经济和社会责任方式行事的股东”以及“中国与其他国家之间多元文化融合的推动者”等重要角色。为了建设一个高质量的水电站，给受项目影响的社区创造宜居空间，项目开发团队完全尊重“保证当地居民的安置、耕地的淹没程度以及项目的整体环境影响最小化”原则。根据这一原则，项目为 2 300 多个家庭的搬迁建造了 23 个新村，能够重新安置 12 600 多名当地居民。此外，还开展了大量工作，以提高新建基础设施的质量（从学校到市场、医院、寺庙、500 公里的道路和 20 座新桥），并启动支持当地居民生计的举措，例如南瓯江项目共创造了 8 000 多个工作岗位并对其工作人员做了相关技能培训。一些组织也配合支持重新安置的家庭。这些举措的投资总额达 1 亿美元。如果不加以控制，大坝建设可能会导致水土流失和影响生物多样性，而该项目的施工方在不同阶段满足了老挝开发绿色能源的经济社会发展需求。该项目还支持老挝不断增长的电力需求，实现电力出口，并为老挝部分最贫困的家庭提供电力，为“一带一路”伙伴国家的其他水电项目树立了榜样。

Ⅳ. **创新方式和可借鉴模式**

项目采用的多层次风险分担机制允许调整风险缓解措施，使融资结构与项目风险相匹配，有效防控市场及原材料风险（即来水风险）。

项目风险分担机制的第一级称为“PPA 照付不议”条款。在特许经营协议（CA）和购电协议（PPA）谈判期间，国家开发银行与中国电建（Power China）和 Électricitédu Laos（EDL）就“照付不议”购电条款达成协议。因此，EDL 将购买所有产出的电力并按协议电价支付电费，形成防控市场风险分担机制的第一级。

作为风险分配机制的第二个层面，老挝政府的承诺函统一就 PPA 售电条款 EDL 的履约提供财政担保。

中信保（SINOSURE）提供的海外投资保险是第三级。一期、二期项目除投保中信保海外投资险、政治险外，还就 CA、PPA 关键条款（包括电价、电力销售等）投保违约险。

股东的支持构成了风险分担机制的最后一级。虽然项目和市场风险可以通过上述风险分担机制来控制，但仍存在来水风险和赔付流动性风险（即财政、中信保等赔付流程较长导致贷款逾期风险）。为防止这类风险敞口，国家开发银行获得了股东的支持，由电建股份出具了额度可动态恢复的一年期还本付息流动性支持方案。

V．项目意义

虽然电力开发项目理论上可以产生相对稳定的现金流，但对于大多数基础设施建设项目而言，建设周期很长，收入有限，市场化程度一般不高。因此，金融机构应充分分析项目所在国的市场趋势和投资环境，积极探索和培育优质项目，搭建项目推进机制，促进项目融资条件完善，以优质金融资源支持项目所在国经济的长期增长。

在项目开发的早期阶段，金融机构通过积极参与特许权协议和购电协议的商务谈判，一方面了解协议的具体内容和所包含的权益，另一方面维护协议涉及的项目融资有关利益。在此基础上，分析考虑协议内容、借款人实力、项目建设情况、市场分析等因素，综合考虑合同签订及贷后环节可操作性等问题，设计系统的、符合项目实情、贷后可落实的信用结构以有效防范风险。

第4章 “一带一路”基础设施投融资分析

基础设施互联互通是“一带一路”倡议五个优先领域之一，也是“一带一路”地区实现包容、可持续经济发展的关键。根据中国国务院发展研究中心的数据，2016年至2020年伙伴国家基础设施建设需要的资金规模至少为10.6万亿美元，而可用资本和资源还无法满足。为了充分了解“一带一路”投融资活动如何改变不同部门和领域的全景，本章重点对基础设施投融资进行了分析。

4.1 可持续发展目标与基础设施投融资之间的联系

2017年5月，经27个国家的财政部长共同核准，17国联合签署了《“一带一路”融资指导原则》，其中第四项明确阐述了基础设施对可持续发展的重要性：“我们重申基础设施对经济社会可持续发展的重要作用。我们鼓励沿线国家视情开放公共服务市场，维护良好、稳定的法律、政策和监管框架，积极发展政府和社会资本合作以吸引各类资金，提高基础设施的供给效率和质量。我们鼓励有意愿的相关方在私营部门和金融机构之间建立有效的信息交流，通过基础设施融资支持可持续发展。”①

可持续基础设施的定义是：“在基础设施项目计划、设计、建造、运营和退役的整个生命周期内，确保经济金融、社会环境（包括气候适应力）和机构可持续性。”以金砖国家为主导的新开发银行已将可持续基础设施作为其发展融资的主要领域。②中国对外承包工程商会还为公共和私人融资的可持续基础设施以及可持续资产的规划、设计和融资制定了框架。③这些框架基于以下四个支柱：经济与金融可持续性、环境可持续性与气候适应性、机构可持续性、社会可持续性。

可持续基础设施可以为可持续发展目标做出关键贡献，为东道国带来经济增长并减轻贫困，同时为商业机构提供市场机会和全球公共产品。图4-1展示了可持续基础设施与广泛的可持续发展目标之间的正向联系。

---

① 中国财政部网站，《“一带一路”融资指导原则》，2017年5月。

② 新开发银行环境与社会框架，2016年3月。

③ 中国对外工程承包商会、中国中铁有限公司、国家开发银行等单位发布的《中国企业境外可持续基础设施项目指引》，2017年6月。

图 4-1 可持续基础设施与可持续发展目标之间的联系

资料来源：Bhattacharya，et al.，2016。

可持续基础设施有助于可持续发展目标实现的另一关键因素是它们与“国家自主贡献”（NDCs）在应对气候变化方面的联系。作为《巴黎气候协定》的核心部分，NDCs 由各方在国家层面独立提出，并确定每个国家为应对气候变化采取的减缓和适应措施，其中大多数都包含可再生能源贡献。作为一种多用途工具，NDCs 是自下而上、以国家为主导的可持续发展方法的具体体现，能够向国际社会展示各国政府为气候变化而采取的专门措施。①

NDCs 可以为“一带一路”倡议提供大规模投资机会和项目储备。在中国社会科学院的期刊《中国和世界经济》中，Muñoz 等（2018）②估计，全球 NDCs 的投资机会超过 1 万亿美元，文章在考虑中国“一带一路”倡议所包含的国家时，共分析了 56 个 NDCs，有 48 个包括可再生能源捐款，其中 31 个是可量化的。“一带一路”地区和中国的可再生能源投资总潜力为 6 780 亿美元，根据波士顿大学研究报告，这占据了“一带一路”总投资潜力的 65%。按地区划分，南亚地区有 8 个 NDCs，可再生能源投资潜力最大，约为 1 870 亿美元，大部分将来自印度。下一阶段最大的“一带一路”倡议投资区域在东南亚，包括 7 个 NDCs，潜在投资达 940 亿美

①② Muñoz Cabré，M.，Gallagher，K. P.，Li，Z.（2018，November 13）. Renewable energy: the trillion-dollar opportunity for Chinese overseas investment. China & World Economy，26（6），27-49.

元，东亚地区投资潜力为670亿美元，主要项目来自韩国和蒙古。欧洲 / 中亚地区有 5 个 NDCs，潜在投资总额约为 510 亿美元，主要来自土耳其。中东包括 8 个 NDCs，潜在投资总额约 390 亿美元。非洲包括 2 个 NDCs，潜在投资总额为 290 亿美元。

融合的投融资规则将确保各方明显受益，是体现每个国家对可持续基础设施共同责任感的可靠方式。全球经验证明了规则在确保基础设施和其他项目符合更广泛的环境和社会目标方面的核心作用。这些规则在过去几十年中也在逐步调整，在追求可持续发展目标的过程中这一改善过程还将持续前行。

4.2 “一带一路”伙伴国家基础设施投融资趋势

参与“一带一路”倡议的不同区域和国家之间存在显著的联通性差异。不同区域和各国的基础设施质量突出体现了这种差异。新加坡、阿联酋、中国香港和中国大陆等经济体跻身世界银行物流绩效指数前 20 名，而阿富汗、不丹和伊拉克等国家仍排名靠后。基础设施是“一带一路”建设比较集中的领域，同时“一带一路”伙伴国家仍有大量进一步建设和改进基础设施的空间。图 4–2 是亚洲开发银行对亚太地区分行业基础设施投资需求的估算。

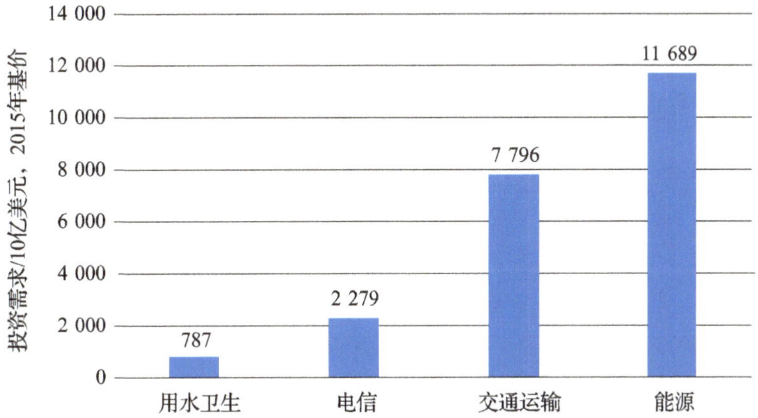

图 4–2　2016—2030 年亚太地区分行业投资需求

资料来源：亚洲开发银行，Meeting Asia’s infrastructure needs，2017 年 2 月。

根据亚洲开发银行估算，2016—2030 年亚太地区在能源、交通运输、电信等领域有较大投资需求。在中国对“一带一路”沿线国家的投资方面，由美国知名智库美国企业研究所（The American Enterprise Institute）编制的“一带一路”建设项目数据库“中国全球投资跟踪”提出，中国签署的投资和建筑合同主要集中在基础设施领域，包括能源、运输、物流和公用事业。[①] 特别是能源和运输部门占了总投资额的近65%（图4-3）。

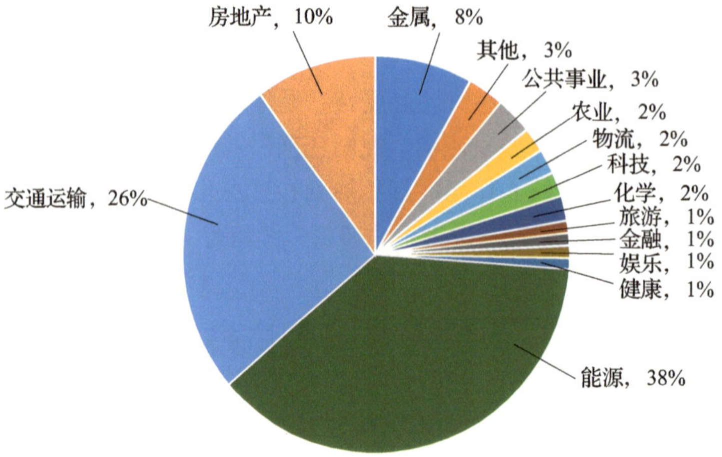

图4-3 2013—2018年“一带一路”中国投资与建设工程构成（按行业划分）

资料来源：美国企业协会与传统基金会。

自2000年初以来，中国的海外投资迅速增长（2002年为27亿美元，2016年为1 960亿美元），年均增长率超过35%，[②] 2017年下降至1 580亿美元。虽然中国对外直接投资几乎涵盖了所有经济活动部门，但世界不同地区的部门集中度仍然明显。表4-1显示，2017年中国在非洲的大部分投资都涉及建筑业和采矿业，而中国在亚洲的投资主要面向服务业。

表4-1 2017年末中国对各地区直接投资存量前五位的行业

地区	部门	直接投资存量（10亿美元）	股份（%）
亚洲	租赁和商务服务业	510.34	45
	金融业	140.39	12
	批发和零售业	153.41	14
	采矿业	79.52	7
	制造业	73.26	6

① 此处使用的是中国全球投资跟踪（CGIT）对“一带一路”倡议项目的定义及分析数据。

② 中华人民共和国商务部，国家统计局，国家外汇管理局，《2017年度中国对外直接投资统计公报》，中国统计出版社，2018年版。

续表 4–1

地区	部门	直接投资存量（10 亿美元）	股份（%）
非洲	建筑业	12.88	30
	采矿业	9.76	23
	金融业	6.08	14
	制造业	5.71	13
	租赁和商务服务业	2.31	5
欧洲	制造业	34.13	31
	采矿业	22.49	20
	金融业	17.72	16
	租赁和商务服务业	10.63	10
	批发和零售业	5.17	5
拉丁美洲	信息传输 / 软件和信息技术服务业	186.57	48
	租赁和商务服务业	76.57	20
	批发和零售业	59.45	15
	金融业	25.13	7
	采矿业	8.77	2
东南亚	租赁和商务服务业	17.48	20
	制造业	15.57	18
	批发和零售业	11.88	13
	采矿业	10.32	12
	电力 / 热力 / 燃气及水的生产和供应业	9.62	11

资料来源：中华人民共和国商务部，国家统计局，国家外汇管理局．2017 年度中国对外直接投资统计公报［M］. 北京：中国统计出版社，2018.

4.2.1 能源

根据相关历史数据显示，中国在“一带一路”沿线国家能源领域的外商直接投资、贷款和承包工程以传统能源为主（见图 4–4）。但从趋势来看，中国的全球能源投资正在从传统能源转向清洁能源和电网优化发展。《关于推进绿色“一带一路”

建设的指导意见》和“‘一带一路’生态合作计划”表明中国政府将绿色经济原则纳入海外投资议程。作为回应，来自中国的官方和私人资金都在启动并资助更多可再生能源项目。随着中国成为太阳能、风能和水能以及可再生能源总投资的全球领导者，中国在2017年初宣布了一项计划，即到2020年将投资3 600亿美元用于可再生能源。通过绿色能源政策、清洁能源融资和“一带一路”经验分享，中国开始推动“一带一路”地区向环境可持续性的转变，并促使“一带一路”基础设施投资与全球温室气体减排的承诺一致。

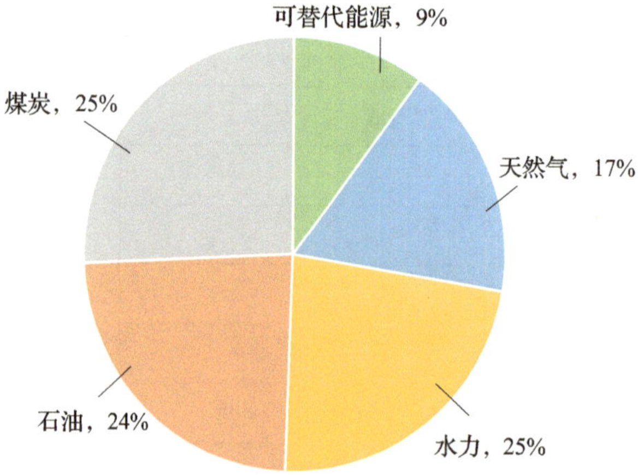

图 4–4 2013—2018 年“一带一路”能源投资与建设合同构成（按能源种类划分）

资料来源：美国企业协会与传统基金会。

4.2.2 交通运输

交通联通性是促进国际贸易和投资、加速产业转型以及加强区域一体化和形成生产网络的关键。作为“一带一路”国家之间物理连接的基础，交通基础设施一直是中国“一带一路”投资的主要焦点，也是建设工程项目签约的主要部门。与运输相关的投资有助于实现中国加强东南亚和非洲联通性的承诺（见图 4–5）。自“一带一路”倡议提出以来，沿线地区交通基础设施的投资活动显著增长，对沿线国家交通基础设施的发展和贸易成本的降低带来积极影响。

为了实现在“一带一路”伙伴国家之间建立更紧密联系的愿景，中国一直在海外投资或建设交通运输基础设施，而不是将其投资集中在特定的“一带一路”次区域。中国全球投资跟踪数据库表明，西亚、非洲和东南亚都通过参与“一带一路”倡议大力支持交通基础设施的发展。

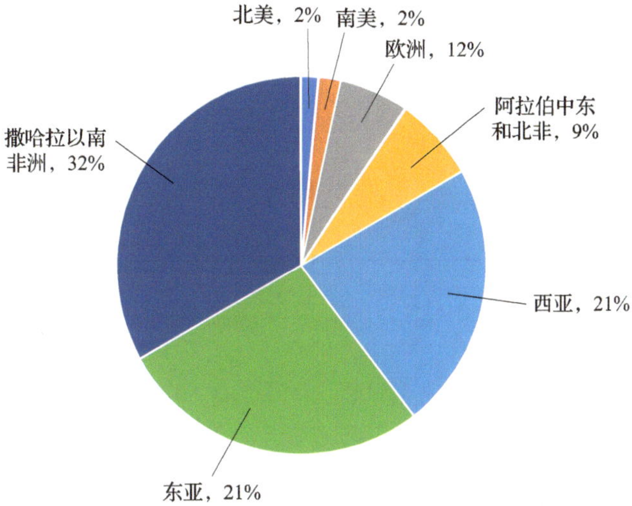

图 4-5 2013—2018 年“一带一路”交通运输投资及建设合同构成（按地区划分）

资料来源：美国企业协会与传统基金会。

注：因不保留小数点后位数，四舍五入后加总统计后总和为 99%。

4.2.3 工业园区

工业园区的建设是“一带一路”倡议投资的另一个重点领域。工业园区是中国成功经济发展模式的代表性经验，在促进中国经济增长和帮助中国进入工业经济发展阶段发挥了重要作用，也吸引了“一带一路”国家对规划和建设工业园区的高度关注。

一个成功的工业园区不仅能够发展制造业、提供就业机会，还吸引和整合国际资金和人才，增强网络效应，有助于改善整体投资环境和地方经济发展。因此，“一带一路”倡议投资创建的工业园区不仅是发展制造业或出口的特定区域，还可以作为研发中心或上下游关联公司的发展区域。表 4-2 显示了中国在“一带一路”国家进行的工业园区投资。

表 4-2 “一带一路”部分工业园区项目

年份	名称	国家	投资额（百万美元）	合作方
2015	马来西亚－中国关丹工业园区	马来西亚	3 360（马来西亚 51%，中国 49%）	IJM Land，关丹彭亨控股有限公司，Sime Darby Property，彭亨州政府，广西北部湾国际港务集团等
2017	中国经济工业园区	孟加拉国	—（中国 70%，BSEZA 30%）	中国港湾工程有限责任公司 孟加拉国经济特区管理局（BSEZA）

续表 4-2

年份	名称	国家	投资额（百万美元）	合作方
2017	博尔卡工业园	塞尔维亚	257	中国路桥公司
2018	菲律宾－中国国际科技工业园	菲律宾	650	中国机械股份有限公司
2018	菲律宾－中国新克拉克市工业园区	菲律宾	2 000	中国葛洲坝集团国际工程有限公司

资料来源：彭博社，路透社，商业镜报，中华人民共和国商务部，中国一带一路网，金融时报。

4.3 “一带一路”倡议基础设施投资的主要融资机制

债务融资和股权融资是“一带一路”基础设施项目的主要融资机制。具体的融资模式包括发行债券、主权融资、企业融资、项目融资、公私合作、融资租赁、私募股权融资等（见表 4-3）。

表 4-3 “一带一路”基础设施投资的主要融资机制

类型	融资机制	定义、特征和例子
直接债务融资	人民币或美元债券	债券工具可以使用人民币或美元作为结算单位，利息和本金以相同货币支付。截至 2018 年 11 月，共有 693 家海外机构持有人民币债券。
	绿色债券	为符合国家政策条件的绿色项目提供债券融资的资金或为这些绿色项目再融资的债券工具。作为绿色债券市场的先驱，截至 2018 年 4 月，世界银行已发行 140 多笔绿色债券，筹资金额近 110 亿美元。
	可换股债券	债券持有人可以按照发行时商定的价格行使转换权，按照发行时约定的价格将债权转换成公司普通股票，是具有债券和期权双重特征的债券工具。

续表 4-3

类型	融资机制	定义、特征和例子
间接债务融资	主权借款	主权借款是指主权国家（中央政府或中央银行）的债务融资。它可能涉及其他政府附属实体，这些实体在借款时获得政府担保。从贷方的角度来看，信贷风险相对较低，但相关的偿债义务对未来预算构成直接或间接的负担。
	企业融资	现有企业筹集资金，完成项目投资建设。在项目完成之前和之后，不会出现新的独立法人实体。
	出口信贷	支持国内出口商或外国进口商解决进口项目在国内销售前的延迟付款问题（短期出口信贷），支付大额进口商品（中期出口信贷）资金，解决承包国外工程项目（长期出口信贷）资金周转困难。出口国的出口信贷机构几乎总是要求进口国提供主权担保，对其未来预算征收可视为或有负债。
	银团贷款	一家或多家银行联合向借款人提供融资。巴基斯坦卡洛特水电项目是“一带一路”倡议沿线的第一个大型水电投资建设项目，得到了国家开发银行、中国进出口银行和丝路基金、国际金融公司组成的银团贷款的支持。
	项目融资	以特定项目建设为目的筹措资金，以项目营运收入承担还款责任的债务融资方式。
	并购贷款	用于支付合并或收购交易的费用。并购贷款具有成本相对较低，期限长、保护企业并购信息等优点。
	公私合作伙伴关系	PPP 融资是指政府与私人组织之间形成的合作模式，为专门的项目融资，运营由此产生的资产，根据相关风险的约定份额，并根据 PPP 协议分配净收益或损失。它通常以政府特许协议为基础，能够释放社会资本的活力，提高投资效率和质量。
	跨境人民币贷款	跨境人民币贷款是指合格境外机构发行的人民币贷款。中资或其他机构可以为外国银行提供海外人民币或其他货币贷款的综合信贷计划，可以支持与“一带一路”倡议相关的中小企业、中外企业合作等业务。
	融资租赁	出租人代表其承租人购买资产（保留其所有权）以供承租人使用，以换取一系列付款和约定的利息。
股权融资	首次公开募股融资	首次公开募股是首次向公众发行股票。这种融资方式扩大了融资渠道，可以增加公司的净资产价值，提高其声誉和治理结构。上市需要披露有关公司的重要信息，并使其面临更大的短期经营压力和诉讼风险。
	私募股权融资	作为一种重要的股权融资模式，私募股权投资基金往往在五个方面提供优势：经营成本、公司治理、管理分工、价值创造和金融风险防范。在中国，国有股权基金已经在“一带一路”沿线积累了多年的经验。

续表 4-3

类型	融资机制	定义、特征和例子
创新的融资方式	技术援助贷款	典型的技术援助贷款用于项目的前期开发成本，包括综合开发规划、项目规划、项目演示、技术和市场研究以及与项目开发相关的可行性研究报告。
	结构融资	即信贷资产证券化，指基于基础资产未来产生的现金流作为偿付支持，通过结构化设计增信，在此基础发行资产支持证券的过程。结构性融资可以增强资产的流动性，为发起人提供低成本融资，减少风险资产的风险，便于进行资产负债管理。
	混合融资	将两种或多种融资相结合，以更好地满足企业的一项或多项融资需求。它可以降低整体融资成本，提高资金使用效率。
	夹层融资	夹层融资是一种无担保的长期债务，创造了具有特定风险回报特征的债务类别，是一种融资的技术手段。作为项目整体融资的一部分，它是在风险和收益方面优先债务和股权融资之间的融资形式，很多情况下起到“过桥”融资的作用。

资料来源：中国国家开发银行。

4.4 “一带一路”基础设施投融资项目案例

4.4.1 肯尼亚蒙内铁路项目

Ⅰ. 项目概况

蒙巴萨－内罗毕标准轨道铁路（SGR）是一条长 472 公里的肯尼亚铁路走廊，年运行能力为 2 500 万吨。自 2017 年 5 月启动以来，近一年半的时间里，SGR 已经运送了 200 多万名旅客，运输时间减少了一半以上。中国国家铁路集团有限公司（CR）承担了 SGR 的建设，以确保其符合中国国家 I 级建筑标准。完成建设后，中国路桥公司（CRBC）（中国交通建设股份有限公司子公司）将负责该铁路走廊的运营和维护。SGR 的总投资将超过 38 亿美元。

Ⅱ. 环境可持续

在建立 SGR 之前进行的实地检查充分考虑了肯尼亚的生态系统多样性。通过研究铁路对周围环境的潜在影响，将环境保护原则纳入项目设计、建设和运营阶段。环境保护和影响评估是在肯尼亚环境保护法要求的严格条件下进行的，以确保有效保护该地区的自然景观、河流、植物群和动物群。SGR 的设计还关注了减少铁路建设和运营对当地野生动物迁徙的影响。例如肯尼亚野生动物保护局的工程师和专家在察沃国家公园花了 3 个多月的时间，追踪野生动物的生活习性。

考虑到每个物种的需求，铁路的创新设计允许野生动物的过境和保持其原有的生活习惯，共设置了 14 条动物通行道、79 座桥梁和 100 多个涵洞式隧道。其中所有桥梁式动物通道净高均在 6.5 米以上，超过了成年“高个子”长颈鹿 5.5 至 5.8 米的身高，这样可以保障所有类型野生动物自由通过铁路线。在铁路勘察设计阶段，重点考虑最大化合理利用既有交通走廊，大部分路段与百年前修建的铁路及公路干线 A109 国道贴近并行，共用一个交通走廊，提高土地利用率，最大程度减少对土地的占用。

Ⅲ. 经济可持续

蒙内铁路在全面建设的高峰期间带动当地就业超过 3 万余人，当地雇员占比约为 95%，为肯尼亚员工进行技能培训超过 1.7 万人，共培养专业施工技术人员超过 4 000 人，中交集团全额资助 60 名肯尼亚优秀高中毕业生到中国高校接受本科教育，并与当地政府合办职业技能培训学校，为当地培养更多经济发展所急需的专业人才。据肯尼亚官方统计，蒙内铁路将促进肯尼亚 GDP 增长 1.5 个百分点，物流成本降低 40%，两地运输时间缩短为 4 个多小时，并使 1 200 多家当地企业受益。

蒙巴萨 – 内罗毕铁路（SGR）总投资约 38 亿美元，其中 90% 由中国进出口银行贷款提供，约 16 亿美元为优惠贷款，期限为 15 年（含 5 年宽限期），其余 10% 由肯尼亚政府逐年拨款提供。肯尼亚设立了一个特殊的海关税基金作为还款担保，以及包括土地补偿的其他活动。[①] 中国路桥在连续 5 年运营 SGR 后，将逐步把业务交给肯尼亚方面，并协助肯尼亚政府培训业务熟练的工作人员。蒙巴萨 – 内罗毕铁路（SGR）的建设运营，将为肯尼亚的经济增长做出贡献，为当地人民创造就业机会，增加东非铁路网络的联通性，为肯尼亚带来长期可持续的收益。

4.4.2 巴基斯坦卡洛特水电站项目

Ⅰ. 项目概况

巴基斯坦的卡洛特水电项目是中巴经济走廊中的重要电力项目，总投资约为 17.4 亿美元，项目公司卡洛特电力有限公司主要股东为中国三峡南亚投资有限公司。该项目采用项目融资模式，中国国家开发银行、中国进出口银行、丝路基金和国际金融公司提供约 14 亿美元的贷款支持，贷款期限 17 年，宽限期 6 年。另外，国际金融公司和丝路基金也参股三峡南亚投资有限公司，间接持有卡洛特电力有限公司股份。通过用水电站替换过时的化石燃料发电站，该项目将缓解巴基斯坦对使用外汇购买进口燃料的依赖，减小巴基斯坦的债务风险。与传统能源技术相比，水

① 肯尼亚共和国《2016 年杂费和征税法》第八条铁路发展税。

电技术也非常成熟和稳定，长期来看，因更先进技术而被取代的市场风险较小。

Ⅱ. 风险管理措施

大约2%的项目预算用于风险管理的相关支出。在确定和衡量实施风险时，卡洛特水电项目尽职调查非常细致，包括实地考察，与相关人员的面谈以及书面材料的收集等。巴基斯坦政府对电费支付提供担保并承担巴方导致的违约赔偿。针对项目在建设期和运营期面临的风险，从四个方面设定信用结构进行风险覆盖。包括股东担保，针对项目建设期风险对股东进行有限追索；资产抵质押，对项目资产、项目公司股权设定抵质押担保；权益转让，包括出口信用保险和商业保险的保险权益转让和项目在商务合同框架下所有协议的权益转让；对项目公司经营限制和要求，包括约定项目现金流进入账户的顺序，账户质押，建立偿债准备金账户等措施。

潜在的金融风险包括巴基斯坦财政赤字、政府债务以及外汇储备不足。潜在的政治风险包括政治不稳定、政治派别之间的暴力冲突、恐怖主义、宗教和部落派别之间的斗争以及反政府武装袭击等。多边国际金融机构参与项目投融资合作，会降低项目遭受征收、外汇限制和地区冲突等非商业政治风险。

该项目带来积极的环境影响，有助于减少温室气体排放、降低环境风险。一旦建成，水电站预期将减少约210万吨的煤炭使用。同时，该项目按照巴基斯坦标准制定了环境和社会保护计划，包括确保下游环境和灌溉用水要求，为水库淹没征地移民提供补偿，为社区发展计划提供更多就业机会，加强管理施工区内的污水、粉尘、噪声、垃圾等，以及制定有效的健康应急预案。施工方还采取技术措施以尽量减少对周围的水和地质条件的影响。

除了通过法律、保险和合作机制减轻商业、社会和环境风险之外，卡洛特水电项目还与政府密切合作，充分关注巴基斯坦经济可持续发展。卡洛特项目公司与巴基斯坦联邦水电部下属私营电力与基础设施委员会签署特许经营权协议，巴基斯坦输配电公司作为本项目购电方，与项目公司签订购电协议，长期购买本项目产出的容量和电量，并按约定支付电价。

Ⅲ. 经济、社会和环境影响

该项目已经并将持续为巴基斯坦带来重大的社会、经济和环境效益。它在项目建设阶段创造了超过2 200个工作岗位，并且在运营期间每年提供150～300个就业和专业技能培训机会。随着项目的建设，将有大量的资金注入当地，有利于增加当地的财政收入，并可带动当地建材、服务等行业经济的发展。该项目每年向政府缴纳约2 300万美元的税收，产生32亿（千瓦·时）的电力，有助于缓解巴基斯坦电力供需的不平衡。同时，该项目将建设或改造公路11公里，建设2座钢筋混凝土公路桥梁，1座悬索步行桥，1.3万平方米的永久住房，还将建设医疗机构和清真寺等10个公共设施，有助于改善当地基础设施和当地民生。

该项目积极开展教育扶贫，联合巴基斯坦旁遮普大学、江西理工大学，共同实施巴基斯坦移民奖学金计划。通过“校企”“校校”合作，参考“精准扶贫”模式，给符合条件的移民家庭适龄青年提供全额奖学金，资助他们完成相关专业的大学本科教育，并提供长期稳定的就业机会。首批 18 名学生已于 2017 年 11 月通过选拔入学。

第 5 章　可持续发展的全球投融资规则[①]

可持续性包含经济、社会和环境三个维度，每个维度都同等重要，不可或缺（见专栏 5–1）。通常来说，各国政府和金融机构都非常重视经济可持续发展，并已取得诸多成绩，但在社会和环境这两个维度仍然存在差距，因此迫切需要综合体现可持续性的规则和措施，确保金融机构和投资者的利益和活动符合三个维度的可持续发展目标。

确定国际机构间的共同点及其规则的关键差异是融合"一带一路"规则的重要步骤。鉴于"一带一路"倡议相关投融资规模以及中国在全球治理中的关键角色，融合的"一带一路"投融资规则将对实现可持续发展目标发挥重要作用。本章概述了多边及国别开发性金融机构的投融资规则，包括上述机构采用的环境和社会分析框架以及其他投融资相关领域的规则，例如债务管理、公共采购、规划、风险识别与管理等。

专栏 5–1　环境、社会与治理的评估体系

环境、社会与治理（ESG）搭建了一个投资评估框架体系，它能更好地管理可持续的长期投资回报风险，而不仅局限于财务评估。在联合国环境计划署金融倡议和联合国全球契约组织的共同支持下，负责任投资原则于 2006 年提出，旨在将环境、社会和治理问题纳入投资决策过程。之后国际组织和投资机构不断深化 ESG 概念，现在的 ESG 评估逐步发展成为一套全面系统的评估体系，包含了有关 ESG 三个方面的信息披露和绩效衡量等内容。与此同时，主要的国际投资公司也推出了他们的 ESG 投资产品，主要的国际组织和机制包括社会责任标准（ISO 26000），可持续会计准则理事会（SASB），全球报告倡议组织（GRI）等也都针对 ESG 出台了相应的指导方针或规则。例如，就环境可持续维度而言，全球主要机构的 ESG 评估流程和国际交易所发布的 ESG 投资指南均考虑了碳和温室气体排放、环境政策、垃圾污染和管理政策、能源使用 / 消费、自然资源（特别是水资源）的使用和管理、生物多样性等。

---

① 本章大量使用缩写。

5.1　环境与社会框架

5.1.1　多边机构的环境与社会框架

可持续投融资理念是从世界银行在二十世纪七八十年代提出的社会与环境政策演变而来的。20 世纪 70 年代以来，人们逐步认识到，实现可持续发展的目标，需要全球金融系统与金融机构投资行为的调整变革，由从前主要关注经济发展和财务可持续向更全面的投融资行为转变。

多边开发银行的环境与社会框架（ESF）是缓解甚至避免负面社会和环境影响的安全保障政策（Safeguard Policy）。它们帮助项目在开发过程中分析潜在风险与其所带来的影响，并通过采取一系列风险管理措施达到最优化项目成果。多边开发银行会关注和总结其他多边机构的规则，吸收国际公认的最优实践，定期更新和总结自身的 ESF。表 5-1 汇总了世界银行（WB）、美洲开发银行（IDB）、亚洲开发银行（ADB）、欧洲复兴开发银行（EBRD）、欧洲投资银行（EIB）和亚洲基础设施投资银行（AIIB）的主要目标。

表 5-1　环境和社会评估框架的主要目标

金融机构	环境和社会评估框架	主要目标
世界银行	环境与社会框架（2017 年）	1. 在发展过程中预防和减轻对人员及其环境的不必要伤害； 2. 管理环境与社会风险，作为世界银行的国际基本准则，适用于世界银行及向其借款的组织与发展机构。①
美洲开发银行	可持续性框架（2006 年）②	1. 以促进环境和社会效益为核心关切，在此基础上提高项目收益； 2. 在整个项目周期中采取保障措施，降低风险并最大限度减少对人与自然资源带来的负面影响。
亚洲开发银行	保障政策声明（2009 年）	1. 尽可能避免项目对环境与受影响人群带来的负面影响； 2. 当负面影响不可避免时，尽量减轻、缓解和 / 或赔偿此类负面影响； 3. 为借款方或客户建立保障体系，提高抵抗环境与社会风险的能力。③
欧洲复兴开发银行	环境与社会政策（2014 年）	1. 根据 EBRD 的环境与社会绩效要求，确定欧洲复兴开发银行及其客户在项目设计、实施与运营方面的责任； 2. 制定战略目标，促进开发具有更高环境和社会效益的项目； 3. 将环境与社会的可持续性纳入所有项目活动主流体系。

续表 5-1

金融机构	环境和社会评估框架	主要目标
欧洲投资银行	环境和社会原则与规则声明（2018 年）	评估和确定项目开展所带来的潜在影响。
亚洲基础设施投资银行	环境与社会框架（2016 年）	1. 需在项目中反映出 AIIB 应对环境和社会风险与影响的机构目标； 2. 支持整合并提供机制，以解决 AIIB 及其客户在立项、项目准备和实施过程中的环境和社会风险及影响； 3. 为公众咨询、环境和社会信息披露提供框架； 4. 通过提高发展效率和影响力，提高实际效果； 5. 通过银行的项目融资，支持客户履行国家环境与社会立法规定的相关义务。

资料来源：世界银行、美洲开发银行、亚洲开发银行、欧洲复兴开发银行、欧洲投资银行、亚洲基础设施投资银行政策文件。

注：①世界银行，2016 年 8 月 4 日，Review and update of the World Bank’s safeguard policies，第 57–58 页。

②《环境和安全合规政策》公布于 2006 年，而与两性平等、土著居民、非自愿性移民、劳工事务和公用事业部门相关的内容则于 2006 年至 2016 年间陆续公布。

③亚洲开发银行，2009 年 6 月，保障政策声明。

世界银行执行董事会于 2016 年批准了新版 ESF。在之前版本并未提及的劳工保护、工作环境保护、公众健康及安全措施领域，新版本的世界银行 ESF 均提出了新的规则。不仅如此，它还规定了一系列不歧视原则，以保证儿童、残疾人、妇女、少数民族、少数宗教群体及 LGBT 等弱势群体在发展中受益。此外，该框架在利益相关方参与度与信息披露环节也做出了重大改进。新版世界银行 ESF 中比较明显的转变是世界银行支持借款国使用本国环境和社会框架对投资项目进行评价、开发和实施，但前提是，该框架能够应对项目的风险与影响，可使项目实现与世界银行的《环境和社会标准》的要求实质上一致。这个方法通常被称为“国家体系（或国家制度）”。

通过将这个概念逐渐推向借方国家，各个国家将在相关政策领域拥有更多自主权。在此之前，世界银行借方对其普遍抱怨的是，ESF 被强制要求在那些几乎没有能力建设的国家执行。一名世界银行客户指出：“世界银行始终认为世行的安全保障措施应优先于执行国家自身的法律制度，这反映出世界银行对于客户缺乏信任并损害了其政策自主权。”在日本政府的支持下，世界银行集团的多边投资担保机构（MIGA）设立了一个环境和社会信托基金，为非洲的借贷国家开展能力建设提供资金，帮助他们适应和执行世界银行的环境与社会风险管理（ESRM）计划。[①] 该计划

① 世界银行,《不断变化世界中的保障和可持续性政策：对世界银行集团经验的独立评估》，世界银行独立评价局研究系列，2010 年。

是在尊重社会和环境保护问题上的“国家体系”而进行的一次尝试。尽管这些措施促进借款国家在环境和社会风险管理方面有很大改善，但有些民间组织对这些国家能否始终如一地执行相关法规存在顾虑。

表 5–2 显示，各个多边开发银行的 ESF 具体规则有 90% 是重叠的。

表 5–2　多边开发银行的环境和社会标准摘要

环境和社会标准（ESS）	WBG	IDB[①]	ADB[②]	EBRD	EIB	AIIB
1. 环境和社会风险与影响的评价和管理	✓	✓	✓	✓	✓	✓
2. 劳工和工作条件	✓	—	—	✓	✓	✓
3. 资源效率与污染预防和管理	✓	✓	✓	✓	✓	✓
4. 社区健康与安全	✓	✓[③]	✓	✓	✓	✓
5. 土地征用、土地使用限制和非自愿移民	✓	✓	✓	✓	✓	✓
6. 生物多样性保护和生物自然资源的可持续管理	✓	✓	✓	✓	✓	✓
7. 原住民 / 撒哈拉以南非洲长期服务不足的传统地方社区	✓	✓	✓	✓	✓	✓
8. 文化遗产	✓	✓	✓	✓	✓	✓
9. 金融中介机构	✓	✓	✓	✓	✓	✓
10. 利益相关方参与和信息公开	✓	✓	✓	✓	✓	✓

资料来源：多边开发银行政策文件。

注：①美洲开发银行在运营政策中涉及了劳工领域，但并没有在环境及安全保障合规政策中涵盖劳工问题。

②亚洲开发银行在其社会保护战略（2001）中考虑了劳工的保障，但没有专门针对亚行的规定。

③美洲开发银行的健康和安全因素仅考虑了接触有害物质。

除 IDB 与 ADB 以外，上述所有多边开发银行都制定了较为全面的环境与社会框架。其中，WB 涵盖范围最广，EBRD 次之。其中最主要的区别在于各银行对于文化遗产的定义和涵盖范围有所不同。世界银行在这两方面的规定都最详细。EBRD 与 EIB 的定义和涵盖范围基本相同。EIB 提及了对于金融中介的相关规则，但缺少具体的流程、监管和评估（M&E）及能力建设的措施。

虽然 IDB 和 ADB 均有针对劳工的相关规定，例如 IDB 在运营政策中涉及了劳工领域，ADB 在其社会保护战略（2001）中考虑了劳工保障问题，亚行还有规定禁止强迫劳动及童工，但这些规定只是反映了两家机构对劳工政策的整体考虑，并没有在环境及安全保障政策中包含具体举措。

除了 AIIB 以外，其余的多边开发银行并没有提出涵盖性别及残疾人士的相关政策。一些利益相关方对 ADB 未将劳工规则及性别纳入政策监管体系表示担忧。ADB 的社会保护战略部门也申明他们将在未来进一步考虑这些因素。

AIIB 使用了与新版 WBG 的 ESF 相同的评估类别，[①] 这是 AIIB 发出的积极信号，因为 WBG 的安全保障规则最为精细和全面。新成立的多边开发银行（例如 AIIB 与 NDB），通过学习参考已有多边开发银行的政策可以迅速提升其国际水平。AIIB 的目标是践行《巴黎气候协定》以及支持可持续基础设施的建设。为此，AIIB 建立了严谨的 ESF 与风险管理体系。有鉴于此，与其他多边开发银行相比，AIIB 在性别平等及敏感性、对残障人士的包容程度、职业健康与安全保障等领域都采取了更加积极的做法。AIIB 在设计与制定这些规则时参考了“国家体系”理念，注重对规则的融合，强调项目透明度。通过包容开放的态度及反复重申对东道国体系的尊重和遵循，AIIB 已经在帮助东道国强化其综合能力、简化财务、审批程序等方面，领先于其他多边开发银行。

专栏 5-2 介绍了 AIIB 如何通过环境和社会风险框架、透明度与参与机制，使其自身的规则与可持续发展目标及国家自主贡献（INDC）的目标相匹配。

专栏 5-2 亚投行：基于多边开发性金融的基本规则

AIIB 环境与社会框架

2016 年 2 月，AIIB 建立了 ESF 框架，从银行的角度定义了环境和社会的可持续性政策，并明确了自身在实现亚洲可持续发展中所扮演的角色。该文件列出了三项强制性环境和社会标准（ESS）：环境和社会评估与管理、非自愿移民及原住民的社会框架。

AIIB 能源部门战略

2017 年 6 月，亚投行发布了“亚洲可持续能源战略”。该计划继承发展了联合国人人享有可持续能源计划（SE for ALL）、《2030 年可持续发展议程》及《巴黎气候协定》规定的国家自主贡献（INDC）原则。它确定了三个优先事项：可持续基础设施建设，跨国联通及私人资本流动。该战略的实施将以成员国在区域发展层面、国与国之间及国家级以下的各级战略部门的规划和进程为依据。尽管该文件并没有明确规定取消对化石燃料和核电的投资，但对这些项目的融资设定了限制条件，强调了能源向可持续性的过渡。

在 10 项 ESS 所列的 88 个规则中，超过三分之一的规则被 6 家多边开发银行制定的政策所涵盖。图 5-1 反映了 10 项 ESS 中所有多边开发银行之间的共性程度，表 5-3 列出了所有多边开发银行政策之间的重合部分。

---

① United Nations Inter-agency Task Force on Financing for Development，多边开发银行安保政策。

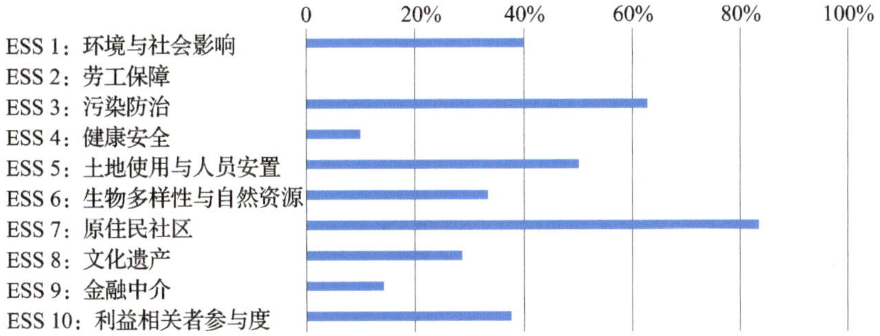

图 5–1　所有多边开发银行环境和社会标准的共性程度

资料来源：多边开发银行政策文件。

表 5–3　多边开发银行的具体环境和社会标准领域

环境和社会标准	具体领域
ESS 1：环境和社会风险与影响的评价和管理	• 环境与社会评估； • 环境与社会承诺计划（ESCP）； • 项目监测与报告； • 组织能力与相关承诺。
ESS 2：劳工和工作条件	—
ESS 3：资源效率与污染预防和管理	• 资源利用效率； • 污染防治与管理； • 危险废弃物与非危险废弃物的管理； • 化学品与危险材料的管理； • 农药管理。
ESS 4：社区健康与安全	• 基础设施建设与设备安全管理。
ESS 5：土地征用、土地使用限制和非自愿移民	• 非自愿土地征用与人员安置； • 受影响人员的赔偿措施； • 群体参与度； • 人员安置的援助； • 经济转移程序。
ESS 6：生物多样性保护和生物自然资源的可持续管理	• 对生物多样性带来的影响； • 法律保护区的划分与规定； • 引进外来物种。
ESS 7：原住民 / 撒哈拉以南非洲长期服务不足的传统地方社区	• 对原住民的不利影响； • 与原住民的接触度； • 对原住民自由、实现知情权的保障； • 文化遗产； • 申诉机制。

续表 5-3

环境和社会标准	具体领域
ESS 8：文化遗产	• 文化遗产的定义； • 偶然发现机制。
ESS 9：金融中介机构	• 对金融投资类别的定义。
ESS 10：利益相关方参与和信息公开	• 信息披露； • 资讯有效性； • 在项目实施及对外公布时的参与度。

资料来源：多边开发银行政策文件。

表 5-4 在整合了图 5-1 与表 5-3 的基础上，加入了少数多边开发银行能够涵盖的保障规则。不同颜色反映了多边开发银行涵盖该规则的比率。EIB 与 AIIB 涵盖了最多数量的指标（均在 10 项指标中涵盖 64 个领域，涵盖领域有所不同）；IDB 涵盖了最少的指标数，在可持续框架指标中涵盖 50% 的指标。在上述提到的指标中，劳工保障标准下的涵盖率差异最大；WBG、EBRD 和 ADB 在金融中介领域规范最细致；WBG 与 ADB 在文化遗产领域涵盖面最广；IDB 的 ESS 因仅对劳工接触有害物质做出了规定而在健康安全领域排名较低。相比这些，多边开发银行在环境与社会影响、污染防治和原住民社区领域更能达成共识。

表 5-4 多边开发银行 10 项 ESS 指标的涵盖情况

环境和社会风险与影响的评价和管理	劳工和工作条件	资源效率与污染预防和管理	社区健康与安全	土地征用、土地使用限制和非自愿移民
环境和社会评估	直接和间接工人	资源利用效率	基础设施和设备安全管理	非自愿征用的土地安置
环境与社会承诺计划（ESCP）	劳动管理程序	污染防治与管理	受影响人群的安全赔偿管理	对受影响人员的赔偿措施
项目监测和报告	就业条款	危险废弃物和非危险废弃物的管理	普遍接入	群体参与度
组织能力和相关承诺	不歧视原则	化学品和危险材料的管理	道路交通安全	人员安置的援助
风险分类	工会权利	农药管理	疫情地区管理	经济转移程序
利益相关方参与度和信息披露	童工和强迫劳动	空气污染管理	工伤疾病	强迫迁离的条件

续表 5-4

环境和社会风险与影响的评价和管理	劳工和工作条件	资源效率与污染预防和管理	社区健康与安全	土地征用、土地使用限制和非自愿移民
适用借款人的环境和社会框架	职业健康和安全	对水、能源与原材料的资源利用和效率区分	接触有害物质	申诉机制
ESA 和 ESCP 的详细分类	对不安全环境的反馈	噪声防治管理	大坝安全	更换地点的条件
供应链管理	终止条件		服务质量管理	与其他机构合作条件
应急机制	职工住宿		车辆安全	非自愿移民手段
	申诉机制			
	合同工和第3个缔约方			
	集体解雇			
生物多样性保护和生物自然资源的可持续管理	原住民 / 撒哈拉以南非洲长期服务不足的传统地方社区	文化遗产	金融中介机构	利益相关方参与和信息公开
对生物多样性带来的影响	对原住民的不利影响	文化遗产的定义	对 FI 类别的定义	信息披露
法律保护区的划分与规定	与原住民接触度	偶然发现程序	环境和社会程序	咨讯有效性
引进外来物种	对原住民自由、实现知情权的保障	将文化遗产纳入 ESMP	ESMS	在项目实施与对外公布时的参与度
关键、自然和改良栖息地之间的区别	文化遗产	考古遗址的程序	环境和社会政策	申诉机制
生物自然资源管理	申诉机制	减少建筑遗产	组织能力	利益相关方识别和分析
清理闲置土地	没有非自愿移民	缓解文化遗产压力	监测和报告	利益相关方参与计划
主要可持续供应商		减轻具有文化意义的自然特征	利益相关方参与度	第三方责任履行
渔业、林业、牲畜等之间的区别				组织能力和承诺
转基因生物				

所有多边开发银行涵盖的指标	80% 多边开发银行涵盖的指标	60% 多边开发银行涵盖的指标	50% 多边开发银行涵盖的指标	低于 50% 的多边开发银行涵盖的指标

5.1.2 国别开发银行和其他环境与社会框架

多边开发银行通过整合环境与社会因素逐步向可持续投融资转变，在可持续融资方面发挥了重要的作用。与此同时，部分国别开发银行也制定了其环境保障政策。一种公认的全新解决思路是将社会与环境问题纳入整个项目周期（尤其是基础设施建设领域），包括项目初期设计阶段。

本节将研究国别开发银行与其他金融机构在推进可持续投融资方面所采取的措施，讨论在“一带一路”借方与投资方之间形成的新趋势。本节没有关注未参与国际融资的此类型银行。

Ⅰ. 国别开发银行的环境与社会框架

国别开发银行（以下简称 NDB）在提供可持续金融服务方面发挥着重要作用。他们可以调动私营部门进行长期投资，并为“一带一路”伙伴国家的建设做出贡献。表 5-5 列举了部分国别开发银行的贷款总额及相关环境与社会规则。

表 5-5 全球较大的国别开发银行

国家	国别开发银行	贷款余额（10 亿美元）①	适用规则	本国已落实的 ESF 政策
德国	德国复兴信贷银行（KfW）	551	WBG IFC ILO	可持续发展指南②
韩国	韩国开发银行（KDB）	107	WBG IFC	ESF
日本	日本国际协力银行（JBIC）	151	WBG IFC	确定 ESF 考虑因素的指南
	日本开发银行（JDB）	119	—	无
俄罗斯	发展与对外经济银行（Vnesheconombank）	40	GRI 可持续发展指南③	可持续发展路线图
墨西哥	国家工商与公共服务银行（Banobras）	20	—	无
南非	南部非洲开发银行（DBSA）	4	IFC AfDB	环境与社会保障④

资料来源：多边开发银行有关年报。

注：①数据来自 KfW2018 年年度财务报告，JBIC2018 年年度报告，DBJ 2018 年年度报告，KDB 2017 年年度报告，DBSA 2017 年年度财务报表以及 Banobras 2017 年年度报告。汇率为 1 欧元 = 1.14 美元，107.12 日元 =1 美元，1 155.43 韩元 =1 美元的汇率将总贷款转换为美元。俄罗斯外经银行的数据截至 2015 年。

②联合国大会决议 69/313，亚的斯亚贝巴议程，2015 年 7 月 27 日。

③全球报告倡议组织（GRI）是一个致力于经济可持续发展的非营利组织。它制定了世界上使用最广泛的可持续发展报告规则之一，也被称为“动态可持续发展报告”。

④南部非洲开发银行环境评估执行摘要。

中国国家开发银行作为最大的国别开发银行之一，第 7 章将具体分析其在投资与金融可持续发展领域的相关规则。

KfW、韩国开发银行、JBIC、DBSA 均已制定 ESF①。俄罗斯发展与对外经济银行已经在可持续发展路线图中规划了可持续发展总体目标与项目，暂时没有提及环境与社会框架。

环境与社会尽职调查（ESDD）及气候评估是 KfW 可持续发展指南的核心内容。该评估包括：初步评估风险、确定范围、精确评估环境，社会和气候的相关影响与风险、设计与实施尽职调查、深入的气候适应 / 温室效应减缓的评估。JBIC 的指南注重有关环境和社会问题的透明度、可预测性和责任问题，为解决环境与社会问题提出明确的方法、决策流程与相关要求。DBSA 与 KfW 拥有包括环境、社会、经济和金融与投资可持续发展在内的相似规则。

表 5–6 列出了 KfW、DBSA 和 JBIC 的可持续投融资的规则比较。根据世界银行 ESS 分类规则，我们选取了三个典型案例做比较。

表 5–6　典型国别开发银行环境和社会标准汇总

环境和社会标准（ESS）	KfW	DBSA	JBIC
1. 环境和社会风险与影响的评价和管理	✓	✓	✓
2. 劳工和工作条件	✓	✓	—
3. 资源效率与污染预防和管理	✓	✓	—
4. 社区健康与安全	✓	✓	✓
5. 土地征用、土地使用限制和非自愿移民	✓	✓	✓
6. 生物多样性保护和生物自然资源的可持续管理	✓	✓	✓
7. 原住民 / 撒哈拉以南非洲长期服务不足的传统地方社区	✓	✓	✓
8. 文化遗产	✓	✓	✓
9. 金融中介机构	—	—	—
10. 利益相关方参与和信息公开	—	✓	✓
其他	—	✓	✓

资料来源：各国国别开发银行网站。

各国国别开发银行在环境与社会规则方面所涵盖的情况差异较大。KfW 和 DBSA 等国别开发银行拥有相对更加健全和全面的框架，而像日本开发银行和墨西哥国家工商与公共服务银行则在 ESF 规则方面有所欠缺（见表 5–5）。

① 韩国产业银行在环境与社会框架下采用赤道原则，见第 7 章。

此外，尽管世界银行和国际金融公司提出的环境与社会环境框架是世界上各国国别开发银行参考的规则，但并不是所有国别开发银行都必须接受，是否采用相应的框架同相关国家的法律体系和监管政策有关。

相比于多边开发银行，国别开发银行在规则的覆盖范围上相对较小，但在运用具体的环境与社会规则方面较为领先。例如，DBSA 和 JBIC 考虑了性别与性取向的弱势群体，并专门制定了针对儿童和年老人士的保护规则。

各国国别开发银行之间的区别仍然明显。以 JBIC 为例，相较于考虑环境因素和全球气候变化风险及降低可再生能源成本，完善劳动力与污染防治相关的规则似乎更加重要。

国别开发银行在吸引私人基金投资开发项目方面展示出了巨大潜力。国别开发银行通过制定更加全面的环境及社会领域规则和框架，影响私人资金的流动方式，从而加强“一带一路”项目可持续性建设。

国际开发性金融俱乐部（IDFC）拥有来自发达国家和发展中国家的 24 个 NDB 成员，是 NDB 通过统一合作影响私人资金流动的重要渠道之一。以 IDFC 在 2018 年 12 月发布的《关于与巴黎气候协定保持一致的立场文件》为例，该文件呼吁资金流动应符合《巴黎气候协定》的长期发展目标，并充分阐述了该协定对商业和投资业务的影响。①

IDFC 成员与多边开发银行合作，为气候变化纳入发展战略和实施过程提出了五项自愿原则：②

（1）致力于气候战略。将气候变化列为战略优先事项，获得政府和机构承诺，保证应对气候变化的措施落在实处。这些措施将使应对气候变化措施逐渐融入金融机构的贷款与咨询活动中。

（2）气候风险管理。在评估投资组合时充分考虑气候风险管理，并与合作方确立适当的措施，以建立抵御气候影响的能力，并改善投资的长期可持续性。

（3）推进智能气候目标。确定应对低碳与弹性投资产生风险与阻碍的方法、工具与相关知识，其中包含了对额外融资的动员与引导，并开发如“绿色债券”等的融资工具/产品，来实现风险分摊和混合融资。同时，推动客户和其他相关方（例如评级机构、会计师事务所）参与到应对气候变化风险恢复的工作中，并从中总结分享经验，以进一步将气候因素作为主要因素之一，纳入各项活动与投资中。

（4）改善气候绩效。通过建立运营工具改善气候绩效。监测与气候变化优先事项有关的指标。这些指标包括：温室气体（GHG）排放报告、绿色贷款与投资、气

① 国际开发性金融俱乐部，2018 年 12 月立场文件提出与《巴黎气候协定》保持一致。

② 金融机构气候行动，Climate Action in Financial Institutions。

候相关资产分配及机构自身气候工作流程管理。

（5）考虑气候行动。尽可能确保机构气候绩效报告的透明度。这些绩效包括清洁能源融资效益、能源利用效率、气候适应能力及其他与气候相关的活动与投资。机构应透明地报告自身投资组合的气候足迹及其如何应对气候风险。

然而，要求机构披露投资组合的气候足迹是一个重大挑战。至今没有任何机构完全遵守这项承诺。一些多边开发银行在其对环境的评估中引入了影子碳价格（例如 EIB）。这是实现《巴黎气候协定》规定的，在项目实施过程中使碳排放社会成本内部化的重要步骤。

Ⅱ. 其他公共或私人机构

金融和非金融实体都逐渐将环境、社会和治理层面的内容纳入决策制定和运营过程中。

- 负责任投资原则（PRI）

由联合国支持的负责任投资原则，是国际投资人网络遵守的六个自愿性投资准则。来自 67 个国家的 1 800 个投资人和金融机构自愿签署了 PRI。签署人有义务每年汇报可持续投资活动。PRI 涉及环境、社会和治理。签署人承诺如下：

（1）我们会把 ESG 问题纳入投资分析和决策过程。

（2）我们会积极地将 ESG 问题纳入决策和实践中。

（3）我们会促使所投资的机构适当披露 ESG 情况。

（4）我们会促进投资领域接受并实施负责任投资原则。

（5）我们会为更有效地执行该原则而共同努力。

（6）我们会披露执行该原则的相关活动和进展。

原则的目的是协助投资者理解可持续投资的潜在影响，在不忽视投资中环境、社会和治理问题的前提下，实施投资策略。对不同行业的各类投资者，该原则都是灵活兼容的。

- 赤道原则（EP）

赤道原则是由一些金融机构于 2003 年提出的一套非强制的自愿标准，目的是确保项目以对社会负责的方式展开并反映良好的环境管理实践。截至 2019 年 10 月，已经有 37 个国家的 96 家金融机构宣布采纳赤道原则。其中 19 个国家为发展中经济体，占所有发展中经济体的 12%；18 个国家为发达经济体，占所有发达经济体的 46%。中国的江苏银行和兴业银行也签署并执行了该原则。虽然金融机构独立自愿地遵守赤道原则，但参与机构有义务对原则执行情况进行报告。

赤道原则纳入了世界银行惯例和指导方针，自愿性适用并应用于①项目融资咨询和费用超 1 000 万美元的项目融资；②总贷款额超 1 亿美元、赤道原则金融机构（EPFI）承诺额 5 000 万美元以上或贷款期限 2 年以上的企业融资；③贷款期限 2 年以内，且将会由项目融资或企业融资提供再融资安排的过桥贷款。对于采纳原则的金融机构来说，这些原则是“用于确认、评估和管理项目融资业务的环境及社会风险的风险管理准则”。①

赤道原则包括：

（1）检查项目相关的潜在环境及社会风险并加以分类。

（2）由客户进行环境与社会影响评估（ESIA），提出最小化、减轻和/或补偿负面影响的措施。

（3）适用的环境和社会规则，尤其是国际金融公司的环境及社会可持续性绩效规则，世界银行环境、健康和安全（EHS）方针，以及项目所在国的相关法律法规。

（4）环境和社会管理计划（ESMP），由客户准备，为解决由评估（准则2）和实施适用性规则（准则3）产生的问题。如果客户不能满足适用性规则，赤道原则行动计划就由赤道原则金融机构与其共同准备，以填补差距。

（5）利益相关方参与性：客户应与受影响群体进行有效磋商，并记录结果。

（6）申诉机制，促进解决项目相关的环境及社会绩效有关的风险和疑虑。

（7）独立检查ESMP和咨询文件。如有必要，审查者应参与赤道原则行动计划的准备工作。

（8）客户应提交财务文件，遵守所在国的环境及社会法律法规、ESMP和赤道原则行动计划，按照承诺定期提供报告。

（9）独立监管和报告，评估项目实施与赤道原则一致程度。

（10）报告和透明度：客户应报告高排放项目的温室气体排放量②，并提交ESIA评估摘要。

- 国际金融公司可持续框架

2009年国际金融公司批准实施可持续框架。该框架源于世界银行的环境社会评估体系，又针对私人领域的特点进行了调整。框架详细阐述了公司致力于可持续发展的战略承诺，将环境问题作为公司风险管理不可或缺的一部分。框架包括《国际金融公司环境和社会可持续性绩效标准》和《国际金融公司信息使用政策》等。八项绩效标准共同确定了客户在国际金融公司投资的整个项目周期内需达到的标准，包括环境和社会风险与影响的评估和管理；劳工和工作条件；资源效率和污染防治；社区健康、安全和治安；土地征用和非自愿迁移；生物多样性保护和生物自然资源的可持续管理；土著居民；文化遗产。

- 经济合作与发展组织出口信贷规则通用方法（Common Approaches）

为应对20世纪八九十年代的社会压力，经济合作与发展组织（以下简称经合

---

① 赤道原则：确定，评估和管理项目环境和社会风险的金融行业基准，2013年6月。

② 超过100 000吨CO_2。

组织）出口信贷机构开始为出口信贷支持制定环境与社会可持续发展规则。1998 年出口信贷机构发布了意向声明。1999 年他们同意为“大项目披露环境信息”。面对工业化国家详细审查的要求，2001 年出台了一份自愿采用通用方法的声明，2003 年该方法成为强制性要求，2012 年再次更新。新的规则以世界银行环境社会框架和国际金融公司的绩效标准作为基准要求，适用于已正式获批且支付期超过 2 年的出口信贷项目。采用该规则的目的是提高购买国的环境和社会意识，并融合所有出口信贷机构采用的环境和社会评估程序，避免扭曲竞争。①2015 年，经合组织出台官方出口信贷安排，限制参与国为低效率燃煤电厂提供资金。②

5.1.3　环境与社会框架下的监测和评估机制

环境和社会标准（ESS）的影响不仅取决于其设计，还要取决于如何落实和实施。覆盖范围更广泛、更一致的规则有助于识别、预防并使风险及项目的负面影响最小化。多边开发银行建立了监测与评估机制，以评估项目绩效和环境社会问题，但各机构评估水平不一。表 5–7 总结了多边开发银行在环境与社会框架下的监测评估机制。

表 5–7　多边开发银行的监测评估机制

金融机构	监测评估机制
世界银行集团（WBG）	环境与社会承诺计划
美洲开发银行（IDB）	环境评估
亚洲开发银行（ADB）	保障评估
欧洲复兴开发银行（EBRD）	环境与社会政策
欧洲投资银行（EIB）	环境与社会管理计划
亚洲基础设施投资银行（AIIB）	环境与社会评估

资料来源：多边开发银行政策文件。

有效实施 ESF 的要素包括参与和了解项目所在国的局限与能力，以及提供必要的支持。更多地运用国家体系会更好地实施监测评估机制。一刀切、不灵活的方法从理论上讲不利于减轻环境与社会的影响。

表 5–8 显示了海外开发性金融机构之间在程序上几乎没有差别。所有银行都在贷前阶段提供环境影响评估的项目事先审查，在环境法规和支付合规性之间建立联

① 经济合作与发展组织，理事会关于官方支持出口信贷以及环境和社会尽职调查的通用方法的建议，2012 年 6 月 28 日。

② 经济合作与发展组织，官方出口信贷安排，2018 年 1 月 16 日。

系。对于环境规则来说，所在国的环境法规是所有银行的底线。WBG、IDB、EIB和KfW要求客户也要遵循国际规则和程序。

表 5-8 通用规则与通用程序

程　　序	多边开发银行	国别开发银行
进行事前环境影响评估	✓	✓
行业特定的社会和环境规则	✓	—
遵守所在国环境法规规定	✓	✓
遵守国际环境法规规定	✓	✓
与受影响团体进行公开磋商	✓	✓
申诉机制	✓	—
独立监管审查	✓	—
制定遵守协议	✓	✓
事后环境影响评估	✓	—

资料来源：Gallagher，K. P.，Yuan，F.，《环境与发展杂志》发表的《标准化可持续发展：拉丁美洲发展银行的比较》，26（3）：243-271，2017年。

所有银行在其环境评估中都会包含与受影响群体的公开磋商。针对环境问题的纠纷，只有WBG和EIB有项目级的申述机制。只有WBG要求在项目周期中针对环境合规性进行独立监管和审查。IDB、AIIB和KfW对事后评估不做要求，其余机构均有要求。

即便有共同主题和程序，不同参与者采用的惯用做法也大不相同。如前文所述，许多多边开发银行将ESRM作为贷款条件。一些NDB，比如中国的NDB，还是遵循东道国规则①。一些银行，比如KfW、现在还有WBG和IDB，提出了“能力提升”方法。这些机构意识到一个项目中的参与者（银行、本国企业、外国企业、本国政府和外国政府、工人等）能力各异，为达到规则还需要其他支持。

5.2 债务可持续性框架

本节聚焦债务可持续性，在国际投融资中债务可持续性是经济可持续性的重要部分。

众所周知，借方通过借债为生产和基建募集投资、培养人才、创建提供经济增

① Klooster，D.，《规范可持续发展？新自由主义环境治理，森林管理委员会的人工林政策浏览》，Geoforum，41（1）：117-129，2010年。

长的金融机构。为了保证长期正向净增长，必须有效管理借贷涉及风险[①]。管理风险的前提是投资的财务回报覆盖资产的运营和维护成本，满足债务偿付义务。

5.2.1 联合国贸易和发展会议（UNCTAD）原则：负责任的主权借贷

联合国一贯强调债权人和债务人必须共担责任，以避免不可持续的债务状况。经过透明的、多利益相关方参与和包容的进程，贸发会议通过了一套促进负责任主权借贷的原则，并为贷方和借方提供了一个分享和讨论负责任做法的空间。贸发会议平台的目的是明确借方和贷方的具体责任，帮助主权国家避免不慎重融资[②]。一个关键原则是如果主权借款人在借贷时能完全透明并提供全面信息，日后一旦需要债务重组，将能更好地说服相关债权人参与。

贷方的职责包括当他们参与借款协议时，确保“参与主权借贷交易的政府官员维护公众利益”。贷款方还有义务确认“尽其所能，融资是否被恰当授权和信贷协议是否在相关司法管辖内有效并可执行”。他们应确保披露所有必要的信息，了解贷款或金融产品的风险和收益，当借款国缺乏经验和偿债能力时，这一责任会增加。贷方在商定贷款条款时，还需要考虑项目的预期财务回报。此外，贷方需要避免与已被联合国制裁的国家进行金融交易。

维持可持续的债务水平是贷方和借方的共同责任。贷方应该根据已经存在的债务评估借款人偿还债务的能力，而不是仅考虑其对该项金融交易的愿望，因为加重国家的偿还负担不仅可能危及债权人的财务状况，还可能危及债权人同其他债权人的关系。如果债务需要重组，则应以透明的方式进行，通知其他受影响的贷方，并在贷方和借方之间公平分担损失。

应建立监控系统，但贷方的监督不应干扰借方自主决定其优先事项。借方应该制定债务可持续性和管理战略。此外，在决定产生新债务时，双方应使用综合框架评估：①具体项目的财务可行性，包括财务回报是否足以支付运营成本和偿债义务；②在承担这笔新债务后偿债能力的可持续性；③如涉及政府担保，则在担保时，财政预算承担额外偿债义务的能力。债务管理框架应明确规定与新债务的合同签订和担保等相关的程序与责任。

贸发会议的原则涉及诸多方面，包括社会和环境影响、债务可持续性、透明度和利益方参与。这种全面的考虑是减少项目负面影响和偿债风险的第一步。但是，“原则”的自愿性可能会降低其影响力。贸发会议的倡议得到越来越多发达国家和发展中国家的支持，因为世界各国经常出现的公共债务问题凸显了对政府债务或政

---

① Chudik，A.，et al.《债务何时会拖累增长？》，经济研究论坛，2018 年 4 月 3 日。

② Li，Y.，Panizza，U.，《促进负责任的主权借贷原则的经济原理——主权融资与国际法》，2012 年 1 月 10 日。

府担保债务进行谨慎管理的必要性。

5.2.2 国际货币基金组织 / 世界银行：债务可持续性框架（DSF）

为了帮助各国调动资源，同时减少因过度债务以及不可持续的债务偿还义务而造成的严重财政和 / 或外部风险，国际货币基金组织（IMF）和世界银行集团（WBG）共同建立了债务可持续性框架（DSF）[①]，债务可持续性分析（DSA）是框架的关键部分（见专栏 5-3）。

专栏 5-3 IMF-WBG 债务可持续性分析（DSA）

DSA 是国际货币基金组织和世界银行集团的债务专家定期对低收入和中等收入国家进行国家债务的“结构性审查”。IMF-WBG 的 DSA 的三个主要目标是：

1. 评估当前的债务状况：其到期结构，是否具有固定或浮动利率，是否已编入索引，以及由谁持有；

2. 尽可能提前识别债务结构或政策框架中的漏洞，以便在出现还贷困难前引入政策更正；

3. 一旦出现或即将出现此类困难，则应审查其他可供选择的稳定债务政策路径的影响。

DSA 包括：

1. 分析一个国家未来 20 年的预计债务负担及其对外部和政策冲击的脆弱性；

2. 在该时期对外债务困扰的风险评估的基础上，债务负担阈值取决于国家的政策和金融机构的水平，每个等级的债务水平均有设定的门槛；

3. 对借方和贷方提出的避免债务风险的建议。

国际货币基金组织对低收入国家（LICs）和市场准入国家（MACs）的债务可持续性方法有所区别，前者通常可获得优惠贷款，后者则需要依赖于国际资金市场。对市场准入国家来说，如果经济指标和主要财政平衡在合理范围内*，且对国家潜在增长或承担债务的风险无负面影响，则认为借债是可持续性的。

资料来源：世界银行集团《债务可持续性分析》（2018）、国际货币基金组织《债务可持续性分析与简介》（2017）。

注：* 在基准和现实冲击情景下（Under baseline and realistic shock scenarios）。

DSF 自 2002 年开始运作以来，由两个互补的部分组成：分析公共债务总额和外债总额的可持续性。每个部分包括：

---

① 国际货币基金组织，低收入国家债务可持续框架介绍，2018 年 7 月 13 日。

（1）一个基准情景，基于政府预期政策的宏观经济预测，明确列出主要假设和参数；

（2）应用于基准情景的一系列压力测试，为政策变量，宏观经济发展和融资成本变化等各种假设下的债务动态提供概率上限。

该方法定期修订和重新设计，以便适应复杂多变的情况。它帮助“客户平衡他们的资金需求和偿还债务的能力”。[①] DSF 通过帮助低收入国家实现其发展目标，同时避免未来的债务问题，“确保接受重债穷国（HIPC）减债动议和多边债务减免倡议（MDRI）帮助的国家，可以在可持续发展的轨道上继续发展”。[②]

IMF-WBG 的 DSF 为国际开发协会（IDA）提供融资决策的基础。IDA 为全球最贫困的国家提供融资。DSA 中对国家债务水平的评级同 IDA 的融资安排直接相关，有助于确定融资中赠款和贷款组合比例。对于低收入国家，DSF 会向资金提供者就优惠贷款、拨款分配和债务减免决策的组合提出建议。

国际货币基金组织表示 DSA 不应该是机械死板的，其结果必须根据相关国家的具体情况进行评估，包括特定国家债务的特点，以及政策跟踪记录和政策空间。分别用于 MAC 和 LIC 的两种 DSA 框架，确保在不断变化的经济和金融环境中，满足不同国家群体的具体需求。

尽管 DSF 帮助政府回答了是否可以或应该承担额外债务的问题，但它没有从债务用途角度分析额外债务可能对一个国家造成的外部影响，包括是否减少贫困和不平等、增加就业、获得公共服务、促进环境和社会稳定等方面。

5.2.3 债务重组：巴黎俱乐部

巴黎俱乐部是一个由官方债权人创建的国际性非正式组织，与主权债务人就政府和政府担保债务进行债务重新安排[③]。债务重新安排包括在宏观经济和金融不稳定时期内对债务国的债务延期或减少等安排。自 1956 年成立以来，巴黎俱乐部重组了 5 830 亿美元债务，与 90 个债务国签署了 433 份协议[④]。

国际货币基金组织、世界银行、经合组织、贸发会议、欧共体、非洲开发银行、亚行、欧洲复兴开发银行和泛美开发银行都是巴黎俱乐部的观察员。无债务索赔的常任理事国代表以及对有关债务国提出索赔的非巴黎俱乐部成员代表也可以成为观察员。观察员可以参加谈判会议，向成员提供信息和建议。

---

① 世界银行，债务可持续性（Debt Sustainability）。

② 国际货币基金组织，概况介绍——重债穷国倡议下的债务减免，2018 年 3 月 18 日。

③ Cheng，G.，Díaz-Cassou，J.，Erce，A.，《从收债到准备减免：通过巴黎俱乐部进行的 60 年官方债务重组》，欧洲稳定机制，2016。

④ 数据源自巴黎俱乐部。

会员遵守巴黎俱乐部的六项原则，并接受所有协议的一般条款。具体而言，成员同意团结、共识、信息共享、条件和待遇的可比性（即要求债务人不接受非成员债权人的不利条件）[①]，与巴黎俱乐部成员达成协议。

巴黎俱乐部债务重组有助于将大量资源重新分配给发展优先事项。近年来，债权人结构在全球范围内发生了重大变化，降低了巴黎俱乐部的影响力。例如中国、印度和沙特阿拉伯没有参与巴黎俱乐部。随着这些国家日益上升的双边债权人地位，巴黎俱乐部成员贷款的比例有所下降。[②]

巴黎俱乐部采取若干举措加强官方债权人之间的沟通和协调。例如 2013 年巴黎论坛，巴黎俱乐部和二十国集团成员首次会晤，讨论国际融资和债务前景，但没有商定进一步的对话或行动。

伦敦俱乐部成立于 20 世纪 70 年代，是一个非官方的债权人集团，当时商业银行逐步成为发展中国家的主要融资来源。伦敦俱乐部没有常任理事国或正式架构，这项由私人牵头的倡议主要协调借款国的商业（非政府）直接债务的重新安排。由于上述全球贷款的变化，伦敦俱乐部的相关性也在下降。

5.3 主要的全球采购原则

投融资合同的采购方式是确定项目总体财务可行性的关键因素，对当地供应商和增加当地就业将产生较大影响。

5.3.1 世界贸易组织（WTO）政府采购协议（GPA）

政府采购协议（GPA）是世界贸易组织（WTO）的一项多边协议，旨在促进成员方开放政府采购市场，扩大国际贸易。GPA 由 WTO 的成员国自愿签署。截至 2019 年 10 月，已有 48 个国家和地区，包括美国和欧盟的 20 个参与方签署了该协议。GPA2012 保留了 GPA2007 和 GPA1994 的基本原则，首次增加了反腐要求，提出避免利益冲突和打击腐败行为。GPA 条款规定公开招标、公平竞争、程序透明、信息披露等机制，确保国内和国际投标人的平等竞争。GPA 成员国修改国内相关法律，以与 GPA 一致是其法定义务。

5.3.2 世界银行采购规则

世界银行采购政策要求对贷款的使用进行严格监督，要求国际竞争性招标。世

---

① 其中包括主权债权人、多边银行和民间债权人。

② Viterbo，A.，《巴黎俱乐部和伦敦俱乐部角色是否受到影响》，2014 年，该文收录于 M. Waibel 和 G. Bastid-Burdeau 编写的《全球金融危机的法律影响》。

界银行为项目采购贷款的使用和监督制定了采购规则，包括项目实施需要有经济性和效率性，以及项目所需的货物和土建工程的采购；给予世界银行成员合格投标人参与采购竞争的公平机会；鼓励支持借款国发展本国产业和咨询服务；公开的采购程序。

5.3.3　欧盟公共采购规则

欧盟政府采购是透明公共采购的一个典型做法。所有欧盟成员国的政府采购系统遵循以下要求：

- 凡是达到一定限额标准（每两年更新一次）的采购项目应由政府根据欧盟公共采购要求实行政府采购[①]。

- 欧盟公共采购为成员国留下实施政府采购政策的空间，各成员国均将政府采购作为实现政府经济和社会政策目标的重要工具，在扶持中小企业、落后地区的发展方面发挥了重要作用。

- 政府采购方式的原则相同。采购方法必须体现充分竞争、物有所值、国民待遇和非歧视的原则。欧盟成员国中最常见的采购方式有："公开招标""邀请招标"和"谈判磋商"。2004 年，欧盟将"竞争性对话"纳入公共采购指令修订版，适用于复杂的政府项目。

- 要求信息公开。达到限额标准的采购项目和邀请招标必须在欧盟指定媒体发布招标公告和中标公告。非招标方式也要在指定媒体上公告原因及中标结果。

- 所有采购方法均应遵循规定的时间和程序。如果一个欧盟成员国的供应商不遵守该指令，其他供应商可以向欧洲法院提起诉讼。

5.3.4　瑞士挑战制度（Swiss Challenge）

瑞士挑战制度主要用于公共部门与私人部门的合作，推动基础设施和公共事业项目，能够分阶段确定最具财务效率的报价。当公共机构收到供应商提出的项目投标时，会公布其接受和评估"非应标提议"方案的要求和程序，并邀请第三方提交报价。如果第三方提供优惠，最初投标人有机会反对该优惠。如第三方提案细节与原提案不同，可能会引发一些关于此方法有效性的法律问题。在该过程中，信息不对称是一个问题，会影响投标人的透明度和公平公正待遇。

---

① 2004 年 1 月宣布的限额为：中央政府采购项目应包括超过 154 000 欧元的商品和服务，地方政府采购项目应包括超过 236 000 欧元的商品和服务，以及 5 923 000 欧元以上的工程合同。

5.4 与国家优先事项和制度保持一致

多边开发银行、国别开发银行、商业机构、股票基金、民间资本和其他金融机构都为伙伴国家的投融资做出了贡献。参与机构之间的沟通和协调有助于最大限度扩大“一带一路”可持续投融资的影响，减轻各国合作伙伴的负担，并加强全球治理和气候变化等关键问题的国际宏观经济政策协调。

融合的“一带一路”投融资规则需要构建融资和投资的总体要求。通过借鉴美国、法国、德国等发达经济体以及俄罗斯、中国和印度在内的主要新兴经济体的规划经验，“一带一路”相关的规则需要与各国发展优先事项保持一致，并涵盖治理问题。从规划评估看，欧盟和日本等国家和地区重视评估机制和体系，通过外部评测提高评估的客观性，并向社会公开发布评估结果。

在可能的范围内，融合“一带一路”投融资规则应尽可能与伙伴国家现有的国家体系保持一致，以便所有利益相关方能够接受并使合规成本最小化。后者至关重要，因为受规则约束的发展中国家往往面临来自国际投资者和贷方的各种具体的又彼此不相关的要求，导致伙伴国家政府面临过度协调和优先排序的挑战，并迫使其接受能力和资源造成额外负担。然而，值得强调的是，应避免在“公约数”的最低水平线上进行协调（详见第 7 章和第 8 章）。

世界银行发展框架和国家评估策略

从 1999 年开始，世界银行开始帮助发展中国家政府构建发展战略，基于一国自身发展目标，在利益相关方参与基础上，根据长期发展愿景确立《综合发展框架》。对低收入国家，综合分析该国经济形势、社会发展和贫困问题，协商制定《减贫战略》（PRSP）。PRSP 的提出过程中，世界银行主张同该国不同的利益相关方合作，通过协商培育国家对战略的“所有权”，并推动决策过程进一步公开。该策略指导世界银行和其他参与协商的机构根据《综合发展框架》《减贫战略》以及该国需求和优先事项确定援助、债务减免和其他经济工作方案进行调整。

5.5 可持续风险评估和管理框架

国际投融资遇到的共同风险，包括经济、政治、法律、文化、环境、冲突和债务可持续性等问题。

如本章前面所述，在安全保障政策（Safeguard Policy）领域，MDB、NDB 和其他机构之间存在广泛共性，代表了开发性金融几十年发展经验所提炼的智慧，为建立风险预防和缓解框架奠定了坚实的基础。

部分“一带一路”伙伴国家政治还不稳定，可能会反复出现动荡、冲突以及不可预测的政治和安全局势。一些国家的经济体系不完整，缺乏开放性，可能会遇到高财政赤字、经常账户赤字或较大的外债负担。同外商直接投资相关的政策和法律在伙伴国家的广度上存在很大差异，部分与国际惯例有很大不同。此外，一些“一带一路”伙伴国家面临着难以预测、多样化和复杂的种族和宗教问题，由此引发的紧张局势可能会对这些国家和邻国的发展产生溢出效应。

因此，基于对项目风险的准确评估并在宏观经济层面进行协调的风险管理战略，有助于投资者、项目所在国利益最大化，对确保“一带一路”项目的成功实施和全球实现可持续投资起到关键作用。

5.5.1 《经济学人》智库（*EIU*）风险识别体系

EIU 风险识别体系包括运营风险模型和国家信贷风险模型。国家信贷风险通过定量和定性指数评估与主权、货币、银行业、政治、经济结构和国家整体相关的六类风险。运营风险分析涵盖十个主要方面：安全、政治稳定性、政府效能、法律和监管环境、宏观经济风险、外贸和支付问题、劳动力市场、金融风险、税收政策和当地基础设施水平。宏观经济风险主要侧重汇率波动、衰退风险、价格波动、挤出效应和利率波动等领域。在外贸和支付方面，重点是贸易禁运、金融风险、歧视性关税、过度保护、资本管制风险。金融风险包括货币贬值风险、融资深度、当地市场准入、有价债券以及银行系统的健康程度。*EIU* 提供了涵盖上述所有风险类的背景研究、数据及相关预测。该模型的 66 个指标不断更新，并加入了可能影响各国运营风险的重大事件因素。[①] 同时，*EIU* 的风险跟踪技术为汽车、能源、消费品、医疗保健、金融服务、技术、旅游等 28 个行业和子行业提供了加权风险评级。

5.5.2 多边投资担保机构（MIGA）：政治风险保险

MIGA 成立于 1988 年[②]，鼓励成员国之间，尤其是向发展中国家增加投资。MIGA 为这些国家提供减轻或控制政府恶性行为产生风险的工具。政治风险保险有助于为发展中国家提供一个稳定的招商引资环境，以此来获得更多的融资。投资者经常因为其贷款人要求承担国家风险而陷入困难，而政治风险保险可以减少贷方在提供贷款时的顾虑。MIGA 通过预索赔的管理方式防止潜在索赔要求升级，帮助投资者和政府处理可能影响到项目的不利政治因素。MIGA 也采取一系列创新措施，例如通过流动资金支持政治风险保险，通过掉期交易为政府增信，为开发性金融机构贷款人提供政治风险保险等。

---

① 《经济学人》智库，风险概述，2016 年。

② 世界银行集团包括国际复兴开发银行、国际开发协会、国际金融公司、多边投资担保机构和国际投资争端解决中心。

5.6 全球规则的实施和最佳实践

5.6.1 多边开发银行的最佳实践

项目所在国对项目实施负有最终责任。同时投资者也有责任建立机制和工具，确保项目透明、利益相关方监督问责、遵守环境和社会规则，这有助于投资与可持续发展目标保持一致。

多边开发银行正在不断完善其环境与社会框架（ESF），充分体现了全球可持续发展的挑战。以下是开发性金融机构遵循和促进环境和社会规则的一些最佳实践案例。

I. 影子碳定价

多边开发银行在其投资和贷款活动中越来越多地考虑“绿色”因素，采取行动应对气候变化。影子碳定价是指对产生大量温室气体排放的项目投资在价格上增加一个假设的附加费用。它经常用于对项目建设进行财务评估，主要为了考虑未来此类投资价格上涨的可能性，并降低未来项目因碳价格上涨而导致失败的风险。通过这种方法测算，实现对高排放项目建议更严格的审查和“淘汰”。作为影子碳价格国际协调行动的第一步，六个多边开发银行于2014年同意在“适当情况下”在项目评估中使用预测的影子碳价格。

亚洲开发银行和欧洲复兴开发银行的价格最低：欧洲复兴开发银行的价格处于碳价格高级别委员会建议的价格范围的底部。[①] 2018年12月，欧洲复兴开发银行宣布了一项强有力的脱碳战略（见下文），该战略在功能上接近影子碳价格。亚洲开发银行的价格未达到建议的最低价格。世界银行和欧洲投资银行定义了高、中、低三档价格，此价格更具广泛性。虽然欧洲投资银行的中间价格仍然低于建议的中间价格，但此价格在参与的多边开发银行中却是最高的（见图5-2）。

太阳能较燃煤平准化发电成本比率在2009年到2018年一直处于下降状态（见图5-3）。在以煤炭和化石燃料为基础的资产的长期投融资中，碳价格可能会反映所有成本（意味着取消化石燃料补贴和将外部性完全内部化）。如果现有投资基于今天的碳价格，一旦全球各国普及影子碳价格机制，则这些资产很可能在相关贷款偿还之前变得无利可图。这将大幅降低债务国的偿还能力和意愿。在评估新项目的财务可行性，以及金融机构重新考虑是否支持此类贷款以避免未来的不良贷款时，应充分考虑碳价格。通过融合标准（包括碳定价）在“一带一路”上协调积极的政策和监管步骤，可以促进向低碳“一带一路”的快速过渡，同时创造有效支持它的财政空间。

---

① 碳定价领导联盟，碳价高级别委员会（Carbon Pricing Leadership Coalition. High-level commission on carbon prices）。

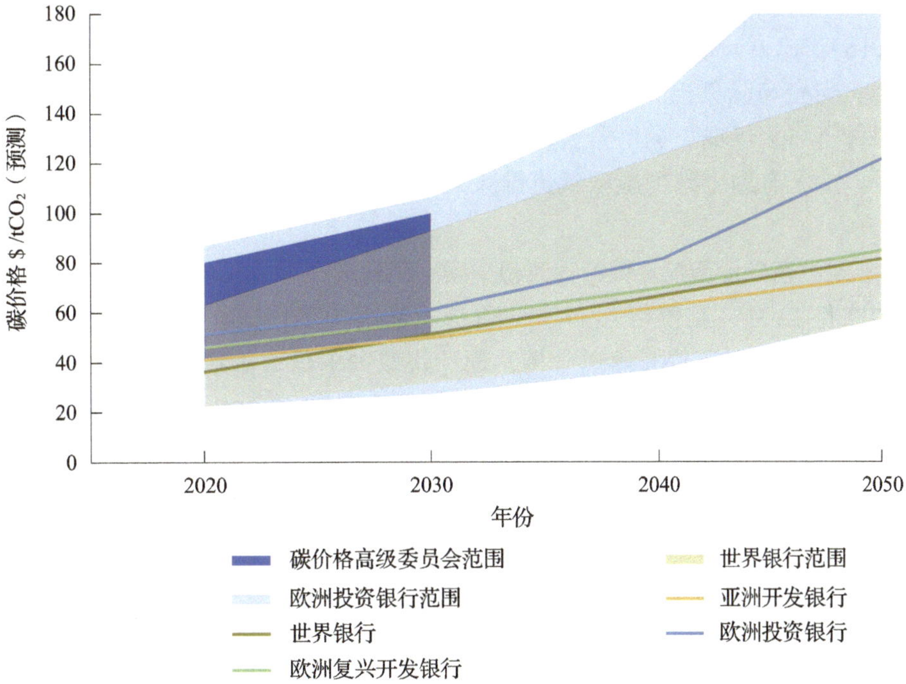

图 5-2　各开发银行使用的碳价格与碳价格高级别委员会建议的比较

资料来源：Hawkins，J.，Wright，H,《开发银行在影子碳定价方面的表现如何？第三代环保主义》，2018 年 1 月 14 日。

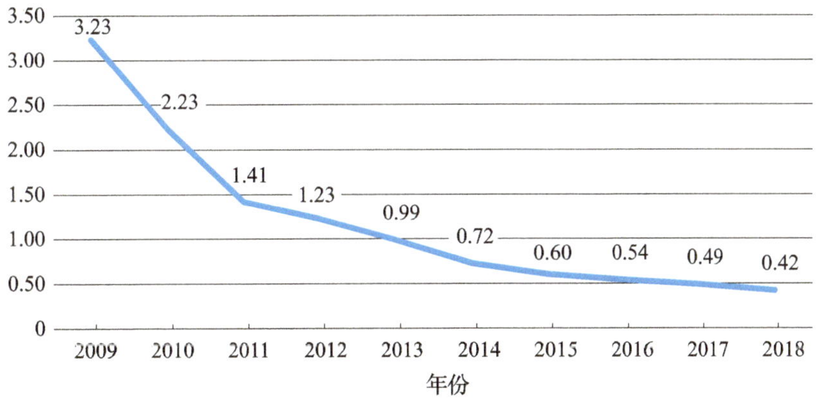

图 5-3　太阳能平准化发电成本 / 燃煤平准化发电成本（2009—2018 年）

资料来源：Lazard（拉扎德公司），“Levelized Cost of Energy Analysis”，2018。

影子碳定价能够实现投资激励与减少温室气体排放的目标统一，影响了大量的发电以及其他基础设施投资决策，有助于各国减少高碳排放，支持《巴黎气候协定》与可持续发展目标。

Ⅱ. 欧洲复兴开发银行的脱碳战略

2018年12月，欧洲复兴开发银行批准了未来五年的能源部门战略，旨在提供清洁、安全和能负担的能源。[①]该战略是该行能源政策的重要转变。欧洲复兴开发银行不再为煤电厂提供资金，不再支持新建或改造现有的动力煤开采或燃煤发电厂。除了有助于减少温室气体排放的项目外，不再为上游石油开发项目提供资金。

Ⅲ. 亚洲基础设施投资银行：改善中国空气质量

2017年12月，亚投行宣布了一项贷款额度为2.5亿美元的项目，将500多个乡村村庄连接到天然气输送管网，预计将减少中国每年约65万吨的煤炭使用量[②]，减少二氧化碳排放约60万吨。此外，该项目不会导致任何土地征用或人口迁移，该项目的环境和社会管理规划已在北京天然气（项目实施者）和亚投行网站公布[③]。

Ⅳ. 亚洲开发银行：保护生物多样性

亚洲开发银行通过大湄公河次区域生物多样性保护走廊项目保护柬埔寨、老挝和越南的生物多样性。这些地区易受环境恶化的影响，需要保障能源、运输、水和粮食安全的投资，从而保护和改善当地的生计。该项目旨在保护森林的生物多样性。

Ⅴ. 亚洲开发银行和亚洲基础设施投资银行：问责机制

亚洲开发银行在整个项目周期内监督对安全保障政策的遵守执行情况。运营部门在项目实施期间确保银行与客户遵守法律协议中的环境社会等安全保障条款。如果存在违规风险，他们会采取适当措施进行解决。

此外，亚洲开发银行还建立了问责机制，受亚洲开发银行项目影响的人可以通过该机制提出投诉。该机制接受针对违反安全保障政策等运营政策和程序的举报。在接到举报和投诉后，亚洲开发银行的合规审查小组进行合规审查，同时设置了由专门协调人负责的咨询平台，为投诉人寻求解决方案。

亚投行的环境与社会框架（ESF）强调客户的主导作用。它要求客户根据环境与社会政策（ESP）、环境和社会标准（ESS）建立适当的申诉机制。

2018年12月，亚投行董事会批准了对项目影响地区人民的补偿机制（PPM）的政策，该政策于2019年3月31日生效，并附有PPM指南和PPM程序规则。这标志着该银行建立了自己的问责机制，受项目影响的人们可直接向亚投行提出他们关切的问题。

---

① 欧洲复兴开发银行，《能源部门战略（2019—2023）》。

② 亚投行官网，《亚投行投资减少燃煤消耗提高北京空气质量》，2017年12月11日。

③ 亚投行，《环境和社会管理计划》，2017年。

5.6.2　国别开发银行和其他金融机构的最佳实践

尽管是非强制性的，仍有越来越多的政府、中央银行和监管机构逐步将可持续性规则纳入企业和金融市场的法律法规。此外，各国国别开发银行和私营机构不断强化可持续性理念，并鼓励可持续做法。以下是各国国别开发银行和私营机构实施环境和社会规则的一些最佳实践案例。

Ⅰ. 南部非洲开发银行：建设包容和资源高效的约翰内斯堡

南部非洲开发银行与全球环境基金（GEF）在可持续城市规划的框架下合作。银行已批准为 1.32 亿美元的项目提供融资：建设高韧性和资源利用效率的约翰内斯堡。该项目旨在培育城市的包容性和适应力，强化有效资源管理和减少碳排放。该项目有 4 个组成部分：

（1）确保城市实际规划和实施的可持续性；

（2）通过提高粮食流动效率和改善农业，改善约翰内斯堡的城市食品安全；

（3）实施基于实证的可生物降解废物管理战略；

（4）基于实证改进完善南非的规划。

Ⅱ. 德国复兴信贷银行（KfW）：转向绿色低碳贷款

由于德国政府对绿色项目的重视，德国复兴信贷银行全面实施了绿色政策。KfW 不再为煤炭项目提供资金，也很少为天然气项目提供融资，支持重点已转向可再生能源和气候变化减缓项目。例如，德国开发银行为热带森林保护项目提供了超过 5 亿欧元的资金①，为巴西可再生能源和能源效率项目提供了 20 亿欧元资金。

Ⅲ. 日本国际协力银行（JBIC）：温室气体（GHG）排放的测量、报告和验证指南

“联合国气候变化框架公约”（UNFCCC）长期以来一直认为有必要减少温室气体排放,《巴黎气候协定》提出需要开展减排活动。赤道原则也要求报告超过 10 万公吨二氧化碳的温室气体排放项目。温室气体排放的测量和报告可直接影响一个国家的气候变化战略。越来越多的国家要求支持建立测量和报告温室气体排放的机制。

JBIC 发布的指南建立了温室气体减排量的测量、报告和验证规则及相关程序。根据该指南，JBIC 公布了可再生能源项目已实现的温室气体减排清单。

Ⅳ. 全球报告倡议组织（GRI）规则

全球报告倡议组织（GRI）是一个全球数据库，负责监测对环境、社会和治理的报告进展情况以及每个国家披露的报告数量（见图 5–4）。

---

① 德国复兴信贷银行,《塑造全球交通节点》，2018 年 11 月 15 日。

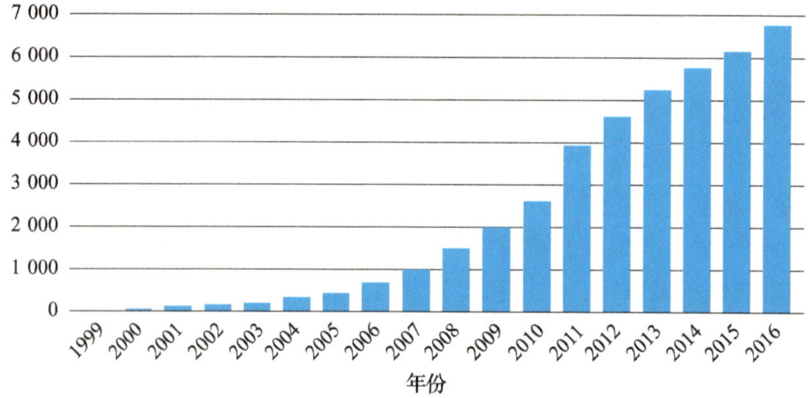

图 5-4 1999—2016 年 GRI 可持续发展报告数量

资料来源：GRI 可持续发展披露数据库（2018）。

本章在强调环境与社会规则的前提下，也强调“一带一路”建设的下个阶段将会有更多的私营企业、更多种类的国际投资者和金融机构加入。在众多项目中，不同资本提供者（公共和私人）的联合投融资行为将不可或缺，确保财务可行性和长期可持续性是促进获取私人和公共资金来源的关键。

第6章　中国“一带一路”可持续发展投融资规则

“一带一路”倡议给参与国家带来巨大发展机遇，有利于促进中国国内以及“一带一路”伙伴国家的改革和可持续发展转型。为更好地抓住这些机遇，中国将“一带一路”倡议与实现可持续发展目标相结合，积极参与国际发展治理体系改革，推动建立新型全球发展合作伙伴关系，强化南南合作。

2016 年 4 月 19 日，中国政府发布关于 2030 年议程的立场文件，强调建立全球发展合作伙伴关系，发挥开发性金融作用，强调全球经济治理以及后续执行和监管承诺的重要性。[①] 文件表达了中国意识到随着国际地位不断增强与之而来的责任，并重申了中国将致力于引领全球发展和可持续发展目标的实现。

金融创新是支持可持续发展目标实现的关键因素，也是中国推动重大变革的领域。在可再生能源领域，中国在水电、风能和太阳能领域的投资额分别占全球总投资的 36%、40% 及 36%。[②]2017 年至 2020 年，中国在可再生能源领域预计投资总额达到 3 600 亿美元。中国研发投资仅 2015 年就已达到 4 090 亿美元[③]，超过欧洲，几乎赶上了美国的研发投资规模。中国的投资规模，预计在未来可能会进一步增长，这有利于可持续发展的技术创新的快速进步。

6.1　中国的可持续投融资政策发展

1989 年 12 月，中国全国人大常委会颁布了《中华人民共和国环境保护法》，这是中国首个针对环境评估和规划的政策。该法律于 2014 年 4 月进行修订时首次规定了需向公众公开对环境造成不利影响的项目信息。2003 年，《中华人民共和国环境影响评价法》颁布（2018 年 12 月进行了修正）。中国与可持续发展相关的重要政策和法规主要以指导意见及实施条例等形式出现（见表 6–1）。

为实现国家层面的可持续目标，中国金融监管机构已制定了有针对性的政策。中国人民银行（PBOC）（以下简称人民银行）将发展绿色金融纳入银行系统的宏观审慎评估（MPA），并将绿色信贷和绿色债券确定为授予商业银行获得中期借贷融资的规则之一。这两项政策促进了银行和银行管理者进一步开拓绿色信贷市场。

① 中华人民共和国外交部，《落实 2030 年可持续发展议程中方立场文件》，2016 年 4 月 19 日。

② 美国能源经济与金融分析研究所，中国的全球可再生能源扩张，2017 年 1 月。

③ 经合组织，2017 年科学技术和工业排行榜，2017 年 11 月 22 日。

表 6–1　中国可持续投融资政策

年份	签发机构	文件政策	目标
1981	国务院	《国务院关于在国民经济调整时期加强环境保护工作的决定》	把信贷和环境保护与经济转型联系起来，限制向高污染、高风险和产能过剩行业提供贷款。
2005	国务院	《国务院关于落实科学发展观加强环境保护的决定》	把经济发展与环境保护联系起来；建立健全政策体系支持；禁止向不符合环境保护要求的项目发放新贷款。
2007	环保总局、人民银行、银监会、证监会、保监会	1.《关于落实环保政策法规防范信贷风险的意见》 2.《关于进一步做好金融服务支持重点产业调整振兴和抑制部分行业产能过剩的指导意见》	引导金融机构推动绿色信贷和金融转型，促进可持续发展，帮助中国金融业逐步达到国际规则。
2008	全国人大	《中华人民共和国循环经济促进法》	提倡有利于发展循环经济的信贷政策，加强金融机构的社会责任，要求金融机构在活动中考虑环境保护，限制对“淘汰类”行业的信贷发放。
2010	国务院	《国务院办公厅关于进一步加大节能减排力度 加快钢铁工业结构调整的若干意见》	指出金融机构应严格控制对钢铁行业的贷款，鼓励行业内并购。
2011	国务院	《国务院关于加强环境保护重点工作的意见》	明确影响科学发展和危害人民健康的七个突出问题，包括重金属污染。
2016	人民银行、财政部、国家发展改革委、环境保护部、银监会、证监会、保监会	《关于构建绿色金融体系的指导意见》	旨在通过提出强制性的环境信息披露制度，吸引更多私人资本进入绿色行业，遏制可能污染环境的投资。
2015（2017 年更新）	人民银行	《绿色金融债券公告》	详细阐述绿色金融债券范围。

续表 6-1

年份	签发机构	文件政策	目标
2016	银监会	《银行业金融机构全面风险管理指引》	指导银行业提高风险管理意识、治理框架和能力建设。
2017	人民银行、银监会、证监会、保监会、国家标准委	《金融业标准化体系建设发展规划（2016—2020 年）》	包括统一定义“绿色”项目、商业活动和资产的规则，规范绿色认证和信息披露，并与全球绿色金融规则保持一致。

资料来源：国务院、全国人大、银保监会、证监会、人民银行及生态环境部网站。

6.1.1　中国的指导方针及最佳实践

中资银行的绿色和可持续发展规则体系相较于多边金融机构，如世界银行、国际金融公司、美洲开发银行等，在具体指标方面还不甚详细。但是，中国的银行已经构建起扎实的总体规章制度。

2012 年，银监会出台了以《绿色信贷指引》为核心，绿色信贷统计制度和评价制度为基石的较为完整的绿色信贷政策框架体系，明确规定了绿色信贷支持和投向的十二大类行业领域。

2016 年，人民银行、财政部、国家发展改革委、环境保护部、银监会、证监会、保监会共同发布《关于构建绿色金融体系的指导意见》。指导意见使中国成为建立绿色融资机制的先行者，实现向可持续增长经济体的过渡。[①] 通过一系列支持性政策，如提供政府利息补贴、专业保障、以绿色发展为国家优先事项、帮助投资者降低融资成本，鼓励私有资本进入绿色板块。指导意见建议建立上市公司和债券发行人强制性环境信息披露制度，同时要求广泛开展绿色金融领域国际合作，继续在二十国集团框架下推动全球形成共同发展绿色金融的理念，逐步开放绿色证券市场，提升中国对外投资的“绿色”水平。[②] 在这一顶层架构设计的指引下，绿色金融激励约束政策和制度创新不断发展，出台的绿色金融激励约束政策从“导向性”越来越走向“实质化”。

2015 年底，《绿色金融债券公告》发布，进一步明确绿色融资的其他方面。2017 年 3 月，证监会根据上市公司的情况将该指引更新并发布《中国证监会关于支

① 新华网（中国日报）：China to help cultivate green financing sector（中国帮助培育绿色金融部门），中国日报网，https://www.chinadaily.com.cn/kindle/2016-09/02/content_26679910.htm。

② 中国人民银行会同其他六家部委发布《关于构建绿色金融体系的指导意见》，2016 年 9 月 1 日。

持绿色债券发展的指导意见》。

2017 年 6 月，人民银行、银监会、证监会、保监会、国家标准化管理委员会联合发布了《金融业标准体系建设发展规划（2016—2020 年）》。“绿色金融标准化工程”被列为“十三五”时期金融业标准化的五大重点工程之一。绿色金融标准涵盖绿色属性认定标准、绿色金融产品标准、绿色金融业务管理规范、绿色金融信息披露标准以及绿色信用评级标准等，是构建绿色金融体系、促进绿色金融健康发展的技术支撑和基础性制度。

2018 年 11 月，中国证券投资基金业协会编制的《绿色投资指引（试行）》正式发布，该文件作为推动基金业 ESG 责任投资的重要指引，明确了绿色投资的内涵、投资目标和原则，以及开展绿色投资的基本方法，并规定了绿色投资的评价和监管要求，迈出了中国 ESG 投资发展的坚实一步。

2019 年 3 月由国家发展改革委等七部委联合出台的《绿色产业指导目录（2019 年版）》及解释说明文件（以下简称《目录》），是中国目前关于界定绿色产业和项目最全面最详细的指引。《目录》属于绿色金融标准体系中“绿色金融通用标准”范畴，绿色信贷标准、绿色债券标准、绿色企业标准以及地方绿色金融标准等其他标准，因此具备了统一的基础和参考。①2019 年 5 月，人民银行发布《关于支持绿色金融改革创新试验区发行绿色债务融资工具的通知》（以下简称《通知》）。该《通知》针对试验区绿色债务融资工具的发展出台多项鼓励政策，是人民银行在推动中国绿色金融发展方面的又一重大举措，通过支持绿色金融改革创新试验区发行绿色债务融资工具，进一步发展中国绿色金融市场，加强绿色金融改革创新试验区建设。

早在 2013 年底，29 家中国金融机构联合签署《中国银行业绿色信贷共同承诺》（见专栏 6–1）。

专栏 6–1　中国银行业绿色信贷共同承诺

2013 年底，29 家中国金融机构联合签署《中国银行业绿色信贷共同承诺》，涉及多个值得关注的话题和银行业共同关心的问题，尽管不具备法律效力，但仍具参考价值。

1. 牢固树立绿色信贷，将其融入银行的“血脉”和文化，体现在银行经营的各方面和全过程。深化内部改革，切实加强绿色信贷组织管理和能力建设，积极配备资源，形成绿色信贷合力。

2. 加快绿色信贷流程、产品和服务创新，按照风险可控、商业可持续原则，积极推动绿色、循环和低碳发展，加大对战略性新兴产业、节能环保项目

① 兴业研究绿色金融报告，《绿色金融标准建设取得重大突破——评〈绿色产业指导目录（2019 年版）〉》。

和服务等重点领域的支持力度。未雨绸缪，加强对产能严重过剩行业的授信管理，摸清风险底数，严把政策界限，有效化解产能过剩信贷风险。

3. 不断完善环境与社会风险分类管理，高度关注授信客户及项目在节能环保和安全生产等方面的行为，以及给社会带来的影响，督促高风险客户制定并落实风险应对方案，积极回应受影响群众的诉求以及社会团体、媒体的关注；对出现重大违法违规行为的客户及项目，果断采取相应风险处置措施，并在维护债权安全的前提下坚决退出。加强境外融资项目管理，确保项目遵守所在国家或地区相关法律法规，符合相关国际标准或国际惯例。

4. 加快建立绿色信贷考核评价体系和奖惩机制，定期开展绿色信贷自我评估，落实激励约束措施，确保绿色信贷持续有效开展。建立健全绿色信贷信息披露机制，公开绿色信贷战略和政策，如实披露绿色信贷发展情况，加强与相关社会团体、媒体的互动交流，自觉接受群众监督。

5. 高度重视自身的环境和社会表现，广泛开展绿色信贷理念宣传教育和节能减排全员行动，节约每一滴水、每一度电、每一张纸，积极推行绿色采购和办公建筑节能，坚决反对公务浪费。

资料来源：中国银行业监督管理委员会办公厅 . 中国银行业监督管理委员会 2013 年报［M］. 北京：中信出版社，2014：29.

建立一套全面的中国国内绿色信贷评估系统仍需付出更多的努力。表 6–2 描述了来自中国的最佳实践。

表 6–2　中国金融机构可持续投融资活动的最佳实践

金融机构	战　略
中国国家开发银行	2014 年国家开发银行建立环境和社会风险管理体系，完善相关信贷政策制度和流程管理，有效识别、监测、控制业务活动中的环境和社会风险。
中国进出口银行	中国进出口银行在总行设立一个专门的部门，为外国政府和国际金融机构提供低碳转贷款服务。到目前为止，中国进出口银行已经形成了服务节能环保领域的新能源贷款的初步架构。
招商银行	2009 年，招商银行发布《绿色金融信贷政策》。2011 年，银行确定的《绿色信贷计划》明确六项执行措施。文件规定信贷政策的核心原则为“严控两高、推广绿色”，“两高一剩”行业应作为审慎介入行业及逐渐退出行业。

续表 6–2

金融机构	战　　略
兴业银行	2008 年，兴业银行采用《赤道原则》，实施《绿色信贷政策》作为切入点，出台了一系列管理办法、操作指引以及与赤道原则相关的支持系统和文件。2010 年，绿色信贷的相关概念和内涵被纳入《2011—2015 年企业金融业务发展战略规划》，强调了可持续发展理念的重要性。2011 年，兴业银行制定了新的战略体系，包括全面的风险管理战略，涉及环境及社会风险管理等 8 个子战略。
工商银行	2007 年，工商银行发布《关于推进绿色信贷建设的意见》，是国内率先推动绿色信贷的首家银行。2011 年，《绿色信贷建设实施纲要》明确了基本目标和原则，并针对信贷文化、分类管理、政策体系、流程管理、产品和服务创新及评估机制提出了具体要求。2015 年，工商银行确定了"绿色信贷发展战略"。
上海浦东发展银行	2008 年，上海浦东发展银行发布绿色信贷综合金融服务方案。2011 年发布《社会和环境风险管理暂行办法》。同年发布《2011—2015 年发展战略规划》，明确重点发展绿色金融服务，建设低碳银行，推动持续协调发展。
丝路基金	随着中国经济步入产业结构调整和升级阶段，丝路基金将大力支持在经济上具有比较优势的项目，推动中国生产力建设以及国内的产业结构调整。

资料来源：上述金融机构官方网站。

6.1.2 中国绿色债券发展

自 2016 年中国绿色债券市场启动以来，绿色债券市场监管和服务逐步完善，国际交流合作不断增强。三年来，中国绿色债券发行数量和发行规模稳步增长，绿色债券市场也逐步走向规范，为产业绿色转型和绿色经济发展提供了强大的动力：

- 2015 年 12 月，国家发展改革委印发《绿色债券发行指引》，提出了相关支持政策，积极开展债券品种创新；支持符合条件的股权投资企业、绿色投资基金发行绿色债券；鼓励绿色项目采用专项建设基金和绿色债券相结合的融资方式。
- 2017 年 3 月，中国证监会向中国上市公司发布了《关于支持绿色债券发展的指导意见》，该指导意见鼓励券商、基金管理公司、银行等金融机构投资绿色债券，推进上交所和深交所编制专门的绿色公司债券板块、指数等工具，以促进绿色债券投资。
- 2017 年 11 月，中国金融学会绿色金融专业委员会（GFC）与欧洲投资银行

（EIB）联合发布白皮书，对多种绿色债券规则进行国际比较分析。白皮书对绿色金融定义以及中国与欧盟规则进行了统一。

• 2017 年 12 月，人民银行与中国证监会联合发布了《绿色债券核查和活动指引》。[①] 该指引受到新成立的绿色债券标准委员会监督。评估认证机构必须遵守绿色债券标准委员会认可的国内或国际规则。

随着中国将绿色金融提升到战略层次，绿色发展和绿色投融资理念逐步推广，企业通过绿色债券融资的积极性大幅提高。2018 年，中国境内外绿色债券发行合计 2 685.09 亿元，约占同期全球发行规模的 23.98%，为全球第二大绿色债券发行国。2018 年中国境内“贴标”绿色债券累计发行 128 支，发行规模 2 218.92 亿元，数量和规模分别较 2017 年上涨 12.3% 和 8.3%。

通过在银行间市场直接发行绿色金融债券，金融机构能够获得稳定的中长期资金，有助于减轻金融机构面临的期限错配问题。中国的节能和环保项目的融资渠道较为有限，主要依赖绿色银行贷款。然而，许多项目融资需求大，成熟度较高，但贷款的平均期限却较短，需要中长期的融资支持。发行绿色金融债券有利于金融机构获得稳定的中长期资金，同时匹配中长期绿色项目贷款将显著提升金融机构对成熟度符合要求的项目提供绿色贷款的能力。因此，从各类别绿色债券发行数量和规模来看，绿色金融债占据境内绿色债券市场的主导地位，在发行总规模、发行数量及平均单笔融资规模上都高于其他各债券类型。

2015 年 10 月，中国农业银行（ABC）在伦敦证券交易所发行了中国首支海外绿色金融债券。此双币种（人民币 / 美元）债券 3 年期利率 2.125%，5 年期利率 2.773%，分别筹资 4 亿美元和 5 亿美元。债券超额认购超过 4 倍。除此之外，农行还发行了 2 年期价值 6 亿元的人民币债券，利率 4.15%，超额认购超过 8 倍，其中四分之三的认购来自银行，其余来自基金、私人银行和其他投资者。这些债券筹集的资金主要用于绿色项目的融资，包括清洁运输、可再生能源、生物质发电、城市垃圾和污水处理，项目需符合绿色债券原则的要求。

2016 年，10 家中国金融机构共发行了 22 支国内绿色金融债券，总金额达 1 580 亿元人民币，占当年绿色债券发行总量的 80%。其中，规模较小的债券发行商包括股份制商业银行、城市商业银行、农村商业银行和金融租赁公司。绿色债券的平均发行规模约为 72 亿元人民币。2017 年，25 家金融机构累计发行 44 支绿色金融债券，发行规模 1 234 亿元，发行数量和规模分别占比 39% 和 60%。与 2016 年规模较大的商业银行占大头相比，地方中小银行的发行数量明显扩大。此外，在商业银行、政策性银行发行绿色金融债券之后，2017 年首次有两家金融租赁公司先

① 中国人民银行，《完善绿色债券认证制度　推动绿色债券市场持续健康发展》，http://www.pbc.gov.cn/goutongjiaoliu/113456/113469/3449947/index.html，2017 年 12 月 27 日。

后发行了6支金融债券，发行主体类型进一步多元化。2018年绿色金融债发行数量为38支，发行规模1 289.20亿元。

此外，绿色公司债券、绿色企业债券等非金融企业绿色债券发展势头迅猛。2018年非金融绿色债券债项数量同比增长63.6%，由2017年的55支增长为90支；发行规模同比增长9.66%，由2017年的833.80亿元增长为914.33亿元。

6.2 中国“一带一路”可持续投融资

中国已发布了多项关于“一带一路”绿色项目的高级别声明。中国国家主席习近平也在多个国际场合反复强调建设绿色“一带一路”的愿景和计划。中国关注生态文明，推动生态友好型发展，加强“一带一路”生态环境保护，具体建议如下：①中国政府将通过现有的双边/多边合作机制与沿线国家和地区分享生态文明和绿色发展的理念和实践。②建设“绿色丝绸之路”为发展中国家开创了新的发展思路，避免走上“先污染再补救”的路径。

2017年5月，中国环境保护部、外交部、国家发展改革委以及商务部四部委联合发布了《关于推进绿色“一带一路”建设的指导意见》，环境保护部同时印发了《“一带一路”生态环境保护合作规划》。文件确定了“一带一路”绿色发展的总思路和要求，确定了一系列生态环境合作目标、项目及任务，加强了环境保护政策和制度、技术规则和行业间的互动与合作。在“一带一路”基础设施建设过程中，中国企业强调重视低碳建设，提升环保意识和社会责任感。

中国政策制定者也对“一带一路”相关的对外投资进行规定，强调中资企业开展“一带一路”投融资，既应当遵守中国的法律，也要严格遵守经营活动所在国家的法律法规。

6.2.1 中国对外投融资的基本法律法规

中国政府颁布一系列政策和指导文件旨在推动中国企业对外投资的可持续性。表6-3中列出了自2007年以来中国对外投资方面以可持续发展为重点的重要政策和法规。

表6-3 对外投融资法规

发布年份	发布机构	政策法规
2009	国家林业局、商务部	《中国企业境外森林可持续经营利用指南》
2008（2017年修订）	国务院	《对外承包工程管理条例》

续表 6-3

发布年份	发布机构	政策法规
2010	商务部	《对外投资合作境外安全风险预警和信息通报制度》
2011	国资委	《中央企业境外国有资产监督管理暂行办法》
2012	银监会	《绿色信贷指引》
2013	商务部 环境保护部	《对外投资合作环境保护指南》
2014	商务部	《境外投资管理办法》
2015	国家发展改革委 外交部 商务部	《推动共建丝绸之路经济带和 21 世纪海上丝绸之路的愿景与行动》
2016	国务院	《国务院关于促进创业投资持续健康发展的若干意见》
2017	国家发展改革委	《企业境外投资管理办法》

资料来源：以上政府部门的官方网站。

中国承诺要进一步深化改革，对外开放。为此，中国将进一步完善和加强法律法规建设，鼓励企业开展既可创造经济价值，又能实现可持续发展的境外投资。2017 年，国家发展改革委发布《企业境外投资管理办法》，其中第 41 条规定：“倡导投资主体创新境外投资方式、坚持诚信经营原则、避免不当竞争行为、保障员工合法权益、尊重当地公序良俗、履行必要社会责任、注重生态环境保护、树立中国投资者良好形象。”

6.2.2　中国在“一带一路”绿色可持续投融资领域的原则及规定

随着工业化、城市化和全球化快速推进，发展中国家面临着环境污染、气候变化和资源短缺带来的共同挑战。为获得可持续性发展，需要在不同国家、组织和企业间开展协调合作。绿色金融、节能环保日益成为中国和“一带一路”伙伴国家开展国际合作的优先领域。亚投行、丝路基金和亚开行也承诺在亚太金融合作背景下推动基础设施投资，落实可持续发展目标。

中国政府呼吁在中国国内，“一带一路”相关的投资项目和日常商业活动中应考虑生态友好、气候适应性和社会包容性，以实现平衡可持续发展为原则，推动亚洲、欧洲和非洲国家的经济增长和基础设施互联互通（见专栏 6-2）。

专栏 6–2 “一带一路”融资指导原则[①]

> “一带一路”建设旨在加强沿线国家的政策沟通、设施联通、贸易畅通、资金融通、民心相通，促进经济要素有序自由流动、资源高效配置和市场深度融合，共同打造开放、包容、均衡、普惠的区域经济合作架构。
>
> 资金融通是“一带一路”建设的重要支撑。为此，阿根廷、白俄罗斯、柬埔寨、智利、中国、捷克、埃塞俄比亚、斐济、格鲁吉亚、希腊、匈牙利、印度尼西亚、伊朗、肯尼亚、老挝、马来西亚、蒙古、缅甸、巴基斯坦、卡塔尔、俄罗斯、塞尔维亚、苏丹、瑞士、泰国、土耳其、英国呼吁沿线国家政府、金融机构、企业共同行动，本着“平等参与、利益共享、风险共担”的原则，推动建设长期、稳定、可持续、风险可控的融资体系。

2015 年中国发布的《推动共建丝绸之路经济带和 21 世纪海上丝绸之路的愿景与行动》中强调，“一带一路”沿线国家在合作共建过程中，要强化基础设施绿色低碳化建设和运营管理，在建设中充分考虑气候变化因素，积极推进环保产业等领域的合作，同时在投资贸易中突出生态文明理念，加强生态环境、生物多样性和应对气候变化合作，共建绿色丝绸之路。

2017 年，环境保护部、外交部、国家发展改革委、商务部联合发布的《关于推进绿色“一带一路”建设的指导意见》(简称《指导意见》)指出，在“一带一路”建设中突出生态文明理念，推动绿色发展，加强生态环境保护，共同建设绿色丝绸之路。[②]《指导意见》号召参与“一带一路”建设的企业制定环境保护规则，推广绿色交通、绿色建筑、清洁能源的优秀做法，加大在建设项目中对生态环保的服务与支持。《指导意见》还要求发挥政策性金融机构的独特优势，引导、带动各方资金，共同为绿色“一带一路”建设造血输血。[③] 同年，环境保护部还发布了《“一带一路”生态环境保护合作规划》，确定了 2025 年和 2030 年目标及关键任务，包括加强生态环境政策沟通，促进国际产能合作与基础设施建设的绿色化，发展绿色贸易，加快绿色投资，推动生态保护项目和活动，推动人员交流，加强能力建设。[④]

2019 年 4 月，在第二届“一带一路”国际合作高峰论坛绿色之路分论坛上，“一带一路”绿色发展国际联盟正式成立，并启动了“一带一路”生态环保大数据服务平台，发布了绿色高效制冷行动倡议、绿色照明行动倡议和绿色“走出去”行

① 中国一带一路网，《“一带一路”融资指导原则》，2017 年 5 月 16 日。

② 中国一带一路网，《关于推进绿色“一带一路”建设的指导意见》，2017 年 5 月 8 日。

③ 哥伦比亚大学全球能源政策中心和中国人民大学国际能源环境战略研究中心，“一带一路”绿色发展大会，2017 年 11 月 18—21 日。

④ 中国一带一路网，《“一带一路”生态环境保护合作规划》，2017 年 5 月。

动倡议三项倡议。联盟面向多边组织、政府机构、全球企业和智库开放，允许利益相关方分享可持续发展的经验和政策解决方案，其目标是将可持续发展（特别是环境可持续性）、国际规则和最佳实践引入“一带一路”倡议。“一带一路”沿线国家是否执行这些较高的国际规则和实践主要出于自愿。截至 2019 年 3 月底，已有 130 多家机构确定成为联盟的合作伙伴，其中包括 25 个“一带一路”共建国家环境部门。

多年来，中国各政府部门和行业协会发布了关于中国企业境外投资的企业社会责任自愿性指导规范。2013 年，商务部、环境保护部联合印发的《对外投资合作环境保护指南》要求企业应当按照东道国的法律法规要求，对其开发建设和生产经营活动开展环境影响评价，并根据环境影响评价结果，采取合理措施减少可能产生的不利影响。

中国国家开发银行和中国工商银行等多家金融机构已签署了“一带一路”绿色投资原则（见专栏 6–3）。

专栏 6–3　“一带一路”绿色投资原则

2018 年 11 月 30 日，中国金融学会绿色金融专业委员会（GFC）与“伦敦金融城绿色金融倡议”（GFI）在伦敦联合发布《“一带一路”绿色投资原则》。此原则旨在通过战略、政策和实施三个层面确保“一带一路”沿线投资实现低碳、可持续和包容性发展。

原则 1 和原则 2 号召金融机构将可持续发展纳入企业治理的各个层次，并充分关注环境、社会和治理风险。原则 3 要求银行在进行投资决策时进行环境压力测试，并加强环境信息披露。原则 5 和原则 6 分别要求使用绿色债券和绿色资产证券化等绿色金融工具，加强绿色供应链管理、提升上下游行业的“绿色化”。

“一带一路”建设投资的“绿色化”已经在众多政府和金融机构中达成了共识，截至 2019 年 3 月底，已有来自中国、英国、巴基斯坦、阿联酋等“一带一路”沿线国家和地区的近二十家金融机构签署了《“一带一路”绿色投资原则》。

目前，“一带一路”沿线国家绿色融资缺口巨大，而中国在绿色金融方面的快速发展与不断创新，为中国金融机构参与“一带一路”绿色投资、弥补“一带一路”绿色资金缺口创造了有利条件。此外，伙伴国家的机构和国际金融机构可以在中国发行绿色债券，直接为绿色项目提供资金支持。中国在构建绿色金融体系、发展绿色金融市场方面所积累的经验可以为伙伴国家和地区提供借鉴，帮助各国构建自身绿色金融体系。

同时，中国高度重视“一带一路”低收入国家实际国情和发展需求，在债务可持续性问题上持积极和开放态度。中国财政部于2019年4月25日第二届“一带一路”国际合作高峰论坛资金融通分论坛期间正式发布《“一带一路”债务可持续性分析框架》（见专栏6–4），体现了中方积极推动“一带一路”建设可持续融资体系建设的不懈努力。

专栏6–4 “一带一路”债务可持续性分析框架

该框架借鉴国际货币基金组织（IMF）和世界银行（WB）的低收入国家债务可持续性分析框架，旨在加强相关国家债务管理能力，提高“一带一路”参与各方投融资决策能力，降低“一带一路”主权债务风险，推动建设长期、稳定、可持续、风险可控的融资体系，推动“一带一路”建设融资安排支持可持续、包容性增长。

债务可持续性分析流程包括明确债务范围、预测宏观经济走势、校验预测的准确性、确定国家分组、开展压力测试、判断风险信号、修正模型结果、确定风险评级、形成分析报告共9个步骤，并提供了债务可持续性分析报告模板。该框架适用于对“一带一路”低收入国家进行债务可持续性评估，可作为“一带一路”各方金融机构的非强制性政策工具自愿使用。

6.3 中国金融机构可持续投融资的最佳实践

6.3.1 中国工商银行

Ⅰ. 绿色金融

中国工商银行（以下简称工行）在《赤道原则》及国际金融公司《社会和环境可持续性政策和绩效标准》等自愿性国际规则的基础上更进一步，制定了工行强制性环境规则，执行“绿色信贷一票否决制”，意味着任何未能通过环境评估测试的借款人或项目都不能获得信贷。工行还提出了对监控、识别、管控以及降低环境和社会风险的具体要求。工行在新规则中要求及时向违反环境或安全生产规定的企业发出警告，并将环境和安全事故纳入风险管理模型。

2018年，工行绿色信贷组合规模突破1.24万亿元人民币，同比增长12.6%。绿色信贷的增长率超过贷款平均增长率6.6个百分点。工行限制对高能耗和高污染企业的贷款，使资源向绿色产业和企业倾斜。最重要的是，工行将环境和绿色因素充分融入整个机构体系和运营流程中，各部门都发挥重要作用。

自2003年以来，工行逐步制定和完善绿色信贷政策，针对不同行业执行绿色信贷政策，支持重点行业绿色信贷业务的发展。工行积极为绿色产业提供融资支持，构建产业分类与经济资本的联系，鼓励和引导绿色经济的信贷业务。结合国际规则和国内绿色信贷分类规则，工行有效改善了环境和社会风险管理。工行制定了具体的政策，引导绿色经济关键领域的信贷供应，比如支持 5 个绿色金融试点政策以及支持绿色“一带一路”政策。

鉴于绿色金融在支持绿色经济中的重要性，工行已将绿色金融纳入银行发展战略中。工行将成为国际领先绿色商业银行作为发展目标，并制定相应的具体政策，如在 60 多个行业的信贷政策中纳入行业特定的绿色规则和节能要求。

Ⅱ. 绿色债券

工行发行的绿色债券在行业内取得数个里程碑的成绩，尤其是在债券的规模、投资主题和结构方面。工行的首支绿色债券为 2017 年 9 月在卢森堡证券交易所上市的“一带一路”绿色气候债券。该债券是由中资金融机构根据国际资本市场协会（ICMA）绿色债券原则和人民银行绿色债券支持项目目录发行的首份绿色债券。债券共募集 21.5 亿美元，获得五项国际荣誉，包括《亚洲金融》（*Finance Asia*）年度成就大奖系列的“最佳环境、社会及治理类最佳交易”（Best ESG Deal），《国际金融亚洲》（*IFR Asia*）的“2017 年度最佳社会责任融资类债券奖”（2017 Awards SRI Bond），《财资》杂志（*The Asset*）“最佳绿色债券”，《环境金融学》杂志（*Environmental Finance*）的“收益使用创新年度债券奖”以及《全球资本》（*Global Capital*）2017 年亚太绿色 / 社会责任投资债券。[①] 该债券的固定利率和浮动利率都是同类产品中表现最佳的。

2018 年 6 月，工行在伦敦证券交易所发行价值 15.8 亿美元的三币种浮动利率债券。筹集资金将用于“一带一路”低碳交通、可再生能源和海上风电等绿色资产项目。海上风电场表明工行在本地市场提供绿色信贷服务的承诺。同月，工银亚洲在香港证券交易所发行价值 7.3 亿美元的绿色债券，是在香港本地注册的中资银行发布的首支绿色债券。

Ⅲ. 可持续投资的技术层面

工行与中证指数有限公司合作，于 2017 年推出 ESG 绿色指数，成为中国金融机构发布的首个 ESG 指数。

由于信贷风险中环境因素难以量化，传统的信贷评级体系不考虑环境风险。工行正创建环境风险压力测试，将环境因素对银行信贷风险的影响进行量化，有效提升环境风险防控能力，优化企业绿色信贷结构。

Ⅳ. “一带一路”可持续投资

作为“一带一路”银行家圆桌会议的组织方和“一带一路”绿色指数（于 2019

---

① 中国工商银行，2017 年绿色债券报告。

年 4 月发布）的发起方，工行支持中国企业对外投资、外部供应合同以及设备出口等项目。主要融资类型包括出口买方信贷、跨境并购、国际银团贷款、飞机租赁以及融资支持等。2018 年上半年，工行为中巴经济走廊一半以上的重要项目提供贷款。其他重要的绿色项目包括中国和巴基斯坦各省的风电和太阳能发电站和三峡集团收购秘鲁水电站项目。

6.3.2 国家开发银行

国家开发银行（以下简称开发银行）是中国绿色信贷第一大贷款行。开发银行于 2017 年提出本行关于绿色金融发展的办法，通过建立健全绿色目标支持体系、绿色金融产品体系、绿色金融风险管理体系、绿色金融组织保障体系，树立开发银行绿色企业文化。

根据开发银行年报信息，风电、太阳能发电、生物质能等新能源和可再生能源发展是开发银行支持的重点，2017 年发放新能源贷款 393 亿元。截止到 2017 年末，开发银行绿色信贷贷款余额 16 423 亿元，每年可节约标准煤能力 5 327 万吨，减少二氧化碳排放 13 252 万吨，减少二氧化硫排放 166 万吨，减少氮氧化物排放 84 万吨，减少氨氮排放 5 万吨，节水 22 566 万吨，减少化学需氧量 43 万吨。同时开发银行积极拓宽绿色发展资金来源，发行 250 亿元人民币绿色金融债券，创新绿色债券发行机制，成功发行首笔 5 亿美元和 10 亿欧元中国准主权国际绿色债券。2018 年开发银行发放绿色贷款 3 428 亿元，贷款余额突破 1.9 万亿元。

为了加大对绿色经济、低碳经济、循环经济的支持，防范环境和社会风险，开发银行制定了相关的管理办法，管理开发银行的客户及其重要关联方在建设、生产、经营活动中可能给环境和社会带来的危害及相关风险，包括与耗能、污染、土地、健康、安全、移民安置、生态保护、气候变化等有关的环境与社会问题。

Ⅰ. 可持续投融资制度建设

开发银行环境与社会风险管理制度体系将具体要求纳入开发银行贷前、贷中、贷后管理，明确在项目规划开发、尽职调查、授信评审、资金支付、贷后管理等环节的相关要求和制度。环境和社会风险管理制度分为环保类、合规类、整改类和高风险类四大类。

Ⅱ. 全流程管理环境和社会风险

在规划开发阶段，开发银行对项目是否符合国家及地区环境和社会风险相关规划和政策进行初步筛查。在授信尽职调查阶段，根据项目所处的行业，确定调查规则要求，明确环境和社会风险调查的具体内容，包括但不限于劳动和工作条件、爆炸物和化学品管理、污染预防和控制、社区健康和安全、土地征用和非自愿迁移、生物多样性保护和可持续自然资源的管理等内容；在项目评审阶段，分析项目或客户面临的环境和社会风险，包括但不限于产业政策和市场准入规则情况、环境影响评价审批、节能评估审查及国家和省级重点节能企业的节能检测情况等内容；在合规审查阶段，通过审查确保提交的文件和手续合规、有效、完整，且客户对相关风险点有足够的重视和有效的动态控制，对环境和社会风险为高风险、整改和合规类的项目，出具书面审查意见，负面意见的项目不得进入授信审批阶段；在授信审批阶段，对违反国家环保、安监、质检、土地、移民等政策的环境和社会风险不合规客户及项目，实行“一票否决制”，一律不予支持；在合同签订阶段，按监管部门规定落实相关要求。在资金支付阶段，对环保设置运行不稳定、随意破坏周边环境的项目暂停信贷资金支付；在贷后管理阶段，对环境和社会风险较高的项目和客户制定专门的贷后管理措施。

对境外项目的环境和社会风险管理时，要求提出环境和社会风险的尽职调查清单，开展业务时遵循相关国际惯例和国家良好做法，对产生较大争议的项目聘请合格、独立的第三方进行评估和检查。

6.4 融合“一带一路”投融资规则对中国投资者的机遇和挑战

6.4.1 中国金融机构的机遇

融合投融资规则不仅会带来环境和社会利益，也有助于实现可持续发展。规则的设立将有效降低贷款成为不良贷款的可能性。这些规则正逐渐被中国和“一带一路”伙伴国家重视，在中资银行进入外国市场、投资境外项目和公司时合理运用规则成为管理和降低声誉风险的有效工具。

政府政策和绿色消费选择有益于中国金融机构实现可持续发展，抓住新的机遇。近年来，传统行业不断提高在可循环经济、环境保护、节能减排技术方面的投资。银行可以将环境和社会规则纳入传统金融产品中，并从中获益，避免遭受潜在损失。相反，如果银行向无法解决环境和社会问题的企业提供贷款，则可能会遭受严重声誉损失。银行也可以探索新的产品，帮助预防或应对气候变化和水资源短缺等环境问题。

建筑行业是绿色银行新机遇的显著的案例。随着政府和公众对绿色建筑和现有建筑节能改造要求的提高，更多的人愿意为绿色产品和服务支付溢价，提高了绿色房地产项目的盈利。生态环保、电子商务、新材料和新能源应用等行业正在崛起，成为新的增长引擎，拥有可观的市场潜力。这些变化也拓展了金融机构的商业模式，它们越来越多地通过绿色贷款、可持续发展基金、环境租赁、环境咨询和环境保险等形式提供金融服务。

金融机构在提供投融资服务时，有可能因借款方行为而间接无意造成或加剧水污染、空气污染、气候变化等长期环境问题，或者造成不平等包容、社会局势紧张和侵犯人权等社会问题。通过履行企业的社会责任，金融机构可为减轻负面环境和社会影响作出贡献。比如，瑞信和瑞银已成功地大幅减少资源消耗，其他银行也开始使用太阳能等可再生能源减少温室气体和空气污染物排放。这些行动超越了企业社会责任范畴，日益成为银行整体运营和流程管理的主流趋势。

6.4.2 中国金融机构的挑战

与其他国家一样，中国企业和银行在评估不同政治、经济、文化和法律环境，以及东道国独特的商业、社会和环境风险时，都会面临一些挑战。

在贷款方面，一个突出的挑战是将未来债务偿付风险控制在低水平内。有些问题可能出现在项目设计阶段，导致使用借贷资金的资产无法产生充足的现金流来支付运营成本及债息。这就需要进行仔细的债务可持续性分析，充分考虑经济、财务和环境压力点并评估未来发展，确保项目在整个生命周期内具备偿付债务的能力，尽量降低风险。此外也需要考虑宏观风险，总体债务水平非常高的情况可能导致一个设计完善的项目也无法偿债。最后，需要使用多个风险补偿和缓释机制进行实际评估，特别是政府担保、资产抵押和代管安排。

在投资方面，中国的银行越来越重视环保、土地、职业健康、安全等带来的环境和社会风险，有效防范风险升级为与当地利益相关方的冲突和摩擦。同时需要对冲突风险进行更深入分析，尤其是已经存在严重社会问题或种族、部落摩擦的地区。另外，中国的金融机构需要深入理解社会和安全局势，在此基础上，对冲突敏感型项目进行设计与安排。

近年来，中国企业在境外投资中面临了许多环境和社会挑战，也从中积累了丰富的经验，建议要做到以下几点：

- 加强企业的环境和社会意识。个别企业如果仅关注业务增长，不重视环境和社会问题对于东道国的重要性，对于长期发展非常不利。比如，在环境敏感和生态脆弱地区开发水电站项目，需要确保贷方和投资者对环境和社会问题的充分研究，并与当地社区进行有效的早期沟通，避免当地民众、非政府组织或地方政府的反对。如果未事先做好这样的准备，企业可能会遇到障碍和损失，甚至面临项目失败的风险。
- 深入理解东道国的法律、法规、习俗和价值观。企业对这些方面有时不太熟悉。这可能会导致企业在没有提出“本地化战略”的情况下尝试在其他国家复制国内的管理经验，从而忽视了与东道国的文化差异。国际并购后的劳动关系管理就是一个例子。个人企业在发展初期经常照搬中国管理模式，这可能与当地企业文化不同。①

---

① 首钢公司于 1992 年收购了一家秘鲁铁矿石公司。由于处理文化和劳动差异的不足，在随后 20 年里不断发生劳资关系纠纷。

- 加强与当地媒体和公共舆论的互动。在投资过程中，中国企业有时对东道国的当地媒体和舆论采取低调甚至沉默的处理方式。当遭遇环境和社会问题，受到当地或国际媒体质疑或批评时，中国企业经常会谨慎应对，避免回答问题。但在某种情况下，这种应对方法有可能将小而易处理的问题变成更大且棘手的问题。企业也失去了向世界更好地宣传自己的机会。

- 加强信息披露和提升透明度。比如，有些中国企业大量雇佣本地员工，中国企业可以主动加大宣传，让当地民众了解企业整体计划以及为何企业在工程初期大量雇佣中国雇员的原因。

中国已经成为世界范围内绿色可持续金融领域的领导者之一。中国承诺在全球投融资活动中进一步促进可持续发展，并推动各项措施的落实。随着"一带一路"的持续增长和全球对《2030 年可持续发展议程》重要性认识的不断加深，中国近年来积累的实践经验能够为形成一套融合的投融资规则提供支撑与参考。

第7章　建设协调融合的“一带一路”投融资规则

目前，“一带一路”沿线国家和地区的投融资规则仍未达成统一的共识框架，因此，我们建议全面考虑地区和国家差异，融合国际现有规则和实践，形成协调的框架。本报告分析了投融资适用的一系列准则，它们源自“一带一路”伙伴国家的开发银行及世界范围内的多边开发银行，也考虑了现有的中国政策。融合的“一带一路”投融资规则需要适用于项目的全生命周期，符合三个维度的可持续发展目标，以及监测、实施和评估过程。

本章分为四个部分。第一部分主要对比多边开发银行、各个国家开发银行及中国的相关规则与政策，找出共同关注的内容。第二部分展示基于这些共同点而融合建立的规则如何降低风险，为中国以及合作伙伴国家带来最大利益，同时加强“一带一路”倡议在提升全球治理、提供全球公共产品方面的意义。第三部分列举了“一带一路”投融资活动中融合建立新规则将面临的部分挑战。第四部分展示了提出融合投融资规则的五项基本考虑。

7.1　国际通用投融资规则

多边开发银行和各国国别开发银行大致遵循世界银行环境和社会框架规则，这简化了表7–1中对所列机构的规则的比较。如第5章所述，虽然有几个多边开发银行均有相同规则，但覆盖水平各不相同。例如，在健康和安全方面，虽然大多数多边开发银行都包括基础设施和设备的安全管理和社区疾病防护的规定，但美洲开发银行的健康和安全标准仅包括暴露于危险材料的规定。尽管仍有部分多边开发银行尚未制定劳动和就业标准，例如美洲开发银行和亚洲开发银行，但亚行公开承认其安全保障政策的不足，今后需将劳动和就业保障以及性别平等纳入考虑范围。

表7–1　多边和国别开发银行环境与社会框架对比

指　　标	多边开发银行	国别开发银行
1. 环境和社会风险与影响的评价和管理	✓	✓
2. 劳工和工作条件	—	—
3. 资源效率与污染预防和管理	✓	—

续表 7-1

指　　标	多边开发银行	国别开发银行
4. 社区健康与安全	✓	✓
5. 土地征用、土地使用限制和非自愿移民	✓	✓
6. 生物多样性保护和生物自然资源的可持续管理	✓	✓
7. 原住民 / 撒哈拉以南非洲长期服务不足的传统地方社区	✓	✓
8. 文化遗产	✓	✓
9. 金融中介机构	✓	—
10. 利益相关方参与和信息公开	✓	—

注：多边开发银行包括：世界银行，国际金融公司，亚洲开发银行，欧洲复兴开发银行，欧洲投资银行和亚洲基础设施投资银行等。国别开发银行包括：德国复兴信贷银行，南部非洲发展银行和日本国际协力银行。

国别开发银行并不都有完整的环境和社会框架。例如，日本国际协力银行没有关于劳动力、污染预防和气候变化保障措施。因此，可以用于建立研究框架的国别开发银行的数量要少于多边开发银行。

我们所研究的多边开发银行和国别开发银行都将污染防治作为优先关注领域，但技术和方法有所不同。如第 5 章所述，多边开发银行和国别开发银行采取措施减少对高排放项目的支持，例如，德国复兴信贷银行和欧洲复兴开发银行取消对煤炭项目的融资，亚洲基础设施投资银行支持减少污染和改善空气质量项目，欧洲投资银行采用影子碳价格。日本国际协力银行在其环境和社会规则中没有明确包括污染预防的规定，但建立了评估、报告和核实温室气体减排的程序，并公布了其可再生能源项目，以推动减少碳排放。多边开发银行和国别开发银行之间的差异比较小，共同采用的方法包括：遵守东道国环境法规，事前环境影响评估，项目审查，与受影响社区的公开磋商以及签署有关的协议。①

第 6 章介绍了中国环境与社会可持续发展的规范和法规。虽然中国已经采取政策明确要求采取保障措施来预防和减轻负面的社会和环境影响，但没有采用多边开发银行和一些国别开发银行相同的规则框架，不易直接对比。表 7-2 列出了根据世界银行的《环境和社会标准》（ESS）对中国规范和法规进行对比的实例。这样可以清楚地看到中国在保障环境和社会影响方面也有较为完整的体系。

这些法规和指南是中国现有环境和社会法规的一部分。中国的制度框架同国际多边机构的制度框架体系有所不同，但都采取保障措施来预防和减轻负面的社会和环境影响。

① Ray，R.，et al.（eds.）. 中国和拉丁美洲的可持续发展：社会和环境维度，伦敦：Anthem 出版社，2017 年版。

表 7–2 中国与世界银行环境和社会标准（ESS）相关的法规和条例

世界银行环境和社会标准（ESS）	中国相关法规和条例	相关条目	发布单位	执行机构
ESS 1：环境和社会风险与影响的评价和管理	关于落实环保政策法规防范信贷风险的意见（2007）	第二条：加强建设项目和企业的环境监管与信贷管理	国家环保总局、人民银行、银监会	政策性银行、国有商业银行、股份制商业银行
ESS 2：劳工和工作条件	商务部办公厅关于进一步做好对外投资合作企业环境保护工作的通知（2015）	第三条：员工环保培训	商务部	各省商务厅、驻外经商机构、中央企业
ESS 3：资源效率与污染预防和管理	国务院关于加强环境保护重点工作的意见（2011）	第一条（二）：减少主要污染物	国务院	国务院各部委、各委员会、各直属机构
ESS 4：社区健康与安全	关于加强环境保护重点工作的意见（2011）	第二条：着力解决损害群众健康的突出环境问题	国务院	各省、直辖市人民政府
ESS 5：土地征用、土地使用限制和非自愿移民	企业境外投资管理办法（2017）	第二条：指导获得境外土地所有权、使用权等权益的投资活动	国家发展改革委	境外投资主体
ESS 6：生物多样性保护和生物自然资源的可持续管理	中国企业境外森林可持续经营利用指南（2009）	5 生态环境保护 5.1.1 因地制宜，采取科学合理的采伐方式和作业措施，尽量减少森林采伐对生物多样性……的影响	国家林业局、商务部	境外投资主体
ESS 7：原住民/撒哈拉以南非洲长期服务不足的传统地方社区	对外投资合作国别（地区）指南（2018 版）	各国指南的第 6 条：密切与当地居民的关系，尊重当地风俗习惯	商务部	境外投资主体
ESS 8：文化遗产	中央企业境外投资监督管理办法（2017）	第六条（二）：遵守我国和投资所在国（地区）法律法规、商业规则和文化习俗	国资委	国资委、央企

续表 7-2

世界银行环境和社会标准（ESS）	中国相关法规和条例	相关条目	发布单位	执行机构
ESS 9：金融中介机构	中国银监会关于规范银行业服务企业走出去加强风险防控的指导意见（2017）	第二条（十）：对境外项目所涉及的工程承包商等第三方机构，应调查其是否符合当地监管、法律、环保等要求	国务院、银监会	地方银监局、金融机构
ESS 10：利益相关方参与和信息公开	中国对外承包工程行业社会责任指引（2012）	所有章节：指导有效的利益相关方参与	商务部、中国对外工程承包商会	各地商务主管部门、对外承包工程企业

资料来源：发布文件部门的官网。

多边开发银行、各国国别开发银行和中国的开发性金融机构、政策性银行等在海外经营时 ESS 存在显著的相似性，尽管这些标准表现的确切形式有可能不同。评估环境和社会影响、健康和安全、土地使用和人员安置、生物多样性以及保护土著人民的权利和文化遗产是所有类型机构共有的优先事项。

前面的章节表明，多边开发银行和国别开发银行就程序而言差异很小。中国的政策性银行在标准程序中遵循类似的模式。尽管指标名称不同，但做法类似，例如，遵守东道国环境法规，事前环境影响评估，环境影响评估项目审查，与受影响社区的公开磋商以及制定合规协议。因此，本报告发现，“一带一路”沿线投融资活动的大多数机构已经在环境和社会规则方面有着相当多的共同点。[①] 如表 7-1 和表 7-2 所示，大多数多边开发银行、国别开发银行和中国在以下方面都有共同点：

- 鼓励有效的利益相关方参与；
- 促进从项目的早期阶段将环境、社会和治理方面纳入主流，以避免或减轻气候变化和投资中的其他潜在的环境和社会风险负债；
- 发展借款人的能力，以确定社会和环境可持续性问题并有效解决这些问题；
- 在项目早期阶段设计处理紧急事件的机制；
- 引入预防 / 管理系统以避免或减轻污染；
- 鼓励为绿色项目提供资金；

① Irwin，A.，Gallagher，K. P.，《比较视角下的中国在拉美的矿业发展》，发表于《环境和发展杂志》（2013）22（2）：207-234; Ray，R.，Gallagher，K. P.，Sanborn，C.，《中国在拉丁美洲南南合作与可持续发展的经验教训》，波士顿大学全球经济治理倡议计划，2015 年 4 月。

- 确保生物多样性保护和生态系统保护；
- 提供安全和体面的工作条件；
- 保障项目涉及或受项目影响人口的健康和安全；
- 防止或尽量减少对易受影响的社区的负面影响，并补偿无法避免的影响；
- 避免非自愿移民，并向受影响人口提供帮助；
- 与土著人民进行接触和咨询，并考虑项目对他们的不利影响；
- 保护文化遗产；
- 为争议或冲突建立申诉和解决机制。

此外，经济发展是人类发展和进步的基础，创造了更多资源以提高人类生活水平，同时也改善了社会结构。改善环境需与发展经济同行。环境保护鼓励中长期可持续的经济增长，而不是阻碍经济增长。爱德华·B. 巴比尔（Edward B. Barbier）在其著作《经济、自然资源、不足和发展》中，把可持续发展定义为“在保持自然资源的质量及其所提供服务的前提下，使经济发展的净利益增加到最大限度”。

在对经济可持续增长的理念和规则方面，多边金融机构、双边发展金融机构和中国金融机构也共同遵循一些通用的投融资原则、国际金融监管规则和风险管理规范。这是过去几十年经济和金融发展的经验总结，并被广泛接受。本章将重点对目前经济增长中的主要方面进行对比分析，不再对相关内容进行逐条对比，相关的共同内容和理念将在第 8 章直接呈现。全球和双边发展金融机构（包括中国在内）在可持续投资和金融的其他方面有很多共同点可以作为融合投融资规则的基础：

第一，借款人和贷款人有责任避免不可持续的债务情况。鼓励透明度和信息披露，以促进贷方评估借款人偿还债务的能力（考虑到已经存在的债务），并在必要时协助借款人传达债务重组的必要性。贸发会议“负责任主权借贷原则”敦促贷款人和借款人分担这一责任，并明确各方指定具体责任，以避免不可持续的融资协议。

第二，参考世界贸易组织、世界银行和欧盟的采购规则，以及中国国务院 2015 年颁布的《中华人民共和国政府采购法实施条例》所述，采取透明公平的采购流程。

第三，准确评估项目风险，加强风险管理，减轻和防止项目的负面影响。例如，MIGA 的风险保险，*EIU* 的风险识别系统和国务院颁布的 2015 年中国银行业综合风险管理指南。

这些共性反映了数十年在国际发展融资和投资方面积累的经验，是进一步发展的良好基础。需要弥合的差距主要涉及可持续发展的风险，因为融合投融资规则需要前瞻性。过去的经验可能无法为未来的风险提供解决方案或足够的指导，例如气候变化、不平等急剧扩大或全球流行病的蔓延给基于规则的国际贸易和金融体系带来了风险。这些迫在眉睫的问题可能在未来成为制约因素，极大地影响可持续性，因此需要采取迅速和果断的集体行动，将这些考虑有效纳入“一带一路”投融资适用的规则。

7.2　采取协调融合规则的优点与益处

尽管存在上述的相同点，但现有的各类投融资规则有明显的差异。一些条例、标准和规则有法律约束力，一些由机构自行决定，另一些则由多边开发银行（如世界银行）所遵循。更复杂的是，项目所在国不一定会严格执行行业标准、承担社会责任，这将对项目执行产生直接影响。二十国集团的全球金融治理专家团在 2018 年《国际金融系统改革报告》中，建议机构应执行一些通用“核心规则”。G20 报告提出的观点同本报告提出的观点基本吻合，即应当建立一套由“一带一路”利益相关方共商共享的投融资规则。

如表 7–3 所示，协调融合的规则体系能为“一带一路”倡议的参与各方带来潜在发展红利，这种协调可以为中国参与方增加商业机会和降低风险，而且还可以使东道国及当地社区在经济，社会和环境方面受益。同样重要的是适当协调这些共同规则，能够促使“一带一路”倡议与《2030 年可持续发展议程》特别是与可持续发展目标保持一致。

表 7–3　采取协调、融合的“一带一路”投融资规则体系的益处

相关方		益处
中国参与者	中国政府	— 预防和减轻声誉风险； — 预防和减轻环境和社会风险。
	金融机构	— 防范违约风险； — 开发更具创新性和竞争力的金融产品和服务。
	企业实体	— 扩大市场； — 提高项目的回报和效率； — 提高竞争力和风险管理。
合作伙伴国家	伙伴政府	— 促进经济增长与减贫； — 改善财政资源管理； — 改善自然资源管理； — 加强机构能力； — 预防和缓解环境和社会风险； — 降低合规成本。
	企业实体	— 国内市场扩张与国际价值链联动； — 增加参与“一带一路”相关采购的机会； — 改进合规和风险管理。

续表 7-3

相关方	益处
当地社区	— 改善生计，体面工作； — 减少社会冲突的可能性； — 增强对项目的影响和所有权； — 减少面对潜在负面影响的脆弱性。
全球社区	— 更公平地利用资源和增长； — 加强互联与合作； — 提供全球公共物品； — 改善全球治理。

第一，通过“一带一路”倡议和可持续发展目标的融入，中国金融机构、企业和政府可以从融合的规则体系中受益。首先，能够帮助中国的银行和企业维护并扩大海外市场份额。例如，在秘鲁的一个项目中，由于中国投资者缺乏完善的当地环境社会风险管理经验，中国企业与工人和当地民众就工人健康和安全、应急准备和环境条件等发生了争议。部分争议事实上是由于东道主国家对规则和标准执行不力，但中国公司却受到牵连。当地人认为中国公司和金融机构不具备恰当的风险管理战略有可能导致企业在秘鲁获得项目难度变大。融合的规则能够帮助中国的企业更好地采取环境社会风险管理措施，并充分考虑重要利益相关方意见。这些活动将帮助中国企业获得市场准入，并强化中国企业的声誉。当发生事故时，环境社会风险管理计划有助于企业和东道主国家做出有效应对，减轻损害的程度。

根据世界银行的数据，大型项目保障计划的普遍成本为每个项目 11.6 万 ~22.5 万美元，占项目筹备和监管成本的 3.3%~7.6%。对于借贷国，合规平均成本为 600 万美元，或者项目占总成本的 3%。尽管环境社会风险管理成本和收益难以全部量化，但根据世界银行独立评估小组（独立监督小组）于 2010 年对环境社会风险管理的成本和收益的评估，发现“环境保障带来的收益远远超出新增费用。有些案例显示在社会保障方面，收益并不高于成本，原因是很多收益无法被量化”。世界银行以几个银行项目为例衡量风险和受益，发现大多数敏感项目中出现了“为伙伴国家带来低成本—低收益或者高成本—高收益”的模式。在独立评估小组的调研中，世界银行也发现超过一半的“任务组领导称银行保障措施提高了项目在不同受益方间的可接受度，保障政策也提高了近 30% 的合作金融机构对项目的接受度”。①

第二，融合的规则有助于降低合规成本，统一构建需求，从而最大限度地提高管理社会和环境风险的效益。这一点至关重要，因为发展中国家可能会面对不同国际标准和不同融资来源方的要求，这些要求可能会较为复杂，给伙伴国家的政府部

① 世界银行独立评价局，《不断变化中的世界保障和可持续性政策：对世界银行集团经验的独立评估》，47 页，2010 年。

门带来了协调和优先次序方面的挑战，同时也带来了高资源密集型的工作量，需要他们对有限的资源进行再分配以满足这些要求。

第三，融合的规则有助于识别与社会环境冲突以及债务可持续性有关的风险。这不仅为伙伴国家带来收益，还能帮助维护投资者与东道主国家的良好关系。债务可持续性评估能确保伙伴国家吸收融资的方式有助于本国经济增长。在厄瓜多尔案例中（本国在债务可持续性评估方面有严格法律），国际信用评估机构称中国贷款有助于厄瓜多尔改善财务状况。信用评级机构实际上也由于厄瓜多尔获得中国贷款并有能力偿还贷款而调高该国信用评级，厄瓜多尔因此以更低的价格获得更多贷款，[①]形成良性循环。

第四，融合的规则能为与项目关系密切的本地民众带来收益。项目开始前确保本地劳动力和民众了解参与项目，有助于识别可能会转变成冲突的问题，并寻求合作方式以解决这些问题。在玻利维亚，中国的锡业公司同当地社区采取了"事先知情同意"的沟通策略，社区否定了企业初选的地点，后来企业在玻利维亚找到了更加匹配项目、配套更好的地点。这种沟通方式成功避免了社会矛盾的发生，维护了企业在当地的商业前景、当地社区的利益以及中国在玻利维亚的整体声誉。[②]

第五，融合的规则可以提升项目绩效和盈利能力，有利于伙伴国家经济增长，为全球提供公共产品并带来福祉。基于656个总额370亿美元的国际金融公司项目金融风险评估，国际金融公司发现上述环境和社会管理的每项规范都与更强的财务表现相关（以资产回报率和股本回报率为标准）。同时，融合的投融资规则将有助于吸引国际市场的私人资本参与。

使用债务可持续性评估的风险工具能够最大限度帮助贷方和借方降低违约风险。符合环境和社会可持续性标准的"一带一路"互联互通基础设施项目将促进"一带一路"伙伴国家的贸易和投资，提高区域经济增长的包容性，并为民众增加福利。[③]最后，与可持续发展目标密切相关的"一带一路"投融资规则，融合了环境保护、社会治理和全球伙伴关系相关目标，可以成为推动全球实现可持续发展的有效工具。

7.3　融合投融资规则的挑战

投融资规则体系必须符合"一带一路"参与国的现有国情，需要考虑国家的法律、社会、文化和政治特征、地方税收制度、监管条件、投资环境、国家债务可持

① 林毅夫，王燕，《超越发展援助》，北京大学出版社，2016年版。

② Ray，R.，Gallagher，K. P.，Sarmiento，R.，《中国－拉丁美洲经济简报》2016年版讨论文件2016-3，波士顿大学全球经济治理倡议计划。

③ De Soyres，F.，《"一带一路"倡议对东亚－太平洋国家的增长和福利效应》，世界银行，2018年。

续情况，以及在数据和程序透明度、可执行性等方面的问题。此外，不同国家在政策执行和监管方面存在的差异，也会给实施融合的投融资规则带来重大挑战。

目前在孟加拉国东北部B地区运营的煤电厂和相邻煤矿的扩建是一个有参考价值的案例，通过研究该案例我们可以发现环境和社会风险管理实践与预期规则的差距和不一致之处。该案例突显了与环境、社会风险管理有关的几个关键差距：①筛选环境和社会风险的官方过程和程序；②征求公众意见和安抚机制；③环境管理计划；④安置政策；⑤持续监控。当然这个案例仅用来说明协调规则的难度，并不能完全覆盖所有的挑战或可能遇到的问题。

此外，值得注意的是，该案例关注的执行层面的差距和不一致未必是融合“一带一路”投融资规则的主要障碍。例如，有可能存在不同国家或国际公众咨询和申诉解决标准不同，也有可能因为资源不足而缺乏执行相关措施的能力，或缺乏效率或透明度的意愿，都会影响参与项目的投资者和政府有效处理投诉或提供补救措施。虽然本报告没有详细说明这些挑战，但找到解决这些挑战的实际方法将是有效融合投融资规则的关键步骤。

案例研究：孟加拉国B地区煤电厂项目

本案例研究突出了孟加拉国一个电厂扩建项目产生的问题。它仅涵盖与该单一项目相关的国家规定。其他的规则需要进行更多的国内实地调查研究，以便对孟加拉国环境部（DOE）所坚持的核心原则与其他国家，特别是中国的原则进行比较。出于基准目的，研究还引入了亚行的政策，因为亚行在孟加拉国和整个南亚地区的发电行业都很活跃。此外，由于孟加拉国政府已表示有意为未来发电厂吸引更多私人融资，因此“赤道原则”也作为可比规则。

- **背景**

2009—2019年，孟加拉国的实际GDP增长显著，平均年增长率达到6.2%。国家经济规模几乎增长了两倍，人均GDP增长也超过80%。自2016年起，孟加拉国GDP增长率达到7%，主要由制造业和建筑业的双位数增长率推动。[①] 孟加拉国政府承诺保持经济增长，在2024年前将孟加拉国从联合国经济和社会事务部分类的“最不发达国家”提高到“发展中国家”。

尽管取得显著进步，孟加拉国总体上还是农业经济，贫困率仍高居不下，还面临严峻的基础设施挑战，尤其是电力供应。世界银行2013年预计孟加拉国在十年内需要每年70亿~100亿美元的基础设施建设投资，[②] 而2017年世界经济论坛基础设

① 世界银行，《孟加拉国发展最新动态》，2018年。

② Andres，L.，Biller，D.，Herrera Dappe，M.，《南亚的基础设施差距：基础设施需求，优先次序和融资》，世界银行政策研究工作文件7032，2014年。

施对比报告将孟加拉国列为倒数第二的亚洲发展中国家。[①] 孟加拉国属于世界人均电力消费最低的国家之一（根据国际能源署编制的能源开发指数）。孟加拉国能源开发指数排名如此之低的主要原因是家庭通电率、公共领域能源使用以及生产能源使用均低。

为了促进经济持续增长，孟加拉国正努力改革能源系统。在 2015 年《减贫战略文件》和 2016 年《能源系统总规划》中，孟加拉国政府计划通过扩张重型制造业提高通电率，维持快速经济增长，但重型制造业是能源消耗密集型的行业。未来十年内，孟加拉国能源使用预计年平均增长率为 6%。为满足这一需求，政府计划在 2030 年前将发电量提高至两倍。但孟加拉国能源需求目前大多数由其国内天然气提供，2025 年前天然气面临储备竭尽的危险。政府计划积极利用孟加拉国的大量煤炭储备，通过大幅度提高燃煤发电来满足日益增长的能源需求，到 2041 年煤电发电占全国总发电量的比例将从 2% 提高到 50%。[②]

孟加拉国政府计划主要通过外国贷款，尤其是多边和双边贷款，为新煤电厂提供融资。由于国家预算和财政限制、国内金融市场不成熟和国内融资成本相对较高，可提供长期融资的国内资源有限。尽管传统上基础设施建设融资由西方银行主导，2008—2009 年金融危机后崛起的亚洲融资资源，尤其是中国为发展中国家了提供越来越多的融资。中国已经成为孟加拉国过去十年内主要的发展伙伴，也是最大的能源伙伴。中国企业和银行为孟加拉国工业园区的基础设施、信息化、通信技术、能源板块提供融资、投资、技术和技能支持，并协助孟加拉国进行河流管理。[③] 孟加拉国和中国签署了加强投资和产能合作备忘录，中国承诺为孟加拉国提供价值 245 亿美元的双边协助，涉及 34 个工程和项目。

鉴于孟加拉国的国家基础设施和能源发展需要、中期国家能源计划以及与中国签署的谅解备忘录，孟加拉国有能力参与“一带一路”建设并从中国获得更多的发展资金。中国企业参与了孟加拉国 B 地区煤电厂（孟加拉国唯一现有的燃煤发电厂）的扩建。

- **规则、政策、执行和结果间的差距**

根据现有资料，孟加拉国 B 地区煤电厂使用了较为先进的技术，重视安全生产，为本国培养了数百名工程师和上千名技能工人，为本国经济和就业作出了贡献。本节的分析仅从规则制定和执行方面遇到的问题和风险角度说明无论多么完善

---

① Schwab，K.，Sala-i-Martin，X.，《全球竞争力报告（2017—2018》，2017 年世界经济论坛洞察报告。

② 孟加拉国电力、能源和矿产资源部、政府电力部可持续与可再生能源发展局，扩大低收入国家的可再生能源（SREP）——孟加拉国的投资计划，2015 年 10 月。

③ Basu，M.，et al.《耗水量的决定因素：干旱多发的印度农村地区家庭研究》，《国际减少灾害风险杂志》，24：373-382，2017 年。

的政策也会面临执行是否到位的潜在风险。

在煤电厂建设运营方面，孟加拉国政府已经制定相关政策进行项目筛查，确定了需要考虑的影响范围及其规模，明确对社会环境影响评估或管理计划、健康安全要求、安置规划、持续监控政策的特定要求，包括独立审查、信息披露、公众意见（包括征求频率）以及建立与受影响方的沟通渠道等。

在政府政策方面，孟加拉国是多个重要环境协议的签约方，包括《联合国生物多样性公约》《联合国防治荒漠化公约及联合国气候变化框架公约》。孟加拉国政府已经采纳或更新已有法律条款，包括 1995 年孟加拉国发布的环境政策、规章、指引及《1992 年国家环境政策》。[①]

1995 年，孟加拉国环境部更新项目筛查标准，2009 年《信息知情权法》（*Right to Information Act*）生效。环境部的筛查标准将项目分为“绿色”“橙色 A”“橙色 B”及“红色”四个大类（按影响严重程度升序排列），每一档均触发相应的环境影响评估要求。属于“橙色 B”和“红色”类别的项目需要全面的环境影响评估。[②] 前文提到的环境影响评估报告在缓释措施中按照法律要求涉及“职业和社区健康及安全”“排外条款和敏感性”以及“备选方案的识别评估”（包括选址、路径、流程和原材料）。孟加拉国已将 8 个地区列为“环境关键区”。

孟加拉国环境部发布并更新排放及环境标准，大部分和国际标准相当。环境部建议环境影响评估报告应有一项技术总结作为评估成果，其中包括“环境管理计划”，要求当存储或处理危险或有害物质时进行风险分析；当砍伐五公顷以上森林时进行“补偿造林”；当超过 1 000 人迁出时提出“安置计划”。环境影响计划包括执行时间表和持续监测要求。《工厂法案》中包括工作场地标准和职业标准的要求。

环境影响评估的《工业项目指引》（以下简称《指引》）建议执行“项目后监控”。环境部负责监控并公布合规报告。《指引》建议准备技术总结以便于公众沟通。但是，并没有正式规定要求进行环境影响评估报告的独立评估，或对审批项目的独立审计。建议使用经过审批的实验室进行第三方监测，但这一建议不是强制性的。在环境部《指引》下，征求公众意见和公众参与、预先向公众披露报告的固定时限以及安抚机制都以建议形式出现，没有强制性。

以上对孟加拉国政府颁布的政策、规则和指引的简介，有助于对项目环境影响进行评估。但 B 地区煤电厂案例的一些细节反映出各项目中政策、规则和指引在执行中的问题。本章分析 B 地区煤电厂对这些政策和指南的五类应用，其中每一个都

---

① Aminuzzaman，S. M.，《孟加拉国的环境政策：带有实施障碍的政策案例研究》，澳大利亚莫纳什大学的南亚气候变化论坛上发表的论文，2010 年 7 月 5 日至 9 日。研究政策包括森林政策（1994 年）、新农业扩展政策（1995 年）、能源政策（1995 年）、渔业政策和水政策（1998 年）。

② 孟加拉国高级研究中心，环境影响评估草案。Bibiyana Ⅰ期和Ⅱ期天然气发电项目，2011 年 6 月。

确定了一些差距，包括项目筛选，征求公众意见和安抚机制，环境管理计划，安置政策和持续监控。

（1）项目筛选：B 地区煤电厂属于政府筛查的最高级别“红色”大类。但是如上文所示，B 地区煤电厂扩建项目筛查中可能没有考虑项目规模或选址。而且尽管环境部已经列出“环境关键区”，这一点也没有被筛查标准和流程中考虑在内。

根据孟加拉国环境部规则，仅有“橙色 B”类和“红色”类需要进行环境影响评估。这反映出该国国内立法与赤道原则和亚洲开发银行之间的共同核心原则和标准（“环境评估”规则）之间存在巨大差距。[①] 从南亚地区“一带一路”项目日益增多的背景来看，孟加拉国的国内立法似乎也不如中国发展改革委和商务部 2017 年制定的《民营企业境外投资经营行为规范》严格。

（2）征求公众意见和安抚机制：B 地区煤电厂案例显示了透明度和程序清晰性，公开和容易获得的公众协商和申诉机制以及采取后续补救措施的重要性。孟加拉国政府的环境影响评估指引不要求征求公众意见和公众参与、不要求固定期限内提前公布环境影响评估报告，也不要求建立安抚机制，这与亚洲开发银行的政策和透明度准则差异较大。

B 地区煤电厂地区的民众和非营利组织活跃分子提出，项目在扩建前并没有征求公众意见，潜在水消耗和水污染风险并没有在环境影响评估中得到妥善解决。发电厂项目建立了相关投诉网站，但发电厂的扩建项目并没有类似网站。问题严重后，电力发展委员会的政策明确支持向委员会、电力能源与矿业部下设的发电及输电组织、能源和矿产资源以及发电厂的主要所有者和运营方提出投诉。但这些投诉被相关当局忽视，NGO 组织反映后续行动不充分，在进行必要的征询流程时，填写必要表格文件向当局反映违规情况和负面影响后依旧如此，一直到当地组织抗议情况才有所变化。

最终当局做出回应，针对煤矿项目建立了安抚机制，投诉程序也被公布在公众可以浏览的网站上。NGO 组织认为，最终落实的减缓环境影响的正面改变，包括加大发电厂烟囱高度，提高当地通电率等，都是在本地居民进行抗议以后才落实的。

（3）环境管理计划：环境影响评估需形成环境管理计划（Environmental Management Plan，EMP）。要求在储藏或处理有害或有毒物质时进行风险分析。B 地区煤电厂扩建完成了环境管理规划，明确提到与灰池有关的风险缓释措施，但执行没有跟进。相反，亚洲开发银行遵循“污染者付费”原则，针对 B 地区煤电厂扩建项目，采取相应措施帮助周围居民购水，处理发电厂和煤矿扩建引起的水资源耗竭和水污染

---

① 由于孟加拉国按照赤道原则，不属于“拥有旨在保护其人民和自然环境的健全的环境和社会治理，立法体系和机构能力”，因此孟加拉国在 2018 年成为非指定国家（Non-Designated Country）。

问题。

（4）安置政策：孟加拉国政策规定当超过 1 000 人被迁出时，需制定“安置与恢复规划”。

B 地区煤电厂扩建项目的环境影响评估并没有明确受影响个人的准确范围。计划和补偿仅包括电厂所占用土地的地权所有人。孟加拉国政府确实对地权所有人进行了补偿安置，但是安置地面积较小，无法安置所有迁出人口。B 地区煤电厂项目的社会影响评估和管理计划不包括由于扩建项目致使土地使用受限的非土地拥有者、佃农或非原住民。当地人认为政府没有对受影响的家庭提供可行的生计替代方案，部分被影响家庭遭遇很大的生计困难。这包括一个主要以农业种植业（水稻生产）为主要谋生方式的少数民族。由于孟加拉国土地有限，新的安置普遍会遇到困难。

亚洲开发银行和“赤道原则”关注原住民社区保护和生计影响。亚洲开发银行政策特别明确了受到直接影响和间接影响的范围。

（5）持续监控：根据当时政府规定，环境管理计划要求有监控计划和时间表，但不明确要求进行独立审计或第三方监测。本地居民和大学研究人员则建议由独立第三方对 B 地区的水和空气质量进行监控。

需要说明的是，本案例仅针对特定项目的特定时期编写。孟加拉国政府和相关部门都在不断完善政策体系，提高政策执行力度，参与项目的企业也更多关注当地民众的需求，提升项目对当地经济社会发展的拉动作用。

7.4 “一带一路”投融资规则的原则与能力提升方式

关于有效融合投融资规则的考虑有很多，但是其中几项是根本原则。融合应在伙伴国家规则体系的最大公约数基础上寻求将投融资规则提升到更高水平，从而确保推动相应规则有助于实现可持续发展目标。协调融合的规则可以作为“一带一路”伙伴国家开发建设具体项目的参考，甚至启发其他国家在规则制定方面的思路。

7.4.1 融合的原则

Ⅰ. 尊重伙伴国家的发展权利和诉求，与伙伴国家的优先发展事项和国家规划保持一致

经济发展是国家实力和社会财富的基础，特别是对发展中国家来说，贫困在很大程度上会导致环境恶化，尤其是在不发达的国家和地区，融合的“一带一路”投融资规则，必须尊重当地发展经济的权利和诉求，并协助培养可持续的经济发展理念和模式，减少经济活动造成的环境压力，通过集约型的经济增长方式提高经济活

动中的效益，从而达到具有可持续意义的经济增长。需要认真考虑每个国家的国内发展目标、投资和法律环境、政治制度以及宗教传统和文化传承。除了要尊重当地情况和国家规划，融合的“一带一路”投融资规则需要推动参与国和国际政策有效协调，确保各方的需求和目标都能得到良好体现、评估和平衡。

Ⅱ. 遵守国际公约，与2030年可持续发展议程保持一致

无论有无法律约束力，国际公约和协议总体反映了被广泛接受的规则，或在进行某些活动时遵守的做法和标准。它们反映国际关切、支持共同目标和指导经济社会活动。“一带一路”投融资规则对接联合国主导的国际公约和协议将保证在国家和国际规则不一致时，可以找到最有可能被接受的规则。详见附件3。

协调融合的“一带一路”投融资规则应与《2030年可持续发展议程》保持密切一致。“一带一路”倡议和2030年议程都提出了经济、社会、环境可持续发展的长期愿景，创造了发展动能和协同增效的机遇。融合协调的“一带一路”投融资规则因此也应与上述提到的可持续发展三大支柱相一致。下一章提出的“一带一路”投融资框架八个原则也与《2030年可持续发展议程》直接联系，反映国际社会确立的可持续发展目标。

Ⅲ. 参考国际规则的共同内容

应充分考虑多边开发银行和各国国别开发银行共同关注的规则内容，作为关键要素纳入各国和区域协调融合规则的过程。这将确保“一带一路”投融资规则的普遍适用性，并分析每个国家可能做的改进，以更好促进融资和发展的包容性，增进所有利益相关方的福祉。

Ⅳ. 确保实施的可行性

在融合“一带一路”投融资规则的实施过程中，应充分考虑实施的灵活性。应识别现有规则的概念、应用范围和各方的能力差距，了解国家和国际规则执行严格程度的差异以及国家和国际各项规则融合的可行性、成本和优势。这一方法将确保在最初阶段明确更高标准的需求，并且分配资源帮助伙伴国家认可和推进这些规则，从而更好地满足可持续发展需求。

Ⅴ. 平等适用“一带一路”投融资规则

在推动落实协调融合的规则过程中，对于所有伙伴国家应公平和平等，以避免在国家间制造套利机会，破坏可持续发展。无论是针对可持续发展，还是对于投融资风险缓释和预防的规则政策都应清晰稳健，以确保建设项目不仅满足投资主体和项目所在国的短期目标，也符合所有相关方的长期利益。在此方面，关键一点是及时获取项目融资条件及负债所对应资产的详细情况，从而跟踪、监督和评估项目，利用项目周期和资产生命周期内获取的经验教训，指导新项目的设计和融资，保证项目的高效和可持续。

简而言之，“一带一路”投融资支持的基础设施项目应与参与国财政情况匹配，符合社会可持续性和环境保护战略，并遵守各国减缓气候变化承诺。融合的规则也应支撑大型基础设施可持续性规则或标准的制定，并在项目中加大可持续能源和环境友好型材料领域的先进技术转让，助力中国和“一带一路”伙伴国家坚定走低碳环保的发展之路。这将为中国提供机会，不仅促进国内执行更严格和更具前瞻性的规则和标准，同时通过推进“一带一路”投融资规则的融合，在保护环境、减缓气候变化中发挥领导作用。

7.4.2 融合标准的实践：能力提升方式

实现规则融合的路径也十分关键。总的来说，有的融资采取“前提条件”法，即提供融资的前提条件是按照多边开发银行的标准设计和执行；有的融资是“恭敬服从”法，即项目只需简单遵守所在国标准，无须评估这些标准或执行标准的国家能力。近年来，这两类方法都被认为有不足之处。按照“前提条件”法，经常被认为咄咄逼人，缺乏合作精神，可能会导致项目实施期延误。而依据“恭敬服从”法，项目所在国如果缺乏对执行能力或当地规则体系不完善时，有可能导致严重超支。僵硬地按照任何一种方法推进项目会给所在国和社区带来意想不到的后果，不仅造成社会和环境矛盾，还会引发融资方的声誉风险。因此应当考虑二者之外的替代方法。

能力提升方式是确保协调进程方向符合各方意向的重要工具，有助于在各伙伴国家推进符合最优实践的规则。如果人员或机构能力与实现可持续发展目标之间存在差距，可以通过设立“一带一路”相关的能力提升基金，加强能力建设弥补这种差距。

一些国别开发银行和南南多边开发银行已应用能力提升方式，这一方法最初是允许投融资主体以合作的方式，在考虑东道国标准的同时，引进自己的一套标准。开发银行应研究东道国标准与本行标准的契合程度，并与东道国合作确保特定项目符合当地法律法规要求。如果东道国国家体系的规定和能力经研究评估后被认为不满足本国可持续发展要求或与融资机构自身标准的要求不匹配，开发银行可提供技术支持或财务支持，帮助借款国提升水平，达到开发银行的标准。[①]

部分国别开发银行（比如德国复兴信贷银行）以及部分多边开发银行（比如拉丁美洲开发银行）对能力提升方式的应用较为深入。这些机构意识到项目中涉及多方包括银行、本国及外国企业、本国及外国政府、工人等，而各方适用标准的能力各有不同。中国的标准、规则有时候比特定国家（比如孟加拉国）更为严格。可以使用能力提升方式要求中国与某些东道国相关方合作，达到更佳的标准。但在某

---

① Gallagher，K. P.，Yuan，F.，《标准化可持续发展：拉丁美洲发展银行的比较》，《环境与发展杂志》，26（3）：243-271，2017 年。

些国家（比如秘鲁），社会和环境标准要严于中国标准，中国企业可能需要开展能力提升计划。这两个例子体现了具有包容性的协调过程融合，即对开发银行、东道国及全球性规则与实践进行比较分析；项目参与方如开发银行、东道国政府和外国承包商提供配套资金，将相关方的规则进行融合，并评估融合后的规则体系实施效果。

一些南南开发银行（比如加勒比开发银行）执行了与“能力提升方式”类似的方法，在项目周期中灵活地纳入并执行相关标准。如专栏 7-1 所示，加勒比开发银行大部分采纳东道国标准，同时引入一些国际标准。而且，如果评估认为借款国缺乏在某个项目执行本国标准的能力，加勒比开发银行会提供技术支持，有时也提供财务支持，以提升项目表现，并在东道国开展能力建设项目。

专栏 7-1　加勒比开发银行申请贷款标准

加勒比开发银行的所有业务活动必须符合《环境标准审查方案》以及世界银行的其他相关政策和业务准则。项目还需要证明符合借款国关于环境和社会的要求，符合污染减排和控制以及健康和安全问题的国家立法和法规。

如果监管框架薄弱或缺乏适当的立法，加勒比开发银行将与借款国合作，根据项目的性质，国家背景和国际公认的规范和惯例，确定最合适的要求。加勒比开发银行将通过独立的技术援助或在计划或项目设计中纳入特定的能力建设组成部分，协助加强借款国管理环境和社会问题的能力。

就债务可持续性分析（DSA）而言，我们认为没有放诸四海皆准的方法。IMF-WBG 提出的 DSA 主要方法是技术专家对中等收入或低收入国家的债务和偿债义务进行结构性检查。IMF-WBG 的 DSA 是提出“一带一路”DSA 框架核心内容的有益参考和起点。 适当的 DSA 需要分析一个国家未来较长时期的债务水平和偿债负担以及其外部和政策冲击的脆弱性，并根据该国政策和制度能承受的债务负担底线，评估其外部债务危机风险。另外，还需提出该国的借款（和贷款）战略，以控制债务危机的风险。[①] 这些评估均需要考虑或有负债以及作为贷款担保的未来现金流所带来的限制。除此之外还应考虑各国的国情，如负债历史、国家预算可以容忍的偿债义务水平，国民收入和财政空间的预计波动等。IMF-WBG 对中等收入国家和低收入国家可以根据其进入国际金融市场的差异程度，有区别进行债务可持续分析，根据不同国情开展有针对性分析可供“一带一路”DSA 借鉴。最主要的一点，应当用发展的眼光和角度去判断债务问题，根据债务用途、国家的发展前景来确定是否债务可持续。第二届“一带一路”国际合作高峰论坛上，中国财政部参考基金组织

① 世界银行，《债务可持续性分析》，2018 年 12 月 11 日。

的 DSF 框架，结合“一带一路”伙伴国家国情特点，编制并发布了“一带一路”债务可持续分析框架，得到了各方的关注和认可。

如本章前两节所讨论的，“一带一路”要在伙伴国家取得成功，可以采取一种能力提高的方法，调整和平衡项目所在国与国际投融资合作伙伴的标准差异。这需要参与项目的投融资参与各方共同分配一定数量的资金，以覆盖该方法所产生的成本，但是我们认为获益将远超过成本，而且这种方式从合作国群体的角度看应当是最优的。

根据这种方法，政府部门和金融机构可以针对“一带一路”新项目建立能力评估小组：

- 评估所在国规则与基于最优实践的“一带一路”规则契合程度；
- 将已经与最优实践一致的规则推荐给项目所在国，同时与各国合作，推动规则的实施、合规监测和能力建设；
- 确定哪些项目所在国暂时缺乏实施这些规则的能力，哪些国家完全没有相关规定；
- 与项目所在国和其他国家投资者/公司合作，提高机构和人员的能力，满足融合的“一带一路”投融资规则要求。

能力提升方式可采用技术支持、跟踪监督，或向项目所在国和中国公司提供少量专项资金安排等措施，有助于确保伙伴国家拥有推动协调融合的投融资规则的能力和所有权，并保证同可持续发展目标相符。同时，允许建立更为包容的、合作的“能力提升方式”，以取代那些不太受欢迎的做法，比如强加限制条件或外包的尽职调查。

融合投融资规则，目的在于加强全球合作，缓解不利于资金流向和高效利用的限制，并提供实现可持续发展目标的关键动力。鉴于此，本报告最后一章归纳了 8 个有利于在“一带一路”伙伴国家建立协调一致的原则，实现风险最小化、收益最大化，并加强“一带一路”建设项目的合法性。这些原则充分考量了地区间差异和国家间差距，将有助于制定高质量的规则，同时兼具可行性和前瞻性。

第 8 章　融合“一带一路”投融资规则的主要建议

本报告表明，“一带一路”倡议自 2013 年提出以来取得了重大成就，汇集了数十亿美元用于基础设施建设，促进参与国家互联互通，并为全球经济增长作出贡献。前文强调了如此大规模和迅速的资源调动产生了新的机遇，也同时带来了一些挑战和风险。

这些风险同其他所有投融资活动是共通的，多年来市场、政府已经创建了许多工具来管理风险。为确保投融资活动的可持续性，我们研究了不同类型金融机构采用的规范和规则。自 2015 年以来，全球治理将落实可持续发展目标和《巴黎气候协定》作为重要议程，我们认为必须采取强有力的行动，提出融合协调的投融资规则，使全球投融资活动与可持续发展原则更加一致，以实现这两个至关重要的议程。

在前几章的分析基础上，本章提出了八个原则，为“一带一路”伙伴国家搭建适当的投融资框架奠定了基础，以此推动可持续发展。本章内容吸收了联合国开发计划署几十年的发展经验和中国国家开发银行在发展融资领域的实践经验，并以前瞻性的方法研究和防范可预见的风险。这八个原则强调平衡伙伴国家的国情与实施高水平规则的必要性，并确保“一带一路”倡议与可持续发展目标保持一致。每个原则都针对“一带一路”倡议同可持续发展目标协同增效的关键方面提出了具体建议。

原则 1：尊重“一带一路”伙伴国家现有的制约因素和法律背景，根据联合国可持续发展的环境要求协调环境评估规则

环境保护原则应是“一带一路”投融资规则框架的优先事项。这一原则鼓励所有利益相关方接受“绿色”发展理念，即“绿水”和“青山”被视为有价值的资产，尊重各国自然资源禀赋，遵守可持续发展相关的法律法规，增强环境保护能力，协调管理机制。同时，该原则鼓励利益相关方将环境保护作为主要考虑之一，在此基础上，促进参与国家经济的可持续增长。它涉及以下关键方面：

- 协调“一带一路”伙伴国家对“绿色”投资的定义。内涵一致的“绿色”定义可以帮助利益相关方有效地为环境可持续项目分配资金，使他们能够为“一带一路”倡议的可持续发展做出明智的决策。

• 在“一带一路”建设项目中将环境可持续性作为主要考虑因素之一。参与的所有利益相关方建立一个全面的治理体系，协调环境评估和管理利益相关方。在项目设计阶段筛选、评估、监控和披露环境风险因素，并为融资机构提供具有约束力的环境指南，以避免或减轻气候变化和其他环境问题带来的潜在风险。

• 加强伙伴国家利益相关方的能力建设，推动更多机构和组织承诺促进环境可持续。

• 为利益相关方建立早期对话机制。鼓励伙伴国家的各方参与者进行有效的磋商、开展绿色投资，遵守国际环境公约，以及尊重国家和地区对气候变化的要求。确保从项目的初始阶段与利益相关方进行磋商和沟通，并根据收到的反馈留出足够的时间进行必要的调整。

• 确保生物多样性得到保护。保护和恢复环境系统，保护生物多样性，防止生态系统中的外来物种入侵，可持续地管理森林，加强对海洋环境的保护，并建立生态安全屏障。

• 加强污染预防和污染管理措施，以改善空气、水和土地质量，有效应对气候变化的影响。

• 确保应急准备。在每个项目的早期阶段提出应急措施，应对伙伴国家可能出现的新需求和制约因素。

• 促进私营部门将环境等方面的因素（ESG）纳入决策过程。在可持续发展目标活动中提高私营部门参与度，促进私营部门遵守国际环境公约、使用独立的第三方监督和评估。鼓励私营部门参与生态和环境保护领域的研究和开发。

• 促进绿色投融资。促进伙伴国家的政策制定，激励资本为低排放、环境友好和提高气候韧性等绿色项目提供资金。提出适当的优惠政策，鼓励私营部门在项目的整个生命周期内开展负责任的商业活动[①]，有效利用财政资源，促进向低碳“一带一路”过渡、支持可再生能源。

• 促进伙伴国家在环境问题上的国际交流、沟通与合作。加强在污染预防、环境治理、生物多样性保护和绿色增长等关键领域的沟通和政策协调。

原则 2：支持共同繁荣并促进参与国的就业增长，以推动减贫和包容发展

“一带一路”倡议旨在加强合作国的经济和社会发展，改善民生。“一带一路”倡议的长期目标是促进经济和就业增长，减轻和消除贫困，保证公平分享利益（合

① 例如，经济合作与发展组织的投资政策框架为跨国企业制定了《负责任的商业行为准则》。其中包括有关信息披露，人权、劳工、环境、收入、反商业贿赂、消费者权利、竞争政策和其他负责任商业行为的规定。

作共赢），使各国能够实现其发展愿望，改善当地人口的福利，减少不平等，确保体面的工作条件，避免对妇女、青年和弱势群体的负面影响，从而推动实现全球可持续发展目标。在项目的选择、设计和实施过程中需要在规则和程序上与上述目标保持一致，并建立补偿机制。具体建议包括：

● 减少不平等，促进包容性经济增长。促进生产性就业，增加创收机会，支持伙伴国家提升社会凝聚力，实现有利于低收入者和弱势群体的包容性发展。

● 促进农村和城市均衡发展。振兴农村地区，建设性地支持农村振兴与城镇化协同，以减少城乡收入差距。

● 确保工人享有安全和体面的工作条件。尊重伙伴国家的劳动法律和法规，保障工人的合法权益，增加“一带一路”项目带来的发展效益。鼓励用人透明度，并促进沟通，在工作开始时告知工人具体条件，避免使用童工和强迫劳动。

● 确保参与“一带一路”建设项目或受项目影响的工人和人群的健康和安全。应制定安全工作环境的相关措施，保证工作场所、机器、设备和工作过程安全，避免工人承受健康风险。

● 建立有效的争议和冲突解决机制。确保所有工人能获得申诉渠道，能够引起有关方面对工作场所及工人工作条件的关注，并透明地管理应对的措施。

● 在项目设计和实施过程中关注性别平等、青年和弱势群体，考虑残疾人员的需求。支持鼓励“一带一路”伙伴国家的妇女、青年和弱势群体参与“一带一路”项目建设，避免任何歧视性做法，设计能力提高机制，增加这些群体获得就业的机会。

● 避免或尽量减少对易受影响的社区的负面影响。减少经济不平等，努力促进包容性经济增长，不仅要避免对社区的负面影响，还要让他们共享“一带一路”建设项目带来的机遇。

● 在无法避免负面影响时，应进行补偿。项目所在国应安排财政资源向受项目负面影响的人群提供补偿计划，并为极端贫困地区的人口提供风险补偿。

● 避免非自愿移民。事先征得受影响人群的同意，避免非自愿移民带来的经济、社会和环境风险。在非自愿移民无法避免的情况下，制定并实施适当措施，帮助受影响人口重新安置，减轻对移民的影响。

● 与土著居民接触沟通并制定计划，避免对土著居民产生不利影响。促进增加土著居民参与“一带一路”建设项目的机会。鼓励与土著居民进行早期沟通，以改进项目设计和实施，并促进当地社区对项目的支持。

● 在整个项目生命周期中保护文化遗产。考虑“一带一路”建设项目对文化遗产的总体影响和项目的特定风险。保护文化遗产免受相关项目的负面影响，并支持将其作为保护原住民身份和传统的一个组成部分，促进与利益相关方的早期沟通，以确定和保护文化遗产。

原则 3：促进与国家发展优先事项及计划保持战略一致，并确保项目的经济和社会效益

“一带一路”倡议鼓励开放和包容，实现合作共赢，将“一带一路”建设项目与伙伴国家的可持续发展需求进行战略对接，同时促进其宏观经济特征和发展阶段保持一致。融合“一带一路”伙伴国投融资规则没有“一刀切”的方法，而应充分考虑合作国家的现有背景、机构和人员能力，并促进实施包容可及的最佳可用规则，并在必要时提供技术援助和财政资源。这种方法可以在尽可能高的水平上实现规则融合，也使参与国家能够根据未来的预期（而非当前）发展水平制定国内规则。特别需要指出的建议是：

● 鼓励全球协调，避免有附加条件的资金来源，提高资金使用效率，确保合作国的需求和发展目标保持一致。项目符合参与国的国家需求和发展目标有助于大幅提高筹资的有效性和效率，为确保项目的社会和经济效益提供关键动力。有效利用现有的国家体系，尽可能通过国家预算提供资金支持规划活动。

● 支持当地发展并尊重当地情况。尊重和重视发展进程，提高参与国地方自主发展的能力。为参与国提供能力建设，包括培训、政策研讨会和国内专家技术援助，以支持各国增加税收收入，创造就业机会和吸引投资资本。提供早期技术援助，满足已确定的增强能力计划的需求，以便推动符合可持续发展目标的、融合协调的“一带一路”投融资规则。

● 促进“一带一路”倡议的政策协调和资源调动。鼓励伙伴国家政府制定政策，加强监管协调，促使“一带一路”与《2030 年可持续发展议程》以及《巴黎气候协定》下的国家自主贡献中包含的低碳优先事项保持一致。增加与可持续发展和包容性增长相一致项目的投入。确保相关资金安排，以便伙伴国家能够为形成和实施全新的、融合的投融资规则获得支持，促进可持续发展。

● 促使伙伴国家财政安排与国家规划保持一致。深入研究可持续发展案例和可复制的国际发展经验，以指导国家和区域中长期发展计划和战略。促进相关国家和项目提出可行和包容性的融资计划，并鼓励公共投资，最大限度地提高合作国的经济和社会效益。

● 支持伙伴国家完善宏观经济政策，加强沟通和协调。促进采用稳定的宏观经济政策，确保项目透明地实施并对冲负面溢出效应。伙伴国家和参与的利益相关方之间建立清晰透明的沟通。鼓励国际组织会同伙伴国家开展国家需求评估，确保及早明确战略及项目计划。

● 建立公共投资的战略框架。充分考虑伙伴国家的现有优先事项以及提供更多全球公共产品的需求。为“一带一路”建设项目提出公共投资的中长期政策建议，

建立项目修订和国家资源分配的标准机制，促进可持续发展目标的实现。这些框架包括涉及政府、行业和第三方的综合评估和监管体系，职责明确的完整生命周期管理系统和保障项目有效实施能力的评估体系。

• 建立机制以确保参与国家的机构协调。建立联合机构，促进国家间各级行政部门的协作。协调国家公共投资和项目管理，并为参与国的可持续和包容性发展建立有效的治理体系。

• 确保借款国自主决定其发展优先事项。尊重并重视伙伴国家可持续发展的权利，努力提高当地自主发展能力，为伙伴国家引入能力建设方案，以提高其人力资本，增加税收、就业和投资机会。

原则4：协调伙伴国家债务可持续性评估的计划和管理系统；加强债务治理的有效性

"一带一路"伙伴国家需要在其融资需求和债务可持续性之间取得平衡，同时实施有效的债务可持续性管理和评估。在评估债务可持续性时需要考虑几个关键因素，包括已经存在的主权债务偿还义务（适当考虑可能因政府担保而产生的或有负债的潜在影响）、债务用途、债务结构和偿债情况，以及拟议的项目预期产生的财务回报，以支付其全部运作成本和所产生的偿债义务，反映生产性投资的债务融资对经济的拉动作用，从而更加客观地衡量一国的债务可持续水平。具体建议包括：

• 增强伙伴国家的债务管理能力。以形成和实施国家债务治理的法律和政策。增加伙伴国家对债务可持续性评估过程的认识和了解。鼓励国际机构持续支持相关国家，并为其提供技术援助，以优化融资方案，增强抵御冲击的能力，并保障公共资金的使用。

• 促进"一带一路"倡议框架下的贷款用于可持续发展的项目。评估已发生债务对经济增长的预期影响，并使债务管理的决策过程成为有利于该国经济可持续发展的因素。

• 建立管理框架，明确界定各方在签订或担保新债务时的责任。在签订债务合同或担保合同时，应建立严格的审计制度，规定各方责任，识别风险，明确争议解决程序及补救措施。

• 统筹考虑债务可持续性。债务评估应在个人贷款水平和各国贷款总体水平上，统筹考虑合作国的现有国内和国外债务，国有债务和私营部门债务，主权债务和主权或有负债，例如政府因担保产生的债务。对项目的预期财务回报的评估应切合实际，并足以支付全部运营和偿债成本，这有助于参与国避免债务困扰。

• 在不违反法律和商业秘密的前提下披露融资的条款和条件。保持透明度，以便对借款国的债务可持续性进行准确的整体评估，增强参与"一带一路"相关项目各方的互信。

• 建立包容性“一带一路”债务可持续性分析框架。在现有国际评估系统的基础上进行发展完善，评估参与国的债务承载能力。该评估不仅包括国家的支付能力，还包括偿还债务对国家可持续发展的影响。

原则 5：确保“一带一路”建设项目投融资的全周期可持续性，并建立有效的多层次金融和投资体系

“一带一路”建设项目通常具备长期性、资本密集性的特点，为实现可持续发展，需要遵循可持续回报、高效率和风险可控等原则，应通过多元化的工具组合进行融资，提供与预期产生的财务回报相适应的总体条款，以确保整个项目生命周期内的财务可持续性。为此提出如下建议：

• 提高“一带一路”建设项目资金的效率。根据每个项目的特点，结合经济、社会和环境可持续性的最佳实践评估融资方案，降低项目成本。鼓励和促进知识共享，同时提供技术援助和财政支持，以提高伙伴国家及当地机构的能力。

• 鼓励“一带一路”伙伴国家融资来源多元化。坚持扩大生产性投资和风险分担原则，促进融资来源和机制多样化，鼓励私人资本参与，支持可持续发展。需要考虑的融资工具包括国际银团贷款、混合融资、债券、基础设施资产证券化产品，政府和社会资本合作以及私募和公募股权投资。

• 鼓励参与国的国家金融机构开展合作。鼓励有关国家和组织开展三方合作；根据已经成熟的国际融资、发展援助经验，设计“一带一路”金融合作规则；通过制定联合路线图，在各方之间分享信息并明确界定责任和实施计划。

• 改善伙伴国家吸引和利用私人资本的营商环境。建立基础设施和信息联通的跨境金融合作机制，深化金融监管沟通和对话，增进金融监管机构之间的互信，促进各领域多边金融机构的合作。

原则 6：坚持公开透明、标准化、国际化的采购

采用高效、公平和透明的采购规则有助于确保采购过程的公平性和透明度，有助于减少腐败，确保项目的顺利完成，优化项目影响和财政资源使用效率。在制定规则和程序时应考虑到本国国情和参与国的发展水平，以及正在招标项目的融资机制等因素。具体建议包括：

• 透明地披露关键信息。通过指定渠道公开披露有关招标过程的信息，包括告知招标的项目要求及所需能力、评估步骤和中标人。鼓励各方采纳全球倡议，以便

协调评估对环境、社会和治理的影响。

• 将打击腐败、贿赂和利益冲突的规定纳入规则中。明确规定和程序，以防止采购过程中以及整个项目生命周期中的腐败、贿赂和利益冲突。在管理公职人员的利益冲突问题时，应按照高标准的行为准则执行，并建立有效的不当行为报告机制。

• 确保所有合格的投标人均可参与公平竞争，实施透明和开放的采购流程。保障项目质量，鼓励践行“物有所值”原则。对竞标者采用规则化的采购流程，避免歧视，促进公开竞争和客观评估。

• 鼓励当地投标人参与“一带一路”建设项目，并为借款国发展本国行业和咨询服务提供支持。通过各国公认的公私合作形式，为私营部门的参与创造有效渠道，为公共和私营部门（包括国内和国际、小型和大型企业）提供公平的竞争环境。

• 促进使用国家采购政策。这是实现其经济和社会发展目标的一个重要工具，有助于当地私营部门的发展，创造就业机会，增加收入。

原则7：遵守通行的国际金融风险管理要求，并在整个项目中建立识别和降低风险的框架

“一带一路”伙伴国家具有不同的经济、政治、法律和地区特征，以及不同的文化和传统，这增加了相关项目的潜在风险。加强风险识别和评估框架，以及全生命周期风险管理，可以帮助投资者和借款人减轻并分散风险。这方面的主要建议如下：

• 建立风险分类系统。从项目的早期阶段识别确定包括中国在内的伙伴国家的环境、社会、财务可持续性、政治及其他风险。

• 支持从项目的早期阶段建立风险管理框架。最大限度地为项目所在国、中国和全球提供“一带一路”倡议框架内的可持续投资效益。

• 确保风险管理框架考虑所有关键方面，包括安全、政治、治理、宏观经济、财务和其他因素。将风险识别、评估、管理和控制流程纳入项目设计和财务的运营。确保风险管理框架在国家内部和国家之间具有可比性，并可应用于项目的各个阶段。

• 形成合理且实际适用的风险管理工具包。将相关项目风险的具体特征整合到国际评级机构的现有风险评估框架中。探索建立“一带一路”建设项目风险评估模型，其中包括完整的项目生命周期风险管理框架。

• 根据透明度原则加强借款人的责任。借款人应遵守商业诚信和透明度原则，以减少因不公平竞争、不遵守社会和环境责任惯例或其他违规行为所带来的风险。

• 开展跨境金融监管，确保金融安全。鼓励建立与投融资相协调的跨境金融监

管制度，确保"一带一路"伙伴国家利益相关方遵守规则并分担责任。鼓励国际组织支持伙伴国家发展其金融风险管理能力，遵守全球反洗钱和反恐融资规则，从而创造公平、有效和稳定的投融资环境。

原则 8：通过建立评估机制实施客观严格的项目评估程序，监督项目融资和实施过程的效果

完善的全周期绩效评估机制对于融合规则的实施至关重要，对"一带一路"倡议与可持续发展目标、《巴黎气候协定》协同增效亦不可或缺。它将提高"一带一路"倡议促进参与国和全球可持续发展议程的可信度，加强投资透明度。此外，这些行动将为实现营造高质量投资环境的建设目标作出巨大贡献。该领域的建议包括以下内容：

● 建立全面的绩效评估机制。支持建立全面的全生命周期绩效评估机制，以促进最佳实践并为伙伴国家建立信息和经验共享平台。这些机制将确保"一带一路"投融资规则从初始决策阶段即纳入项目，并在实施阶段得以遵守。这些机制还将增加项目对不可预见冲击的抵御能力。

● 保持持续的项目报告、监测和评估。针对已定义的指标、基准和目标以及法律协议中包含的要求持续跟踪并报告。对环境和社会绩效的跟踪与报告的深度应与项目的预期风险和影响成比例。建立值得学习借鉴的项目后评估系统至关重要，这种设计能够为未来的项目提供示范。

● 鼓励在严格的外部和自我评估的基础上实现项目的最佳交付。促进客观和独立的项目质量评估和合规评估。将绩效评估作为项目生命周期的一部分，并做相应资金安排。确定可以评估的约束性原则，鼓励利益相关方加强自我评估，并进行独立和客观的外部评估，以增加贷方对项目的支持。

● 进行有效的参与式评估和评价。确保项目绩效评估由行业特定的监管机构或合同中规定的相关部门进行管理和审查，包括参与式评估。在整个项目生命周期中，利益相关方在绩效评估方面应进行合作，促进资源（数据、信息）的共享，最大限度地提高流程的透明度和有效性。

● 鼓励在整个项目生命周期中落实环境、社会和治理规则，并促进跨部门协调。促进伙伴国家利益相关方和政府部门之间的合作，以有效和迅速地应对大规模基础设施建设项目中的新挑战，特别是与环境、社会和治理方面有关的项目。引入激励机制，鼓励利益相关方遵守可持续发展规范。明确界定利益相关方的责任并建立问责机制，以便及时向有关当局通报违规行为。

● 促进伙伴国之间的信息和经验分享，以鼓励最佳实践。鼓励伙伴国之间的合作，支持建立知识共享平台，促进项目评估信息和经验的共享，鼓励学习和推广最

佳实践，促进项目可持续实施，增强“一带一路”对投资者的吸引力。

结论

本报告鼓励“一带一路”伙伴国家采用融合协调的投融资规则作为关键工具，管理相关项目涉及的经济、环境和社会风险。这些规则不是现成的，它们需要通过与伙伴国的协调沟通，按照可持续发展目标原则，依据各国国情，借鉴国际惯例与实践，并参考中国自身丰富的发展经验，逐步提出并完善。本章提出八个原则作为具体的政策建议，希望能够服务伙伴国家和利益相关方，为形成一套融合协调的投融资规则提供支撑，保障所有参与国公平公正的地位，并为参与各方提供平等合理的实施流程与实施要求。

随着“一带一路”建设规模和范围的增加与扩大，与之相适应的中国规则以及“一带一路”伙伴国家的规则也正处于磋商、适用、生效实施阶段，这极大促进了可持续发展，特别是联合国可持续发展目标（SDGs）的实现。目前，多数国际规则并没有约束力，主要是自愿执行，许多签署国际协议的国家至今还不能完全做到自己所声明实施的内容。随着越来越多的国家同意采纳融合协调规则体系，世界或许会进入一个规则体系的发展转折期，这无疑有利于形成高质量的投融资国际准则，促进可持续发展目标的实现。

上述八个原则反映了融合“一带一路”投融资规则的主要理念，即：①尊重伙伴国家的优先事项和国情；②与《2030 年可持续发展议程》保持一致，遵守国际公约；③参考国际投融资规则的共同核心内容；④确保实施的可行性；⑤平等地适用“一带一路”投融资规则。

在融合规则的过程中，经常需要协调参与者现有的差异，这是挑战也是机遇。包括中国和伙伴国家在内的所有参与者之间需要开展进一步磋商，融合的规则既可以提升不同参与国对可持续发展的共同理解和承诺，也可以体现“一带一路”倡议支持可持续发展目标的重要作用。本报告提出需要选择更有利、更有力的规则，辅以能力提升方式，保证参与国对本国所实施规则的立法权和所有权，也强调了伙伴国家可根据自身情况逐步提升能力。报告提出在不同环境中各国对规则细节会存在一定的灵活调整，但要确保经济、环境和社会可持续发展的总体目标保持一致。各国在遇到差异时，需要协调的内容和相关程序可能会遇到阻力，但各国应按照协商的投融资规则执行，使伙伴国家和全球受益。报告还建议将这些规则与具体的资源、资金和机制支持相匹配，保障伙伴国家能力建设。

“一带一路”倡议不仅要为项目提供资金，还要促进更广泛的发展。需要强调的是，我们提出的八个原则符合“一带一路”倡议的两个核心原则，即尊重伙伴国家的自身国情，尊重伙伴国家的发展愿望。

附件

附件 1:“一带一路”投融资问卷调查分析

该调查问卷由联合国开发计划署和中国国家开发银行于 2018 年底联合开展，双方共同设计了问卷。问卷分为三个部分：基本信息，创新和投资模式，投资风险和障碍。国家开发银行主要负责发放并收集，最终收到 50 家中国公司的回复。联合国开发计划署对问卷进行了分析。以下为主要结论。

接受调研的 50 家中国企业平均注册资本为 227 029 934 美元（最低 194 500 美元；最高 2 072 633 700 美元）。包括 26 家国有企业，14 家私营企业，以及 3 家合资企业。企业的投资方式多种多样，最为普遍的是建立代表处、子公司或独资公司、跨国并购、合资企业以及合作运营。几乎所有接受调研企业都曾使用贷款为项目融资。一半的企业贷款金额超过 1 亿美元，30% 贷款金额为 1 000 万至 5 000 万美元，其余 20% 的贷款金额低于 1 000 万美元。

在回答进行“一带一路”地区海外投资目的这个问题上，85% 的被访企业选择了“（为满足）公司长期发展需求”，58% 提到“扩展产品国际市场”。38 家企业进一步表达愿意扩大在“一带一路”相关地区投资，体现了倡议的吸引力和商业潜力。尽管过一半的企业认为投资项目的最佳时长为 1~2 年，有很多企业仍倾向于 10 年以上的长期投资。

高负债率和低信用评级是被访企业认为的从国内金融机构获得贷款的两个主要障碍。在寻求海外融资的动机方面，几乎所有企业都提到“较低利率”。许多企业也强调了“更为便利的投融资环境”和“国际金融机构实力”作为从海外获得贷款的重要优势。

附表 1–1 调查中发现的“一带一路”沿线主要风险和障碍

风险等级（1 ~ 5）	投融资规则引起的争端	政治风险	环境和劳工条件	本地雇员成本
1	11%	0	6%	19%
2	19%	8%	9%	19%
3	23%	11%	25%	34%
4	19%	19%	43%	26%
5	26%	62%	17%	2%
—	2%	0	0	0

注：1 最低，5 最高。

在投资风险和阻碍这一部分中，62% 的被访者认为最高风险来自“东道国政治风险”，其次是“东道国过于严格的环境和劳动力保护政策”。另外，大多数被访者将“一带一路”新兴金融市场法律法规不健全”和“汇率风险”的风险等级评为 4 或以下。最后，2/3 的公司认为“一带一路”项目成功最重要的因素是“中国政府积极推动”和“东道国参与和支持”，这符合本调查中的另一个普遍观点，即具备政府背景和符合当前政策是从金融机构获得支持的关键。

附件 2：多边开发银行环境和社会框架对比

附表 2–1　指标之一：环境和社会影响

指标	世界银行	美洲开发银行	亚洲开发银行	欧洲复兴开发银行	欧洲投资银行	亚洲基础设施投资银行
环境和社会评估	✓	✓	✓	✓	✓	✓
使用借贷方环境和社会框架	✓	✓	✓	—	—	✓
风险分级	✓	✓	✓	✓	—	✓
环境和社会承诺计划	✓	✓	✓	✓	✓	✓
项目监控及报告	✓	✓	✓	✓	✓	✓
利益相关方参与及信息披露	✓	✓	✓	—	✓	✓
具体分解环境社会评估和环境社会承诺计划	✓	✓	✓	—	—	✓
机构能力和承诺	✓	✓	✓	✓	✓	✓
供应链管理	✓	✓	—	✓	✓	—
应急准备	✓	—	—	✓	✓	✓

附表 2-2 指标之二：劳动力与雇佣关系方面

指标	世界银行	美洲开发银行 *	亚洲开发银行 **	欧洲复兴开发银行	欧洲投资银行	亚洲基础设施投资银行
直接工人与间接工人	✓	—	—	✓	✓	✓
劳动力管理流程	✓	—	—	✓	✓	✓
雇佣条款	✓	—	—	✓	✓	✓
终止条款	✓	—	—	✓	—	✓
不歧视条款	✓	—	—	✓	✓	✓
加入工会的权力	✓	—	—	✓	✓	✓
童工及强迫劳动	✓	—	—	✓	✓	✓
职业健康及安全	✓	—	—	✓	✓	✓
不安全环境反馈	✓	—	—	—	—	✓
合同工和第三方	✓	—	—	✓	✓	—
工人住宿	✓***	—	—	✓	✓	—
集体解雇	—	—	—	✓	✓	—

注：* 尽管美洲开发银行的运营政策有劳动力章节，在环境和保障合规政策中没有考虑劳动力和雇佣问题。

** 亚洲开发银行《社会保护战略》（2001）中考虑劳动力问题，但并不针对银行的运营。

*** 在世界银行环境和社会标准（ESS）4 中涉及。

附表 2-3 指标之三：预防污染的相关措施

指标	世界银行	美洲开发银行	亚洲开发银行	欧洲复兴开发银行	欧洲投资银行	亚洲基础设施投资银行
资源效率	✓	✓	✓	✓	✓	✓
区分水、能源、原材料资源效率	✓	✓*	—	✓	—	✓
污染预防和管理	✓	✓	✓	✓	✓	✓
空气污染管理	✓	✓	—	✓	✓	✓
有害及无害废品管理	✓	✓	✓	✓	✓	✓
化学品和有毒材料管理	✓	✓	✓	✓	✓	✓
杀虫剂管理	✓	✓	✓	✓	✓	✓
噪声管理	—	—	—	—	✓	✓

注：* 此处不区分原材料种类。

附表 2–4　指标之四：健康及安全方面

指标	世界银行	美洲开发银行	亚洲开发银行	欧洲复兴开发银行	欧洲投资银行	亚洲基础设施投资银行
普遍可及性	✓	—	—	✓	✓	✓
技术设施和设备安全	✓	—	✓	✓	✓	✓
服务质量管理	✓	—	—	✓	✓	—
道路安全	✓	—	—	✓	✓	✓
车辆安全	✓	—	—	✓	—	✓
民众接触疾病	✓	—	✓	✓	✓	—
项目人员引入疾病	✓	—	✓	✓	✓	—
接触有害材料	✓	✓	✓	✓	✓	—
大坝安全	✓	—	✓	✓	✓	—
安保管理	✓	—	✓	✓	✓	✓

附表 2–5　指标之五：土地的使用和安置机制

指标	世界银行	美洲开发银行	亚洲开发银行	欧洲复兴开发银行	欧洲投资银行	亚洲基础设施投资银行
非自愿土地安置	✓	✓	✓	✓	✓	✓
强制驱逐条件	✓	—	✓	✓	✓	✓
受影响人士赔偿	✓	✓	✓	✓	✓	✓
社区参与	✓	✓	✓	✓	✓	✓
安置协助	✓	✓	✓	✓	✓	✓
安抚机制	✓	—	✓	✓	✓	✓
迁出地点条件	✓	✓	—	✓	✓	—
经济性迁徙流程	✓	✓	✓	✓	✓	✓
与其他机构合作	✓	—	—	✓	✓	✓
非自愿安置工具	✓	—	—	✓	—	—

附表 2–6 指标之六：生物多样性保护和自然资源管理

指标	世界银行	美洲开发银行	亚洲开发银行	欧洲复兴开发银行	欧洲投资银行	亚洲基础设施投资银行
对生物多样性影响	✓	✓	✓	✓	✓	✓
法律保护区域	✓	✓	✓	✓	✓	✓
区分重要、自然和改良栖息地	✓	—	✓	✓*	✓	✓
外部物种引入	✓	✓	✓	✓	✓	✓
管理生物自然资源	✓	—	✓	✓	✓	✓
不得进行不必要的土地清理	✓	✓	✓	—	—	✓
可持续性主要供应商	✓	—	—	✓	✓	—
区分渔业、林业、养殖业等	✓	—	—	✓	—	—
转基因生物	—	—	—	✓	—	—

注：* 区分自然和重要栖息地，不区分改良栖息地。

附表 2–7 指标之七：原住民相关

指标	世界银行	美洲开发银行	亚洲开发银行	欧洲复兴开发银行	欧洲投资银行	亚洲基础设施投资银行
对原住民的负面影响	✓	✓	✓	✓	✓	✓
与原住民接触	✓	✓	✓	✓	✓	✓
自由、事先和知情下的同意	✓	✓	✓	✓	✓	✓
文化遗产	✓	✓	✓	✓	✓	✓
安抚机制	✓	✓	✓	✓	✓	✓
不得非自愿安置	✓	✓	✓	✓	—	✓

附表 2–8 指标之八：文化遗产保护

指标	世界银行	美洲开发银行	亚洲开发银行	欧洲复兴开发银行	欧洲投资银行	亚洲基础设施投资银行
文化遗产定义	✓	✓	✓	✓	✓	✓
环境社会管理计划中纳入文化遗产	✓	✓	✓	✓	—	✓
偶然发现流程	✓	✓	✓	✓	✓	✓
考古地点流程	✓	✓	—	—	✓	—
建筑遗产缓解措施	✓	—	✓	—	—	—
可移动文化遗产缓解措施	✓	—	✓	—	—	—
具有文化重要性的自然地物缓解措施	✓	—	✓	—	—	—

附表 2–9 指标之九：金融中介方面

指标	世界银行	美洲开发银行	亚洲开发银行	欧洲复兴开发银行	欧洲投资银行	亚洲基础设施投资银行
金融中介分类 *	✓	✓	✓	✓	✓	✓
环境和社会管理系统	✓	✓	✓	✓	—	—
环境和社会政策	✓	—	✓	✓	—	✓
环境和社会流程	✓	✓	✓	✓		✓
组织能力及竞争力	✓	✓	✓	✓	—	—
监控及报告	✓	—	✓	✓	—	✓
利益相关方介入	✓	—	—	✓	—	—

注：* 如果融资结构涉及的资金由金融机构提供，金融机构承担子项目评估和监控任务时将项目归为此类。

附表 2–10 指标之十：利益相关方考量

指标	世界银行	美洲开发银行	亚洲开发银行	欧洲复兴开发银行	欧洲投资银行	亚洲基础设施投资银行
利益相关方识别及分析	✓	—	—	✓	✓	✓
利益相关方介入计划	✓	—	—	✓	✓	✓
信息披露	✓	✓	✓	✓	✓	✓
有意义的征求意见	✓	✓	✓	✓	✓	✓
项目执行及外部报告中介入	✓	✓	✓	✓	✓	✓
组织能力和承诺	✓	—	—	✓	—	—
安抚机制	✓	✓	✓	✓	✓	—
第三方绩效	—	✓	✓	✓	—	—

附件 3：可供参考的相关国际公约、协定和准则

附表 3–1 相关国际公约、协定和准则

涉及领域	公约或协议名称
环境保护与公共卫生	《里约环境与发展宣言》
	《京都议定书》
	《巴黎气候协定》
	联合国欧洲经济委员会的相关公约与议定书，尤其是《欧洲经济委员会跨境环境影响评估埃斯波公约》和《联合国欧洲经济委员会战略环境评价议定书》
	《联合国消费者保护准则》 《国际卫生条例》（世卫组织，2005 年）
	国际标准化组织 14001 号文件：《环境管理体系认证标准》
社会与劳工领域	《国际劳工组织关于工作中基本原则和权利宣言》（1998 年）
	8 份国际劳工组织基本公约
	《联合国工商企业与人权指导原则》
	《国际人权法案》
	《联合国全球契约》
	世界粮农组织、国际农业开发基金会、贸发会议和世界银行发布的一系列相关农业负责任投资的原则

续附表 3–1

涉及领域	公约或协议名称
社会与劳工领域	世界粮食安全委员会（CFS）《农业和粮食系统负责任投资原则》
	《安全、有序和正常移民全球契约（移民问题全球契约）（2018）》
	《SA 8000 社会责任标准》以及世界标准化组织 26000 号文件《社会责任指导意见》
信息透明性	《关于援助有效性的巴黎宣言》
	《国际援助透明度倡议》
采购行为	世界贸易组织《政府采购协议》（GPA）
	联合国国际贸易法委员会《公共采购示范法》
	《联合国反腐败公约》
	《关于援助有效性的巴黎宣言》
投资与争端解决机制	发展筹资：《亚的斯亚贝巴行动议程》
	《关于解决国家与其他国家国民之间投资争端公约》
	WTO 争端解决机制
	国际投资争端解决中心发布的一系列公约、协定和规范性文件
	《联合国国际贸易法委员会仲裁规则》
	《承认及执行外国仲裁裁决公约（纽约公约）》
	《联合国国际贸易法委员会调解规则》
	《联合国反腐败公约》
	《联合国工商业与人权指导原则》
	世界粮农组织、国际农业发展基金会、联合国贸发会议和世界银行发布的一系列有关农业负责任投资的原则
	《自愿性企业责任准则》
	《联合国全球契约》
	《二十国集团全球投资指导原则》
	《国际人权法案》
基础设施	联合国项目事务厅（UNOPS）《基础设施建设的循证方法》（EBI）
	《成本效益分析与经济全面影响评估》
	联合国欧洲经济委员会的相关协定和公约，包括《统一国际铁路货物联运法律规范（简称“统一铁路法”）》；国际铁路运输政府间组织（OTIF）与铁路合作组织（OSJD）设定的相关标准

续附表 3-1

涉及领域	公约或协议名称
贸易相关	世界贸易组织《关税及贸易总协定》(GATT)、《服务业贸易总协定》(GATS)和《与贸易有关的知识产权协定》(TRIPS)
	世界贸易组织《贸易便利化协定》
	《世界海关组织》的相关公约
	包括自由贸易协定、双边贸易协定在内的区域性合作机制
	《联合国海洋法公约》
	《国际公路运输公约》(TIR Convention)
	联合国欧洲经济委员会相关公约与建议
	《欧洲国际道路运输危险货物协定》(ADR)
	《协调统一货物边境管制国际公约》
	世界海事组织、国际民航组织和国际电信联盟的相关文件

资料来源：联合国经济社会事务部。未对外发布。

国家开发银行
CHINA DEVELOPMENT BANK

UNDP

Harmonizing Investment and Financing Standards towards Sustainable Development along the Belt and Road

Economic Development along the Belt and Road

China Development Bank

United Nations Development Programme

China Planning Press

Beijing

Acknowledgement

This report was jointly authored and published by UNDP and China Development Bank (CDB).

We would like to acknowledge the work done by the UNDP drafting team led by Balázs Horváth and Lufei Yang, with significant contributions by Weiran Shang, Cecilia Pallares, Pingzhen Hu, Carlotta Clivio, Bill Bikales, Renfei Liu, Cristina Pinna, Yixuan Shao, Rene Zou, Chongwen Liu, Kevin P. Gallagher, Gregory Chin and Nong Li.

We would also like to recognize the work done by CDB drafting team led by Yijun Li, supported Hao Wen, Yan Long, Xiao Li, Yanfei Yin, Xu Liang, Guanzhong Xia, Jia Li and Yuqing Yang. Special thanks go to Yong Liu and Wenbin Zhu for their valuable guidance and insights.

Foreword Ⅰ

Under the cooperative framework of jointly building the Belt and Road, the United Nations Development Programme (UNDP) and China Development Bank (CDB) jointly conducted research and developed this report on *Harmonizing Investment and Financing Standards towards Sustainable Development along the Belt and Road.* The report summarizes the investment and financing practices of all parties involved in jointly building the Belt and Road from an objective and rational perspective, and proposes forward-looking policy recommendations. It is an important measure to implement the outcome of the 2nd Belt and Road Forum for International Cooperation; it is not only the result of a useful process of professional knowledge and experience sharing in international investment and financing cooperation, but also a positive exploration for both sides to contribute to the high-quality development of Belt and Road. I believe that the publication of this report will further enhance society's understanding of the joint pursuit of the Belt and Road, while providing useful guidance to all parties jointly working towards the implementation of the Belt and Road.

In the fall of 2013, Chinese President Xi Jinping announced the Belt and Road Initiative (BRI), which is designed to mobilize more resources, strengthen connectivity links, leverage potential growth drivers, and connect the markets with a view to integrating more countries and regions into economic globalization and achieving shared prosperity through mutually beneficial cooperation. Although the BRI originated in China, it belongs to the world. It opens up new space for global economic growth, produces new platforms for international trade and investment and offers new ways for improving global economic governance. Indeed, this initiative has helped improve people's lives in countries involved and created more opportunities for common prosperity.

Aligning the BRI with the UN 2030 Agenda for Sustainable Development adds to the momentum of achieving inclusive development and sustainable growth. The Initiative's goals, principles, and implementation plans are highly consistent with those of the United Nations 2030 Agenda for Sustainable Development. The BRI has received the positive response and broad support of the international community. It has become an important driving force for promoting global economic recovery, a key carrier for all countries to share development opportunities and accomplishments, and a crucial platform for building a community of shared future for mankind. The report found that the BRI's vision is to fully respect and align with the development strategies and practical needs and concerns of participating countries; improve the quality of investment; promote sustainable job creation and environmental sustainability; and introduce new models of cooperation for sustainable development of the global economy.

The BRI adheres to the principle of achieving shared growth through dialogue and collaboration, and provides opportunities for countries and international organizations around the world to carry out practical cooperation. So far, China has signed 197 cooperation agreements with 137 countries and 30 international organizations, including more than ten UN agencies. The BRI and its core concepts have been incorporated into many important documents of the UN and other international organizations. Since 2013, total imports and exports between China and other nations along the Belt and Road has exceeded USD 6 trillion. A general connectivity framework consisting of six corridors, six connectivity routes and multiple countries and ports has been put in place. A large number of infrastructure and cooperation projects have been launched. These efforts have stimulated local economies, improved people's livelihood, and created a path of win-win cooperation.

Also promoting "soft connectivity" , the BRI attaches great importance to connectivity-related standards and regulations, and contributes to strengthening the global governance system. The Chinese government has issued the Action Plan on the Belt and Road Standard Connectivity and signed more than 80 standardization cooperation framework documents with about 50 countries and regions. It has also issued the *Guiding Principles on Financing the Development of the Belt and Road* and the *Debt Sustainability Framework for Participating Countries of the Belt and Road Initiative* to provide long-term, stable, sustainable and risk-controllable financing support for the building of the BRI. China has always been a participant, builder and contributor to the existing international system. It adheres to its solemn commitment to the purposes and principles of the United Nations Charter and resolutely safeguards the current international system with the UN as its core. The international community will give us credit for that.

At present, in advancing the Belt and Road Initiative, like architects refining the blueprint, we should enter a phase of high-quality development. We are willing to continue to gather consensus among all parties, outline a vision for cooperation, and further opening up to the outside world. We will strengthen communication, consultation and cooperation with UN agencies, adhere to the concepts of openness, greenness, and integrity, adhere to a vision for development that is people-centered, and actively align with universally accepted international standards and regulations. We will strive to maintain high standards, benefit people's livelihood and achieve sustainability and make unremitting efforts to build a community of shared future for mankind.

Ning Jizhe

Vice Chairman, National Development and Reform Commission.

October, 2019

Foreword Ⅱ

It is a great pleasure to present this analytical report developed in cooperation between UNDP and the China Development Bank (CDB).

The 2030 Sustainable Development Agenda, with its 17 Sustainable Development Goals (SDGs), has created the framework for an unprecedented global effort to eliminate poverty, protect our environment, and create a peaceful and prosperous world for all of humanity. The stakes in this effort could not be higher; the very habitability of the planet that future generations will inherit will be determined by our success.

The SDGs were created as an extension and expansion of the previous eight Millennium Development Goals, or MDGs. China's contribution to the MDGs by the target date of 2015 has been widely noted—most notably the target of halving global poverty incidence (MDG1) by lifting more than 750 million people out of poverty. China's performance in other core MDGs such as health and education also underpinned successful global outcomes.

Having emerged as a global economic power, China has the potential to make an equally important contribution to SDG attainment. In addition to pursuing the SDGs at home, China is becoming a major source of financing and investment to development in other developing countries. A key mechanism in China's cooperation is the Belt and Road Initiative (BRI), with its vision of enhanced global connectivity and facilitation of global flows of finance, trade, innovation, knowledge and cultural exchanges.

Economic growth is very important for sustainable development. However, growth alone is far from all that is needed. Indeed, the wrong kind of growth, i.e., growth that harms the environment or exacerbates gaps between wealthy and poor population groups, risks directly undermining SDG attainment. China's own national agenda and aspiration of pursuing high quality growth and an ecological civilization are a direct response to that risk.

The purpose of this report is to help manage sustainability risks along the Belt and Road through the development and effective implementation of harmonized standards to guide BRI lending and investments. In developing the recommendations on standards that the report puts forward, the expert team was able to draw on China's own increasingly rigorous standards governing domestic and foreign investments as well as best practice standards utilized by financial institutions around the globe including multilateral development banks, national development banks and other lenders. The recommendations also factor in emerging development challenges such as climate change and suggest inbuilt measures to anticipate and manage their impact. UNDP considers this important because following through on these recommendations would be a significant contribution to closely aligning BRI implementation with the principles of the SDGs.

I would like to thank the leadership of the National Development Reform Commission (NDRC) and CDB for the chance to work with their experts on this report. I hope that this effort will make a contribution to inform the thinking of policymakers in China and in Belt and Road partner countries as they jointly shape their cooperation to bolster support towards the 2030 Agenda.

Valerie Cliff

Acting Regional Director for Asia & the Pacific,

Deputy Assistant Administrator, UNDP.

October, 2019

Preface

On the margins of the 71st UN General Assembly session in September 2016, UNDP and the government of the People's Republic of China signed a Memorandum of Understanding (MoU) on cooperation on the Belt and Road initiative. This was followed by an Action Plan signed in May 2017 during the first Belt and Road Forum. In the meantime, China Development Bank (CDB) was designated as a key implementing partner of the Action Plan and a Joint Statement from May 2017 formalized this cooperation. The partnership with China on the BRI is grounded in UNDP's firm commitment to facilitating sustainable development across BRI partner countries and putting the 2030 Agenda into action.

In December 2017, UNDP and CDB published their first joint report on *The Economic Development along the Belt and Road*. It surveyed the economic landscape of countries and regions along the Belt and Road, and highlighted the initiative's prospects and challenges. Drawing on the latest available economic data on trade, investment, industrial cooperation, and financial integration, the report reviewed the role of the BRI in promoting the integration of global value chains, the opportunities this Initiative would create for investors, and the untapped potential of people-to-people exchanges along the Belt and Road. The report also analysed opportunities as well as challenges that have arisen across BRI partner countries and regions since the launch of the initiative, providing stakeholders with references for policy- and decision-making on prospective engagement with the initiative.

The main highlight of the 2017 *Economic Development along the Belt and Road* report was to propose the "double circulation model"① as the theoretical basis for the economic development of the BRI and analyse the role of the Initiative in the global value chain. The BRI has promoted trade connectivity, increased trade volume and allowed countries to attract increasing amounts of foreign direct investment (FDI). The cooperation of industrial value chains in various countries has gradually deepened, financial integration has been continuously strengthened, and cooperation in capacity building and education has also

---

① The global value chain is gradually shifting from a "centre-periphery" single circulation model centred around developed countries to a double circulation model placing emerging economies at its core, and linking emerging economies with developed countries, and emerging economies with developing countries in Asia, Africa and Latin America.

reached a new level.

Following the 2017 report, this study, *Harmonizing Investment and Financing Standards towards Sustainable Development along the Belt and Road,* is another important outcome of the UNDP-CDB strategic partnership. Specific areas of this partnership include: (i) deepening joint research on strategic issues such as economic development analysis of Belt and Road partner countries, BRI's role in sustainable development, sustainable financial instruments, inclusive economic growth and poverty alleviation; (ii) advancing joint efforts toward the development of a network of sustainable investment promotion facilities; and (iii) implementing projects with sustainable development outcomes, accumulating best practices, and enhancing sustainable development dividends for BRI partner countries.

For this present report, we considered issues that are key for promoting sustainable investment and financing activities and sustainable development in BRI partner countries and globally. This determined the research scope of the report on investment and financing rules. The report focuses on environmental and social frameworks, debt, procurement, risk assessment, and post-project evaluation that are directly related to the sustainability of BRI investment and financing activities and their ability to contribute to the attainment of the SDGs.

The definition of countries and projects falling under the "Belt and Road" umbrella is elusive. The present report employs the definition of "BRI partner country" or "BRI participating country" —countries that have signed BRI cooperation agreements/MoUs with China—contained in China's official documents and media portals, particularly the Belt and Road Portal. According to the portal, by end-August 2019, China has signed cooperation agreements/MoUs with 166 partner countries and international organizations. The definition of "BRI projects" herewith employed refers to projects implemented by BRI partner countries/institutions under the initiative's key cooperation principles or cooperation framework. These include connectivity-enhancing infrastructure, such as roads, ports, railways, networks and telecommunications; energy infrastructure, such as power grids and power plants; as well as projects designed to promote industrialization, trade facilitation, and economic and trade cooperation.

The report is presented in both English and Chinese versions. The two versions are identical in terms of data, logic, and substantive content. However, to respect the language environment of readers from different language backgrounds and the traditions in official presentation of analytical results, there are slight deviations from verbatim translation in the two texts.

Executive Summary

Coverage of the Report and Research Context

This report, jointly developed by China Development Bank (CDB) and the United Nations Development Programme (UNDP), reviews global practices in finance and investment flows and ways to align financing associated with the Belt and Road Initiative (BRI) with sustainable development principles. It proposes pragmatic recommendations for devising harmonized standards along the Belt and Road to further promote the Initiative's aspiration of creating win-win partnerships for inclusive development, while advancing SDG attainment.

The recommendations rely on a core set of components as potential building blocks, which are identified in the report. These components are the global 2030 Agenda, the practices of China, of BRI partner countries and of multilateral and bilateral development institutions, as well as UN Conventions and Agreements. They also include forward-looking elements to safeguard the provision of global and regional public goods in areas where current practices could lead to significant new risks in the future. This is particularly important for infrastructure projects that are investments with an inevitably long horizon.

The BRI has reached global dimensions since its inception in 2013 by supporting the economic and social development of countries across four continents through enhanced infrastructure connectivity, policy coordination, trade flows, financial integration, and people-to-people exchanges. The long-term horizon and broad underlying objectives of the BRI have many synergies with the 2030 Agenda for Sustainable Development and China can play a potentially major role in global efforts to attain the SDGs.

The BRI has, however, also faced some issues, particularly regarding the economic, environmental and social sustainability of its projects—e.g., pertaining to carbon intensity, local job creation, and debt sustainability. These issues partly reflect the initiative's complex nature, its high level of ambition, and the broad diversity of BRI partner countries. Unbalanced investment outcomes and several risks that have materialized could, however, have been mitigated if harmonized, transparent, SDG-conforming financing and investment standards and regulations had been in place to guide BRI implementation.

Both China and international partners are thus calling for the establishment of harmonized, BRI-wide standards for financing and investment. Such standards have the potential to become an effective coordination mechanism for China and BRI partner countries to take coordinated collective action to realize shared development objectives along the Belt and Road as well as the global SDGs. These include reducing poverty and inequality, curbing carbon intensity to mitigate climate change, and strengthening the rules-based system of international trade and investment.

Local communities would also benefit from harmonized, SDG-conforming standards applied effectively and consistently. Such standards can reduce the vulnerability of communities to environmental and social risks—including conflict—while enhancing the ability of local communities to voice their needs and concerns and improving local livelihoods as well as the living environment. Overall, they can greatly enhance local communities' ownership of projects.

In addition, harmonized Belt and Road investment and financing standards could increase the investment of international multilateral institutions, investment banks and commercial banks, promote the participation of private capital in the international market, and provide more valuable and substantial sources of funding for BRI projects.

Attaining standards along the Belt and Road as described in the report will take time and require a wide-ranging process, for which the report offers some key building blocks. The process would need to build on existing standards and regulations of each partner country, and on the identified needs for improvement to bring them to a level that aligns with best-practice standards. These best practice standards can be defined pragmatically depending on country context but would need to conform to the main guiding principles identified in the report. The report also recommends that China works with BRI participating countries as equal partners, reaching consensus through an iterative process to effectively assist them in strengthening their institutional and human resource capabilities to enable adopting, monitoring, and implementing these standards as part and parcel of BRI implementation. As the process gains ground, a globally significant group of countries adopting standards conducive to sustainable development and in conformity with worldwide best practice would emerge—which could substantially contribute to the attainment of SDGs at national, regional and global levels.

Structure of the Report and Research Methodology

This report has three main parts:

○ A **review** of key aspects of the evolving development sustainability situation along the Belt and Road; of participating regions and selected industry sectors; and an in-depth analysis of BRI financing and investment trends since 2013.

○ A **comparative mapping** of the financing and investment standards adopted by Multilateral Development Banks (MDBs), National Development Banks (NDBs) and Chinese financial institutions—illustrating how harmonized standards can enhance the overall quality of BRI projects and contribute towards greater provision of global public goods.

○ A **systematic framework** for financing and investment standards along the Belt and Road, putting forward eight main principles—each with specific recommendations for introducing BRI-wide standards.

To ensure the quality of the report, the research team maintained a pragmatic and global perspective. We circulated a questionnaire that surveyed more than 50 Chinese companies involved in BRI projects to gain an insight on their views regarding key challenges and risks for their investments. The UK Treasury's Belt and Road Expert Board assisted the research team in distributing questionnaires and provided opinions and recommendations from international financial institutions as well as consulting and engineering firms based in London. We prepared several case studies, reviewed the international literature on the BRI, and conducted field research and consultations at the Industrial and Commercial Bank of China and at the China-Africa Development Fund to strengthen the empirical foundations of the report. We also organized a high-level discussion with Ministry of Finance officials to better understand the key challenges related to debt sustainability faced by both China and BRI partner countries.

To form a comprehensive picture of the BRI investment and financing landscape, we performed a trend analysis of the political, economic and social context in a large sample of BRI participating countries using key indicators (e.g., the Ease of Doing Business index, Political Stability Risk index, Debt/GNI ratios, etc.) from multiple publicly available sources from international (e.g., World Bank, International Monetary Fund, United Nations Conference on Trade and Development) and Chinese institutions (Ministry of Commerce, Ministry of Foreign Affairs, and CDB).

We also conducted an in-depth analysis of a specific region (South-East Asia) and of specific industrial sectors (e.g., infrastructure) based on investments from 2013 to 2018, with key financing indicators and several case studies. These help provide a deeper understanding of BRI financing and investment.

To study investment and financing standards at the global level, we mapped the rules and standards that major MDBs, leading NDBs and Chinese institutions have established and employed to make finance and investment practices economically, socially, and environmentally sustainable. We refer to the overlapping components of these as the "common core". As a further useful reference for harmonizing standards along the Belt and Road, the team also pointed to the role that relevant UN Conventions and Agreements could play, taking into account existing standards in BRI partner countries.

The recommendations emphasize the need to consider debt sustainability issues, carry out transparent and open procurement processes that ensure the equal and fair treatment of all suppliers, establish comprehensive risk management frameworks, and aim for the transfer of best-in-class technology in BRI projects. These elements, along with granting all stakeholders open access to information regarding projects and their financing, are central components of project sustainability and will contribute to aligning the BRI with the SDGs.

Next Steps

UNDP and CDB consider this report to be a first step in working towards harmonized standards for BRI investments and projects that support SDG attainment. Based on the ideas presented in the report and in consultation with stakeholders, developing concrete policy guidelines and an Industrial Practice Manual for investment and financing standards along the Belt and Road could be the next step towards harmonized standards.

Another important next step will be to complete assessments of investment and finacing rules in BRI partner countries to identify gaps in institutional and professional human capacities that require bridging.

The guidelines and manuals can serve as practical guidance documents for the process of adoption and consistent implementation of harmonized standards along the Belt and Road. The process needs to be backed by appropriate funding as well as programs targeting country-specific capability-enhancing support plans that derive from the results of needs assessments.

Abbreviations and acronyms

ABC	Agricultural Bank of China
ADB	Asian Development Bank
AfDB	African Development Bank
AIIB	Asian Infrastructure Investment Bank
ASEAN	Association of Southeast Asian Nations
BMZ	German Federal Ministry for Economic Cooperation and Development
BOC	Bank of China
BRF	Belt and Road Forum
BRI	Belt and Road Initiative
BRICS	Brazil, Russia, India, China and South Africa
CaDB	Caribbean Development Bank
CAF	Development Bank of Latin America
CBIRC	China Banking and Insurance Regulatory Commission
CCB	China Construction Bank
CDB	China Development Bank
CIC	China Investment Corporation
CIPS	Cross-border Interbank Payment System
CIRC	China Insurance Regulatory Commission
CIS	Commonwealth of Independent States
CMB	China Merchants Bank
CPI	Consumer Price Index
CRBC	China Road and Bridge Corporation
CSRC	China Securities Regulatory Commission
DBS	Development Bank of Singapore
DBSA	Development Bank of Southern Africa
DMRB	Design Manual for Roads and Bridges
DOE	Department of Environment
DSA/DSF	Debt Sustainability Analysis / Framework
EBRD	European Bank for Reconstruction and Development
EC	European Commission
ECA	Export Credit Agency
EDCF	Economic Development Cooperation Fund

EDI	Energy Development Index
EHS	Environmental, Health and Safety
EIA	Environmental Impact Assessment
EIB	European Investment Bank
EIU	*The Economist Intelligence Unit*
EMP	Environmental Management Plan
EP	Equator Principles
EPC	Engineering, Procurement and Construction
EPFI	Equator Principles Financial Institution
ESA	Environmental and Social Assessment
ESCP	Environmental and Social Commitment Plan
ESDD	Environmental and Social Due Diligence
ESF	Environmental and Social Frameworks
ESG	Environmental, Social and Governance
ESIA	Environmental and Social Impact Assessment
ESMP/ESMS	Environmental and Social Management Plan/System
ESP	Environmental and Social Policies
ESRM	Environmental and Social Risk Management
ESRP	Environmental and Social Review Procedures
ESS	Environmental and Social Standards
EU	European Union
EXIM	Export-Import
FAO	Food and Agriculture Organization
FDI	Foreign Direct Investment
FI	Financial Intermediary
FTSE	Financial Times Stock Exchange
GDP	Gross Domestic Product
GE	General Electric
GEF	Global Environment Facility
GFC	Green Finance Committee
GFI	Green Finance Initiative
GHG	Green House Gas
GNI	Gross National Income
GPA	Government Procurement Agreement
GRI	Global Reporting Initiative
HIPC	Heavily Indebted Poor Countries
HSBC	Hong Kong and Shanghai Banking Corporation
IB	Industrial Bank
IBRD	International Bank for Reconstruction and Development
ICBC	Industrial and Commercial Bank of China

ICMA	International Capital Market Association
ICSID	International Centre for Settlement of Investment Disputes
IDA	International Development Association
IDB	Inter-American Development Bank
IDFC	International Development Finance Club
IE	International Enterprise
IEG	Independent Evaluation Group
IFC	International Finance Corporation
ILO	International Labour Organization
IMF	International Monetary Fund
ING	Internationale Nederlanden Groep (International Netherlands Group)
IPO	Initial Public Offering
IPP	Indigenous People's plan
IRIR	Islamic Republic of Iran (Islamic Republic of) Railways
IT	Information Technology
IsDB	Islamic Development Bank
ISO	International Organization for Standardization
JBIC	Japan Bank for International Cooperation
JICA	Japan International Cooperation Agency
KfW	Kreditanstalt für Wiederaufbau (German Development Bank)
LAC	Latin America and the Caribbean
LCOE	Leve lized Cost of Energy
LDC	Least-Developed Country
LGBT	Lesbian, Gay, Bisexual, Transgender
LIBOR	London Interbank Offered Rate
LIC	Low-income Countries
LNG	Liquefied Natural Gas
LPG	Liquefied Petroleum Gas
MAC	Market Access Countries
M&A	Mergers and Acquisitions
M&E	Monitoring and Evaluation
MDB	Multilateral Development Banks
MDRI	Multilateral Debt Relief Initiative
MEE	Ministry of Ecology and Environment
MEP	Ministry of Environmental Protection
MFA	Ministry of Foreign Affairs
MIGA	Multilateral Investment Guarantee Agency
MIIT	Ministry of Industry and Information Technology
MOF	Ministry of Finance
MOFCOM	Ministry of Commerce

MOHURD	Ministry of Housing and Urban-Rural Development
MoU	Memorandum of Understanding
MPA	Macro Prudential Assessment
NDB	New Development Bank
NDC	Nationally Determined Contributions
NDRC	National Development and Reform Commission
NGO	Non-Governmental Organization
NSSF	National Social Security Fund
OCBC	Overseas Chinese Banking Corporation
ODA	Official Development Assistance
ODI	Overseas Direct Investment
OECD	Organization for Economic Cooperation and Development
OHSMS	Occupational Health and Safety Management System
PBOC	People's Bank of China
PDB	Power Development Board
PPA	Power Purchase Agreement
PPM	Project-affected People's Mechanism
PPP	Public Private Partnership
PRI	Principles for Responsible Investment
PRSP	Poverty Reduction Strategy Paper
RBP	Responsible Business Practices
R&D	Research & Development
RMB	Renminbi (Chinese currency)
SAC	Standardization Administration of China
SAFE	State Administration of Foreign Exchange
SASAC	State-owned Assets Supervision and Administration Commission
SASB	Standards Association Standards Board
SCO	Shanghai Cooperation Organization
SDG	Sustainable Development Goals
SEA	South East Asia
SEPA	State Environment Protection Administration
SFGA	State Forestry and Grassland Administration
SGR	Standard Gauge Railway
SIA	Social Impact Assessment
SIAC	Singapore International Arbitration Centre
SINOSURE	China Export and Credit Insurance Corporation
SME	Small and Medium Enterprise
SMI	Sarana Multi Infrastruktur
SPDB	Shanghai Pudong Development Bank
SRF	Silk Road Fund

SRI	Socially Responsible Investment
SSCAF	South-South Cooperation Assistance Fund
TDB	Trade and Development Bank
TMT	Technology, Media and Telecommunications
UAE	United Arab Emirates
UEP	United Energy Pakistan
UK	United Kingdom
UKEF	United Kingdom Export Finance
UN	United Nations
UNCTAD	United Nations Conference on Trade and Development
UN DESA	United Nations Department of Economic and Social Affairs
UNDP	United Nations Development Programme
UNEP	United Nations Environment Programme
UNFCCC	United Nations Framework Convention on Climate Change
US	United States
USD	US Dollar
VEB	Vnesheconombank (Russian Development Bank)
WB	World Bank
WBG	World Bank Group
WRI	World Resources Institute
WTO	World Trade Organization
WWF	World Wildlife Fund

Table of Contents

Chapter 1 Overview of the landscape of BRI financing and investment

Announced by the Chinese government in 2013, the "Belt and Road Initiative" (BRI) is an engine for trade and investment growth as well as infrastructure development across Asia, Europe, and Africa. Explicitly positioned as an open and inclusive platform for international development cooperation, the initiative welcomes countries and organizations beyond the BRI's geographic scope to participate in efforts to enhance growth and connectivity. By the end of August 2019, China signed a total of 195 MoUs or cooperation agreements with 166 foreign governments and international organizations, creating a basis for cross-regional economic, cultural, and scientific cooperation and exchange.[①] The BRI has five major pillars: policy coordination, infrastructure connectivity, unimpeded trade, financial integration, and people-to-people bonds.

1.1 Linkages between the BRI and the 2030 Agenda

The year 2015 has been regarded as a milestone in the global shift toward sustainable development: a principle embodied in the UN 2030 Agenda for Sustainable Development, the Addis Ababa Action Agenda on Financing for Development (Box 1 in Annex 5), and the Paris Agreement on Climate Change.

Within the 2030 Agenda, the 17 Sustainable Development Goals (SDGs) were adopted by all 193 UN member states. The SDGs are a universal call to action to end poverty, protect the planet and ensure that all people enjoy peace and prosperity. Achieving the SDGs means delivering durable poverty reduction, economic growth, and social and environmental sustainability. All stakeholders, including governments, citizens and businesses, need to act to bring about the changes necessary for SDG attainment.

Although the Belt and Road Initiative and the 2030 Agenda are different in nature and scope, they both present long-term visions that offer ample room for synergies. The five BRI priority areas highlighted by the Chinese government and the 17 SDGs proposed by the 2030 Agenda are closely related, sharing similar long-term visions and objectives. Figure 1.1

---

① Belt and Road Portal (2019, September 9). The picture of the six years of Belt and Road Initiative (link in Chinese, see references).

illustrates the relationship between them by highlighting the existing linkages between each BRI pillar and one or more SDGs. Thus, there is great potential for the BRI and the SDGs to mutually reinforce each other.

Figure 1.1 Linkages between the SDGs and the BRI①

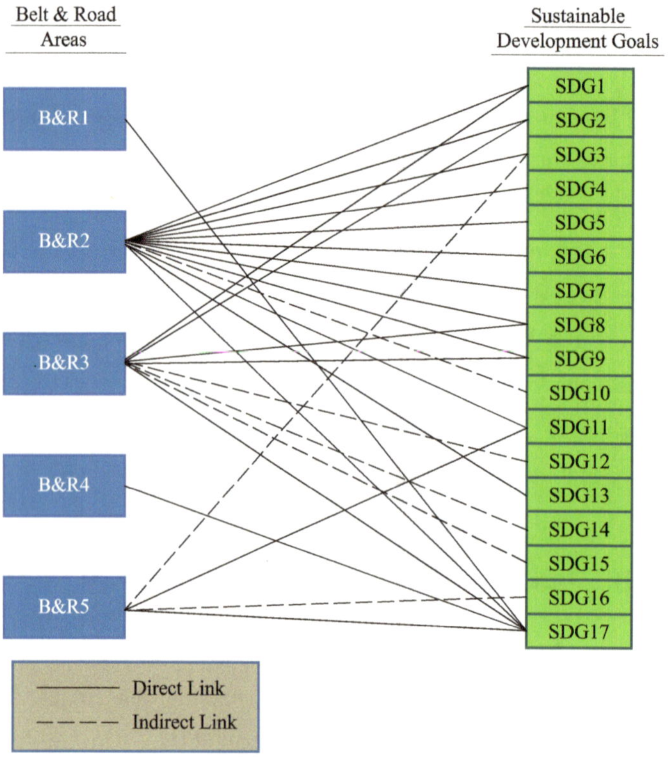

Source: Hong, P. (2016)②

The first Belt and Road Forum for International Cooperation held in Beijing in May 2017 attracted global interest and was met with high expectations. Yet, it also witnessed the voicing of some concerns over what would be the potential impact of an unprecedented scale of investments and finance flowing from China. 144 countries were represented, including 29 heads of State.

① The five priority areas of the BRI are: policy coordination, infrastructure connectivity, trade flows, financial integration, and people-to-people exchanges. The 17 SDGs are: Goal 1: no poverty; Goal 2: zero hunger; Goal 3: good health and well-being; Goal 4: quality education; Goal 5: gender equality; Goal 6: clean water and sanitation; Goal 7: affordable and clean energy; Goal 8: decent work and economic growth; Goal 9: industry, innovation and infrastructure; Goal 10: reduced inequality; Goal 11: sustainable cities and communities; Goal 12: responsible consumption and production; Goal 13: climate action; Goal 14: life below water; Goal 15: life on land; Goal 16: peace, justice and strong institutions; and Goal 17: partnerships to achieve the goals.

② Hong, P. (2016). Jointly building the "Belt and Road" towards the Sustainable Development Goals, 14.

Over 70 international organizations, including UN Agencies, were also represented. The Forum confirmed the Belt and Road as a sustainable development-oriented Initiative, formally aligning it with the 2030 Agenda. The core concepts of "jointly building the Belt and Road Initiative" and "contributing to shared sustainable growth through enhanced connectivity, discussion and collaboration" were met with broad acceptance at the Forum and beyond.

1.2 Financing and investment trends along the Belt and Road (2013-2018)

From 2013 to 2018, total trade (two-way) between China and the countries along the Belt and Road[①] exceeded USD 6 trillion, with a growth rate higher than China's overall trade growth. China has directly invested more than USD 80 billion in BRI participating countries and these investments have grown at an average annual rate of 7.2%. The establishment of over 82 overseas economic and trade cooperation zones, with a total of more than USD 28.9 billion invested, has created over 244,000 jobs and USD 2 billion of additional tax revenue.[②] Investment in BRI partner countries is expected to rise further with the continued implementation of infrastructure projects, growing trade due to improved connectivity, and the relocation of manufacturing enterprises driven by the transformation of global value chains.

Figure 1.2 Accomplishments along the Belt and Road, 2013-2018

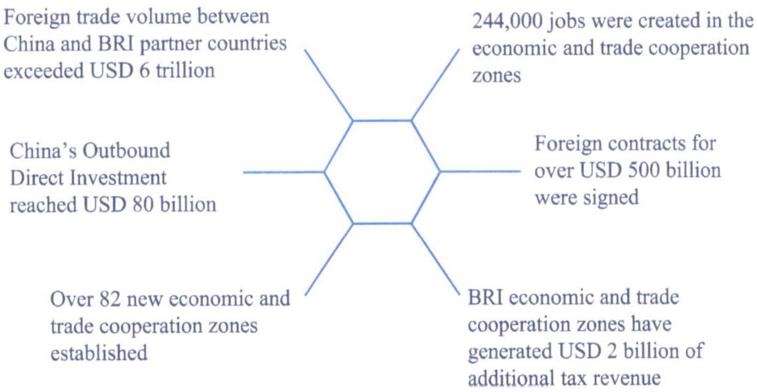

Source: Belt and Road Portal (2018)[③]

---

① This expression is herewith inserted as equivalent to "BRI partner countries"/ "BRI participating countries". For a full definition of this term, please refer to the Preface.

② Xinhua (2018, August 28). Trade volume along the Belt and Road exceeds the value of USD 5 trillion (link in Chinese, see references).

③ Belt and Road Portal (2018, October 6). Five years of Belt and Road Initiative: interconnectedness and interoperability paint a bright picture (link in Chinese, see references).

Since 2013, China and other countries along the Belt and Road have been modernizing and developing their infrastructure through cooperative efforts in areas such as ports, railways, highways, electric power, aviation, digital connectivity and e-infrastructure. Achievements in railway construction are particularly noteworthy. While only 17 trains travelled between China and Europe in 2011, carrying goods worth just USD 0.6 billion, by 2018 more than 6,000 train trips had been made between China and Europe with the value of goods transported reaching USD 16 billion.

Figure 1.3　Number of train trips between Europe and China, 2011-2018

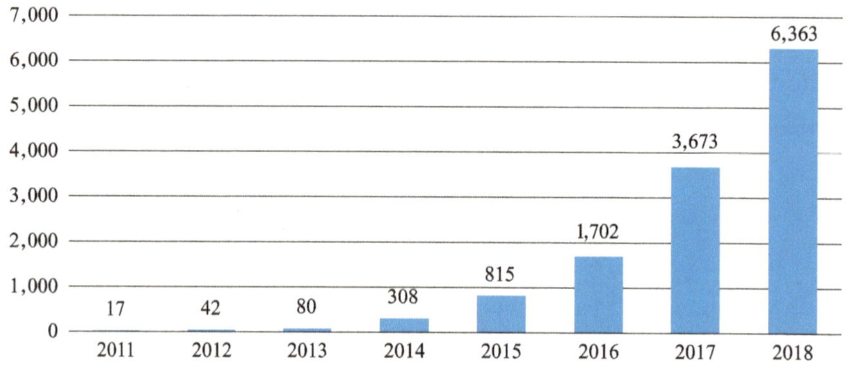

Source: Belt and Road Portal (2019)①

Train routes connect 108 cities in 16 countries across Eurasia. The main destinations are Germany, Russian Federation, Kazakhstan, Tajikistan, Poland and Belarus, with increased train activity driven primarily by China's increasing bilateral trade ties.② Initially, the goods that travelled on these routes were only electronics, such as laptops and cell phones. Over time, a far greater variety of goods, ranging from items of clothing, wine, and vehicles have been transported along these routes.

In addition to the growing financial ties between China and countries along the Belt and Road, Chinese cities and regions have established partnerships with 1,023 sister cities in 61 countries between 2013 and 2018. This represents more than 40% of the total number of sister-city relationships set up by Chinese cities. The number of people visiting China during this period increased by 2.3 times, and the number of people travelling abroad from China grew 2.6 times, reaching 60 million in 2018. China has concluded visa-free or landing visa agreements with 29 partner countries along the Belt and Road.

---

① Belt and Road Portal (2019, September 9). The picture of the six years of Belt and Road Initiative (link in Chinese, see references).

② The figures cited may include some intra-CIS (Commonwealth of Independent States) trade on trains originally departing from/destined for China.

Figure 1.4 Main destination countries along the Belt and Road (by train trips)

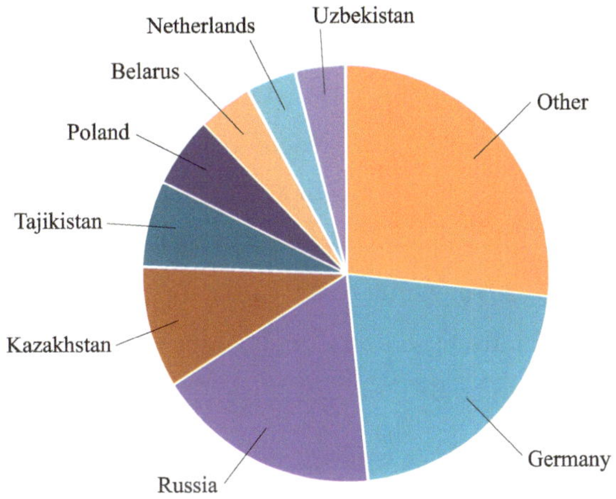

Source: Belt and Road Portal (2018)[①]

Figure 1.5 Tourism and cultural achievements

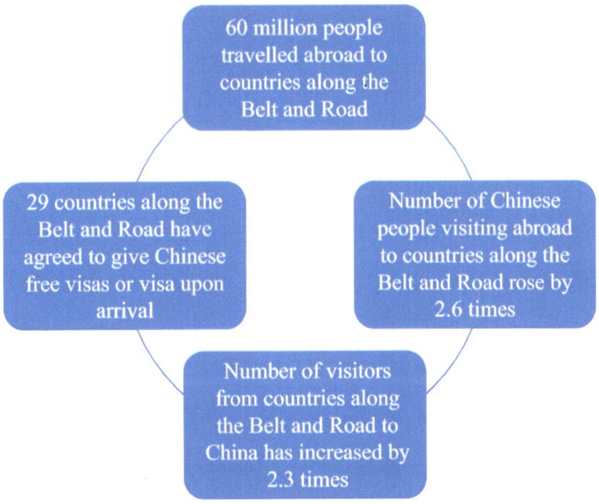

Source: Belt and Road Portal (2018)[②]

The majority of investments along the Belt and Road have so far been in hard infrastructure, but areas of e-infrastructure and digital connectivity are becoming increasingly important. Ambitious goals for trade, investment, inclusiveness, and cooperation are being set and achieved. But challenges remain in the investment environment, such as inconsistent

① Belt and Road Portal (2018, October 6). Five years of Belt and Road Initiative: interconnectedness and interoperability paint a bright picture (link in Chinese, see references).

② Ibid.

legal, political, environmental, and social conditions found across the BRI region. Through policy and regulatory innovation and harmonization of financing and investment standards, new avenues can be opened for eliminating barriers impeding the coordination of BRI-related investment and aligning it with SDGs.

The growth rates of global trade volumes and foreign direct investment along the Belt and Road have fluctuated significantly in recent years. According to UNCTAD,① global foreign direct investment flows in 2017 were equivalent to USD 1.3 trillion, with China being the world's second largest foreign investor. Although China's outbound foreign direct investment declined in both 2018 and the year before, its level at USD 130 billion (10% of global FDI) is still high and reflects an overall rising trend compared to the USD 101 billion level reached in 2013, the year the BRI was launched.

Figure 1.6 China's foreign trade along the Belt and Road, 2013-2018

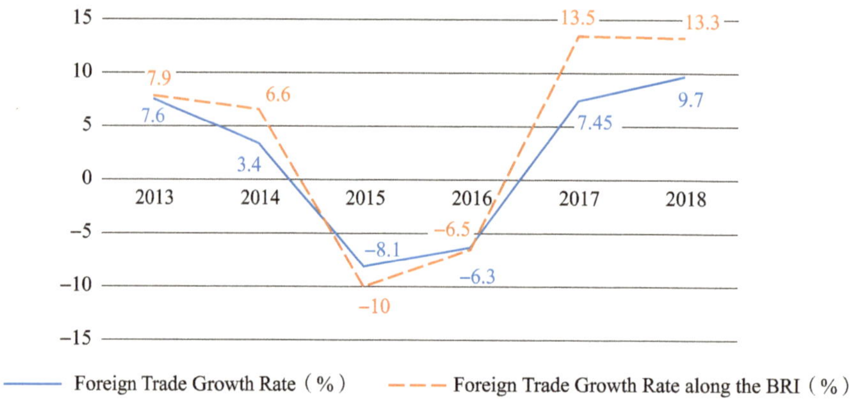

Source: Belt and Road Portal, MOFCOM②

Data from the Chinese Ministry of Commerce (MOFCOM) indicates that the total value of newly signed construction contracts under the BRI reached USD 144 billion in 2018, which provides a solid base for further growth. Realized revenue from the projects along the Belt and Road has continued to grow since 2014 at a steady pace, although recent declines (caused by multiple factors) in non-financial investment require attention. A lack of harmonized investment and financing standards, which raises transaction costs, seems to be part of the problem.

① United Nations Conference on Trade and Development (2019). World Investment Report 2019.

② Belt and Road Portal (2018, October 6). Five years of Belt and Road Initiative: interconnectedness and interoperability paint a bright picture (link in Chinese, see references); Ministry of Commerce of the People's Republic of China (MOFCOM) (2019). Report on the status of China's foreign trade, spring 2019 (link in Chinese, see references).

Figure 1.7 China's non-financial ODI along the Belt and Road, 2015-2018, in billion USD

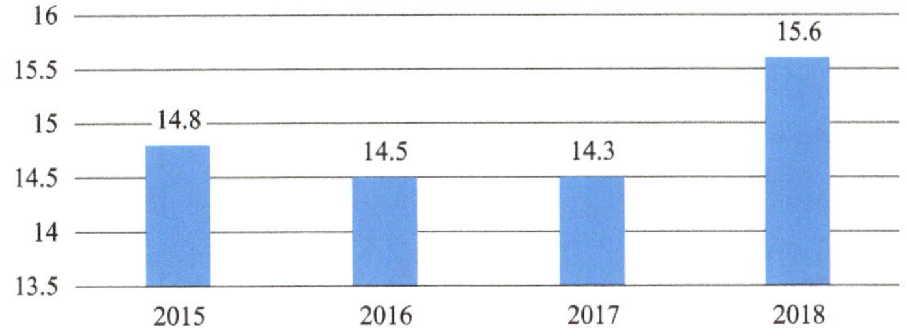

Source: MOFCOM①

Figure 1.8 Construction contracts signed by China along the Belt and Road, 2015-2018

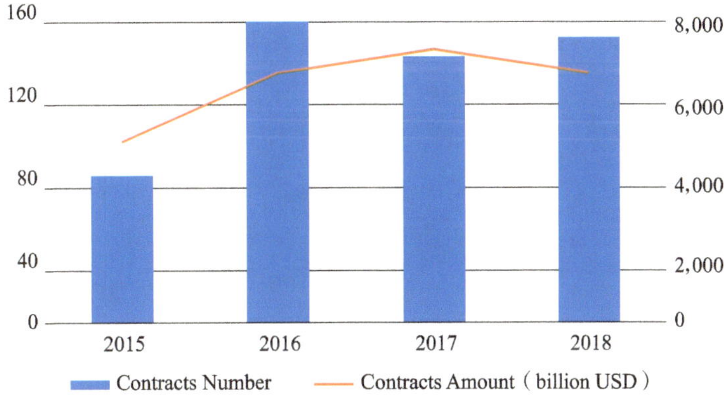

Source: MOFCOM②

① Ministry of Commerce of the People's Republic of China (2016, January 15). The head of the cooperation department of the Ministry of Commerce talks about China's foreign investment cooperation in 2015 (link in Chinese, see references); Ministry of Commerce of the People's Republic of China (2017, January 19). Investment and cooperation in the countries along the Belt and Road in 2016 (link in Chinese, see references); Ministry of Commerce of the People's Republic of China (2018, January 16). China's investment and cooperation with countries along the Belt and Road in 2017 (link in Chinese, see references); Ministry of Commerce of the People's Republic of China, Department of Outward Investment and Economic Cooperation (2019, January 22). From January to December 2018, China's investment cooperation with countries along the Belt and Road Initiative (link in Chinese, see references).

② Ministry of Commerce of the People's Republic of China, Department of Outward Investment and Economic Cooperation (2016, January 15). The head of the cooperation department of the Ministry of Commerce talks about China's foreign investment cooperation in 2015 (link in Chinese, see references); Ministry of Commerce of the People's Republic of China (2017, January 19). Investment and cooperation in the countries along the Belt and Road in 2016 (link in Chinese, see references); Ministry of Commerce of the People's Republic of China (2018, January 16). China's investment and cooperation with countries along the Belt and Road in 2017 (link in Chinese, see references); Ministry of Commerce of the People's Republic of China, Department of Outward Investment and Economic Cooperation (2019, January 22). From January to December 2018, China's investment cooperation with countries along the Belt and Road Initiative (link in Chinese, see references).

The sectoral distribution of investment in 2017 indicates that infrastructure and energy are the largest sectors by project number, accounting for 39% of all Chinese investments along the Belt and Road in 2017, followed by manufacturing, retail, and information services (Figure 1.9). This represents a decline in the level of concentration of BRI projects in these sectors compared to the 2013-2016 period, during which 70% of all BRI projects were in infrastructure and energy.① This reflects the important role of infrastructure and energy supply in developing manufacturing and trade, also highlighting the significance of infrastructure sustainability and financing for the BRI. Importantly, the benefits brought by infrastructure construction projects generally exceed the profit they generate directly, due to the enabling effect of improved infrastructure on overall economic efficiency, productivity and competitiveness along the Belt and Road and beyond.

Figure 1.9 Chinese investment along the Belt and Road by sector, 2017

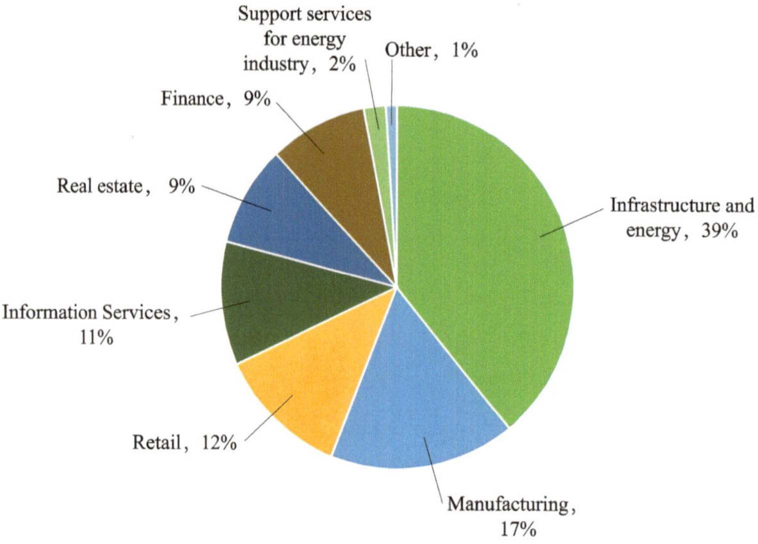

Source: Zhou, Y., et al. (2018)②

Southeast Asia is a highly popular region for Chinese outbound investment. Over the past few years, of the 11 countries of Southeast Asia along the Belt and Road, 7 have been listed as top investment destinations in China's official statements, with Singapore and Indonesia being consistently ranked among the top-tier investment destinations. In 2018, data released by MOFCOM showed Viet Nam and Malaysia as the leading destinations of BRI investment, thereby confirming the importance of the region in the development of the BRI.

① Zhou, Y., et al. (2018, March). The Belt and Road Initiative: an inclusive and symbiotic approach to shared global prosperity. The Boston Consulting Group and China Development and Research Foundation, 4.

② Ibid.

Figure 1.10 Top 5 developing country destinations of Chinese outward FDI, 2018 (in countries with which China has a signed MoU on the BRI, in billion USD)

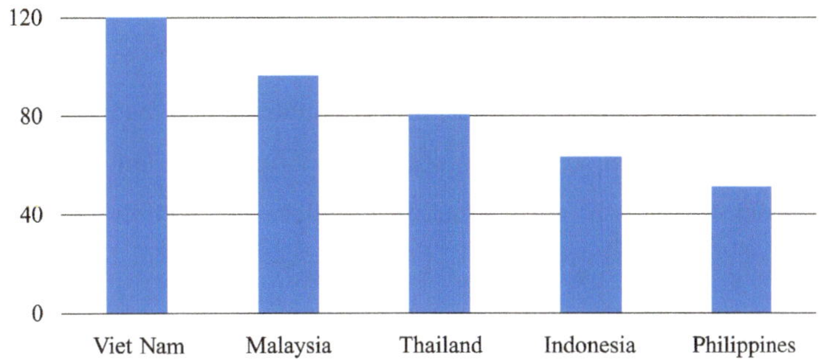

Source: Belt and Road Portal (2018)①

Financial partnerships between China and a number of countries along the Belt and Road have been increasing, most notably with Pakistan, Malaysia, and Russian Federation. The modernization and diversification of China's financial system have lent themselves to enhanced financial integration with a growing number of BRI partner countries.

Figure 1.11 Selected countries with advanced financial partnerships with China②

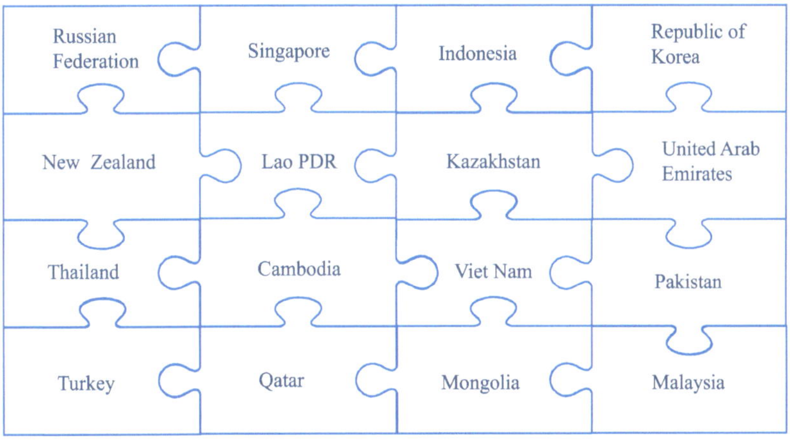

Source: Belt and Road Portal (2018)③

---

① Belt and Road Portal (2018, October 6). Five years of Belt and Road Initiative: interconnectedness and interoperability paint a bright picture (link in Chinese, see references).

② Selected countries (out of 60) where the Cross-border Interbank Payment System (CIPS) was introduced for businesses to trade in RMB, and where UnionPay is widely accepted.

③ Belt and Road Portal (2018, October 6). Five years of Belt and Road Initiative: interconnectedness and interoperability paint a bright picture (link in Chinese, see references).

1.3 Investment and financing environment along the Belt and Road

The steadily growing number of BRI partner countries has made any comprehensive analysis of the trends and impact of investment and financing activities along the Belt and Road more complex. Due to data availability issues, this section carefully selected, in consultation with the Chinese authorities, a large number of BRI partner countries that are representative of their respective regions, and presents data on them from various sources. While the analysis does not cover the full list of countries currently participating in the BRI, it does capture the highly diverse range of legal, economic, and investment conditions which can be found in countries along the Belt and Road.

Business environment along the Belt and Road

The strikingly diverse conditions of the broad range of BRI partner countries, as reflected in Tables 1.1 through 1.5 below, has important implications for the entire range of BRI-related lending and investments, as well as for the standards harmonization effort set out in this report. Some BRI partner countries are advanced upper-income countries with investment conditions and environmental and social standards that are among the most advanced in the world. Some are low-income or lower middle-income countries the investment environment of which still faces numerous challenges, and the environmental and social standards of which are still rudimentary, often evolving, or not consistently applied. The legal systems under which BRI projects are implemented also vary considerably. Macroeconomic conditions in many countries are stable and conducive to rapid implementation of new infrastructure investments. Yet there are also several BRI partner countries that are moderately or heavily indebted and need to exercise caution in undertaking new borrowing.

This diversity of conditions poses challenges to the BRI agenda, but is inevitable in an initiative that seeks to strengthen global connectivity and support global sustainable development. Through agreement on a core set of underlying environmental and social sustainability principles framed in consistency with the SDGs, including the incorporation of Paris Agreement goals, Nationally Determined Contributions (NDCs), and exploration of mechanisms for embodying them in the BRI agenda, the BRI can unleash its potential and contribute to global development.

Table 1.1 Key economic and social indicators of countries along the Belt and Road (2018 or most recent year available)

Country	GDP per capita①	FDI net inflow②	Inflation, consumer prices③	External debt stock④	Logistics performance index⑤	Ease of doing business index⑥
Southeast Asia						
Brunei	31,628	0.5	0.2	–	2.7	55
Cambodia	1,512	3.1	2.4	66.9	2.6	138
Indonesia	3,893	20.0	3.2	36.6	3.2	73
Lao PDR	2,568	1.3	2.0	90.2	2.7	154
Malaysia	11,239	8.6	0.9	69.4	3.2	15
Myanmar	1,326	1.3	6.9	21.5	2.3	171
Philippines	3,103	9.8	5.2	19.9	2.9	124
Singapore	64,582	82.0	0.4	416.5	4.0	2
Thailand	7,274	13.2	1.1	35.1	3.4	27
Timor-Leste	2,036	0.5	2.3	6.7	–	178
Viet Nam	2,564	15.5	3.5	46.7	3.3	69
South Asia						
Bangladesh	1,698	2.9	5.5	18.2	2.6	176
Bhutan	8,259	0	2.7	109.2	2.2	81
Maldives	10,224	0.6	–0.1	48.0	2.7	139
Nepal	1,026	0.2	4.1	18.9	2.5	110
Pakistan	1,473	3.0	5.1	27.6	2.4	136

① Current USD.

② Billion current USD.

③ Annual change in %.

④ As % of GNI, World Bank Data. External debt stock for Malaysia, Iran (Islamic Republic of), Iraq, Israel, Kuwait, Oman, Qatar, Saudi Arabia, United Arab Emirates, South Africa, Croatia, Czech Republic, Estonia, Hungary, Latvia, Lithuania, Poland, Slovenia, Slovakia, New Zealand and Panama is calculated as % of GDP, Executive Board of the IMF, List of recent Article IV consultations. External debt (% of GDP) for Singapore retrieved from CEIC Data.

⑤ Overall score 1=low; 5=high.

⑥ Rank; 1=most business friendly.

Table 1.1 (Continued)

Country	GDP per capita①	FDI net inflow②	Inflation, consumer prices③	External debt stock④	Logistics performance index⑤	Ease of doing business index⑥
Sri Lanka	4,102	1.6	2.1	60.8	2.6	100
East Asia						
Mongolia	4,104	2.2	6.8	253.9	2.4	74
Central Asia						
Afghanistan	521	0.1	0.6	13.4	2.0	167
Kazakhstan	9,331	0.2	6.0	105.7	2.8	28
Kyrgyzstan	1,281	0.5	1.5	103.0	2.6	70
Tajikistan	827	0.2	3.8	67.7	2.3	126
Turkmenistan	6,967	1.9	13.6	1.7	2.4	–
Uzbekistan	1,532	0.6	17.9	33.9	2.6	76
West Asia						
Armenia	4,212	0.3	2.5	87.5	2.6	41
Azerbaijan	4,721	1.4	1.9	36.4	–	25
Bahrain	24,051	2.6	2.1	–	2.9	62
Georgia	4,345	1.2	2.6	110.6	2.4	6
Iran (Islamic Republic of)	–	3.5	31.2	2.0	2.9	128
Iraq	5,878	-4.9	0.4	35.6	2.2	171
Israel	41,614	21.8	0.8	25.4	3.3	49
Jordan	4,248	–	4.5	76.1	2.7	104
Lebanon	8,570	–	6.1	145.1	2.7	142
Kuwait	32,244	0	0.7	–	2.9	97
Oman	16,419	2.9	0.9	–15.2	3.2	78
Qatar	69,026	–	–	99.6	3.5	83
Saudi Arabia	23,219	2.8	2.5	34.8	3.0	92

Table 1.1 (Continued)

Country	GDP per capita[①]	FDI net inflow[②]	Inflation, consumer prices[③]	External debt stock[④]	Logistics performance index[⑤]	Ease of doing business index[⑥]
Syrian Arab Republic	–	–	–	–	2.3	179
Turkey	9,311	13.0	16.3	59.0	3.2	43
United Arab Emirates	43,005	10.4	3.1	73.5	4.0	11
Yemen	944	-0.3	41.8	26.1	2.3	187
Africa						
Egypt	2,413	7.4	29.5	35.9	2.8	120
South Africa	6,160	2.3	6.3	52.0	3.6	82
Morocco	3,237	3.6	1.9	42.2	2.5	60
Madagascar	461	0.6	7.3	31.8	2.4	161
Ethiopia	772	3.3	13.8	33.4	2.4	159
Europe						
Albania	5,234	1.2	2.0	67.2	2.7	63
Bosnia and Herzegovina	5,254	0.5	1.4	80.4	2.8	89
Croatia	14,869	1.3	1.5	81.8	3.1	58
Belarus	5,762	1.5	4.9	67.7	2.6	37
Bulgaria	9,272	2.6	2.8	60.3	3.0	59
Czech Republic	22,973	8.5	2.1	83.0	3.7	35
Estonia	22,927	1.0	3.4	83.5	3.3	16
Hungary	15,839	-72.8	2.9	84.6	3.4	53
Latvia	18,089	0.4	2.5	121.0	2.8	19
Lithuania	19,090	0.9	2.7	78.5	3.0	14
North Macedonia	6,084	0.7	1.5	72.0	2.7	10

Table 1.1 (Continued)

Country	GDP per capita①	FDI net inflow②	Inflation, consumer prices③	External debt stock④	Logistics performance index⑤	Ease of doing business index⑥
Republic of Moldova	3,189	0.2	3.0	61.3	2.5	47
Montenegro	8,761	0.5	2.6	142.4	2.8	50
Poland	15,424	11.3	1.8	72.1	3.5	33
Romania	12,301	6.9	4.6	48.0	3.1	52
Russian Federation	11,289	8.8	2.9	28.1	2.8	31
Serbia	7,234	4.1	2.0	71.7	2.8	48
Slovenia	26,234	1.5	1.7	100.3	3.3	40
Slovakia	19,547	2.6	2.5	111.0	3.0	42
Ukraine	3,095	2.5	11.0	89.6	2.8	71
Oceania						
New Zealand	41,996	1.6	1.6	101.6	3.9	1
America						
Panama	15,575	6.6	0.8	143.7	3.3	79

Sources: World Bank, Executive Board of the IMF, CEIC Data

Most upper-middle income BRI partner countries are located in Western Asia and Central and Eastern Europe. They also rank toward the top on Foreign Direct Investment (FDI) inflows, macroeconomic stability as measured by Consumer Price Index (CPI) inflation, and on logistics performance. Similarly, there is considerable variation in terms of business environment, as demonstrated by the Doing Business Index. Almost all of the countries that rank low in the index have less developed hard infrastructure and less supportive or effective regulatory regimes. In addition, countries in Africa and the Middle East also tend to be troubled by political instability and security risks, factors that particularly concern international investors along the Belt and Road.

Table 1.2 The income level of selected countries along the Belt and Road, 2019-2020

Income level	Countries
Low Income	Nepal, Afghanistan, Yemen, Tajikistan, Syrian Arab Republic
Lower-middle Income	Bhutan, Timor-Leste, Ukraine, Uzbekistan, India, Indonesia, Kyrgyzstan, Bangladesh, Pakistan, Republic of Moldova, Cambodia, Myanmar, Lao PDR, Philippines, Mongolia, Viet Nam, Egypt
Upper-middle Income	Armenia, Iraq, Iran (Islamic Republic of), Russian Federation, Bulgaria, Kazakhstan, Turkmenistan, Turkey, Serbia, Sri Lanka, Bosnia and Herzegovina, Thailand, Belarus, Azerbaijan, Albania, Malaysia, Maldives, Lebanon, Montenegro, Georgia, Jordan, Oman, Romania
High Income	Israel, Hungary, Qatar, Bahrain, Greece, Latvia, Czech Republic, Brunei, Slovenia, Slovakia, Singapore, Saudi Arabia, Poland, Estonia, Kuwait, Lithuania, United Arab Emirates, Croatia

Source: World Bank

Infrastructure-related factors have clear impacts on the development of a country's tourism, industry, and overall attractiveness to foreign investment. Tables 1.3, 1.4 and 1.5 together indicate that stability in the national security, legal and political environment correlates positively with low infrastructure risk rating. Rather, it is likely that there is causation from per capita income levels towards these.

Table 1.3 Infrastructure risk rating of countries along the Belt and Road①

Rating	Countries
1	Israel, Qatar, Singapore, United Arab Emirates
2	Bahrain, Brunei, Bulgaria, Croatia, Czech Republic, Estonia, Hungary, Kazakhstan, Latvia, Lithuania, Malaysia, Oman, Poland, Russian Federation, Saudi Arabia, Slovakia, Slovenia, Turkey
3	Albania, Azerbaijan, Belarus, Georgia, Greece, Indonesia, Iran (Islamic Republic of), Jordan, Kuwait, Lebanon, Montenegro, Philippines, Serbia, Sri Lanka, Thailand, Ukraine, Viet Nam
4	Bangladesh, Jordan, Bosnia and Herzegovina, Cambodia, Kyrgyzstan, Republic of Moldova, Mongolia, Myanmar, Nepal, Pakistan, Syrian Arab Republic, Turkmenistan, Uzbekistan
5	Afghanistan, Timor-Leste, Egypt, Iraq, Lao PDR, Tajikistan, Yemen

Source: Ji and Liang (2018)②

① 1=lowest risk; 5=highest risk.

② Ji, J. and Liang, H. (2018). Annual report on investment security of China's "Belt and Road" construction. Blue Book of Investment Security of the "Belt and Road" Construction No. 2. Beijing: Social Sciences Academic Press (China).

According to the "Annual report on investment security of China's Belt and Road construction", high levels of global political risk and the slowing pace of global economic recovery have resulted in a slight decrease in the BRI's 2019 national infrastructure development index. At the same time, governments from various countries have introduced measures to promote infrastructure development by attracting relevant investments to stimulate economic growth, smoothen business cycle fluctuations, optimize industrial structures among other development goals, thus supporting a wide variety of investment opportunities.

Table 1.4 National security indicator scores of countries along the Belt and Road

Score	Countries
<10	Brunei
10–20	Slovenia, Bhutan, Oman, Singapore, Croatia, Slovakia, United Arab Emirates
20–30	Czech Republic, Hungary, Kuwait, Lithuania, Romania, Mongolia, Bulgaria, Qatar
30–40	Kazakhstan, Lao PDR, Poland, Serbia, Sri Lanka, Viet Nam, Azerbaijan, Estonia, Israel, Latvia, Malaysia, Saudi Arabia, Bahrain, Belarus, Greece, Iran (Islamic Republic of), Jordan, Uzbekistan, Armenia
40–50	Albania, Bangladesh, Timor-Leste, Georgia, India, Republic of Moldova, Turkmenistan, Bosnia and Herzegovina, Montenegro, Indonesia, Nepal, Myanmar, Tajikistan, Thailand
50–90	Cambodia, Turkey, Russian Federation, Ukraine, Lebanon, Pakistan, Philippines, Afghanistan
>90	Syrian Arab Republic, Yemen, Iraq

Source: Ji and Liang (2018)①

Corruption and political instability affect many countries along the Belt and Road and pose challenges to foreign business entities operating there, or trying to enter their markets. These two factors create significant uncertainties in a company's operations and expansion, thus impeding investors from planning and engaging in long-term business activities that can bring sustainable economic and social benefits. For instance, procurement is one of the areas in which both factors, particularly corruption, pose significant challenges to a country's attractiveness to foreign investment. Logistics performance is another pivotal component, as it strongly determines a country's role and competitiveness in international trade. There remains enormous room for improvement in the logistics of the Belt and Road region.

① Ji, J. and Liang, H. (2018). Annual report on investment security of China's "the Belt and Road" construction. Blue Book of Investment Security of "the Belt and Road" Construction No. 2. Beijing: Social Sciences Academic Press (China).

This presents challenges for investors to participate in and take advantage of the global production network. It however also creates opportunities for investments in transportation infrastructure to help improve trade competitiveness and generate sustainable and inclusive growth.

Table 1.5 Additional economic and social indicators of countries along the Belt and Road (2018 or most recent year available)①

Country	Legal system	Employment to population ratio②	Logistics performance index③	Political stability risk④
Southeast Asia				
Brunei	Mixed Law	–	2.7	45
Cambodia	Civil Law	80.3	2.6	65
Indonesia	Civil Law	64.2	3.2	40
Lao PDR	Civil Law	77.7	2.7	50
Malaysia	Mixed Law	62.4	3.2	30
Myanmar	Common Law	61.1	2.3	60
Philippines	Mixed Law	58.3	2.9	40
Singapore	Common Law	65.7	4.0	20
Thailand	Civil Law	67.1	3.4	45
Timor-Leste	Civil Law	37.8	–	50
Viet Nam	Civil Law	76.0	3.3	50
South Asia				
Bangladesh	Mixed Law	56.2	2.6	50
Bhutan	Civil Law	65.5	2.2	20
Maldives	Religious Law	61.4	–	–

① For control of corruption data, see World Bank Worldwide Governance Indicators (2017). Retrieved from https://tcdata360.worldbank.org/indicators/hc153e067?country=BRA&indicator=364&viz=choropleth&years=2017.

② Among those aged 15 years or over, in %.

③ Overall score 1=low; 5=high.

④ 100 corresponding to most risky.

Table 1.5 (Continued)

Country	Legal system	Employment to population ratio②	Logistics performance index③	Political stability risk④
Nepal	Common Law	81.9	2.5	35
Pakistan	Common Law	51.7	2.4	60
Sri Lanka	Mixed Law	50.2	2.6	55
East Asia				
Mongolia	Civil Law	56.1	2.4	35
Central Asia				
Afghanistan	Mixed Law	64.9	2.0	85
Kazakhstan	Civil Law	67.3	2.8	65
Kyrgyzstan	Civil Law	57.2	2.6	45
Tajikistan	Civil Law	38.9	2.3	75
Turkmenistan	Civil Law	62.7	2.4	60
Uzbekistan	Civil Law	62.1	2.6	60
West Asia				
Armenia	Civil Law	48.4	2.6	55
Azerbaijan	Civil Law	62.9	–	70
Bahrain	Mixed Law	72.1	2.9	70
Georgia	Civil Law	58.0	2.4	50
Iran (Islamic Republic of)	Religious Law	38.8	2.9	85
Iraq	Mixed Law	39.2	2.2	75
Israel	Mixed Law	61.5	3.3	40
Jordan	Mixed Law	33.4	2.7	65
Lebanon	Mixed Law	44.3	2.7	80
Kuwait	Mixed Law	72.4	2.9	60
Oman	Mixed Law	69.4	3.2	60

Table 1.5 (Continued)

Country	Legal system	Employment to population ratio②	Logistics performance index③	Political stability risk④
Qatar	Mixed Law	86.7	3.5	55
Saudi Arabia	Religious Law	53.2	3.0	55
Syrian Arab Republic	Civil Law	37.8	2.3	80
Turkey	Civil Law	46.8	3.2	75
United Arab Emirates	Mixed Law	80.9	4.0	50
Yemen	Mixed Law	33.5	2.3	90
Africa				
Egypt	Mixed Law	42.6	2.8	55
South Africa	Mixed Law	40.6	3.4	35
Morocco	Mixed Law	41.3	2.5	60
Madagascar	Civil Law	85.0	2.4	40
Ethiopia	Civil Law	78.9	2.4	70
Europe				
Albania	Civil Law	48.3	2.7	50
Bosnia and Herzegovina	Civil Law	37.1	2.8	65
Croatia	Civil Law	47.1	3.1	35
Belarus	Civil Law	60.0	2.6	60
Bulgaria	Civil Law	52.4	3	35
Czech Republic	Civil Law	58.8	3.7	30
Estonia	Civil Law	59.9	3.3	35
Hungary	Civil Law	54.1	3.4	25
Latvia	Civil Law	56.2	2.8	35
Lithuania	Civil Law	57.3	3.0	30
North Macedonia	Civil Law	43.2	2.7	55

Table 1.5 (Continued)

Country	Legal system	Employment to population ratio②	Logistics performance index③	Political stability risk④
Republic of Moldova	Civil Law	40.6	2.5	65
Montenegro	Civil Law	42.8	2.8	45
Poland	Civil Law	54.8	3.5	40
Romania	Civil Law	52.1	3.1	25
Russian Federation	Civil Law	59.1	2.8	55
Serbia	Civil Law	46.9	2,8	45
Slovenia	Civil Law	54.8	3.3	20
Slovakia	Civil Law	55.7	3.0	35
Ukraine	Civil Law	48.9	2.8	75
Oceania				
New Zealand	Common Law	66.8	3.9	15
America				
Panama	Civil Law	63.8	3.3	45

Source: MOFCOM Global Laws and Regulations Database, World Bank, The Economist Intelligence Unit

1.4 Opportunities and challenges for investment and financing along the Belt and Road

The many opportunities of the BRI have been envisaged and widely discussed by both the public and private sectors since the launch of the Initiative, which aims to promote the economic and social development of countries along its routes and help improve their self-sustainability and governance. With trillions of dollars committed to development projects along the Belt and Road by China in the coming decade, and with the private sector actively seeking markets and business opportunities in countries participating in the Initiative, there is a great promise of increases in trade, upgrades in logistics and transportation infrastructure, and closer economic and social ties between BRI partner countries. Private firms are likely to enjoy a larger and more integrated market, improved production networks, better professional services, and possibly easier access to financing. Overall, it is up to China and other governments to come up with coordinated and harmonized policies and rules, in close consultation with all other local, national, and international stakeholders, for the multi-dimensional opportunities of the BRI to materialize.

Remarkable achievements made and valuable experiences gained in 2013 under the BRI have laid a solid foundation for the Initiative's further transformation into a driving force for sustainable development. The First Belt and Road Forum for International Cooperation covered communication and connectivity in policy, facilities, trade, finance and people, surveying hundreds of specific achievements, all of which materialized as originally envisaged. The BRI has gradually established a new regional and international economic cooperation mechanism driven by major infrastructure and energy projects.

While the BRI presents considerable opportunities and has enormous potential for sustainable development, there is a need to take into account the potential risks stemming from financing and investment along the Belt and Road, including whether these activities promote welfare, inclusive growth, and economic, environmental and social sustainability, while at the same time developing mitigation and management strategies through which to minimize them. Along with the successful achievements outlined earlier, some BRI projects including large infrastructure projects are inevitably facing difficulties. These are due to a variety of reasons, including but not limited to: public opposition to projects, objections over labour policies, performance delays, and concerns over national security.①

Chinese construction and engineering corporations have proved that the experience they gained in China equipped them with the technical knowledge and implementation capacity necessary to complete large-scale infrastructure projects. However, the wide scope of the BRI and its large number of projects make it almost unavoidable for it to be fraught with difficulties which may lead to cancellations, renegotiations, or cost-overruns in projects. The introduction of preventive measures can go a long way in averting failures that could negatively impact the development of the BRI.

Similarly, there is also a need for measures to meet the sustainable development needs of BRI partner countries, both during the investment period (via enhanced domestic employment, greater use of domestic suppliers, as well as broader and more effective skills transfer), and after (by establishing deep domestic backward and forward production linkages,

① Financial Times (2018, July 29). China's Belt and Road Initiative is falling short. The FT View.

achieving beneficial socioeconomic and environmental impacts, and through participation in Chinese and foreign supply and value chains).

Potential risks arise in at least six areas that cover the main aspects of the lending and investment process:

Ⅰ. **Economic risks.** Lenders look for repayment of their loans with interest, while investors look for clear property rights over their assets and returns, and the ability to reinvest or repatriate those returns. A predictable legal, regulatory and tax system, a reliable central bank, a stable price level, lower labour costs, competent budget management, and other favourable factors in the economic background contribute to creating an attractive investment environment. BRI partner countries, being at varied levels of development, often face challenges in one or more of these contexts. According to a study from Moody's, 50% of the countries along the Belt and Road fall into the category that is subject to substantial (or greater) credit risk.[①] On a separate note, insufficient transparency about the terms of financing and insufficient use of local contractors, skills and labour in projects have caused some tension in BRI projects.

Ⅱ. **Legal and political risks.** The complexity of each political and legal environment is hard to measure but its consequences can be significant. Changes in national government can result in changes in the approach to foreign loans or direct investment. Geopolitical factors influence the level of trust among countries along the Belt and Road. The quality of governance and the local investment climate vary widely. For example, it takes more than 50 days to comply with all the procedures for importing goods in Asia, compared with less than 10 days in G7 countries.[②] The legal environment can also be complex. Countries along the Belt and Road have different legal systems such as civil law, common law and religious law (Table 1.5), and the ability to uphold contracts and property rights also differs from country to country. Such differences can cause difficulties in implementing projects across countries. According to a survey of 300 Chinese companies by the Center for China and Globalization[③] published in November 2016, 71% of Chinese companies cited "policy changes", "political unrest" and "government expropriation" as their top concerns.[④] These findings were

---

① He, L. (2017, Sept. 19). Moody's highlights fears over Belt and Road's credit risks. South China Morning Post.

② Ruta, M. (2018, May 4). Three opportunities and three risks of the BRI. World Bank, Trade Post Blog.

③ The Center for China and Globalization is an independent think tank based in Beijing.

④ Shi, T. (2017, May 23). Chinese firms wary of political risks on Xi's Belt and Road. Bloomberg News.

consistent with an earlier 2016 Deloitte survey of Chinese state companies in which these identified "risk control" as one of their top three challenges in investing overseas. In 2018, SINOSURE published a country risk report, which takes into account the 65 countries along the Belt and Road. It covered political, economic, business environment, and legal aspects, and ranked Syrian Arab Republic and Afghanistan as the highest risk countries for Chinese investment. A summary of countries' risk levels is presented in Annex 6.

Ⅲ. **Cultural risks.** The BRI is a cross-continental initiative covering a large number of countries with very different cultures, religious beliefs, and historical backgrounds. Cultural differences can pose obstacles to management systems spanning countries and to investors adapting to local market conditions, local business practices, or accessing new opportunities. People-to-people exchanges help bridge differences of education and cultural background—and can help identify potential synergies.

Ⅳ. **Conflict risks.** Host countries faced with social or economic instability are much less attractive to investors and lenders along the Belt and Road. Conflict sensitivity in project design is critical in these countries for facilitating investments with a longer time horizon, the typical type of investment in BRI projects, thus bringing substantial sustainable development gains to BRI partner countries. It is also an important element in ensuring local support for BRI projects.

Ⅴ. **Debt sustainability risks.** Debt sustainability issues in BRI participating countries have become a concern of themselves, China, and the international community. There is a need for systematic understanding, analysis, alleviation, and management of debt sustainability risks by taking into account of the historical and systemic causes of these risks from a national and global development point of view. This will require seeking a balance between the financing need for development and debt sustainability, a comprehensive evaluation of the repayment responsibility, debt structure, and expected financial return for BRI participating countries' from contracting or guaranteeing sovereign debt.

The political environment, economic climate, debt situation and resource endowment of BRI partner countries, however, have to a large extent been formed over decades before 2013. Many countries had low sovereign credit ratings and low investment levels before the Initiative was launched. While some risks may have become more prominent as BRI-related activities intensified, there are many factors behind the evolution of these risks. It is thus important to evaluate the debt situation of BRI partner countries since 2013 in a balanced way. Using debt data available from the World Bank and the IMF, [①] the research team of

① World Bank. (2018 November). International Debt Statistics 2019.

the report found that the external debt stock and debt-to-GDP ratio of most countries along the Belt and Road has not changed substantially after 2013. Neither has the ability of these countries to undertake new loans or repay loans. While the BRI's scope and influence is increasing, China remains an emerging investor in most countries of the world. Developed countries such as Japan, South Korea, and those in America and Europe with more active investment in many countries along the Belt and Road remain the leading source of the stock of investment in most BRI countries. However, for some, China has gained prominence—without, in most cases, becoming a source of debt difficulties, and providing much-needed financing for infrastructure investment. Ethiopia, one of the most active BRI partner countries in Africa, has received about USD 12.1 billion in loans from China over the past 2 decades. The rest of the country's total debt of USD 29 billion, however, come mostly from the Middle East, the World Bank, and other creditors.[①] In a handful of cases, adding further debt—from any source—involves significant risks given the already high level of debt already reached, calling for enhanced management of debt sustainability risks.

Management of BRI-related debt risks will benefit from better coordination among BRI partner countries, developed countries and international institutions to improve their debt management ability, and from effective monitoring of potential or rising debt risks. The suggested harmonized BRI-wide standards could help enable this by reporting the terms and conditions of loans without breaking national laws and commercial confidentiality, and by facilitating debt sustainability analyses (also covering contingent budgetary liabilities stemming from government guarantees) before the signing of loan agreements.

Ⅵ. **Environmental and Social risks.** Large infrastructure projects are prone to creating negative effects on the environment. Importantly, a Project Syndicate[②] article contains a scenario demonstrating that Belt and Road investments, if they were to proceed on a *business as usual* path without adjustment, would render the Paris Agreement goals unattainable regardless of what individual countries pledged to do through their Nationally Determined Contributions (NDCs). BRI projects face particular challenges in the energy and in the transport sectors, which constitute the bulk of BRI investments. A considerable part of Chinese energy investment is in coal and hydropower. In order to reduce emissions to a minimum in the context of a financially viable project, coal plants require the latest available technologies (ultra-supercritical technology and/or carbon capture and storage)

① Eom, J., Brautigam, D. and Benabdallah, L. (2018, August). The Path Ahead: The 7th Forum on China-Africa Cooperation. Working Paper No. 2018/1. China Africa Research Initiative, School of Advanced International Studies, Johns Hopkins University, Washington, DC.

② Ma J. and Zadek, S. (2019, March 28). A Low-carbon Belt & Road. Project Syndicate.

that can operate at a cost that remains competitive with alternative energy sources in the period the asset is expected to operate. A recent study by the World Resources Institute (WRI) and Boston University concludes that most such projects are still tied to traditional technologies and are not closely aligned with the low-carbon priorities of BRI partner countries.[①]

The social effects of large hydropower dams on local communities is another major factor that affects the public reputation as well as the perceived socio-economic value of those investments. Relocation and compensation of local communities in the case of large dams is a recurring issue that needs to be dealt with in the early planning stages of hydropower projects.

Most large-scale infrastructure projects, particularly in the transport sector, have negative effects on biodiversity. Recently, the World Wildlife Fund (WWF) carried out an initial spatial analysis of the overlap between the proposed BRI land corridors and important areas for biodiversity and natural resources.[②] It found significant risk areas with potential negative impacts on biodiversity conservation and on the provision of social and economic benefits to people. It recommended that careful and detailed spatial analyses be done of the regions where projects are to be completed before taking decisions on large infrastructure development.

The authors of this report found no impact studies on the environmental and social risks of large BRI projects. The *Belt and Road Ecological and Environmental Cooperation Plan* of the Chinese Ministry of Ecology and Environment (MEE) published in May 2017 goes a long way toward recognizing the issue of transparency and information sharing with regard to environmental issues.

Future risk considerations

Vigilant policymakers are critical to guard not only against risks that have materialized in the past, but also against those looming on the horizon—some of which are unprecedented. Where the avoidance or mitigation of these risks necessitate proscriptive strategy, policymakers will need to consider and employ risk management measures, also introducing new standards to avoid harm and to reinforce sustainable development along the Belt and Road. Considering the broader global significance of the BRI, the framework for BRI

① Zhou, L., et al. (2018, November) Moving the green Belt and Road Initiative: from words to actions. World Resources Institute and Boston University Global Development Policy Center Working Paper.

② World Wildlife Fund (2017, May). The Belt and Road Initiative: WWF recommendations and spatial analysis. WWF Briefing Paper.

standards presented herein has the potential to significantly change the path of development toward sustainability of the BRI region and (through first-mover and demonstration effects) beyond.

A number of risks worth insuring BRI projects against fall into this category, as they come at an uncertain but potentially very large cost. These risks include systemic, global ones, such as those ensuing from global climate change, economic and financial crises, pandemics (Zika, Ebola), or emerging antimicrobial resistance. Thus, exposure in BRI partner countries to health-related risks—e.g., a rapid spread of existing or new diseases—as a result of increased connectivity, is an important consideration.

However, reliance on the insurance industry will not be sufficient to manage or mitigate these risks, several of which are uninsurable (e.g., because there is no accepted actuarial probability distribution of possible outcomes—the cornerstone of business-based insurance). Moreover, several of the critical future risks—most notably global climate change—stem from global market failures.

These future risks, added to the already existing ones seen above, call for internationally coordinated standards and policies, aiming for effective surveillance and monitoring systems underpinned by a compilation of timely, policy-relevant data and information, enhanced international governance arrangements and effective new multilateral coordination mechanisms. Moreover, the insurance industry and stakeholders performing risk assessment and due diligence need additional means and tools for managing risks that can help with responding to local conditions and changes in the business environment. This need is particularly acute in the case of private investment or public-private partnerships (PPPs) in BRI projects.

Considering the large number, scale and variety of BRI projects, and the multiple dimensions and broad range of risks which could ensue from them, disputes are inevitable and likely to remain an issue over time. Further, dispute settlements are not always covered by many insurers. It would be wise to prepare for the need to respond to more cases of dispute management and settlement in BRI projects. Harmonized standards could ensure that a dispute resolution clause is included into all BRI contracts, alongside an *a priori* agreement on the place for dispute resolution, and institutional support to provide the BRI with a multilateral dispute settlement agency. China, Hong Kong SAR, Singapore, and their legal and insurance sectors, are stepping forward to offer themselves as places for the resolution of BRI disputes.

In order to have a clearer insight into the investment and financing challenges that could emerge along the Belt and Road, UNDP and CDB jointly developed a survey questionnaire that was filled by 50 Chinese companies with an average capital size of USD 227 million. The survey has found that disputes with host countries on standard-related issues, macroeconomic uncertainty and high cost of local employees are among the top risks and challenges faced by Chinese companies investing along the Belt and Road. The survey results confirm other observations on the complexity of the business and social environment in BRI partner countries, and highlights the importance for investors to conduct thorough risk analysis and prevention to guard against potential risks (for further information about this survey, see Annex 5).

1.5 The role of harmonized standards in the BRI as a way forward

Harmonized standards could be a key component of the policy package needed to successfully face the complex web of risks and challenges discussed above, and to create a coordinated approach for lending and investing along the Belt and Road. They would help avoid inconsistency in standards across BRI partner countries, and reduce compliance costs for them by devising coordinated approaches. At the same time, making BRI financing and investment activities fully compatible with each of the three pillars of sustainability—environmental, economic and social—would unleash the BRI's great potential to contribute to SDG attainment in all countries.

Chinese stakeholders, BRI partner countries, and the international community at large would greatly welcome substantial progress in this direction. As the BRI plays an increasingly important role in global investment flows, harmonized BRI-wide standards on financing and investment could represent a decisive step toward reaching a critical mass for the acceptance of harmonized standards, beyond which all other countries may find it optimal to adopt these standards, leading to globally coordinated action.

The main responsibility for implementing transformative action to achieve national development goals and the associated SDGs rests with the governments and societies of the countries along the Belt and Road. However, particularly in countries with less developed economies and weak institutions, where foreign assistance, financing and investment play a major role in development, international actors also have the responsibility to ensure that their actions positively contribute to the attainment of the SDGs. A further reason for collective action along the Belt and Road is the decisive role BRI investments can play in determining the success or failure of efforts to limit the effects of global climate change (Box 1.1) and in increasing the gains from the rules-based international system of trade and investment.

Box 1.1 BRI's Pivotal Role in Attaining the Paris Agreement Goals

The carbon footprint of BRI investments is an important factor for the Paris Agreement's goal of limiting the rise in global average temperatures to "well below 2℃" and of pursuing efforts to limit the temperature increase even further to 1.5℃.

Owing to its scale and scope, rapidly lowering the carbon intensity of BRI investments by optimizing their composition and reducing financing for new carbon-intensive infrastructure along the Belt and Road will make a critical contribution to the success of global efforts to combat climate change. China is already implementing such policies domestically to great effect. The implementation of harmonized BRI standards conforming to the SDGs—would act on effect routes to decarbonization identified in an influential recent Energy Transitions Commission Report: improving energy efficiency; reducing demand for carbon-intensive products and services; and deploying decarbonization technologies across all sectors.①

This can be done by changing the composition of economic growth—which does not mean impeding it. It would require securing enhanced technology transfers or investment support for the users of outdated technology; and reduced investments in carbon-heavy production and consumption technologies and patterns.

This responsibility of external actors, particularly of financial institutions and commercial enterprises, has been reflected for several decades in a number of international guidelines and standards for finance and investment that are presented in the following chapters. Covering a wide spectrum of areas including environment, infrastructure, trade, labour and society, procurement, dispute settlement, etc. these guidelines and standards have undergone further revisions in order to reflect the multiple dimensions of the SDGs. Adopted almost universally, these are standards that both underpin international investment and financing activities and represent the baseline commitments of the international community to making the activities sustainable.

In addition, private enterprises and financial institutions have joined a wave of "green", "social" and "Environmental and Social Governance (ESG)" standard-setting which is increasingly influencing decision making in capital markets. China has actively contributed to this debate and has developed several guidelines and standards, particularly in the

① The Energy Transitions Commission (2018, November): Mission possible: reaching net-zero carbon emission from harder-to-abate sectors by mid-century.

environmental sphere, which are relevant for Chinese enterprises and financial institutions (see Chapter 6).

Later sections of this report present how harmonized investment and financing standards can help realize national development goals and SDGs relevant to them, thereby bringing benefits to all countries along the Belt and Road and, given the scale of the Initiative, to the rest of the world. They also illustrate how harmonized standards can help foster cooperation among governments, enterprises and financial institutions, while facilitating the use of "country systems" (with all stakeholders relying on domestic standards and policies for sustainable development, rather than on case-by-case assessments of compliance to often disparate external standards and rules). The reduction in compliance costs to such harmonized standards in all BRI partner countries would be an added bonus.

Chapter 2 BRI participating institutions, major financing and investment mechanisms

Although the vast majority of BRI-related investment since 2013 has been in infrastructure, the manufacturing, retail, and information services sectors are emerging as increasingly important under the BRI umbrella. As BRI opportunities diversify, the demand for a wider variety of financing mechanisms is also growing. Harmonising standards can help lower risk and financing costs to open up opportunities for a wider variety of firms and banks to participate in the BRI, while also ensuring that investment and borrowing align with national and international sustainable development priorities. This chapter provides an overview of the types of financial institutions and investment and financing mechanisms the BRI involves, followed by a brief discussion about their characteristics compared with global practices.

2.1 Main participating institutions in BRI financing

2.1.1 Chinese financial institutions

Since the BRI's launch five years ago, projects along the Belt and Road have mainly been financed by Chinese bilateral development finance institutions. The two largest among them are China Development Bank (CDB) and the Export-Import Bank of China (EximBank). These banks have evolved into globally competitive financial institutions, which offer preferential or market-based long-term development finance for infrastructure projects all over the Global South, aiming at generating economic and social benefits for the recipients. Based on available information, a study has recently estimated that CDB and EximBank "together provide more international development finance than the World Bank, the Asian Development Bank and the Inter-American Development Bank combined".

Chinese financial institutions participating in the BRI are presented in Table 2.1 and in further detail below:

Table 2.1 Major chinese financial institutions in the BRI

Type of institution	Name	Key financial instruments	Main sectors
Policy Banks	China Development Bank	– Medium- and long-term credit – Equity investment in China-Africa Fund, etc. – Bonds	Infrastructure, agriculture, industry
	Export-Import Bank of China (EximBank)	– Concessional loans – Export buyer's credit – Guarantees	Infrastructure and industrial equipment
Commercial Banks	Agricultural Bank of China (ABC)	– M&A – Loans – Export credit	Agriculture, energy and power
	Bank of China (BOC)	– Corporate loans – Bonds – Guarantees	Infrastructure, energy
	China Construction Bank (CCB)	– Export credit – M&A – Bonds①	Infrastructure, Transportation, Energy
	China CITIC Bank	– Loans – Equity – Export credit – Bond	Infrastructure, energy, transportation
	China Merchants Bank (CMB)②	– Guarantee – Credit – Loan – Swap – Bonds	Energy, manufacturing, transportation, health, culture and tourism
	Industrial Bank (IB)	– Credit – Loans	Green development, agriculture, infrastructure③

① China Construction Bank (2017, May 15). China Business: China Construction Bank gives the most financial support to the Belt and Road Initiative (link in Chinese, see references).

② China Merchants Bank. Cross-border finance (link in Chinese, see references).

③ Xinhua (2017, May 15). The service differentiation of industrial banks bolsters up the Belt and Road's financial flows (link in Chinese, see references).

Table 2.1 (Continued)

Type of institution	Name	Key financial instruments	Main sectors
Commercial Banks	Industrial and Commercial Bank of China (ICBC)	- Loans - Bonds[①]	Infrastructure, agriculture, industry
	Shanghai Pudong Development Bank (SPDB)	- Credit - Loans	E-commerce, Infrastructure
Investment Fund	Silk Road Fund	- Equity - Loans	Infrastructure, energy, industry
State-funded export credit insurance company	China Export and Credit Insurance Corporation (SINOSURE)	- Export credit insurance - Credit guarantee	Infrastructure, industrial equipment

Source: UNDP and China Center for International Economic Exchanges (2017)

Domestic policy financial institutions

China Development Bank (CDB)

CDB owns the only Development Financing license in China, with its overseas financing terms largely on commercial terms. According to CDB, it is the world's largest development finance institution, and the largest Chinese bank for foreign investment, financing cooperation, long-term lending and bond issuance. CDB's overseas lines of credit to Chinese companies are rising in support of China's "Go Global" strategy to secure investment opportunities abroad. CDB also offers financial support to foreign governments and companies to promote investment from Chinese companies. CDB by the end of 2018 had a total outstanding BRI loan exposure of USD 105.9 billion. Over USD 190 billion has been cumulatively provided for a total of more than 600 BRI projects.[②] An example of this is the China-Africa Development Fund of which CDB is the largest shareholder. Launched in 2007, it is the first Chinese equity investment fund dedicated to support Chinese investment in Africa. By the end of 2018, the total amount of investment made or planned by the China-

---

① HKTDC Belt and Road (2018, May 17). Industrial and Commercial Bank of China—the Chinese investment bank the financial services of which cover the largest part of the Belt and Road region (link in Chinese, see references).

② China Development Bank (2017). Annual Report.

Africa Development Fund has reached nearly USD 5 billion.

Export-Import Bank of China (EximBank)

EximBank is China's designated state-owned policy bank for administering Official Development Assistance (ODA) and other loans to foreign governments to support China's foreign aid, investment and international economic cooperation. Its preferential facilities include government concessional loans and preferential export buyer's credit to foreign governments with a sovereign guarantee—an important source of financing for large BRI infrastructure projects, for which private investor appetite is often limited. China's Ministry of Finance subsidizes concessional EximBank loans. Preferential export buyer's credit is not considered official assistance and is therefore not subsidized by the government. EximBank also offers commercial-rate export buyer's and seller's credit, non-concessional loans and credit lines, overseas investment loans, and mixed finance packages. EximBank has extended USD 100 billion through mid-2017, supporting some 1,200 BRI construction projects in over 50 countries.[①] EximBank also owns the China-Africa Industrial Cooperation Fund, another experienced and high-profile Chinese investment fund for Africa.

Commercial financial institutions

The main advantages of commercial banks are their extensive overseas branch networks and global experience. As of April 2019, a total of 8 commercial banks had established 63 first-tier branches in countries and regions along the Belt and Road, with the highest concentration of them in Southeast Asia.[②] Commercial banks mainly focus on transport and energy infrastructure, communication, construction and trade.

Three state-owned commercial banks, presented below, are important players in the BRI investment and financing landscape. Among them, the Bank of China and the Industrial and Commercial Bank of China play a major role in the financing of the Belt and Road. Commercial banks mainly use bank credit, international syndicated loans and overseas issuance of bonds. These banks are also gradually introducing diversified cross-border financial services, such as investment banking, overseas insurance, financial consulting services, and risk management for investor companies.

Bank of China (BOC)

In response to the BRI, the Bank of China proposed a "BRI strategic financial artery"

---

① The State Council Information Office of the People's Republic of China (2017, May 11). EximBank supporting over 1,200 BRI projects (link in Chinese, see references).

② China Minsheng bank (2019, April 3). Strategic analysis of the construction of the Belt and Road served by banking under the support of financial technology. Minsheng Think Tank (in Chinese, see references).

plan. By March 2019, the bank had over 600 overseas branches in 57 countries and regions, with 24 countries along the Belt and Road. Credit lines of approximately USD 130 billion in total were extended in the countries along the Belt and Road for over 600 projects.

At present, the Bank of China's financial services modalities for the BRI include credit, overseas bonds, overseas insurance, and bilateral/multilateral cooperation with other financial institutions.

Industrial and Commercial Bank of China (ICBC)

By the end of 2018, ICBC had established 426 branches in 47 countries and regions, and indirectly covered 20 countries in Africa through partnership with the Standard Bank Group. It has also established agency relationships with 1,545 overseas banks in 143 countries and regions. Among them, 131 branches in 21 countries are along the Belt and Road. In the Association of Southeast Asian Nations (ASEAN) region, ICBC has 60 branches in countries including Thailand, Viet Nam, Lao PDR, Cambodia, Myanmar, Indonesia, Malaysia and Singapore.

ICBC initiated the Belt and Road Inter-bank Regular Cooperation Mechanism during the first Belt and Road Forum. The "Mechanism" now has 85 member institutions in 45 countries, providing a total of over USD 40 billion for 59 projects.

Agricultural Bank of China (ABC) had established 22 overseas institutions in 17 countries and regions by the end of 2018, covering Asia, Europe, North America and Oceania. Its overseas assets totalled over USD 120 billion, which represented an increase of 11.8% from the previous year.

ABC has launched a series of "Go Global" financial products such as cross-border M&A loans, export credits, overseas bond issuance, industrial funds, etc., providing Chinese enterprises with integrated domestic and overseas financing services.[①]

Investment/development funds

Investment funds have long been part of the international financing landscape, and they are a common type of collaboration between Chinese and foreign financial entities. Today most of the private investment funds are open-ended, with diversified financial services, high fund yields, large volumes, and mature legal supervision systems. Since the inception of the BRI, investment funds have been an important channel for BRI projects, and their role is set to increase. There are a number of development funds jointly established by Chinese and international institutions that operate along the Belt and Road. Table 2.2 provides a list of such funds.

---

① Polaris Power Grid (2017, May 15). Belt and Road financial mechanism fully organized (link in Chinese, see references).

Table 2.2 Major development funds China initiated or participated in

Development Fund	Amount pledged to the fund[①] (billion USD)
Asia	
Silk Road Fund	55
The Green Silk Road Fund	30
Silk Road Gold Fund	16
China-United Arab Emirates Joint Investment Fund	4
China-ASEAN Investment Cooperation Fund	1
Eurasia	
Sino-CEE Fund (ICBC-led)	11
Russia-China Investment Fund	5
The China-Kazakhstan Production Capacity Cooperation Fund	2
China-Russia Regional Development Investment Fund	1.5
China-Central and Eastern Europe Investment Cooperation Fund (EximBank-led)	1
Regional China-Russia RMB Fund	1
Sino-Russian Innovation Investment Fund	1
Latin America and Caribbean	
China-Brazil Investment Fund	20
China-LAC Cooperation Fund	10
China-LAC Industrial Cooperation Investment Fund	10
China Co-financing Fund for Latin America and the Caribbean	2
China-Mexico Fund	1
Sino-Mexico Energy Fund	1
Africa	
China-Africa Development Fund	10
China-Africa Fund for Industrial Cooperation	10
Africa Growing Together Fund (with AfDB)	2
China-Portuguese Speaking Countries Cooperation Fund	1
Global South	
South-South Climate Fund	3
South-South Cooperation Fund	3

Source: Gallagher et al. (2018)[②]

The Silk Road Fund (SRF) is a medium- and long-term development investment

---

① As of the end of 2017.

② Gallagher, K. P., et al. (2018, November). Energizing development finance? The benefits and risks of China's development finance in the global energy sector. Energy Policy, 122, 313-321.

fund that mainly provides financing for economic and trade cooperation and multilateral interconnection. A financing organization tailored for the BRI, the SRF was established in December 2014 with an initial capital of USD 40 billion. In May 2017, the Chinese government provided an additional RMB 100 billion to the SRF. It is jointly funded by China Development Bank, China EximBank, China Investment Corporation and foreign exchange reserves (through Wutongshu Investment Platform Co., Ltd.).① By the end of 2018, the SRF has promised USD 11 billion worth of investments, with USD 7.7 billion already realized and USD 2 billion provided for setting up the China-Kazakhstan Production Capacity Cooperation Fund. In addition, the SRF and the European Investment Fund have together contributed EUR 500 million to set up a China-EU Co-investment Fund, which started operation in July, 2018.

In addition to providing financing through equity investment and loans, the SRF also collaborates with international development agencies and domestic and foreign financial institutions to establish joint investment funds, asset management companies, and other types of investment entities. By 2017, the SRF's investment projects covered Pakistan, Kazakhstan, Russian Federation, United Arab Emirates, Egypt, and other countries along the Belt and Road.②

The Silk Road Gold Fund is a USD 15 billion multilateral investment fund run and supervised by the Shanghai Gold Exchange. The fund invests in mining engineering projects and chemical processing infrastructure, aiming to develop gold deposits of developing countries and share profits between the host country and investors.

The China-Central and Eastern Europe Investment Cooperation Fund provides funding for high-tech and clean energy enterprises in Eastern Europe, with a particular focus on innovative industries. It has participated in a wind farm project in Poland, a solar power project in the Czech Republic, and an electric and hybrid auto project in Bulgaria. The Fund uses multiple investment tools, including equity investments, mezzanine debt, and hybrid financial products.

Additionally, foreign private investment funds offer investors a variety of innovative and traditional fund options, providing more choice to investors. For example, the hedge fund "MAN" is known for its higher returns when there is greater volatility in the stock market.

---

① Gallagher, K. P., et al. (2018, November). Energizing development finance? The benefits and risks of China's development finance in the global energy sector. Energy Policy, 122, 313-321.

② For a case study on the Pakistan Karot Hydropower Project, please refer to Section 4.4.

Export credit insurance agency

China Export Credit Insurance Corporation (SINOSURE) is the only policy-oriented, state-owned insurance company in China that is in the export credit insurance business. The state budget allocates funds to promote domestic exports and the development of foreign trade and investment. Since 2013, SINOSURE has insured over USD 712 billion worth of trade and investment along the Belt and Road.①

China Credit Insurance provides services such as export credit insurance and reinsurance, overseas investment insurance, domestic credit insurance, credit guarantees, accounts receivable management and other export credit insurance services. Among them, short-term export credit insurance is the most frequent, followed by overseas investment guarantee and medium and long-term export credit insurance business.②

Because of its BRI focus, insurance coverage is mainly concentrated in infrastructure and energy construction, which need to be protected through insurance due to the long project time periods, large volume, large capital demand, and the unstable investment environment in some partner countries. The high risk of the insured exports necessitates government backing for Chinese export insurance credit.

2.1.2 Non-Chinese financial institutions

A number of non-Chinese financial institutions are engaged in funding infrastructure projects in countries along the Belt and Road. These institutions range from bilateral and multilateral development institutions to commercial banks. Some of the main institutions and the financing they provide are detailed below:

Multilateral Development Banks (MDBs)

MDBs mostly provide long-term loans for infrastructure projects to countries along the Belt and Road with a degree of concessionality contingent on the level of economic development of the borrowing country: the World Bank (WB), European Bank for Reconstruction and Development (EBRD), African Development Bank (AfDB), Asian Development Bank (ADB), European Investment Bank (EIB), Islamic Development Bank (IsDB), New Development Bank (NDB) and Asian Infrastructure Investment Bank (AIIB) are some examples.

---

① Belt and Road Portal (2019, April 9). SINOSURE has covered more than USD 700 billion for the joint construction of the "Belt and Road" (link in Chinese, see references).

② Ibid.

Among these, we can distinguish between traditional and emerging MDBs:

Traditional Multilateral Development Banks

The World Bank Group (WBG) and the Asian Development Bank (ADB) are the main participating traditional MDBs in the BRI.

In 2018, the WBG provided loans, grants, equity investments and guarantees to member countries and private companies totalling USD 66.9 billion. The BRI region accounted for 60% of this amount.

The WBG includes the International Bank for Reconstruction and Development (IBRD), which provides loans, guarantees, risk management products, and advisory services to middle-income and creditworthy low-income countries; the International Development Association (IDA) that extends credit and grants to boost economic growth, reduce inequalities, and improve livelihoods in low-income countries; the International Finance Corporation (IFC) focuses exclusively on the private sector in developing countries; the Multilateral Investment Guarantee Agency (MIGA) provides investment with guarantees for developing countries; and the International Centre for Settlement of Investment Disputes (ICSID), a forum for investor-State dispute settlement.

The IBRD accounts for about half of the WBG's lending for energy and mining, transportation, water supply, sanitation and flood control projects. The International Development Association (IDA) provides interest-free loans for health care and other social services in low-income countries. It now has a significant presence across BRI participating countries.

ADB supports its members in infrastructure, energy, environment, education and health through loans, co-financing guarantees, technical assistance and grants. As a regional development organization, ADB can collaborate with domestic commercial banks and provide joint guarantee financing to reduce financing costs.

Emerging Multilateral Development Banks

The AIIB and the New Development Bank (NDB) are the main emerging MDBs engaged in the BRI.

AIIB launched operations in January 2016 and now has 100 member countries, almost two-thirds of which are partners in the BRI. In 2016, AIIB provided loans of USD 1.73 billion for nine projects, covering energy, transportation and urban infrastructure to help improve local people's livelihoods. In 2017, AIIB lent USD 2.4 billion for 15 projects in new areas such as communications. Importantly, 16 of the 24 AIIB projects are in cooperation with multilateral development banks such as the WB, ADB and EBRD. AIIB projects include:

○ Andhra Pradesh Urban Water Supply and Septage Management Improvement Project in India:① a USD 570 million project co-financed by AIIB and the Government of Andhra Pradesh (70% and 30%, respectively) to improve water supply and sanitation service delivery.

○ Turkey Gas Storage Expansion Project:② a USD 2.74 billion project co-financed by the AIIB and the WB, each providing a USD 600 million loan, the Islamic Development Bank (IsDB) which is providing USD 350 million in loans, USD 450 million of commercial loans, and the Turkish Petroleum Pipeline Company (BOTAŞ) who have a USD 735 million equity stake in the project.

○ Mandalika Urban and Tourism Infrastructure Project in Indonesia:③ a USD 317 million project co-financed by AIIB and the Government of Indonesia to provide sustainable core infrastructure for tourism in the Mandalika region.

By the end of 2018, the AIIB had approved a total of USD 7.5 billion in loans, leveraging nearly USD 40 billion worth of investments. 35 projects already approved are located across 13 countries including Indonesia, Pakistan, Tajikistan, Azerbaijan, Oman, Turkey, and Egypt.

NDB was formally established in 2015. It successfully issued its first green bond in Shanghai with a total value of RMB 3 billion and a term of five years. NDB has funded 30 projects through loans totaling USD 8 billion, a third of them to China.④ The first batch of NDB loans was issued in April 2016, totaling USD 811 million for renewable energy projects in Brazil, China, India and South Africa. In October 2016, the first NDB project in the Russian Federation was launched: the Baishitan Hydropower Station.

Bilateral development institutions

Bilateral financial institutions provide concessional loans in the framework of bilateral ODA to developing and emerging countries along the Belt and Road. Some examples are the Japan International Cooperation Agency (JICA) of Japan, Kreditanstalt für Wiederaufbau (KfW) of Germany, the Economic Development Cooperation Fund (EDCF) of Korea, Agence Française de Développement (AFD) of France. JICA is planning to co-finance with IFC up

① Asian Infrastructure Investment Bank (2018). Project Summary Information: Andhra Pradesh urban water supply & septage management improvement project.

② Asian Infrastructure Investment Bank (2018, June 24). Turkey: Tuz Golu gas storage expansion project.

③ Asian Infrastructure Investment Bank (2018, December 7). Indonesia: Mandalika urban and tourism infrastructure.

④ New Development Bank. List of all projects.

to USD 1.5 billion in private sector projects in emerging BRI partner countries over the next five years. A 414-megawatt dual-fuel combined-cycle power plant project in Bangladesh co-funded by JICA and IFC was completed in early 2017.

Export financial institutions and export credit insurance agencies

Export credit agencies exist in most countries that engage in large volumes of foreign trade. They provide or facilitate loans to countries along the Belt and Road on a commercial or concessional basis, depending on the partner country and the type of project (e.g., Japan—Japan Bank for International Cooperation (JBIC), Germany—Hermes, Korea—EximBank, US—EximBank). These loans and guarantees tend to have a short- to medium-term maturity.

BRI partner national development banks and public financial institutions

These financial institutions provide long-term loans for infrastructure projects (e.g. PT Sarana Multi Infrastruktur/SMI in Indonesia). The Palembang-Indralaya Toll Road in South Sumatra, Indonesia, is an example of a PT SMI financed project.

Commercial banks, infrastructure funds and other commercial financial institutions

These institutions finance infrastructure through syndicated loans, equity stakes, and other instruments. Prime examples include HSBC, Standard Chartered, DBS, Overseas Chinese Banking Corporation (OCBC), Maybank, Citibank, Bank of America, all of which are active financial institutions in China. However, these sources usually do not provide long-term financing for greenfield infrastructure projects, and primarily focus on advanced BRI partner countries such as Singapore.

The lending concessionality of bilateral and multilateral public financial institutions is generally higher than that of export financing agencies and commercial lenders.

2.1.3 Collaboration between Chinese and international financial institutions

Each country along the Belt and Road draws from various sources for its infrastructure funding, including domestic funds from the national and sub-national budgets. As the BRI has developed, funding structures have become more complex, with Chinese financial institutions being a growing and significant force. In countries such as Sri Lanka, Cambodia and Lao PDR, Chinese financial institutions are the dominant source in the funding landscape. However, Chinese financial institutions are not the sole or even the main sources of financing and investment in countries with relatively large volumes of BRI projects, notably Viet Nam, Indonesia, Thailand and Malaysia, where non-Chinese funding sources play a larger role. With a wide scope of non-Chinese funding sources available along the Belt and Road, Chinese development finance institutions have been active and innovative in collaborating with international financial institutions.

Cooperation takes various forms, including syndicated loans, co-financing, on-lending, credit-line frameworks, risk-sharing mechanisms, share-holding. technical assistance, etc. China's EximBank has also co-financed or provided currency liquidity loans to support export buyer credits in partnership with foreign banks such as Russia's Vnesheconombank (VEB), Netherland's ING, and South Africa's TDB Bank.

Co-financing is a common practice among bilateral and multilateral development banks in large infrastructure projects, and an attractive and frequently used instrument for risk pooling and diversification and for saving costs in project development. AIIB has chosen to co-finance its initial infrastructure projects in countries along the Belt and Road e.g., its Bangladesh Natural Gas Infrastructure and Efficiency Improvement Project with ADB, its Philippines Metro Manila Flood Management Project, and the Azerbaijan Trans Anatolian Natural Gas Pipeline Project with the WB.① Such collaborative co-financing structures also contribute to capacity building in partner countries and increase the chances of ensuring successful development outcomes. Moreover, collaborative financing schemes can facilitate the identification of common ground for developing shared financing and investment standards along the Belt and Road.

Chinese financial institutions are also increasingly investing in international investment funds, as discussed earlier, which in turn invest in BRI partner countries. So far, BRI remains a funding priority for Chinese institutions, while other bilateral and multilateral development banks dominate infrastructure funding beyond the BRI. The MDBs typically view their considerable lending to BRI partner countries as driven by their desire to support sustainable development and connectivity, rather than specifically aiming to support the BRI.

Inter-bank associations, which offer platforms for financial cooperation, is another form of collaboration between Chinese and foreign banks. CDB, for example, has been involved in at least six such associations since 2005:

- SCO Interbank Association;
- China-ASEAN Interbank Association;
- China-Arab Countries Interbank Association;
- China-Central and Eastern European Countries Interbank Association;
- China-Africa Interbank Association;

① Asian Infrastructure Investment Bank. Approved projects overview.

○ BRICS Interbank Cooperation Mechanism;

○ The Association of China-LAC Development Financial Institutions.

These associations and mechanisms convene member banks during regional summits with these countries and provide platforms for negotiating cooperation documents such as co-financing, joint investment, local currency credit, letters of credit, and personnel exchange and training. Previously established financial facilities are also being integrated into newly established associations.

Despite increasing collaboration between the Chinese and international banking sectors, major differences remain in their roles. International banks tend to focus on offering complementary financial services, like advice on the structuring of projects, currency and interest rate hedging, trade finance services, and assisting clients in issuing bonds on international capital markets.①

International commercial banks have already been providing financial services to BRI projects and Chinese banks have been active in initiating cooperation with other banks and financial groups:

○ Standard Chartered was involved in over 50 BRI projects in 2017, providing financial services such as lending, transaction banking, capital markets and project finance activities, including 7-year financing for a Ghanaian power plant expansion project and 10-year facility for an LPG storage terminal project in Sri Lanka—and is facilitating access to external finance by providing letters of credit and derivatives to hedge currency risk. By 2020, Standard Chartered plans to have offered USD 20 billion in financing to facilitate BRI projects.② In the Middle East, along with a consortium of Chinese and local banks, Standard Chartered has signed a USD 3 billion project financing facility to fund the green-field construction, operation and maintenance of a power plant—the first coal-fired power generation plant in the Gulf Cooperation Council region. It is also the first transaction of the Silk Road Fund as an equity and debt provider in the Middle East as a part of the BRI.③,④

○ HSBC has been named Best Overall International Bank for the BRI in the inaugural

---

① Hale, T. (2018, September 25). Western banks gather to catch the Chinese investment crumbs. HKTDC Belt and Road.

② Mutethya, E. (2018, October 17). Standard Chartered Bank pledges continued support to Belt and Road. China Daily.

③ Standard Chartered Bank. One Belt, One Road, One Bank.

④ Mutethya, E. (2018, October 17). Standard Chartered Bank pledges continued support to Belt and Road. China Daily.

Asiamoney New Silk Road Finance Awards, reflecting the Bank's commitment to being a leading financial partner to clients engaged in BRI projects.

○ China Development Bank and Deutsche Bank agreed in 2017 to work together over the next five years with the aim of supporting projects worth USD 3 billion.[①]

○ Citibank signed a memorandum of understanding with the Bank of China and China Merchant Bank to help Chinese companies exploring markets abroad. It has already acted as a global coordinator on bond issues from the Bank of China linked to BRI.[②]

○ Since 2016 there is a tie-up between CCB and Singapore's government—owned International Enterprise (IE), a trade development board. Under the MoU, CCB will provide USD 30 billion to support local and Chinese companies to invest in BRI projects through Singapore.

○ Digital Bank of Singapore has signed an MoU with the Agriculture Bank of China in 2017.[③,④]

○ In 2016, China Export Credit Insurance Corporation (SINOSURE) started collaborating with the UK Export Finance department to enhance the risk resilience of Chinese and British investing in infrastructure development in third countries.

○ Germany's Commerzbank has signed an agreement with ICBC, committing to lend USD 5 billion for projects along the Belt and Road by 2023.

Export credit agencies have recently expanded their presence along the Belt and Road. SINOSURE, for example, partnered with UK Export Finance (UKEF) in 2016 to increase UK and Chinese exporters' risk capacity for infrastructure projects in third countries.

Existing funding sources-dominated by China's development/policy banks, China's sovereign wealth fund, newly established multilateral development banks, complemented by funding from regional and international organizations-cannot fully satisfy the capital needs of all BRI projects. Thus, investment from the private sector will be crucial for ensuring the successful implementation of BRI projects. However, the long maturities and high risks associated with large infrastructure projects will require some form of risk-sharing with BRI governments in China.

---

① Deutsche Bank (2017, May 31). China Development Bank and Deutsche Bank sign 3 billion US dollar cooperation agreement. DB Media Release.

② Citigroup. Enabling growth and progress along the Belt and Road. Institutional Clients Group.

③ Lee, S. (2017, September 4). China's Belt & Road Initiative-risks and opportunities abound. Global Trade Review, sponsored article by DBS Corporate Banking.

④ Mookerjee, I. (2017, May 16). DBS Bank signs MOU to tap Belt and Road initiative. Citywire Asia.

2.2 Major financing and investment mechanisms along the Belt and Road

Since the announcement of the BRI, China has provided considerable financial support to BRI partner countries through bank loans and equity and bond markets, among others. Loans, mostly provided by state-owned commercial banks and policy banks, have accounted for the largest share of BRI finance. However, funds are also channelled through more than ten state- and privately-held investment funds along the Belt and Road.

2.2.1 Loans

Due to the large financial exposure, long construction and return periods of BRI infrastructure and energy projects, it has been mainly state-owned commercial banks and policy banks who have been able to issue loans.[①] Loans along the Belt and Road are also provided by MDBs.

Loans from Chinese banks

According to a publication by Boston University,[②] six Chinese banks participated in USD 36-54 billion of syndicated loans annually in the energy and transportation sectors from 2015 to 2017. That is three times more than from 2012 to 2014. From 2014 to 2017, six Chinese banks participated in syndicated loans worth USD 143 billion for 165 energy and transportation projects in 32 BRI partner countries.

CDB issues mainly loans that include capital construction loans, M&A loans, technical assistance loans, foreign exchange fixed asset loans, and foreign exchange working capital loans. They are mostly medium- to long-term loans. In the case of large-scale infrastructure construction projects, loan maturity periods can be extended to over 15 years according to the specific conditions of the industry and project. Market and commercial principles play a crucial role in setting the range of interest rates.

Exim Bank provides foreign and domestic trade, investment and cooperation loans and participates in international and domestic syndicated loans:

○ Foreign trade loans include export trade and import trade loans. These are

---

① Yuan, Y. (2018, September 10). Fifth anniversary of the Belt and Road launch special: a variety of forms, brilliant results (link in Chinese, see references). People's Daily.

② Zhou, L., et al. (2018, November). Moving the green Belt and Road Initiative: from words to actions. World Resources Institute and Boston University Global Development Policy Center Working Paper.

used to support loans for goods, services and technology exchanges between China and foreign countries, as well as Hong Kong SAR, Macao SAR and Taiwan Province of China.

○ Foreign investment loans, which include overseas resource development loans and shareholder loans, among others, are provided to Chinese enterprises legally registered in China and abroad and used for overseas financing as well as for financing in Hong Kong SAR, Macao SAR, and Taiwan Province of China.

○ Foreign cooperation loans are used for cooperation agreements between China and overseas countries or regional bodies, financial institutions or sovereign guarantee enterprises, as well as to support Chinese enterprises to contract overseas construction projects. These loans include foreign contracted project loans, international sovereign cooperation loans and financial institution cooperation loans.

The Chinese government provides preferential loans to developing countries in order to promote mutually beneficial cooperation. These loans include concessional loans and preferential export buyer credit. Concessional loans have low interest rates (2%-3%) and long maturity periods (generally 15-20 years of repayment period including the grace period).

Loans from Multilateral Development Banks

World Bank loans mainly include loans from the IBRD, commonly known as "hard loans" and concessional ones from IDA, commonly known as "soft loans". The WB's financing for the Belt and Road is mainly based on hard loans, including project financing and sector financing. Some countries and regions have soft loan opportunities.

The WB has a longer financing period and relatively low interest rates. General terms for China include repayment periods of 20 years, with a grace period of 5 years and a USD interest rate of LIBOR + 1.8% per year. Soft loans have a repayment period of 38 years, the grace period is 6 years, and eligible countries pay interest plus fees of about 1.4% per year on USD loans.

ADB supports its members in infrastructure, energy, environmental, education and health by providing co-financing guarantees, technical assistance, loans (project loans, planning loans, departmental loans, development financial institution loans, special project implementation assistance loans, and private sector loans) and some grants.

ADB's hard loan interest rate is at a floating rate, which is adjusted on a biannual basis and the maturity period is 10 to 30 years, with 2-7 years grace period. Soft loans are concessional loans and are only available to developing country members who have limited repayment ability. The maturity period of soft loans is 40 years, with a 10-year grace period, no interest and only a 1% management fee.

Indirect loan financing is also provided by other sources, such as the SRF. In October 2018, the SRF entered into a participation agreement with AIIB to provide a senior loan facility to finance the design and construction of the first phase of a national fibre optic broadband network project in Oman.① CDB's special fund for African SMEs initiated in 2001 also has an indirect loan component which extends loans through local on-lending banks. In the past decade, CDB has committed USD 4.2 billion to 32 African countries for the development of SMEs in Africa through a special loan program. This approach offers an option to finance smaller scale projects utilizing the comparative advantage of local financial institutions' market proximity and provides access to credit for countries and regions where financial markets are under-developed. Such forms of cooperation call for standardization of risk management to facilitate complex risk-sharing among financial institutions.

2.2.2 Bonds

This debt mechanism has so far been used relatively infrequently along the Belt and Road compared with loans, in part because Chinese standards have not been fully consistent with international bond standards (e.g., regarding green bonds). However, national and international bond markets are a potentially important source of funding for BRI investment, and their role is set to increase. Bonds issued by Chinese policy and commercial banks domestically and abroad can provide important funding for the banks to finance BRI projects. In the meantime, both local and overseas companies can also issue BRI bonds in China through the Shanghai and Shenzhen stock exchanges to raise funds directly.

Bonds issued by Chinese policy and commercial banks

Policy banks are refinancing themselves through national and international bond markets, which includes green bonds issued by the CDB, EximBank and ICBC, all of which have issued BRI-related green bonds in 2017. Not all proceeds go to overseas projects but one of the CDB green bond-sponsored projects is a Pakistan wind project, for example.

---

① Silk Road Fund (2018, November 7). Silk Road Fund entered into a Participation Agreement with Asian Infrastructure Investment Bank (AIIB) for Oman's national fiber optic broadband network project. Company News.

The overall scale of Chinese policy and commercial bank bonds issued is limited. Recent developments in this regard include the following:

○ In 2014, ABC became the first Chinese-funded institution to issue RMB bonds in the Middle East and continues to issue offshore bonds in Hong Kong SAR and Singapore.

○ In 2015, the first "Belt and Road" bond was issued. A group of commercial banking institutions along the Belt and Road, including Abu Dhabi, Hungary, Singapore, Taipei and Hong Kong SAR, acted as the issuers and issued RMB, USD, EUR, SGD and other four currencies.

○ In 2017, the ABC Xinjiang branch issued its first BRI bond for the RMB 500 million (USD 74 million) Urumqi International Airport Reconstruction and Expansion project.[①]

○ In October 2017, ICBC issued green bonds on the Luxembourg Stock Exchange for the first time, raising USD 2.15 billion (approximately RMB 14.3 billion). These green bonds aligned with existing international and Chinese definitions of "green", and the Center for International Climate Research provided policy advice in this regard. Zhongcai Green Financing has conducted an external review in accordance with Chinese green bond standards and obtained a climate bond standard certification. This was the largest single certified green bond. The three- and five-year ICBC Belt and Road climate bonds can be issued in USD and EUR. These include bonds of EUR 1.1 billion with a three-year variable rate, bonds of USD 450 million with a three-year variable rate, and green bonds of USD 400 million with a five-year fixed interest rate.

○ In March 2018, the Chinese government authorized local and foreign private companies and government agencies to issue Belt and Road bonds through the Shanghai Stock Exchange.

○ BOC issued USD 3.2 billion of BRI bonds in 2018. Subscribers include the sub-branches of BOC in Singapore, Luxembourg, Sydney and New Zealand.[②,③]

Bonds issued by private companies and government agencies

In early 2018, the Chinese government authorized local and foreign private companies and government agencies to issue BRI bonds through the Shanghai and Shenzhen stock

---

① Cao, Y. (2017, May 22). ABC Xinjiang branch successfully issues its first "Belt and Road" bond (link in Chinese, see references). China Financial News.

② Bank of China (2018, April 11). Bank of China successfully issues a USD 3.2 billion "Belt and Road" theme bond (link in Chinese, see references).

③ Economic and Commercial Counsellor's Office of the Embassy of the People's Republic of China in Singapore (2018, April 20). Bank of China Singapore branch successfully issues a "Belt and Road" theme bond of USD 1.5 million (link in Chinese, see references).

exchanges.① By March 2019, more than 10 such bonds have been successfully issued, raising a total of over USD 3.5 billion. UC Rusal, a Russian aluminium producer, was the first foreign company to issue a Belt and Road bond. The bond was worth RMB 1 billion and it was issued at the Shanghai Stock Exchange.② Singapore-based Global Logistics Properties, Asia's largest warehouse operator, also received approval at the beginning of 2018 to issue Belt and Road bonds up to RMB 12 billion in the Shenzhen Stock Exchange.③

The Hong Kong Special Administrative Region Government is set to launch an extensive green bond programme aiming to promote and support the BRI and to attract international investors to fund green projects through Hong Kong's capital markets.④ This may become a major modality for international financial institutions, funds and private investors to participate in BRI funding. Singapore is expected to follow.

2.2.3 Equity

Overseas direct investment

China's overseas investment has significantly increased in the last five years along the Belt and Road. In 2017, China's outward FDI stock reached USD 1,809 billion, accounting for 5.9% of the global FDI stock. China's outward FDI flow in 2017 was USD 158.3 billion, ranking third in the world and first among the developing countries. China's outward FDI has also grown significantly along the Belt and Road, reaching USD 20.2 billion in 2017 with a 30% increase from the previous year. By the end of 2017, China's FDI stock in BRI partner countries was USD 154.4 billion, accounting for 8.5% of China's total FDI stock in other countries.

The BRI is an ambitious development blueprint that is expected to provide additional impetus to financing global sustainable development efforts. China is increasingly incentivizing its private sector to go abroad and invest under the Initiative, while international financial institutions such as the AIIB and the NDB are providing some complementary multilateral project lending. An overview of the structure of Chinese overseas investments is presented in Figure 2.1.

---

① Tan, C. (2018, March 7). China to step up financing for Belt and Road projects. Nikkei Asian Review.

② Belt and Road Portal (2018, March 5): Companies allowed to issue B&R bonds.

③ Global Times (2018, March 3): China to allow bond issuance to fund Belt & Road projects.

④ HKTDC Belt and Road. (2018, September 20). Expert insights: infrastructure investment trends on the Belt and Road.

Figure 2.1 Chinese investments abroad in equity

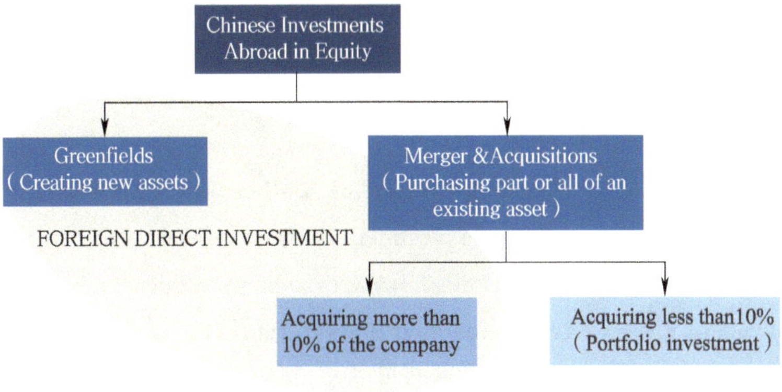

Mergers and acquisitions (M&A)

Chinese outbound mergers and acquisitions (M&As) have grown considerably between 2013 and 2018, coinciding with the announcement of the Belt and Road Initiative (BRI), and contrasting with modest growth during 2008-2013. Total Chinese outbound M&A was about USD 47 billion in 2008 and remained at approximately USD 54 billion in 2013. The pace of M&As accelerated quickly between 2014 and 2016, with outbound M&As surpassing USD 200 billion in 2016, before declining sharply to USD 108 billion in 2017 and USD 95 billion in 2018. The total amount for 2013-2018 is still almost double that of the 2008-2013 period.[①]

Chinese acquisitions in BRI partner countries increased exponentially in the years after the Initiative was announced in 2013. The total value of Chinese M&As in the 68 countries officially linked to the BRI totalled USD 48 billion in 2017,[②] an increase of more than 50% year-on-year from 2016's USD 31 billion, and more than three times the 2013 value. Some of the largest deals include a Chinese consortium's USD 11.6 billion buyout of the Singapore-based Global Logistics Properties GLPL.SI., and the USD 1.8 billion purchase of an 8% ownership interest in an Abu Dhabi oil company by the state-owned oil giant China National Petroleum Corporation.

Real estate has also experienced a sharp increase in the last few years and represented almost a fifth of M&A operations. Financials and media remain key sectors in this field, and M&A investments in these two sectors have together increased by more than 10%. Consumer products has become one of the four main sectors in BRI M&As, accounting for 14% of these operations in 2017.

① White & Case. M&A activity by value Q4 2015-Q4 2018.

② Jiang, X. (2018, April 12). M&A deals in Belt & Road economies increase by 81%. China Daily.

Taken together, these trends describe an M&A strategy that maintains a strong presence in critical sectors. In terms of country composition, the largest deals tend to be in more advanced BRI partner countries. Further examples of Chinese overseas M&As are presented in Annex 7.

Portfolio investment and co-investment

The major initial source of equity investments has been the USD 40 billion Silk Road Fund. Until end-2017, the committed investment of the SRF was USD 6 billion, of which equity investment accounted for nearly 80%. Some examples include:

○ Purchase of 9.9% of Yamal liquefied natural gas (LNG) project in Sabetta, United Arab Emirates;

○ Dubai Hassyan Clean Coal Powerplant, co-invested with Harbin Electric International, China;

○ Acquisition of 9.9% of PJSC SIBUR Holdings, a Russian energy company, in 2016.①

In November 2017, the SRF signed a Cooperation Agreement to set up an energy infrastructure co-investment platform with General Electric (GE) Energy Financial Services, a subsidiary of GE. The two companies invest together through this platform in the power, oil and gas, and renewable sectors in different geographic areas, including countries along the Belt and Road.② In July 2018, the Silk Road Fund and the European Investment Fund signed a Memorandum of Understanding to implement their first co-investment.③

In addition to the Silk Road Fund, Chinese enterprises are another important source of equity investment. They have driven the rapid, albeit volatile increase in China's Overseas Direct Investment (ODI), which has been described above.

In addition, CDB, EximBank, the State Administration of Foreign Exchange (SAFE), the People's Bank of China (PBOC), as well as some sovereign investment funds, commercial banks and private investors have set up a series of private equity investment funds with regional or sectoral focuses. Most of these funds operate on a commercial basis, and engage in medium- to long-term investment in key sectors such as energy, resources, infrastructure, manufacturing, agriculture, etc. A list of examples of these investment funds are presented in Table 2.2 in section 2.1.3.

Equity investments are often combined with loans. Some examples are:

---

① The Eurasian Press Agency (2016, 16 December). 10% stake purchase in SIBUR named China's largest investment in Russian Federation in 2016.

② Silk Road Fund (2017, November 10). Silk Road Fund establishes energy infrastructure co-investment platform with General Electric. News and Press Releases.

③ Chen, J. (2018, July 16). Silk Road Fund, European Investment Fund sign MOU. China Daily.

USD 5.8 billion China-Lao PDR Railway links Vientiane to the China-Lao PDR border. China and Lao PDR have set up a 70/30 joint venture to finance the railway project. USD 465 million will be borrowed from the EximBank of China at 2.3% interest with a five-year grace period and a 35-year maturity.

USD 1.65 billion coal-fired power plant by the port of Payra in Bangladesh is a joint venture between the Chinese CMC and Bangladesh's state-owned North-West Power Generation Co. The project funds are of Chinese origin, but equity will be shared by both countries reflecting in-kind contribution of assets by Bangladesh.[①]

2.2.4 Grant-based funds

Grants are derived directly from the government budget and used for purposes of development and of humanitarian relief. Funded by the Chinese government and provided to foreign government agencies, grants function as an essential part of China's foreign assistance, mainly in the form of direct fiscal support, in-kind aid, and services such as scholarships or medical assistance. Grants exclude military-related funds and are mainly used to build hospitals, schools and low-cost housing, and support water-supply or other social welfare projects.

These funds constitute a small share of China's total development finance. An example of a fund through which China provides grants along the Belt and Road is the Chinese South-South Cooperation Assistance Fund (SSCAF). It was set up by the Chinese government in 2015 to facilitate support for humanitarian aid, agriculture and food security, poverty alleviation, education and training, industrialization, climate actions and public health in developing countries. With an initial capital of USD 2 billion, SSCAF was granted an additional USD 1 billion in the 2017 Belt and Road Forum for International Cooperation, to further advance the achievement of the 2030 Agenda in developing countries.

There are also a number of environmentally focused funds, which provide grants and loans. These funds are not specific to the BRI but do provide grants and sometimes loans to BRI partner countries. Some examples of these funds are presented in Annex 7.

Even though grants account for a small fraction of overall financing flows, they can play a vital role in addressing market failures. They can also have an important leveraging effect when blended with loans in co-financing, providing a greater level of concessionality in the overall financing targeted to LDCs.

---

① Go, Y. and Palma, S. (2018, March 28). Is China's Belt and Road working? A progress report from eight countries. Nikkei Asian Review.

2.2.5 Public-Private Partnerships (PPPs)

A PPP is a long-term cooperative arrangement between the government and the private sector, most often used in developing infrastructure or providing a public service. PPPs are set to play an increasingly important complementary role in BRI projects. Their appeal comes from developing country governments' limited ability to fund large infrastructure projects or to take on the debt burden of entirely loan-financed projects. However, private companies are generally reluctant to engage in BRI infrastructure projects owing to their long investment cycle, considerable risks, high financing costs, and low short-term returns. The ability to attract stand-alone private investment is further complicated by the uncertainty of the political and business environment found in BRI partner countries, and their imperfect or incomplete financial markets.

The PPP modality holds the promise of significantly contributing to filling the financing gap while reducing the fiscal burden of governments. In addition, the private sector, with market sensitivity and a comparative advantage in efficient resource use stemming from extensive project implementation experience, can raise the efficiency of BRI investments and help manage and reduce project risks. The government can complement this through political and legal risk-related project guarantees and policy commitments to address remaining concerns of the private sector throughout project implementation.[①] BRI partner countries have already used PPPs as an innovative project modality in several instances. By the end of April 2017, 865 PPP projects had been implemented in 64 countries along the Belt and Road associated with a total investment of USD 509 billion.

Typical PPP projects along the Belt and Road are in transport, renewables, power and the oil and gas sectors, with the emphasis largely determined by the situation and priorities of the BRI partner country. Looking ahead, the PPP pipeline remains strong: many PPP projects along the Belt and Road are in the pre-development or in-development stage.

The sectoral coverage of BRI projects using the PPP modality primarily reflect partner countries' industrial structure, development priorities and policy orientation. Other key factors shaping PPPs along the Belt and Road are partner countries' natural resource endowments, population structure, their legal, regulatory and institutional framework, investment climate and financial markets. The government's policy implementation capacity

---

① Wu, Y., et al. (2017, September 10). Risk assessment in straw-based power generation public-private partnership projects in China: a fuzzy synthetic evaluation analysis. Journal of Cleaner Production, 161, 977-990.

and credibility can also be a critical constraint. The scale and scope of PPP projects can be expected to expand, given the solid policy support from China and a continued desire to attract infrastructure investment in partner countries.

The public and private sector can work together to maximize the sustainable development impact of large infrastructure investments. The contribution from the private sector through public-private-partnerships can be of particular value given its comparative advantages in sectoral expertise and operational efficiency, among other enabling factors. Yet, there is no consensus on the definition of PPP across the wide spectrum where it is applied. This is because the design tends to be highly project- and context-specific, reflecting a country's level of development, rate of marketization and corporate governance regime.

A common understanding of the space where PPP practices operate needs to be established, as well as what "success looks like". This involves clarity about the legal framework, the division of labour between government and private firms, and ways to identify instances in which a PPP is the best way to serve the long-term development interests of the general public.

Providing timely and analytically relevant data to facilitate, track and link PPP performance appraisal to the SDG monitoring and evaluation framework would be helpful. PPP practices have direct or indirect implications for poverty reduction. The rationale behind employing PPP modalities—compared to traditional, budget-funded approaches—is the promise to deliver "value-for-money". Efficiency gains result from each player being able to focus on their areas of comparative advantage: government focuses on strategic planning, provision of public goods and public services, and ensuring outcomes conducive to social and environmental sustainability; and the private sector focuses on efficient use of resources and delivery of results under hard budget constraints. Effective measurement of PPPs' development impact requires indicators to track economic efficiency, appropriate risk sharing, as well as social and environmental sustainability.

Demand for PPPs is increasing rapidly along the Belt and Road. In addition to the significant investment demand in transport, there is also a high number of PPP projects in energy, water and communication industries, due to the need for improved infrastructure in developing countries and the shortage of public goods provision. In the future, communication and energy projects launched jointly with the private sector are expected to make critical advances.[①]

---

① Belt and Road Portal (2016, September 23). PPP helps accelerate the development of the Belt and Road (link in Chinese, see references).

PPPs can also provide a useful entry point for the domestic private sector in partner countries to participate in BRI infrastructure investment. Some examples of domestic PPPs along the Belt and Road are the Sino-Russian oil and gas pipelines and China-Myanmar oil and gas pipelines, railway projects in Indonesia and Thailand, Moscow's subway projects, Eastern Europe's railway reconstruction projects, and India's high-speed rail projects. The *Karot Hydropower Project* (USD 1.74 billion) as part of the China-Pakistan Economic Corridor[①] is another PPP example along the Belt and Road.

PPPs, defined differently, may have a further important role to play in the BRI context. For example, a Chinese state enterprise could initiate a large infrastructure investment in a BRI partner country, and subsequently sell to private counterparts—either Chinese or from the host country. This sequential transition after the investment has reached an intermediate stage (or has been concluded) helps reduce risks for investors and increase their willingness to invest.

2.3 Main investment and financing practices along the Belt and Road in comparison with global practices

Infrastructure is a long-term, low-return investment that generally requires decades-long financing at low interest rates, because the underlying assets created generally, at least in part, possess public good characteristics, for which revenues are very hard to collect. The fact that infrastructure investments often confer benefits to poor regions or strata of the population can lead to similar difficulties. As a result, the revenue stream generated is often insufficient to cover the debt service for a high-interest rate loan. This urges financiers to consider alternatives to standard market terms, such as long-term and low-interest loans.

Where possible, the high risks of infrastructure projects need to be managed or mitigated to lower the cost of the investment. Environmental, social standards and tight project management coupled with transparency to allow parliamentary oversight are some of the instruments that could be considered. In some cases, when the services provided have a significant public good component, concessional loans, or some form of blending grants into the financing mix can help ensure the financial viability of infrastructure projects (and debt sustainability for the borrowing country). If domestic fiscal space exists, contributions from the budget can also help fund the public goods components of infrastructure investments. In some cases, however, the effective interest rates on infrastructure investments along the Belt

① Chan, R. (2017, May 18). The 21st Century Silk Road - China's Belt & Road Initiative. Lexology.

and Road have been higher than the level consistent with this ideal.

While insurance agencies supporting trade and investment such as Hermes, MIGA and SINOSURE often offer fee-based insurance for some aspects, large uninsurable risks remain, and the insurance fees for insurable ones are often high. The reality is that these risks make investment financed through such loans financially less viable or even unviable.

As outlined in previous sections, loans have, so far, been the main financing mechanism along the Belt and Road for Chinese policy banks and state-owned commercial banks. Equity investments, in contrast, involve higher and longer-term risk exposure and higher transaction costs. The higher exposure stems from having to deal over the lifetime of the asset created by the investment with local laws, regulations, tax system, labour market, supply chains and cultural and social norms, when companies or productive assets work in another country. However, equity investment can give rise to greater returns and a long-term income stream. The lower risk exposure of loans compared to equity stakes, the ability to integrate resources from several parties to finance BRI projects and to strengthen the links between the government and markets are some of the factors that explain the preference for loans among financiers.

Chinese banks, in general, disclose their information via annual reports, strictly in compliance with the laws and regulations of the Chinese government and of Chinese financial supervision authorities. Some Chinese banks also disclose their information according to international financial laws and regulations. However, due to commercial confidentiality considerations, the information disclosed may not meet the expectation of all stakeholders and researchers, which may make it hard for them to accurately assess the value of debts in BRI partner countries or its concessionality. Some specific financing mechanisms used along the Belt and Road are presented below:

○ Corporate loans: loans are granted based on the overall company profile, and not on the specific project's expected performance. They can be issued in a relatively efficient way; however, they entail additional risks for the company by guaranteeing an apparently high-risk project. Intra-company guaranteeing gives rise to a variant of corporate loans, where the domestic bank provides a guarantee for an affiliate enterprise abroad registered by the domestic enterprise and the guarantee letter received by an overseas bank facilitates a loan to the overseas affiliate. This relies on the superior information about the underlying economic viability of the project available to the multinational company that obtains the bank guarantee for its foreign affiliate.

○ Concessional loans and preferential export buyer credits: These loans carry total repayment obligations that are—in terms of present value-markedly lower than the amount of the loan. This can be the case with long-term and low-interest loans for which the discounted sum of future repayments falls well below the loan amount provided today. When extended to developing countries for development purposes, the use of the loan is determined by the loan agreement signed between the two governments. The private sector is generally not in a position to extend such loans in the absence of enhancements that compensate it for the concessionality, which would result in a commercial loss.

○ Syndicated loans: Syndicated loans are led by one or several banks. Banks formed by a number of banks and non-bank financial institutions agree to provide financing to the same borrower. Its advantages are: (i) the larger total funds available and the long term of the loan; (ii) risk pooling–the combination of several banks reduces the risk borne by each one of them. Financial support of China's commercial banks to infrastructure construction is mainly through syndicated loans.

○ Credit lines: with local banks that serve smaller scale projects.

○ Blended finance: syndicating financial resources of different natures including commercial loans, concessional loans, and grant-based funds to enable sustainable development projects with higher upfront costs and longer payback periods.

○ Equity investment: Regional funds sponsored by the Chinese central bank, policy banks, sovereign funds, and commercial banks that aim to develop specific regions and diversify financial instruments.

○ Green bonds: that mandate more stringent project evaluation and transparency for green projects.

Overall, there is a range of financing mechanisms for projects in BRI partner countries, each offering a different constellation of risks and returns. Investors make choices based on their available funds, policy goals, and risk appetite. As BRI linkages deepen, there may be a natural progression towards more sophisticated forms of investment both in terms of the mechanisms used and the channelling of funds. A potential next step is PPPs structured as Build-Operate-Transfer projects. However, this requires considerable capacity on the part of the host government to manage such projects.[①]

---

① Ministry of Commerce Investment Promotion Agency and China Service Outsourcing Research Center (2017). Research on investment promotion along the Belt and Road (link in Chinese, see references).

Chapter 3 Analysis of investment and financing in Southeast Asia

As described in the previous chapter, the BRI has immense implications for intra- and inter-regional economic connectivity and development. While the initiative has mobilized large amounts of capital and resources over the past six years, some regions and countries have been more effective than others in taking advantage of the Initiative to boost trade, investment, and their economic connectivity with other countries. Many regional and national characteristics, including geographical location, quality of infrastructure and governance, and economic conditions help explain not only the unbalanced allocation of funding and the variations in investment attractiveness across different regions and countries, but also the risks associated with investment and financing activities along the Belt and Road. These must be fully understood before countries involved in the BRI start to examine, improve, and eventually harmonize standards and principles that guide BRI financing and investment activities. This chapter will provide an analysis of the investment trends in one region, Southeast Asia, where BRI investment flows have been particularly large, and show the dynamics of investment and financing activities there. This will be followed by an analysis of risks and challenges and the main financing mechanisms deployed in the region.

3.1 Investment and financing trends, background context in Southeast Asia

3.1.1 FDI in Southeast Asia

With a population of more than 650 million and a nominal GDP of over USD 2.70 trillion, Southeast Asia (SEA)[①] is quickly becoming a major economic force in Asia and a driver of global growth. According to J.P. Morgan, at current growth rates, SEA is on its way toward becoming the world's fourth largest market by 2030 following the EU, the US and China, as it is supported by an increasingly well-educated workforce, abundant natural

① SEA comprises Brunei Darussalam, Cambodia, Indonesia, Lao PDR, Malaysia, Myanmar, Philippines, Singapore, Thailand, Viet Nam and East Timor.

resources and an overall favourable geographic location. Over the past few years, as one of the world's international investment hot spots, SEA has become the destination of a steadily growing flow of foreign direct investment. Using country-level data from UNCTAD, Figure 3.1 shows how FDI flows into SEA have been fluctuating, but steadily growing, from 1990 to 2018.

Figure 3.1 FDI flows in Southeast Asia, 1990-2018

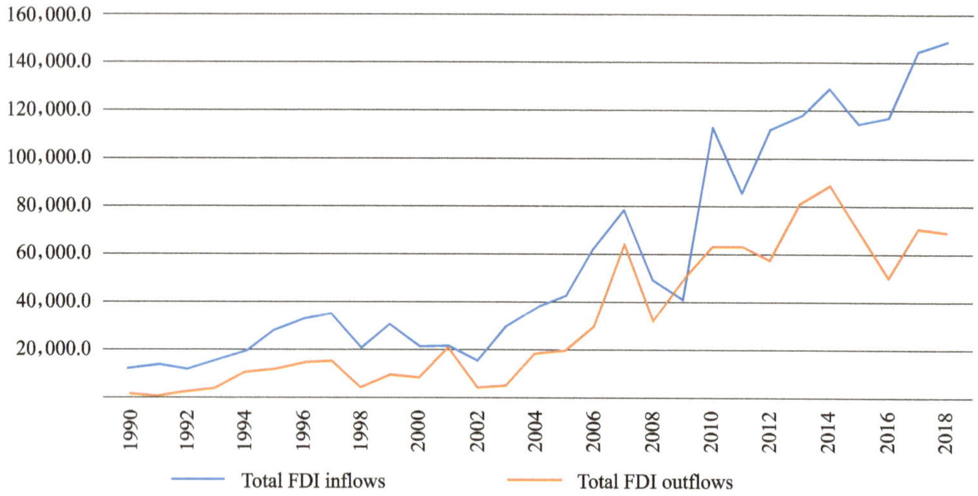

Source: UNCTAD①

With the launch of the BRI, Chinese outbound investment in Southeast Asia has increased and is expected to continue to grow. In 2017, although the overall pace of China's total outbound FDI slowed down, China's investment in the 11 Southeast Asian countries expanded. The FDI flows into Southeast Asia reached USD 14.1 billion with a year-on-year increase of 37%, accounting for 8.9% of China's total outbound FDI and 12.8% of China's outbound FDI to Asia.② By the end of 2017, China's outward FDI stocks in Southeast Asia had exceeded USD 89 billion, equivalent to 7.8% of China's outward FDI stock in Asia and 4.9% globally (see Figures 3.2 and 3.3).

As of the end of 2017, in terms of the industrial structure of the stock of China's outward FDI to Southeast Asia, the leasing and business services sectors ranked first and USD 15.6 billion of the total USD 17.5 billion were concentrated in Singapore (accounting for nearly 90% of the total in that sector). The manufacturing sector received USD 15.5 billion, mostly in Indonesia, Thailand, and Viet Nam. In terms of destination for investment flows in 2017,

① UNCTAD (2019). Annex table 1, FDI inflows by region and economy, 1990-2018.

② Statistics on Chinese outward FDI cited in this section were extrapolated from the Statistical Bulletin of China's Outward Foreign Direct Investment 2017 (2018, September), Beijing: China Statistics Press.

Singapore ranked first and received USD 6.3 billion, twice the amount of the same period during the previous year, accounting for 45% of the total investment outward to Southeast Asia, primarily into wholesale and retail trade, leasing and business services. Malaysia ranked second, and reached USD 1.7 billion, accounting for 12%, mainly in manufacturing, real estate, and construction. Indonesia ranked third with a near-identical investment level and share, mainly in manufacturing, construction, electricity, heat, gas, and water production and supply.①

Figure 3.2 Southeast Asia FDI stock from China in USD million, 2013-2017

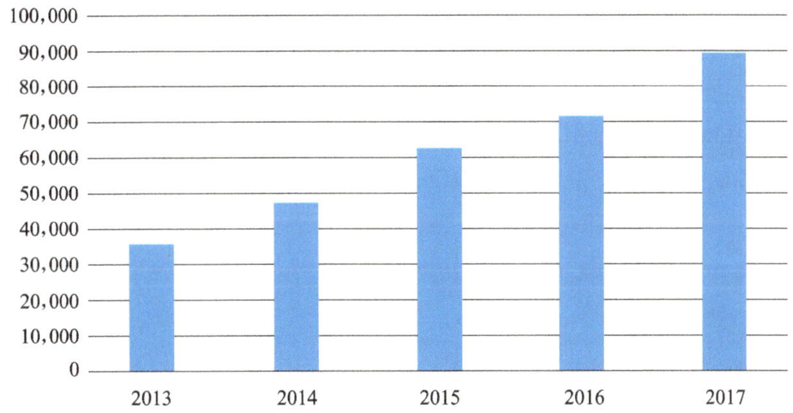

Source: Ministry of Commerce of the People's Republic of China, National Bureau of Statistics, and State Administration of Foreign Exchange

Figure 3.3 Southeast Asia FDI flow from China in USD million, 2013-2017

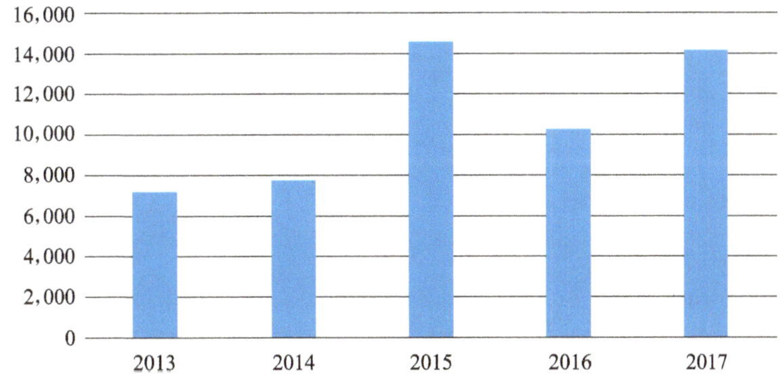

Source: Ministry of Commerce of the People's Republic of China, National Bureau of Statistics, and State Administration of Foreign Exchange

① Statistics on Chinese outward FDI cited in this section were extrapolated from the Statistical Bulletin of China's Outward Foreign Direct Investment 2017 (2018, September), Beijing: China Statistics Press.

3.1.2 Economic, social, and legal environment in Southeast Asia

Due to differences in political systems, economic policies, and cultures (there is a total of ten national languages in SEA, and a plethora of local languages and dialects), the business environment of each country in SEA has its own prerogatives. As illustrated in Figures 3.4 and 3.5, using components of the World Bank's Ease of Doing Business Index,[①] Singapore, Malaysia and Thailand ranked high among the 190 countries surveyed, while other countries of the region ranked in the middle or lower tiers, with some interesting cases where countries that generally rank low actually outperformed other countries when specific indicators were examined. Singapore and Malaysia, for instance, have witnessed notable improvements in their infrastructure investment environment. The Singapore government is seeking further infrastructure investment from private institutional investors instead of continuing to rely on public spending. However, investment risks have emerged in Malaysia following a currency depreciation against the USD, and a high-level corruption scandal which has delayed high profile investment projects.

Figure 3.4 2019 Ease of Doing Business Index Rankings for non-Mekong SEA Countries

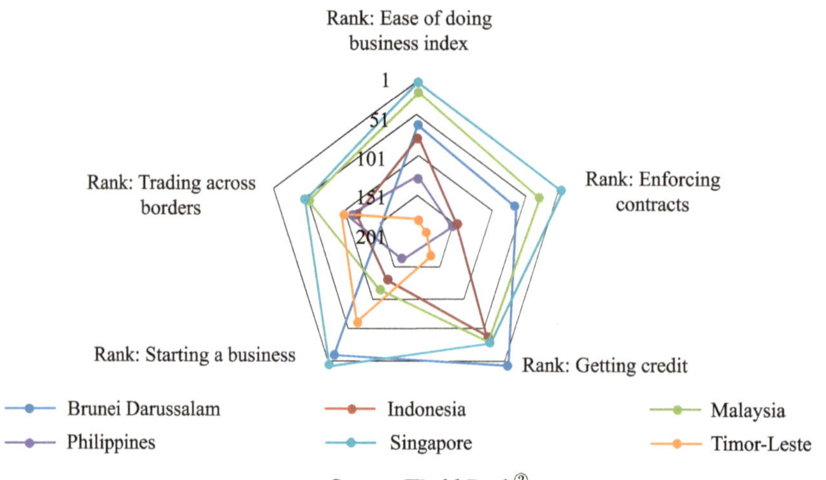

Source: World Bank[②]

---

① The index measures the overall ranking of the ease of doing business for any evaluated country. Main indicators: Enforcing contracts - Time and cost to resolve a commercial dispute and the quality of judicial processes for men and women; Getting credit - Movable collateral laws and credit information systems; Starting a business - Procedures, time, cost and paid-in minimum capital to start a limited liability company for men and women; Trading across borders - Time and cost to export the product of comparative advantage and import auto parts.

② World Bank (2019). Doing Business and Measuring Business Regulations, Historical Data.

Figure 3.5 2019 Ease of Doing Business Index for Mekong countries of SEA

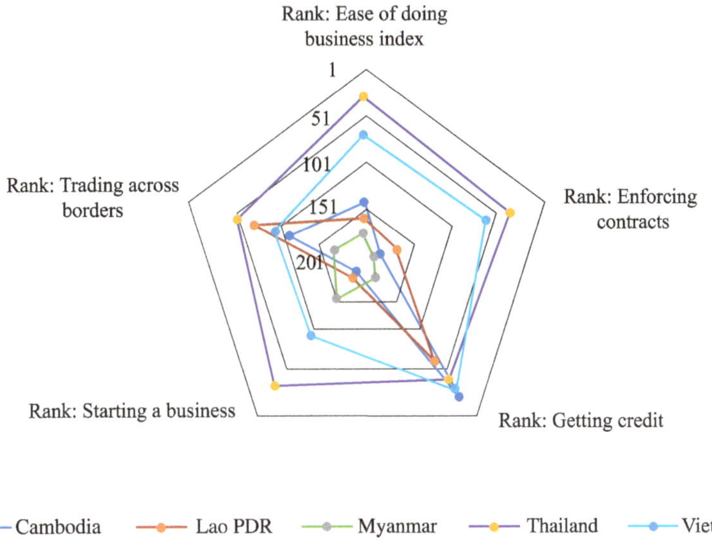

Source: World Bank①

According to the China-ASEAN Trade and Investment Index published by Peking University's ASEAN Research Center, with a series of investment promotion efforts and rapid improvement of domestic infrastructure, Thailand has emerged to become one of the region's top investment destinations. Given its electricity shortage and lack of fossil fuel endowments, the Thai government has demonstrated an interest in developing alternative energy sources.② Indonesia will welcome more investment in roads and ports infrastructure improvement, electricity generation, and telecommunication facilities. The huge investment gap in infrastructure presents great opportunities for foreign investment. China's investment on the Jakarta-Bandung high-speed railway is a promising start. Viet Nam's infrastructure is at a lower level than that of Thailand and Indonesia, especially in the areas of roads, airports, electricity supply and fixed communication. In recent years, the Vietnamese government has started to invest much more, roughly 5.7% of its GDP, in infrastructure, which is the highest among all Southeast Asian counties.③

Tables 3.1 and 3.2 below illustrate the large variations among SEA countries in population and in key economic, financial sector development and debt indicators. In terms of the size of the economies, Indonesia's GDP is 95 times that of Brunei, but Brunei's per capita GDP is 6.42 times that of Indonesia. In terms of industry, major economies like Singapore, Malaysia and Thailand, which are more mature in economic development, are heavy on consumer goods, retail and

① World Bank (2019). Doing Business and Measuring Business Regulations, Historical Data.
② Ariffin, E. (2018, October 30) Thailand paves the way for renewables. The ASEAN Post.
③ Asian Development Bank (2017, February). Meeting Asia's infrastructure needs.

services, while Cambodia, Lao PDR, Myanmar and Viet Nam, where economic development is relatively less developed, still focus on agriculture and manufacturing.

Table 3.1 Key economic and development indicators for Southeast Asian countries (2018 or most recent year available)

Country	GDP per capita①	Total trade②	FDI net inflows③	Human Development Index④	Total population (growth rate)	Life expectancy at birth	Employment to population ratio (%)
Brunei Darussalam	80,778	94	468	30	428,962 (1.1%)	77	59
Cambodia	4,354	125	2,788	143	16,249,798 (1.5%)	69	80
Indonesia	13,057	43	20,510	116	267,663,435 (1.1%)	69	64
Lao PDR	7,441	76	1,599	139	7,061,507 (1.5%)	67	78
Malaysia	31,698	132	9,512	57	31,528,585 (1.4%)	75	62
Myanmar	6,662	-	4,002	148	53,708,395 (0.6%)	67	61
Philippines	8,935	76	10,256	113	106,651,922 (1.4%)	69	58
Singapore	101,353	326	94,811	9	5,638,676 (0.47%)	83	66
Thailand	19,018	123	8,046	83	69,428,524 (0.3%)	75	67
Timor-Leste	7,644	-	7	132	1,267,972 (2.0%)	69	38
Viet Nam	7,435	188	14,100	116	95,540,395 (1.0%)	76	76

Source: World Bank and UNDP⑤

① 2017, PPP adjusted, in USD.

② 2018, as a percentage of GDP.

③ 2017, in current million USD.

④ 2018, rank; 1 = highest; 189 = lowest.

⑤ For Human Development Index data, see: United Nations Development Programme (2016). Human Development Report 2016: Human development for everyone. For data on all other variables, see: World Bank Data.

Some of the countries of Southeast Asia face government debt issues. In particular, as Lao PDR, Malaysia, Cambodia, Viet Nam, and Thailand have continued to emphasize the importance of infrastructure investment, they have been experiencing a gradual increase in their government debt levels. At the same time, inflation has posed problems in some countries in the region in the past decade, partially caused by increases in international food and oil prices as well as inflows of international capital, especially in Thailand, Viet Nam, Indonesia, and the Philippines. This is also a risk for potential foreign investments in Southeast Asian countries in the future.

Table 3.2 Key financial and debt indicators in SEA (2018 or most recent year available)

Country	Bank non-performing loans to total gross loans (%)	Domestic credit provided by financial sector (% of GDP)	Grants, excluding technical cooperation①	Net ODA received per capita②	Inflation, consumer prices (annual %)	External debt stocks, total③	General government gross debt (% GDP)
Brunei Darussalam	3.9	28.3	–	–	0.2	–	2.5
Cambodia	2.0	85.7	6.2	52.7	–	15,336	29.4
Indonesia	2.3	47.2	18.5	0.9	3.2	369,840	29.2
Lao PDR	–	–	10.0	68.5	2.0	15,588	63.0
Malaysia	1.5	143.1	7.3	-0.9	0.9	–	56.2
Myanmar	–	–	22.5	28.9	6.9	14,936	38.2
Philippines	1.7	69.1	18.1	1.5	5.2	78,824	39.6
Singapore	1.3	136.6	–	–	0.4	–	108.3
Thailand	3.1	167.0	12.6	3.6	1.1	169,241	42.1
Timor-Leste	–	-10.9	2.9	186.6	–	158	5.4
Viet Nam	1.9	141.8	24.3	25.1	3.5	108,096	57.5

Source: World Bank and IMF④

① 2017, Balance of payments, current USD million.

② 2017, current USD.

③ 2017, Disbursed and outstanding debt, current USD million.

④ For general government gross debt (% of GDP) data, see: International Monetary Fund (2019). General government gross debt as a percentage of GDP. For data on all other variables, see: World Bank Data.

3.1.3 Social, political and legal environment in Southeast Asia

In recent years, SEA has enjoyed increasing legal and political stability, with a strengthened legal environment and stronger protection of property rights due to increased protection from domestic laws and adherence to international investment agreements. In this context, it is important for lenders to ensure that there is broad-based support for their investments, beyond the incumbent political leadership. As of late, notably in Malaysia, there have been instances whereby new governments have demanded to revise BRI agreements signed by their predecessors due to their perception that these imposed too heavy of a debt burden. In the case of the Lao PDR section of the Kunming-Singapore Railway, for instance, the estimated construction cost of the project amounts to nearly 40% of Lao PDR's national GDP.① It is crucial for investments of such scale to receive wide public and political support and to remain consistent with economic, social and environmental sustainability.

BRI projects in Southeast Asian countries may also face policy barriers as well as legal challenges. The World Bank has estimated that it takes about 18 days to comply with all of the importing procedures in SEA, while the same figure for G7 countries is less than 10 days.② On the legal front, among the 11 Southeast Asian nations' legal systems, two are based on common law, six on civil law, and the remaining three are hybrid legal systems. Such variations on legal systems can present challenges to connectivity between Southeast Asian countries, especially when a project requires working across jurisdictions.

The WBG Indicators, covering four elements-control of corruption, political stability and absence of violence, rule of law, and regulatory quality – provide a practical tool for assessing governance in particular countries and regions. Figure 3.6 shows the World Bank rankings of 11 countries in SEA in this area.

---

① Ruta, M. (2018, May 4). Three opportunities and three risks of the Belt and Road Initiative. World Bank, Trade Post Blog.

② Ibid.

Figure 3.6 Southeast Asian countries governance indicators (percentile ranks)

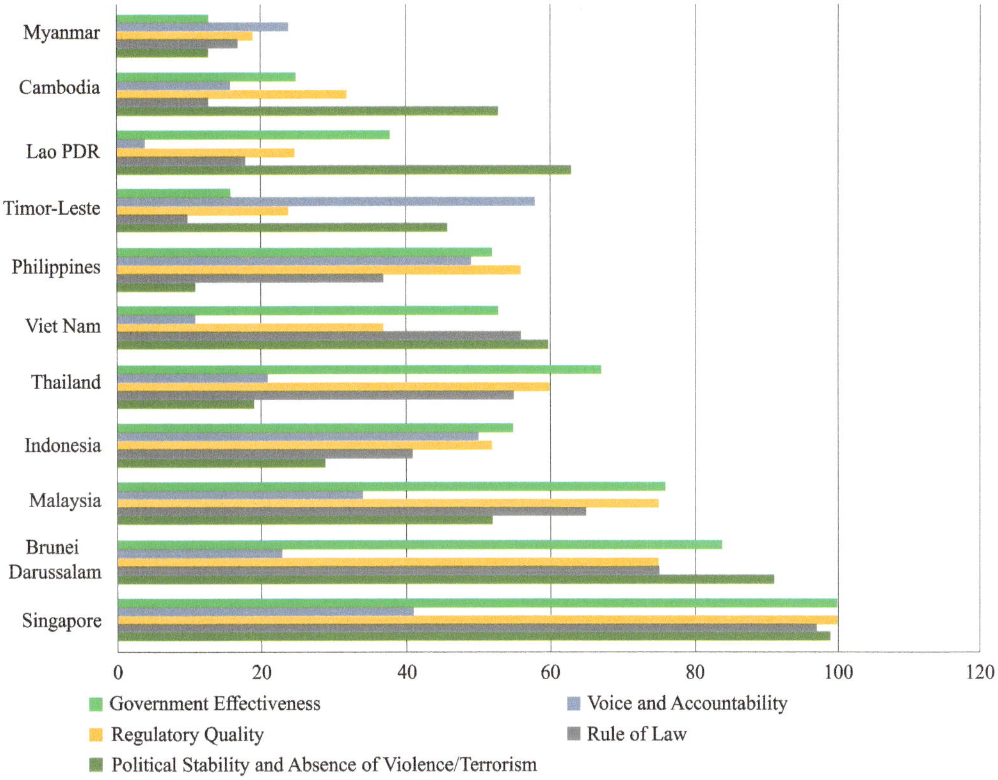

Source: World Bank Worldwide Governance Indicators①

3.2 Challenges and risks of investment and financing in Southeast Asia

Southeast Asian countries differ greatly in aspects of economic development, economic policy coordination, financial market development, infrastructure financing and construction, legislation, and law enforcement. Such diversity may bring risks and challenges to investment and financing activities, especially for inter-connected projects. Based on examples from domestic legislation and regulations in SEA, the present section reviews some challenges and risks that arise in four areas: banking sector openness, guarantee system, dispute resolution and arbitration, and foreign exchange control. The analysis highlights the importance of considering multi-dimensional risks associated with national legal systems, macroeconomic environment, taxation, foreign exchange, etc. for BRI investment and financing activities,

① World Bank (2017). Worldwide Governance Indicators.

while conducting sufficient and practicable coordination and consultation.

3.2.1 Banking sector openness

Banking sector openness, an important aspect of a country's overall financial openness, is associated not only with financial innovation, regional or global integration, and economic growth, but also with investment and financing risks. While a more open financial market can help increase the efficiency of financial intermediaries and bring down the cost of financing, a closed banking sector tends to negatively affect risk-sharing and the availability of funds, both of which are important to foreign investors.[①] Obtaining banking licences is a common prerequisite for banking in most countries of the world. However, banks face several types of challenges in SEA.

First, restrictions on foreign capital exist across several Southeast Asian countries. In Malaysia, foreign capital can account for no more than 40% of the capital of a financial institution (the remaining 60% needs to be domestic) and can only hold up to 49% of a domestic bank's shares through acquisition. There was also a 60% foreign ownership cap on banks in the Philippines until 2014, the year a law removed the ownership cap to help the country deepen its economic integration with other ASEAN economies. Earlier in 1999, Singapore's banking reform lifted the 40% equity restriction on foreign capital in local banks.

Second, regulations governing the scope of business vary across SEA. In Lao PDR, foreign banks can apply to open an agency or representative, but the approved agency or representative offices are only permitted to contact its foreign commercial bank or financial institution clients rather than be involved in any banking or similar business with domestic counterparts. Similarly, in Myanmar, foreign banks granted business licenses need to establish a joint venture with local banks to be able to conduct banking business with local companies. While the Central Bank of Myanmar has issued temporary business licenses to 13 foreign banks including ICBC and Bangkok Bank for opening branches, they are allowed to provide loans only to foreign companies.

Third, investors and banks entering SEA are challenged by different operational restrictions. Foreign banks in Thailand, for example, are limited to setting up 20 branches and 20 ATMs. In Malaysia, the Central Bank requires at least 30% of a foreign bank's employees to be Malaysians.

---

① See: Bayraktar, N., Wang, Y. (2006, October). Banking sector openness and economic growth. World Bank Policy Research Working Paper 4019; Chen, Y., Chou, R. K., Li, J. (2015, August). Financial liberalization via market openness and corporate cash policy.

3.2.2 Guarantee system

Guarantees provide political risk insurance (notably protecting against expropriation, conflicts, currency convertibility) for investments. They help emerging countries attract and retain investment, increase investors' access to financing on improved terms and conditions and, overall, promote FDI.

In Cambodia, infrastructure projects under the *Law on Concessions (Article 16)* can be eligible for sovereign guarantees (i.e. government guaranteed repayments), in special cases, under procedures stipulated by financial supervision. In Thailand, applications for sovereign guarantee are not only subject to the Guarantee Law and relevant procedures, but are also required to be reviewed by the Ministry of Finance of Thailand.

Most Southeast Asian countries are members of the Multilateral Investment Guarantee Agency (MIGA), which helps foreign investors enter the market and protects them from political and non-commercial risks in developing countries. The members take advantage of the transparent and mutually comprehensive knowledge sharing and inclusive insurance coverage of five types of non-commercial risks.

As for collateral, there are restrictive or prohibitive regulations for foreign banks to obtain local security interests. In some special trades and industries, such as important national mineral resources, foreign banks are not allowed to obtain security interests. In addition, there are restrictions on the type of property that can be used as collateral. For example, Viet Nam's *Land Law* and *Law on Investment* stipulates that only Vietnamese banks or branches of foreign banks in Viet Nam with operating licenses are allowed to set mortgages on real estate.

3.2.3 Dispute resolution and arbitration

The New York Convention on the Recognition and Enforcement of Foreign Arbitral Awards, also known as the *New York Convention*, was adopted in 1958 at a UN Diplomatic Conference. Widely regarded as the fundamental tool for international arbitration, the New York Convention requires courts in contracting states to enforce private arbitration agreements, and to recognize and enforce arbitral awards made in other contracting states. While almost all Southeast Asian countries have acknowledged and ratified the New York Convention, increases in the importance and complexity of international business, coupled with distinct domestic legal environments in Southeast Asia, have started to pose challenges to effective enforcement of the Convention. Moving forward, how national courts respect and respond to international arbitration rulings on investment and financing disputes will have significant implications for investors and their activities in the region.

In places where the legal system complicates the business environment, enforcement of arbitral awards may be hard and challenged by difficulties from bureaucratic procedures. Indonesia, for example, is a contracting state of the New York Convention. However, foreign arbitral awards made by other contracting states are enforceable in Indonesia only with proper orders from the Central Jakarta District Court. If the Indonesian government is a party of the foreign arbitral award, the enforcement order would need to be issued by the Supreme Court of Indonesia.

There are also domestic arbitration and dispute resolution mechanisms in Southeast Asian countries, which could add another layer of complexity. In Singapore, the domestic Arbitration Law is a supplement to the International Arbitration Law, with the Singapore International Arbitration Centre (SIAC) being the only arbitration institution in Singapore. Thailand's legal system allows parties to have arbitrations outside of court, a method used to resolve civil and commercial disputes parallel to court hearing. Since the parties can choose the applicable rules for arbitration on their own, out-of-court arbitration has become the most common method to resolve disputes.

3.2.4 Foreign exchange control regulations

Foreign exchange controls, which put limitations on the buying or selling of local currency in exchange for foreign currency, can help central banks stabilize the values of their currency. However, such controls pose challenges for financing and investment activities and undermine the benefits of trade and investment by discouraging foreign investors from bringing in capital and domestic investors from seeking investment opportunities abroad.

While Cambodia does not have legal restrictions on the inflows of capital for projects or outflows of principal and interest, all such actions must be executed by authorized agencies, namely permanent banks in Cambodia. In addition, residents are free to possess foreign currency regardless of the form or the deposit place. In Lao PDR, foreign exchange trading and settlement are required to be carried out by designated banks or institutions. Profits of investment projects could be remitted abroad through commercial banks after taxation, but large amounts need to be transferred in batches as approved by the National Bank of Lao PDR. Investors in Viet Nam are not allowed to remit their dividends out of the country if accumulated loss from the previous year remains on their account.

Laws in some Southeast Asian countries allow their governments to temporarily restrict capital outflow. For example, in the event of a foreign currency crisis, the Cambodian Central Bank may suspend residents' right to own foreign exchange for up to three months. The Central Bank of Thailand is also able to limit outbound remittance under unfavourable foreign exchange conditions.

3.3 Best practice of sustainable investment and financing in Southeast Asia

3.3.1 Sultan Abdul Halim Muadzam Shah Bridge (Second Penang Bridge)

The Sultan Abdul Halim Muadzam Shah Bridge of Malaysia, also called the Second Penang Bridge, has set a new record as the longest sea-crossing structure in the region, and was awarded the 2015 Brunel Medal and the 2016 "Luban Prize" (Overseas Project) of China. With a USD 1.5 billion investment, the project adhered to rigorous science and technology innovation standards, which not only improved the project's profitability but also helped preserve the ecological balance of the construction area.

Economic sustainability

The project employed a number of emerging technologies that played a key role in improving its profitability while reducing overall operating costs. The use of high damping rubber bearings, for instance, has reduced engineering costs by USD 49 million, while at the same time fostering the development of the local rubber industry. Furthermore, materials needed in the project, such as steel and concrete that accounted for 31% of the total procurement, were purchased locally. Contractors cooperated with local enterprises on scientific research, design consultation and construction. This allowed for the further development of the local industries involved, alongside creating numerous employment opportunities for local communities. The Second Penang Bridge project has generated more than USD 17 million in corporate tax and brought relief to the local economy during the financial crisis.

Quality control

The contractors of the project ensured that 30% of the project would be locally managed, and organized more than 30 local training sessions. An Occupational Health and Safety Management System (OHSMS) in compliance with corporate standards was set up for both foreign and local employees. The local quality managers carried out daily quality and safety inspection and supervision. In terms of quality control, the project was developed in accordance with the UK Design Manual for Roads and Bridges (DMRB), while the assembling of the segmental box girder bridge and quality controls for seismic and collision either followed EU Standards covering the structural design of civil engineering projects, or the American National Highway and Transportation Association Standards. To effectively avoid project quality failures, the project department has compiled a "Construction quality failure directory" and established a targeted prevention system.

Environmental sustainability

Malaysia has over 15 laws and regulations related to environmental protection. To abide by the laws and meet the expectations of both the government and project owners, contractors have implemented a variety of environmental protection programs and supported effective government supervision. In water pollution prevention and quality control, for instance, the project's general manager set up eighteen water quality monitoring sites around the construction area, four around the mud transportation area, and four around the mud-dumping area in order to monitor the impact of the bridge on the surrounding marine environment. For each monitoring site, an independent environmental protection department took water samples at three different depths, analysed water quality every month and used satellite data to analyse suspended solids twice a year. In addition to hiring local environmental protection engineers to survey local wild species, the project monitors sewage and noise levels on the construction site and conducts dredging operations in designated areas. After nearly four years of consecutive monitoring, pollution levels remain within acceptable ranges and local marine biodiversity was found to have increased.

Governance sustainability

Contractors have made corporate social responsibility and sustainable governance part of their strategic planning and corporate culture. Plans for social responsibility, sustainable development, post-evaluation work, and related executive functions are drafted by the executive board. Members of the board successively decide on a final approval to social responsibility and sustainable governance. In addition, contractors have established an assessment system covering social responsibility and sustainability-related content, incorporating social responsibility and sustainable development into the annual performance appraisal of foreign institutions that are linked to performance. At the same time, in accordance with the requirements of the parent company China Communications Construction, contractors provided materials for the drafting and publication of reports on social responsibility and sustainability.

Emergency management sustainability

The project headquarters have formulated and issued twelve emergency plans, including the "Emergency Media Response and Disposition for Emergencies", "Emergency Plan for Prevention against Terrorism and Riot", and "Contingency Plans for Work Safety Incidents". The overseas agencies and project departments of the Bridge's contractors drafted their own emergency plans by taking into account both standard emergency plans and the local conditions of the area. In April 2012, an earthquake with a magnitude of 8.6 hit Sumatra,

Indonesia. It strongly affected the development of the Second Penang Bridge, leading to the issuing of a tsunami warning. The Bridge's project department immediately executed the emergency plan by suspending on-site construction, organized the evacuation of construction personnel to safety areas, and closely monitored the tsunami warning.

3.3.2 Nam Ou River Cascade Hydropower Project

Project overview

The Nam Ou River Cascade Hydropower Project is the first case where the government of Lao PDR authorized a foreign corporation to develop a hydropower infrastructure project. The plant was designed to have a total installed capacity of 1.272 million kW. In April 2016, all generators of the first phase were put into operation.

Financing requirements

To support the project, China Development Bank (CDB) adhered to the principles of development financing and used early intervention to create conditions for smooth financing. After participating in the top-level designing of the project, identifying the entry point for the project, visiting the project owners and relevant government authorities, and analysing the current market situation to produce data for policymakers, CDB signed the *Nam Ou River Project Financing Cooperation Agreement* with the project implementing party, Power China, on April 20, 2011.

In addition to having a multi-level risk allocation mechanism for the project's financing, CDB adjusts its risk mitigation measures according to local conditions and characteristics of the 2 phases of the project. Phase I of the project adopts the BOT (build-operate-transfer) model with the borrower being Nam Ou River Basin Hydropower Co., Ltd., as a project company under Power China in Lao PDR. Further in 2016, a consortium of banks led by CDB promised to provide medium- and long-term foreign exchange loans for the project with a loan term of 20 years. This helped integrate the resources of different financial institutions, ensure the supply of large, long-term funds for project construction, and disperse risks across participating banks.

Social and environmental impact

The development of the Nam Ou River hydropower project respected the concepts of "green" and "scientific development", thereby strengthening the project's socially responsible nature. Those leading its development placed emphasis on their role as "developers of global green clean energy", "shareholders capable of acting in an economically and socially responsible manner", and as "promoters of the multicultural integration between China and other countries". With the aim of establishing a hydropower station of high quality and creating liveable spaces for the communities impacted by the project, the project development team respected the principle of "keeping the resettlement of local residents, the levels of inundation of arable land, and the overall environmental impact of the project to a minimum". In compliance with this principle, 23 new villages were built for the relocation of over 2,300 families, and allowed for the resettlement of a total of over 12,600 local residents. Significant work was also carried out to enhance the quality of newly-built infrastructure (from schools to markets, hospitals, temples, 500 km of roads and 20 new bridges) and to kick-start initiatives in support of the livelihoods of local residents. As an example of this, the Nam Ou River Project created a total of over 8,000 jobs, and attracted a workforce in need of enhancing its skills. A number of organizations also supported resettled families. Investment for these initiatives amounted to a total of USD 100 million. While dam construction, if left unchecked, could lead to land and biodiversity loss, the different phases of this particular project hold the promise of meeting Lao PDR's needs to develop green energy for economic and social development. The project could also support Lao PDR's growing power demand, enable electricity exports, and bring electricity to some of Lao PDR's poorest households, thereby setting an example for the completion of other hydropower projects across BRI participating countries.

Innovative and promotable models

The multi-level risk allocation mechanism used for the project allows for adjustments of risk mitigation measures to match the financing structure with project risks, and effectively prevents and controls the market and raw material risks.

The first level of the project's risk allocation mechanism is called "Take or Pay". During the negotiation on Concession Agreement and Power Purchase Agreement (PPA), CDB reached an agreement on a "Take or Pay" power purchase terms with Power China and Électricité du Laos (EDL). Accordingly, EDL would purchase all electricity generated and pay for it at an agreed price, forming the first level of the risk allocation mechanism to prevent and control market risks.

As the second level of the risk allocation mechanism, a commitment letter from the government of Lao PDR would provide a financial guarantee for EDL's commitments in PPA.

Overseas investment insurance and political insurance provided by SINOSURE serves as the third level. In addition, Phase Ⅰ and Ⅱ of the project were also insured against non-performance of terms in CA and PPA, such as price and sale of electricity.

Shareholders' support forms the last level of the risk allocation mechanism. While the project and market risks can be generally controlled by the above risk allocation mechanism, raw material risk and liquidity risk (such as overdue loans caused by a long insurance payout process) still remain. To prevent such risks, CDB obtained support from shareholders and a one-year liquidity support scheme for repayment of principal and interest with dynamic recoverable coverage from Power China.

Implications of the case

Although electric power development projects can in theory generate relatively stable cash flow, for most infrastructure construction projects, the construction cycle is long while revenue and level of marketization are limited. Therefore, financial institutions need to fully analyse market trends and the investment environment of host countries, explore and cultivate high-quality projects, build project promotion mechanisms, improve financing conditions for the projects, and support the long-term economic growth of host countries with high-quality financial resources.

Financial institutions should also actively engage in business negotiations on concession agreements and power purchase agreements in the early stages of project development, while at the same time understanding the rights and interests included in the agreements. By taking into account the content of agreements, financial strength of borrowers, progress on construction, market situations, risk factors, as well as practicality issues, financial institutions can strive to design a systematic credit structure that is realistic, implementable, and effectively prevent risks.

Chapter 4 Analysis of infrastructure investment along the Belt and Road

"Facilities connectivity", a key for the inclusive and sustainable development of the Belt and Road region, is one of the five pillars of the BRI. At present, however, the capital and resource flows along the Belt and Road have not been able to satisfy the region's infrastructure investment demand, which, as estimated by the Development Center of the State Council of China, amounts to at least USD 10.6 trillion over the period of 2016-2020. To fully understand how financing and investment activities along the Belt and Road have been transforming the landscape of different sectors and fields, the following chapter provides an analysis of the infrastructure sector, which has been attracting a significant share of BRI-related investments with considerable implications for the sustainable development of our society.

4.1 Linkages between the SDGs and infrastructure financing along the Belt and Road

In 2017, finance ministers from 27 countries jointly issued the *Guiding Principles on Financing the Development of the Belt and Road*. Section Four clearly articulates the importance of infrastructure to sustainable development:

"*We reaffirm the important role of infrastructure in sustainable economic and social development. We encourage countries involved to open public service markets as appropriate, while maintaining a sound and stable legal, policy and regulatory framework and develop public-private partnerships to channel funds and improve the efficiency and quality of infrastructure supply. We encourage the interested parties to establish effective information flow between the private sector and financial institutions which support sustainable development through financing infrastructure investments*".[①]

"Sustainable infrastructure" is commonly defined as "*infrastructure projects that are planned, designed, constructed, operated, and decommissioned in a manner that ensures*

① Ministry of Finance of the People's Republic of China (2017, May 16). Guiding principles on financing the development of the Belt and Road. Belt and Road Portal.

economic and financial, social, environmental (including climate resilience), and institutional sustainability over the entire life-cycle of the project". The BRICS-led New Development Bank, of which China is a founding member, has gone so far as to put sustainable infrastructure at the heart of its approach to development lending.① The China International Contractors Association has also developed a framework for public- and privately-financed sustainable infrastructure as well as planning, designing and financing of sustainable assets.② These frameworks are anchored in the following four pillars: Economic and Financial Sustainability, Environmental Sustainability and Climate Resilience, Institutional Sustainability and Social Sustainability.

Sustainable infrastructure can make a vital contribution to achieving the SDGs, as it can bring growth, access, resilience, and poverty alleviation to host countries while providing market opportunities for commercial actors and providing global public goods. Figure 4.1 exhibits the broad array of SDGs, the achievement of which is promoted by properly-designed sustainable infrastructure.

Figure 4.1 Linkages between sustainable infrastructure and the SDGs

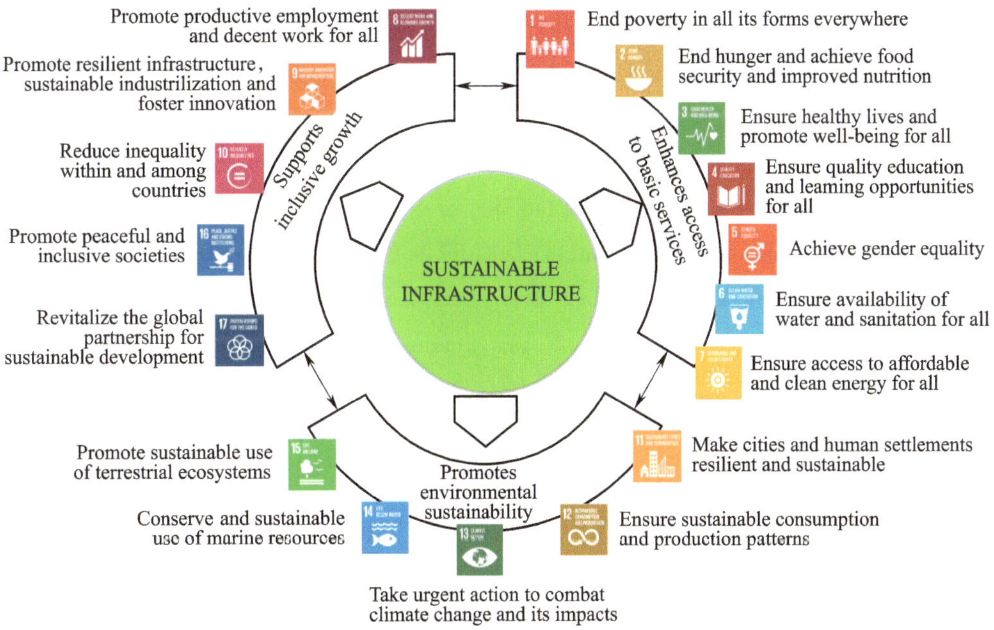

Source: Bhattacharya et al., 2016

① New Development Bank (2016, March). Environment and Social Framework.

② China International Contractors Association (2017, July 13). Guidelines of sustainable infrastructure for Chinese international contractors.

Sustainable infrastructure can also help achieve the SDGs by linking them to the Nationally Determined Contributions (NDCs) aimed at combating climate change. As an essential component of the Paris Agreement, NDCs are independently developed by each country at the national level. They define the mitigation and adaptation measures each State pledges to take at the domestic level to respond to climate change. The majority of these usually include renewable energy contributions. As a multipurpose instrument, NDCs are the manifestation of the bottom-up, country-led approach to sustainable development which has become one of the pillars of the Paris Agreement. They also grant governments the opportunity to share their climate change mitigation and adaptation plans and priorities with the rest of the international community.[①]

NDCs, which include energy projects and targets already identified by host countries, can be essential in providing guidelines for the development of BRI projects. A paper in *China & World Economy*[②] estimates the investment opportunity presented by NDCs across the world to be equivalent to over USD 1 trillion. When considering the countries included in China's BRI, a total of 56 NDCs were analysed. 48 of these include renewable energy contributions, and 31 out of 48 are quantifiable. The total renewable energy investment potential of the BRI region plus China is USD 678 billion. This represents 65% of the overall investment potential identified in recent research by Boston University. By regions, South Asia, with 8 NDCs, has the largest renewable energy investment potential in the BRI, estimated at USD 187 billion, although most of this potential comes from India's contributions. The next largest BRI investment potential lies in SEA, with 7 NDCs amounting to USD 94 billion, and from East Asia, with USD 67 billion from the contributions of the Republic of Korea and Mongolia. Europe and Central Asia, with 5 NDCs, stand at USD 51 billion, mostly from Turkey. The Middle East includes 8 NDCs, with a potential of USD 39 billion, and Africa, with 2 NDCs for an investment potential of USD 29 billion.

The harmonization of financing and investment standards along the Belt and Road, which is what the present report calls for, offers the promise of bringing significant benefits. The establishment of harmonized guidelines and standards is a credible way to demonstrate that each country involved shares with the others a sense of responsibility towards the construction of sustainable infrastructure. Guidelines and standards for finance and investment have been developed over time, recognizing the impact external economic actors can have on the economies, communities and local contexts of partner countries. Global experience has proven the central role of standards in ensuring that infrastructure and other

---

① As summarized in: Muñoz Cabré, M., Gallagher, K. P. and Li, Z. (2018, November 13). Renewable energy: the trillion-dollar opportunity for Chinese overseas investment. China & World Economy, 26 (6), 27-49.

② Ibid.

projects are consistent with a broader set of environmental and social goals. These standards have evolved steadily over the last decades–a process that is certain to continue over the course of the next few years in the name of the pursuit of the SDGs.

4.2 Major trends in infrastructure investment along the Belt and Road

While a significant share of investment and financing activities along the Belt and Road in the past five years has been centred around building and improving infrastructure, the BRI region still offers ample scope for further improvements. Figure 4.2 presents ADB's estimates of Asia-Pacific infrastructure needs by sector. Infrastructure financing gaps notwithstanding, there are also significant connectivity disparities across sub-regions and countries in the BRI region. When looking at the quality of infrastructure across BRI sub-regions and individual countries, it becomes apparent how BRI partner economies such as Singapore, the United Arab Emirates, Hong Kong SAR, and China are ranked among the top 20 performers on the World Bank's Logistics Performance Index, while countries such as Afghanistan, Bhutan, and Iraq remain near the bottom of the ranking.

Figure 4.2 Baseline estimates for infrastructure investment needs in Asia-Pacific in billion USD by sector, 2016-2030 (USD billion in 2015 prices)

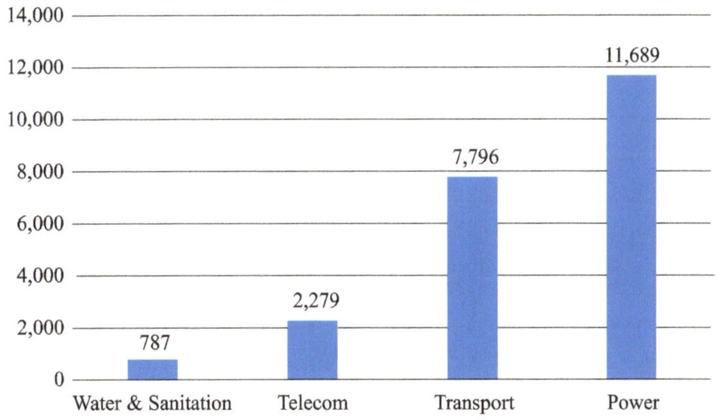

Source: Asian Development Bank estimates[①]

China's overseas investment has been growing rapidly since the early 2000s (USD 2.7 billion in 2002 to USD 196 billion in 2016) before dropping to USD 158 billion in 2017, growing at an average

① Asian Development Bank (2017, February). Meeting Asia's infrastructure needs, 45.

annual rate of over 35%.① While Chinese outward FDI covers almost all sectors of economic activity, there are visible sectoral concentrations in different regions of the world. Table 4.1 shows that most Chinese investments in Africa in 2017 went into the mining and construction sectors. Chinese investments in Asia, on the other hand, were geared mostly towards the services sector.

Table 4.1 Top 5 sectors attracting Chinese outward FDI in selected regions through 2017

Region	Sector	Stock (USD billion)	Share (%)
Asia	Business services	510.34	45
	Finance	140.39	12
	Wholesale and retail	153.41	14
	Mining	79.52	7
	Industry	73.26	6
Africa	Construction	12.88	30
	Mining	9.76	23
	Finance	6.08	14
	Industry	5.71	13
	Business services	2.31	5
Europe	Industry	34.13	31
	Mining	22.49	20
	Finance	17.72	16
	Business services	10.63	10
	Wholesale and retail	5.17	5
Latin America	Telecom, software, and IT services	186.57	48
	Business services	76.57	20
	Wholesale and retail	59.45	15
	Finance	25.13	7
	Mining	8.77	2
Southeast Asia	Business services	17.48	20
	Manufacturing	15.57	18
	Wholesale and retail	11.88	13
	Mining	10.32	12
	Energy and utilities	9.62	11

Source: Ministry of Commerce of the People's Republic of China, National Bureau of Statistics, and State Administration of Foreign Exchange

① Ministry of Commerce of the People's Republic of China, National Bureau of Statistics, and State Administration of Foreign Exchange (2018). Statistical Bulletin of China's Outward Foreign Direct Investment 2017. Beijing: China Statistics Press.

China Global Investment Tracker, a BRI projects' database compiled by independent think tanks, suggests that a major proportion of all investments made and construction contracts signed by China have been in infrastructure sectors, including energy, transport, logistics, and utilities.① In particular, the energy and transport sectors together have attracted nearly 65% of all investments from and construction contracts signed by China (Figure 4.3).

Figure 4.3 Chinese investments and construction projects along the Belt and Road, by sector, 2013-2018

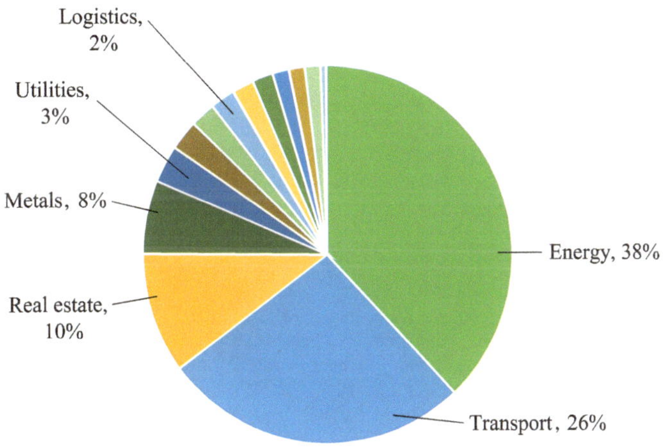

Source: The American Enterprise Institute and the Heritage Foundation

4.2.1 Energy

Based on currently available data, China's FDI and loans in the energy sector along the Belt and Road are so far geared primarily towards traditional energy sectors, rather than the development of low-carbon, alternative energy.

There are signs that China's global energy investments may shift away from traditional energy sources towards clean energy and grid optimization. The *Guidelines on Promoting Green Belt and Road*, and the *Belt and Road Ecological Cooperation Plan* demonstrate the Chinese government's commitment to incorporating principles which set the foundations for the construction of a "green economy" into its overseas investment agenda. In response, both official and private sources of financing from China have begun to initiate and fund more projects in the renewable energy sector. As China became a global leader in terms of solar, wind, and hydro energy capacity as well as total investment in renewable energy,

① For the definition of BRI projects and data used in the present section, please refer to: American Enterprise Institute. China global investment tracker.

it announced an ambitious plan in early 2017 that it would invest USD 360 billion in renewable energy by 2020. Through green energy policies, clean energy financing and experience sharing along the Belt and Road, China can begin to drive the BRI region's transition toward environmental sustainability and ensure that BRI infrastructure investment is fully consistent with global commitments to combat climate change by reducing greenhouse gas emissions.

Figure 4.4 BRI energy investments and construction contracts by energy source, 2013-2018

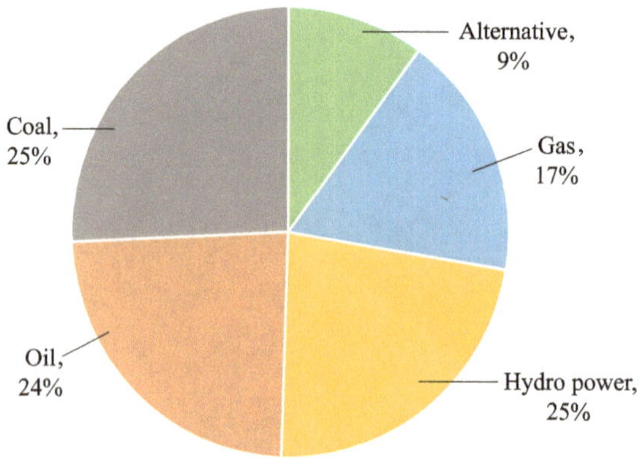

Source: The American Enterprise Institute and the Heritage Foundation

4.2.2 Transport

Transport connectivity is key to promoting international trade and investment, accelerating industrial transformation, and enhancing regional integration and the formation of production networks. Forming the foundation of physical connectivity among BRI partner countries, transport infrastructure has been a main focus of Chinese BRI investment, and a major sector in which construction projects are signed. Transport-related investments are helping to realize China's commitment to enhancing connectivity across Southeast Asia and Africa (Figure 4.5). Indeed, investment activity around transport infrastructure in the BRI regions has grown significantly since the introduction of BRI, in response to the BRI region's less developed transport infrastructure and relatively high trade costs.

In achieving the vision of building stronger connections among BRI partner countries, China has been heavily investing in transport infrastructure overseas without concentrating its investments in a particular BRI subregion. The China Global Investment Tracker database indicates that West Asia, Africa, and South-East Asia have all been substantially involved in the development of transport infrastructure through BRI.

Figure 4.5 BRI investments and construction contracts in transport, 2013-2018

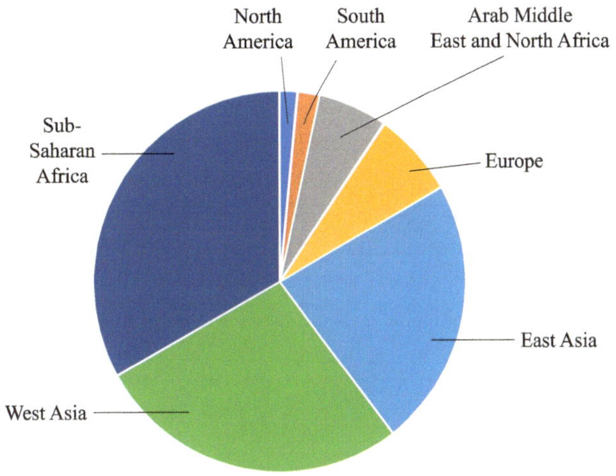

Source: American Enterprise Institute and the Heritage Foundation

4.2.3 Industrial parks

The construction of industrial zones or parks is another important area of focus backed by BRI investments. China's successful economic development model relied heavily on industrial zones. The important role they played in boosting broad-based economic growth and helping China advance into an industrial economy has generated a high level of interest in planning and building industrial zones in BRI partner countries.

A successful industrial zone not only produces goods and provides employment, but also attracts and integrates international funding and talent, utilizes and educates national human resources, enhances network effects, and contributes to improving the overall investment environment and local economic development. The industrial parks created by BRI investments are therefore not only a designated area for manufacture or export. Building on China's experience, they also serve as an area for the development of interconnected firms with affiliated research institutions. Table 4.2 provides examples of industrial park investments China has made in BRI partner countries.

Table 4.2 Selected industrial park projects under the BRI

Year	Name	Country	Investment (Million USD)	Partners
2015	Malaysia-China Kuantan Industrial Park	Malaysia	3,360 (Malaysia 51%, China 49%)	IJM Land, Kuantan Pahang Holding Sdn. Bhd., Sime Darby Property, Pahang State Government, Guangxi Beibu Gulf International Port Group, etc.

Table 4.2 (Continued)

Year	Name	Country	Investment (Million USD)	Partners
2017	China Economic Industrial Park	Bangladesh	– (China 70%, BSEZA 30%)	China Harbour Engineering Company, Bangladesh Special Economic Zone Authority (BSEZA)
2017	Borca Industrial Park	Serbia	257	China Road and Bridge Corporation
2018	Philippines-China International Techno-Industrial Park	Philippines	650	China National Machinery Corp
2018	Philippines-China New Clark City Industrial Park	Philippines	2,000	Gezhouba Group International Engineering Co., Ltd.

Source: Bloomberg, MOFCOM, Reuters, BusinessMirror, Belt and Road Portal, Financial Times

4.3 Major financing mechanisms for BRI infrastructure investment

Debt financing (direct or indirect) and equity financing are possible financing mechanisms for infrastructure projects along the Belt and Road. Some specific financing models involve a sophisticated combination of bond issuance, sovereign financing, business financing, project financing, public-private partnerships, financial leasing, private equity, IPO financing, etc.

Table 4.3 Major financing mechanisms for BRI infrastructure investment

Type	Financing mechanism	Definition, characteristics and examples
Direct debt financing	RMB or Dollar bond	Bond instruments can use either RMB or dollars as the settlement unit and interest and principal are paid in the same currency. As of November 2018, 693 overseas institutions have held RMB bonds.
	Green bond	Funds from bond financing for green projects that meet national policy conditions or bond instruments that refinance such green projects. A pioneer in the green bond market, as of April 2018, the World Bank has issued more than 140 green bonds in 19 currencies, totalling USD 11 billion. China is also emerging as a globally significant issuer of green bonds.
	Convertible bond	Bond instrument in which a bondholder can exercise the right to convert the bond into common stock of the company at the price agreed upon at the time of issuance, therefore has the dual characteristics of bond and option.

Table 4.3 (Continued)

Type	Financing mechanism	Definition, characteristics and examples
Indirect debt financing	Business financing	Existing enterprises raise funds and complete project investment construction. No new independent legal entities will appear before and after the completion of the project.
	Sovereign borrowing	Sovereign borrowing refers to debt financing of a sovereign state (central government or central bank). It can also involve other entities that receive a government guarantee on their borrowing. A common mode of the Belt and Road international financing, with a relatively low credit risk from the lender's point of view, but the associated debt service obligations place a direct or contingent burden on future budgets.
	Export credit	A way to support domestic exporters or foreign importers in solving the problem of delayed payment before the imported item is sold domestically (short-term export credits), providing funds for paying big-ticket imported items (medium-term export credits), and contracting large foreign projects (long-term export credits). The Export Credit Agency of the exporting country almost always requires a sovereign guarantee from the importing country, imposing a contingent liability on its future budgets.
	Syndicated loan	One or more banks jointly providing financing to the borrower. The Kalot Hydropower Project in Pakistan, the first large-scale hydropower investment construction project along the Belt and Road, has been supported by a syndicated loan from CDB, the China EximBank, and Silk Road Fund, in a consortium formed by the IFC.
	Project financing	Raising funds to pay for a specific project through a loan for the government or corporation implementing the project, with repayment of debt service envisaged from operational income of the realized project.
	M&A loan	A loan issued by a bank to an enterprise to cover the expenses of a merger or acquisition transaction. M&A loans have the advantages of relatively low cost, long maturity, increased control for the enterprise initiating the transaction, and protection of M&A information.
	Public-Private Partnership	PPP financing refers to a cooperation model formed between the government and private organizations to finance a project, operate the resulting asset, accept an agreed share of the associated risks, and distribute the net gains or losses according to the PPP agreement. It is often based on a concession agreement for the construction of infrastructure projects or the provision of public services. It can help release the vitality of social capital and improve investment efficiency and quality.

Table 4.3 (Continued)

Type	Financing mechanism	Definition, characteristics and examples
Indirect debt financing	Cross-border RMB loan	Cross-border RMB loans refer to loans in RMB issued by qualified foreign institutions. China-funded or other institutions can provide foreign banks with a comprehensive credit scheme for overseas RMB or other currency lending to support business related to the BRI.
	Financial leasing	A Lessor purchases an asset (retaining its ownership) on behalf of its Lessee for the Lessee's use in return for a series of agreed upon payments, which include interest.
Equity financing	Initial Public Offering (IPO) financing	IPOs are the issuance of shares to the public for the first time. This form of financing expands financing channels, can increase companies' net asset value, and improve their reputation and governance structure. Going public requires the disclosure of substantial information about the company and opens it up to greater short-term operating pressures and litigation risks.
	Private equity financing	An important equity financing model, private equity investment funds often offer advantages in five aspects: operating cost, corporate governance, management division of labour, value creation and financial risk prevention. In China, State-owned Equity Funds are operating in the same space, and have by now accumulated many years of experience along the Belt and Road.
Innovative forms of financing	Structured financing	Refers to the process of issuing asset-backed securities based on the future expected cash flow generated by the underlying assets as a repayment support and credit enhancement through structured design. Structured financing can enhance the liquidity of assets, provide low-cost financing for initiators, reduce exposure to risky assets, and facilitate asset-liability management.
	Technical assistance loan	A typical technical assistance loan is for the pre-work development cost of the project, including comprehensive development planning, project planning, project demonstration, technical and market research, and feasibility study report related to project development. Technical assistance loans can also support capacity building or institutional development.
	Hybrid Financing	Two or more types of financing are combined to better meet one or more funding needs of the borrower. It can bring about lower overall financing costs, more efficient use of funds, and more room for covering operational costs—at the expense of added complexity and transactions costs.
	Mezzanine finance	Mezzanine financing creates a debt class with specific risk-return characteristics as part of the overall financing of a project. It refers to a form of financing between priority debt and equity financing in terms of risk and return.

Source: China Development Bank

4.4 Cases studies of BRI infrastructure investment projects

4.4.1 Mombasa-Nairobi Standard Gauge Railway (SGR)

Project overview

The Mombasa-Nairobi Standard Gauge Railway (SGR) is a 472-km Kenyan railway corridor with an annual running capacity of 25 million tons. In almost a year and a half since its launch in May 2017, the SGR has carried over 2 million travellers and reduced transport time by more than a half. China Railway Corporation (CRC) led the construction phase of the SGR and ensured it was compliant with China's National I Class Standards for construction. After completion, the China Road and Bridge Corporation (CRBC) has been responsible for the operation and maintenance of the railway corridor. The total investment for the SGR exceeded USD 3.8 billion.

Environmental sustainability

The field inspection conducted prior to the construction of the SGR fully took into consideration the ecosystem diversity of Kenya. Experts responsible for conducting the inspection integrated environmental protection principles into the project's design, construction, and operation phases by studying the railway's potential impact on its surrounding environment. Environmental protection and impact assessments were carried out with the rigour required by Kenya's environmental protection laws to ensure the effective protection of the region's natural landscapes, rivers, flora and fauna. The design of the SGR was also intended to reduce the environmental impacts of the railway's construction and operation on the local environment. Bearing in mind wildlife migration needs, for example, engineers and experts from the Kenyan Wildlife Protection Agency spent over three months in Tsavo National Park, tracking the living habits of wildlife.

As a result of taking into account the needs of each species, the innovative design of the railway allows for the transit of wild animals and for the preservation of their original living habits. 14 animal sidewalks, 79 bridges, and over a hundred culvert-type tunnels were built. Each of these passages were built to be over 6.5 meters tall for them to be directly accessible by animals as tall as adult giraffes. The construction design of the SGR also maximized land use, as the majority of the SGR road sections share a traffic corridor with the A109 National Highway.

Economic sustainability

At the peak of construction, the Mombasa-Nairobi SGR required the work of over 30,000 employees, 95% of whom belonged to local communities. It also provided training to over 17,000 employees and 4,000 professional technicians from Kenya. As many as 60 full China Communications Construction scholarships were awarded to outstanding local high school graduates for them to study in Chinese universities. Together with the local government, the China Communications Construction Company also co-organized courses in vocational and technical schools for the training of professionals to help foster Kenya's future development. It is estimated that the construction of the project led to a 1.5% increase in Kenya's GDP and benefitted over 1,200 local enterprises. The resulting increase in connectivity has brought down logistics costs in Kenya by 40%.

Debt sustainability

The Mombasa-Nairobi SGR involved a total investment of USD 3.8 billion, 90% of which was provided by the China Export-Import Bank (EximBank), while the remaining 10% was provided by the Kenyan government. The government also began to levy an additional 1.5% import tax to support the construction of its standard gauge railway network (the repayment of the Chinese loans) as well as other relative activities including land compensation.① CRBC, after 5 consecutive years of the running of the SGR, will gradually hand over the operations to the Kenyan side and assist the Kenyan government in the training of skilled labour. As the Mombasa-Nairobi SGR continues to contribute to Kenya's economic growth, create jobs for local people, and increase the connectivity of the East African railway network, it is estimated that Kenya can repay the project loan in as few as 4 years.

4.4.2 Karot Hydropower Project, Pakistan

Project overview

The Karot Hydropower Project in Pakistan is a USD 1.74 billion electric power project of the China-Pakistan Economic Corridor. Led by the Three Gorges South Asia Investment Limited and supported by international financial institutions including China Development Bank, China EximBank, Silk Road Fund, and the IFC, the project utilizes a 17-year loan of USD 1.4 billion with a 6-year grace period for its construction. By replacing outdated fossil fuel power stations with a hydropower station, the project will alleviate Pakistan's dependence on foreign exchange-depleting fuel imports, and hence Pakistan's national debt risks. Hydropower technologies are also mature and stable and face less market risk of being replaced over time by superior technologies than traditional

① Article 8: Railway Development Levy of the Miscellaneous Fees and Levies Act 2016 of the Republic of Kenya.

energy technologies.

Risk management measures

About 2% of the total project budget is assigned for risk management-related expenditures. In identifying and measuring risks in implementation, the Karot Hydropower Project used due diligence that consists of field visits, interviews with relevant personnel, and collection of written materials. Guarantees for the construction of the project include, but are not limited to, the transferring of CITIC insurance benefits, pledging fixed assets and future rights to electricity charges as collateral. Commercial insurance has been purchased, with the risk of non-completion transferred to the EPC (Engineering, Procurement and Construction) general contractor. As legal protection mechanisms against potential risks in the project, a completion guarantee was signed, and the borrower's corresponding obligations added to the loan agreement, such as accelerated repayment demanded by the lender in case of risk events materializing. In addition, the project signed an account supervision agreement with the Habib Bank of Pakistan, which provides account services and ensures compliance with relevant regulatory obligations related to fund transfers.

There are also risks associated with the host country's policies and political system. Pakistan's large fiscal deficit and government debt combined with insufficient foreign exchange reserves pose potential financial risks. Political risks include possible political instability, conflicts among violent political factions, terrorism, disorderly struggles among religious and tribal factions, and anti-government attacks.

As for environmental risks, the project brings positive environmental effects and helps reduce greenhouse gas emissions: once built, the hydropower station will likely reduce the use of coal by around 2.1 million tons. It also deploys technical measures to minimize its effects on the water and geological conditions around the project. Meanwhile, the project has formulated environmental and social protection plans according to Pakistani standards, including ensuring the water supply for the environment and irrigation downstream, providing proper settlement compensation, providing more job opportunities for local people with sound community development plans, strengthening the management of sewage, dust, noise, garbage, etc., in the construction area, and formulating effective emergency plans for health protection.

In addition to mitigating business, social, and environmental risks through legal, insurance, and cooperation mechanisms, the Karot Hydropower Project is committed to Pakistan's sustainable development in implementation in close cooperation with the government. The Private Power and Infrastructure Board of Pakistan's Ministry of Energy provided a letter of support to the project, and the National Electric Power Regulatory

Authority issued a Generation License and approval of electricity pricing. The government of Pakistan also signed an implementation contract and a power purchase contract with the project.

Economic, social, and environmental implications

The project has been and will be generating significant social, economic, and environmental benefits for Pakistan. It has created over 2,200 jobs during the project's construction phase, and will sustain 150-300 employment and professional skills training opportunities each year during the project's operations. With the construction of the project, a large amount of capital is flowing into the local economy, increasing government revenue and employment while boosting the development of local industries such as building materials and services. The project pays about USD 23 million in tax to the government each year and generates 3.2 billion kW·h of electricity, which helps relieve the imbalance in electricity supply and demand in Pakistan. Meanwhile, 11 km of roads, 2 reinforced concrete highway bridges, 1 suspension pedestrian bridge, 13 thousand m^2 of permanent housing, and about 10 public facilities, such as a mosque and a medical clinic, will be built under the project, which will help improve local infrastructure, people's livelihoods and their quality of life.

The project actively supports education and poverty reduction programmes and implements a Pakistan immigration scholarship jointly with Pakistan's Punjab University and Jiangxi University of Science and Technology. Borrowing from the "targeted poverty reduction" model and built on school-school and school-enterprise partnerships, the scholarship fully funds young people from qualified families to complete undergraduate studies in relevant fields and offers them long-term, stable employment. The initial 18 students have been enrolled in college from November 2017.

Chapter 5 Global investment and financing standards towards sustainability

Sustainability rests on three pillars, each equally indispensable: economic, social, and environmental (Box 5.1). Governments and financial institutions have made the most progress on addressing economic sustainability, although further action is needed in bolstering debt sustainability and addressing escalating inequality. Large gaps remain in the social and environmental pillars, where there is a pressing need for effective sustainability standards and safeguards to ensure that the interests of financiers and investors align with the objective of achieving the SDGs.

Identifying common ground among international institutions and critical gaps across their standards is a necessary step toward harmonizing standards along the Belt and Road. Given the magnitude of BRI-related financing and investment flows and China's key role in global governance, harmonized BRI-wide standards could have a crucial impact on SDG attainment. This chapter provides an overview of global investment and financing standards as defined by multilateral and national development finance institutions. It reviews the Environmental and Social Frameworks these institutions have in place, followed by standards in other relevant areas for financing and investment including debt sustainability, transparent procurement, alignment with national priorities and systems, and risk identification and management.

Box 5.1 Environmental, Social and Governance (ESG) Assessment Framework

ESG factors allow an investment evaluation framework to go beyond narrow financial assessment and to better manage risk for sustainable, long-term investment returns. Jointly supported by the UNEP Finance Initiative and the United Nations Global Compact, the Principles for Responsible Investment (PRI) was founded in 2006 to integrate environment, social and governance issues into finance and investment decisions. Since then, international organizations and investment institutions have continuously deepened the ESG concept, which now encompasses a comprehensive and systematic evaluation method for information disclosure standards and performance in regard to all three aspects of ESG. At the same time, major international investment companies have launched their own ESG investment products as well. Major international organizations and initiatives, including the ISO 26000, Standards Association Standards Board (SASB), and Global Reporting Initiative (GRI), have also developed guidelines and standards for ESG reporting. Regarding the environmental sustainability pillar, for example, the ESG assessment process of major global agencies and ESG investment guidelines published by international exchanges considered carbon and greenhouse gas emissions, environmental policies, waste pollution and management policies, energy use/consumption, natural resources use and management (especially water resources), biodiversity, etc.

5.1 Environmental and social frameworks

5.1.1 Environmental and social frameworks of multilateral institutions

Ideas on sustainable investment and financing have evolved from the World Bank's social and environmental policies formulated in the 1970s and 1980s. This evolution has reflected a general recognition that sustainable development requires transformative changes in the global financial system and in the investment behaviour of financial institutions.

The Environmental and Social Frameworks (ESF) of MDBs are key instruments to avoid and mitigate negative social and environmental impacts. They assist in identifying risks and impacts during project development, and in establishing measures and processes to effectively manage risks and optimize project outcomes. ESFs are periodically updated and reviewed to incorporate lessons learned, international best practices, and standards of other multilateral institutions. Key objectives of the ESFs of the World Bank (WB), Inter-American Development Bank (IDB), Asian Development Bank (ADB), European Bank of Reconstruction and Development (EBRD), European Investment Bank (EIB) and Asian Infrastructure Investment Bank (AIIB) are summarized in Table 5.1 below.

The WB recently updated its ESF. The WB's new ESF introduces standards in labour protection, working conditions protection and community health and safety measures, which were missing in previous safeguard policies. It also establishes an overarching non-discrimination principle to ensure that marginalized groups including children, people with disabilities, women, ethnic and religious

Table 5.1 Environmental and Social Framework objectives

World Bank–Environmental and Social Framework (2017)
1. Prevent and mitigate unnecessary harm to people and their environment in the development process; 2. Manage environmental and social project risks, as a set of international standards for the World Bank, its borrowers, and the development community.
Inter-American Development Bank–Sustainability Framework (2006)[①]
1. Enhance project outcomes promoting environmental and social gains as core aspects; 2. Use safeguards throughout the project's lifecycle to mitigate risks and minimize negative impacts for people and natural resources.
Asian Development Bank–Safeguard Policy Statement (2009)
1. Avoid adverse impacts of projects on the environment and affected people, where possible; 2. Minimize, mitigate, and/or compensate for such adverse project impacts when avoidance is not possible; 3. Help borrowers/clients to strengthen their safeguard systems and develop the capacity to manage environmental and social risks.
European Bank for Reconstruction and Development–Environmental and Social Policy (2014)
1. Define roles and responsibilities of EBRD and its clients in designing, implementing and operating projects in line with EBRD's Environmental and Social Performance Requirements; 2. Set a strategic goal to promote projects with high environmental and social benefits; 3. Mainstream environmental and social sustainability considerations into all its activities.
European Investment Bank–Statement on Environmental and Social Principles and Standards (2018)
Identify and evaluate potential impacts of plans and programs.
Asian Infrastructure Investment Bank–Environmental and Social Framework (2016)
1. Reflect institutional aims to address environmental and social risks and impacts in projects; 2. Support integration and provide a mechanism to address environmental and social risks and impacts in project identification, preparation and implementation, both for AIIB and clients; 3. Provide a framework for public consultation and disclosure of environmental and social information; 4. Improve development effectiveness and impact to increase results on the ground; 5. Support clients, through Bank financing of projects, to implement their obligations under national environmental and social legislation.

Source: policy documents of WB, IDB, ADB, EBRD, EIB, and AIIB

① Publication date of the Environment and Safeguards Compliance Policy. Sectoral operational policies for gender equality, indigenous peoples, involuntary resettlement, labour and public utilities were published between 2006 and 2016.

minorities and LGBT people can benefit from development. Considerable improvements in stakeholder engagement and information disclosure have also been reported. A significant change in the new WB ESF is that, in the future, the WB will support a borrowing government to use its own ESF to evaluate and implement projects if the national framework is compatible with the WB's ESF in terms of addressing the risks and impacts of projects. This is referred to as a "country systems" approach.

There has been a gradual shift toward working with borrowing countries to enable them to take more ownership over such policies. A common complaint from WB borrowers has been that ESFs have been strictly imposed on countries with little or no capacity-building components. A WB client noted that: "*The Bank always considers safeguard policies superior to the country's own laws and systems, reflecting lack of trust and undermining client ownership.*"[①] With support from the government of Japan, the Multilateral Investment Guarantee Agency (MIGA), part of the WBG, has set up an environmental and social trust fund that helps fund capacity building in Africa for borrowing countries to adapt to the WB's Environmental and Social Risk Management (ESRM) program.[②] This is part of a relatively new effort to respect national "country systems" for social and environmental protection. While these measures contain significant improvements, some civil society organizations have expressed concerns about the extent of confidence that the new World Bank ESF places in host country governments that may have good laws and regulations on the books but that may not implement those regulations consistently.

As Table 5.2 below shows, standards and principles are covered in similar ways across the different MDBs, with 90% of the standards covered by all of them. Annex 1 presents and compares in more detail the ESFs of the WB, IDB, ADB, EBRD, EIB and AIIB.

Table 5.2 Summary of MDBs' environmental and social standards

Environmental and Social Standards (ESS)	World Bank	IDB*	ADB**	EBRD	EIB	AIIB
1. Environmental and social impacts	✓	✓	✓	✓	✓	✓
2. Labour and employment	✓	–	–	✓	✓	✓
3. Pollution prevention	✓	✓	✓	✓	✓	✓
4. Health and safety	✓	✓***	✓	✓	✓	✓
5. Land use and resettlement	✓	✓	✓	✓	✓	✓

① World Bank (2010). Safeguards and sustainability policies in a changing world: an independent evaluation of World Bank Group experience. IEG Study Series.

② Ibid.

Table 5.2 (Continued)

Environmental and Social Standards (ESS)	World Bank	IDB*	ADB**	EBRD	EIB	AIIB
6. Biodiversity conservation and natural resource management	✓	✓	✓	✓	✓	✓
7. Indigenous communities	✓	✓	✓	✓	✓	✓
8. Cultural heritage	✓	✓	✓	✓	✓	✓
9. Financial intermediaries	✓	✓	✓	✓	✓	✓
10. Stakeholder engagement	✓	✓	✓	✓	✓	✓

* Although IDB has an Operational Policy on Labour sector, it does not address labour and employment considerations in the Environment and Safeguards compliance policy for the Bank's operations.

** Labour considerations are included in ADB's Social Protection Strategy (2001), however they are not specific to the Bank's operations.

*** IDB's Health and safety considerations only include exposure to hazardous materials.

Source: MDB policy documents

All MDBs listed above, except for IDB and ADB, cover all aspects of environmental and social standards. The WB, followed by EBRD, has the broadest coverage. They mainly differ in their definition of the *Cultural Heritage* standard, however, as the WB's is the most elaborate of the two. EBRD and EIB have the most similar definitions and standard coverage. The *Financial Intermediary* standard EIB discusses but omits detail on procedures, Monitoring and Evaluation (M&E), or organizational capacity.

Labour standards are not explicitly mentioned by IDB and ADB, although both have overall strategies on labour. IDB has an Operational Policy on Labour sector and ADB's labour considerations are included in its 2001 Social Protection Strategy. However, neither of them refers to the bank's operations or explicitly mention *labour* standards in the bank's safeguards. The only reference is ADB's exclusion of any operations involving forced or child labour, but without a specific mention to labour standards in their safeguards. IDB has an Operational Policy on Labour sector and ADB's labour considerations are included in the 2001 Social Protection Strategy. However, neither of them refers to IDB or ADB's operations. Instead, they reflect their overall strategies on labour.

Gender and disability components, commonly included in multilateral projects, are not explicitly covered in the standards of MDBs with the exception of AIIB. The ESFs do not explicitly cover these areas in their standards, with the exception of AIIB. In the case of ADB, some stakeholders have raised concerns regarding the lack of policy provisions on labour standards and gender as part of its safeguard policy statement. ADB's Social Protection Strategy indicates that the bank has recognized its need to further elaborate on these considerations.

AIIB's ESF uses the same categories for its assessments as the WB's new ESF.① This sends a positive signal, as the WB's definitions are the most elaborate and comprehensive. It was generally expected that the new MDBs (i.e. AIIB and NDB) would improve upon the practices of existing MDBs by striking the right balance between the need for high standards and safeguards in project lending, and the demand for large and rapid loan disbursements. AIIB has the objective to support building sustainable infrastructure and to implement the Paris Agreement. To these ends, it has established a rigorous ESF and risk management system. In light of this, compared to other new MDBs, AIIB strives to embrace a more progressive approach on many issues, such as gender equality and responsiveness, the inclusiveness of people with disabilities, and occupational health and safety. Throughout the process of designing and creating these standards, which blend a harmonized and country system approach, AIIB has been emphasizing transparency as well as extensive and effective consultation. With openness and repeated reference to deferring to host country systems whenever possible, AIIB is one step ahead of other MDBs in terms of helping strengthen the capacities of host countries and simplifying financial procedures and approval processes.

Box 5.2 exhibits how AIIB has attuned its standards and frameworks to the SDGs and NDCs with an environmental and social risk framework and transparency and engagement mechanisms.

Box 5.2 AIIB: Multilateral Development Finance with Common Standards

AIIB Environmental and Social Framework

In February 2016, the Asian Infrastructure Investment Bank (AIIB) adopted its own Environmental and Social Framework (ESF) that defines the bank's vision statement regarding environmental and social sustainability and the role of AIIB in Asia's sustainable development. The document laid out three mandatory Environmental and Social Standards (ESS) setting out detailed requirements; Environmental and Social Assessment and Management, Involuntary Resettlement; and Indigenous Peoples Social Framework.

AIIB Energy Sector Strategy

In June 2017, AIIB issued its Energy Sector Strategy named *Sustainable Energy*

① United Nations Inter-Agency Task Force on Financing for Development. MDB Safeguards.

for Asia. It embraces the principles underpinning the UN's Sustainable Energy for All (SE for ALL), the 2030 Agenda for Sustainable Development, and NDCs under the Paris Agreement. It identified three thematic priorities: sustainable infrastructure, cross-country connectivity, and private capital mobilization. Implementation of the Strategy is to be informed by the strategic and sectoral planning processes of its members at the regional, national and subnational level. Even though the document does not strictly rule out investments in fossil fuel and nuclear power generation, the strategy sets specific conditions for financing these projects, emphasizing support for a transition to sustainability.

Over one third of the 88 specific areas for the 10 ESSs listed in Tables Ⅱ to Ⅺ in Annex 1 are covered by all six MDBs. Figure 5.1 presents the degree of commonality among all MDBs across the 10 ESS and Table 5.3 specifies the common areas to all.

Figure 5.1 ESS commonalities over all MDBs

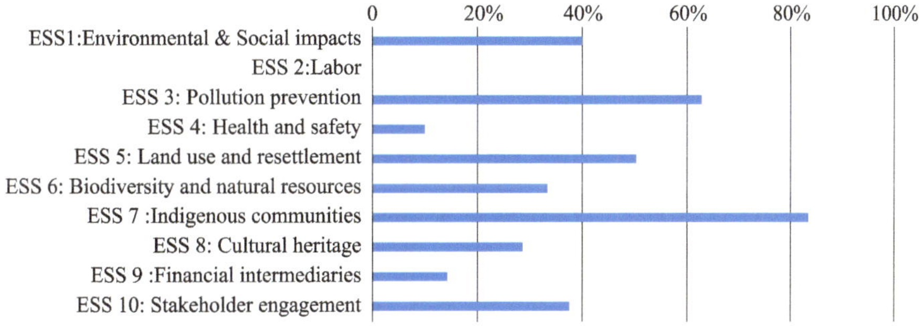

Source: MDB policy documents

Table 5.3 Specific areas in each ESS covered by all MDBs

ESS	Specific areas
ESS1: Environmental & social impacts	• Environmental and social assessment; • Environmental and Social Commitment Plan (ESCP); • Project monitoring and reporting; • Organizational capacity and commitment.
ESS 2: Labour	–
ESS 3: Pollution prevention	• Resource efficiency; • Pollution prevention and management; • Management of hazardous and non-hazardous wastes; • Management of chemicals and hazardous materials; • Management of pesticides.

Table 5.3 (Continued)

ESS	Specific areas
ESS 4: Health and safety	• Infrastructure and equipment safety.
ESS 5: Land use and resettlement	• Involuntary land resettlement; • Compensation for affected persons; • Community engagement; • Resettlement assistance; • Procedures for economic displacement.
ESS 6: Biodiversity and natural resources	• Impact on biodiversity; • Legally protected areas; • Introduction of alien species.
ESS 7: Indigenous communities	• Adverse impacts on indigenous people; • Engagement with indigenous people; • Free, prior and informed consent; • Cultural heritage; • Grievance mechanism.
ESS 8: Cultural heritage	• Definition of cultural heritage; • Chance find procedures.
ESS 9: Financial intermediaries	• Definition of FI category.
ESS 10: Stakeholder engagement	• Information disclosure; • Meaningful consultation; • Engagement during implementation & external reporting.

Source: MDB policy documents

Table 5.4 builds on the commonalities presented in Figure 5.1 and Table 5.3 and adds other areas safeguarded by each standard where the level of commonality is lower among the MDBs. The level of coverage is represented with different colours. EIB and AIIB share the largest number of areas covered (both safeguard 64 specific aspects among the 10 standards) although the areas differ. IDB has the weakest coverage, with just over 50% of the indicators covered in its Sustainability Framework. The main differences in coverage are, as mentioned above, in *Labour* Standards; in Financial Intermediaries, where the WB, EBRD and ADB are the most detailed; *Cultural Heritage*, where the WB and ADB have the broadest coverage; and *Health and Safety*, where IDB ESS standards have more limited coverage, as they only consider workers' *exposure to hazardous materials*. In the areas of *Environmental and Social Impacts*, *Pollution Prevention* and *Indigenous Communities*, there is a greater consensus among the MDBs.

Table 5.4 MDB coverage of the 10 ESS

Environmental and social impacts	Labour and employment	Pollution prevention	Health and safety	Land use and resettlement
Environmental and social assessment	Direct and indirect workers	Resource efficiency	Infrastructure and equipment safety	Involuntary land resettlement
Environmental and Social Commitment Plan (ESCP)	Labour management procedures	Pollution prevention and management	Security management	Compensation for affected persons
Project monitoring and reporting	Terms of employment	Management of hazardous and non-hazardous wastes	Universal access	Community engagement
Organizational capacity and commitment	Non-discrimination	Management of chemicals and hazardous materials	Road safety	Resettlement assistance
Risk categorization	Right to unionize	Management of pesticides	Community exposure to diseases	Procedures for economic displacement
Stakeholder engagement and information disclosure	Child and forced labour	Management of air pollution	Diseases introduced by project labour	Conditions for forced evictions
Use of borrower's environmental and social framework	Occupational Health and Safety	Resource efficiency distinction for water, energy, raw materials	Exposure to hazardous materials	Grievance mechanism
Detailed breakdown of ESA and ESCP	Feedback on unsafe environments	Noise emission management	Dam safety	Conditions for replacement locations
Supply chain management	Termination conditions		Services quality management	Collaboration with other agencies
Emergency preparedness	Worker accommodation		Vehicle safety	Involuntary resettlement instruments
	Grievance mechanism			
	Contracted workers and 3rd parties			
	Collective dismissals			

Table 5.4 (Continued)

Biodiversity and natural resources	Indigenous communities	Cultural heritage	Financial intermediaries (FI)	Stakeholder engagement
Impact on biodiversity	Adverse impacts on indigenous people	Definition of cultural heritage	Definition of FI category	Information disclosure
Legally protected areas	Engagement with indigenous people	Chance find procedures	Environmental and social procedures	Meaningful consultation
Introduction of alien species	Free, prior and informed consent	Integration of cultural heritage into ESMP	ESMS	Engagement during implementation & external reporting
Distinction between critical, natural and modified habitat	Cultural heritage	Procedure for archaeological site	Environmental and social policy	Grievance mechanism
Management of living natural resources	Grievance mechanism	Mitigation for built heritage	Organizational capacity and competency	Stakeholder identification and analysis
No unnecessary land clearing	No involuntary resettlement	Mitigation for moving. cultural heritage	Monitoring and reporting	Stakeholder Engagement Plan
Sustainable primary suppliers		Mitigation for natural features with cultural significance	Stakeholder engagement	Third party performance
Distinction between fishery, forestry, livestock, etc.				Organizational capacity and commitment
Genetically modified organisms				

All MDBs | 80% of MDBs | 60% of MDBs | 50% of MDBs | Less than 50% of MDBs

5.1.2 Environmental and social frameworks of NDBs and other financial institutions

We have seen that MDBs are playing a significant role in financing the SDGs, and their standards have integrated environmental and social considerations that reflect a shift in their investment and financing practices towards sustainability. In parallel, a number of NDBs have adopted their own sets of safeguards and environmental policies. An accepted line of new thinking seeks to put forward a more integrative approach to incorporating social and environmental concerns in the entire project cycle (especially in the infrastructure sector), including in the initial project design stages.

This section surveys the efforts of NDBs and other financial institutions in moving towards sustainable investment and financing, identifying a common trend in their approach to lending and investing along the BRI. It finds that a variety of initiatives in progress attempt to incorporate sustainability throughout the infrastructure project cycle. Similar initiatives are also increasingly embraced by the private sector. The chapter does not examine NDBs that do not participate in international financing.

Environmental and social frameworks of National Development Banks

NDBs play an important role in providing financial services that facilitate sustainable development. They can mobilize private sector funds for long-term investments and contribute to building capacities in BRI partner countries. Table 5.5 presents a list of national development banks with their lending totals and related environmental and social standards. China Development Bank, one of the largest NDBs, will be examined in the next chapter, which provides the details of Chinese investment and financial sustainability standards.

Table 5.5 Largest National Development Banks in the world economy

Country	National Development Bank	Outstanding loans in① billion USD	Applicable standards	Own ESF in place
Germany	KfW Development Bank	551	WB, IFC and ILO	Sustainability Guideline②
Republic of Korea	Korea Development Bank	107	WB and IFC	E&S Framework
Japan	Japan Bank for International Cooperation	151	WB and IFC	Guidelines for confirmation of E&S considerations
	Development Bank of Japan, Inc	119	–	No

① Data available from the 2018 financial report of KfW, 2018 annual report of JBIC, integrated report 2018 of DBJ, 2017 annual report of KDB, 2017 annual financial statement of DBSA, and 2017 annual report of Banobras. Total lending was converted to USD using exchange rates of 1 EUR = 1.14 USD, 107.12 JPY = 1 USD, 1,155.43 KRW = 1 USD. Latest available data for Vnesheconombank is from 2015.

② . United Nations General Assembly, Resolution 69/313 (2015, July 27). Addis Ababa Action Agenda of the third International Conference on Financing for Development (Addis Ababa action agenda).

Table 5.5 (Continued)

Country	National Development Bank	Outstanding loans in[①] billion USD	Applicable standards	Own ESF in place
Russian Federation	Bank for Development and Foreign Economic Affairs (Vnesheconombank)	40	GRI Sustainability Guidelines[①]	Sustainable Development Road Map
Mexico	Banco Nacional de Obrasy Servicios Publicos S.N.C (Banobras)	20	–	No
South Africa	Development Bank of South Africa	4	IFC and AfDB	Environmental and Social Safeguards[②]

Source: NDBs' latest annual reports

KfW, Korea Development Bank, JBIC, and the Development Bank of Southern Africa (DBSA) all have ESFs in place.[③] The Russian Bank for Development has a Sustainable Development Road Map with an overall objective of promoting sustainable development projects, but no environmental and social framework.

Environmental and Social Due Diligence (ESDD) and climate assessment are core elements of KfW's Sustainability Guidelines. The assessment includes: a preliminary appraisal of risks, definition of the scope, accurate assessment of environmental, social and climate-relevant impacts and risks, the design and implementation of an ESDD, in-depth climate adaptation/mitigation assessment. JBIC's Guidelines ensure transparency, predictability, and accountability regarding environmental and social issues. Their aim is to encourage consideration of environmental and social aspects and provide clear procedures, decision-making processes, and requirements. The DBSA has similar standards to those of the KfW that include environmental, social, economic, and financial sustainability considerations of investment. The frameworks for Korea Development Bank, KfW, JBIC and DBSA are presented in detail in Annex 2.

Table 5.6 presents a comparison of the standards for sustainable investment and financing of KfW, DBSA and JBIC. Three examples selected for comparison, following the WB ESS classification of standards.

---

① The Global Reporting Initiative (GRI) is a non-profit organization promoting economic sustainability. It produces one of the world's most widely used standards for sustainability reporting, also known as "ecologic sustainability reporting".

② Development Bank of Southern Africa. Environmental appraisal framework executive summary.

③ Korea Development Bank adopted the Equator Principles (presented in the next section) within its ESF.

Table 5.6 Summary of National Development Banks' environmental and social standards

Environmental and Social Standards (ESS)	KfW	DBSA	JBIC
1. Environmental and social impacts	✓	✓	✓
2. Labour and employment	✓	✓	–
3. Pollution prevention	✓	✓	–
4. Health and safety	✓	✓	✓
5. Land use and resettlement	✓	✓	✓
6. Biodiversity conservation and natural resource management	✓	✓	✓
7. Indigenous communities	✓	✓	✓
8. Cultural heritage	✓	✓	✓
9. Financial intermediaries	–	–	–
10. Stakeholder engagement	–	✓	✓
Other	–	✓	✓

Source: NDB websites

The sophistication of the environmental and social frameworks of the respective NDBs varies widely. Some NDBs like KfW and DBSA have relatively more sound and comprehensive frameworks, while others like the Development Bank of Japan and Mexico's Banobras do not have their own explicit ESFs (see Table 5.5).

Furthermore, although WB and IFC standards are the most commonly applied among the NDBs, this is not the case for several of the NDBs.

NDBs' ESFs are generally a step behind those of the MDBs, covering a somewhat smaller percentage of the standards. However, some NDBs have moved ahead of MDBs in applying standards for certain environmental and social aspects. For example, DBSA and JBIC encourage consideration of vulnerable groups regardless of gender or sexual orientation and have some standards that refer specifically to children and the elderly.

Still, critical gaps remain. In the case of JBIC, the omission of clear standards for labour or pollution prevention seems significant considering the increasing global awareness of environmental and climate change risks and the declining costs of renewables.

NDBs have significant potential for helping attract private funds for development projects. Setting up more comprehensive standards and frameworks to address the environmental and social aspects of NDB lending and investments would influence the modalities for private flows and thus contribute to strengthening the sustainability of projects along the BRI.

The International Development Finance Club (IDFC), with its 24 NDB members from both developed and developing countries, has been one of the frameworks through which NDBs work together to influence the flow of private funds.① The *Aligning with the Paris Agreement* published by the Club in December, 2018, for example, calls for financial flows to be compatible with the Paris Agreement's long-term goals and fully take account of the Agreement's implications for business and investment operations.② Given the central role of CDB in the BRI and its importance among NDBs, the example it sets for other investors and financiers can have a major positive impact on "greening" the BRI.

Together with some MDBs, IDFC members have committed to five Voluntary Principles for mainstreaming climate change in their strategies and operations:③

1. Commit to climate strategies

Be strategic when addressing climate change by reflecting institutional commitments in strategic priorities, policy commitments and targets. This enables the integration of climate change considerations in a financial institution's lending and advisory activities over time.

2. Manage climate risks

Be active in understanding and managing climate risk in assessing portfolios, working with clients to determine appropriate measures for building resilience to climate impacts and improving the long-term sustainability of investments.

3. Promote climate-smart objectives

Identify instruments, tools and knowledge on how best to overcome risks and barriers for low-carbon and resilient investments. This includes mobilizing and catalysing additional financing and developing specialized financing vehicles/products such as green bonds, risk-sharing mechanisms and blended finance. Engage clients and other stakeholders (e.g. rating agencies, accounting firms) on climate change risks and resilience, and share lessons of experience to help further mainstream climate considerations into activities and investments.

4. Improve climate performance

Set up operational tools to improve climate performance in all activities. Monitor

---

① International Development Finance Club (2018, December). Position paper aligning with the Paris Agreement. IDFC Position Paper.

② Ibid.

③ Climate Action in Financial Institutions.

indicators tied to climate change priorities, including Greenhouse Gas (GHG) emission reporting, green lending and investment, climate-conscious asset allocations, and managing the institution's own climate footprint.

5. Account for climate action

Be transparent and report, wherever possible, on the climate performance of your institution, including increases in financing of clean energy, energy efficiency, climate resilience or other climate-related activities and investments. Transparently report the climate footprint of the institutions' own investment portfolio, and how the institution addresses climate risk.

The disclosure and reporting requirement on the climate footprint of the investment portfolio is a significant challenge. No institution is yet fully compliant with these commitments. Some MDBs have already introduced a shadow price for carbon emissions, (e.g., EIB) in their environmental assessments. This is a remarkable step towards internalizing the social cost of carbon emissions in project appraisals, which contributes substantially to the implementation of the Paris Agreement.

Other public or private institutions

Both financial and non-financial entities are increasingly incorporating environmental, social and governance aspects into their decision-making and operations.

Principles for Responsible Investment (PRI)

The PRI are six voluntary investment principles compiled by an international investor network and supported by the UN. More than 1,800 signatories, representing investors and financial institutions from 67 countries have voluntarily signed up to the PRI. 30 of them are developing countries, accounting for around 19% of the entire developing countries, 34 of them are developed economies, accounting for around 87% of the entire developed countries. Signatories are obliged to report annually on their sustainable investment activities. The PRI address Environmental, Social and Governance elements. Signatories commit to the following:

1. We will incorporate ESG issues into investment analysis and decision-making processes.

2. We will be active owners and incorporate ESG issues into our ownership policies and practices.

3. We will seek appropriate disclosure of ESG issues by the entities in which we invest.

4. We will promote acceptance and implementation of the PRI in the investment industry.

5. We will work together to enhance our effectiveness in implementing the Principles.

6. We will each report on our activities and progress towards implementing the Principles.

The goal is to assist investors in understanding the implications of sustainable investment, and in implementing their investment strategies without neglecting environmental, social, and governance aspects of those investments. The PRI are flexible and compatible with the diverse range of investors operating in different sectors.

The Equator Principles (EP)

The Equator Principles are a voluntary set of standards that were developed by a group of financial institutions in 2003, with the objective of ensuring that projects are developed in a socially responsible manner and reflect sound environmental management practices. Currently 96 Equator Principles Financial Institutions (EPFIs) in 37 countries have adopted the EPs, covering the majority of international project finance debt within developed and emerging markets. Among them, 19 are developing countries, accounting for around 12% of the entire developing countries; and 18 of them are developed countries, accounting for around 46% of the entire developed countries. In China, the Bank of Jiangsu and the Industrial Bank Co., Ltd. both signed and adopted the Equator Principles. While financial institutions comply with the Equator Principles voluntarily and independently, for participating institutions reporting on implementation of the Principles is required.

These principles incorporate World Bank practices and guidelines and are voluntarily adopted and applied to (i) project finance advisory services and project finance with capital costs over USD 10 million; (ii) project-related corporate loans of at least USD 100 million or Equator Principles Financial Institution's (EPFI) commitment of USD 50 million or above; and (iii) bridge loans with a maturity of less than 2 years that will be refinanced by project finance or a project-related corporate loan. For adopting institutions, these principles are a "*credit risk management framework for determining, assessing and managing environmental and social risk in project finance transactions.*"①

The EPs include:

1. Review and Categorization based on the potential environmental and social risks associated with the project.

2. Environmental and Social Impact Assessment (ESIA) to be conducted by the client,

① Equator Principles (2013, June). The Equator Principles: a financial industry benchmark for determining, assessing and managing environmental and social risk in projects.

including measures to minimize, mitigate, and/or compensate for negative impacts.

3. Applicable Environmental and Social Standards, notably IFC Performance Standards on Environmental and Social Sustainability, WB Environmental, Health and Safety (EHS) Guidelines, and relevant host country laws and regulations.

4. Environmental and Social Management Plan (ESMP) to be prepared by the client to address issues raised in the assessment (Principle 2) and actions needed to comply with the applicable standards (Principle 3). If the client fails to meet the applicable standards, an Equator Principles Action Plan is prepared jointly with the EPFI to address gaps.

5. Stakeholder Engagement: the client will carry out effective consultations with affected communities and document the results of the consultations.

6. Grievance Mechanism to facilitate resolution of concerns and risks related to a project's environmental and social performance.

7. Independent Review of ESMP and Consultation documents. The reviewer will participate in the preparation of the EP Action Plan, if necessary.

8. Clients will submit the financial documentation to comply with host country environmental and social laws and regulations, ESMP and Equator Principles Action Plan and provide periodic reports that document compliance.

9. Independent Monitoring and Reporting to assess compliance with the EPs.

10. Reporting and Transparency: the client will report on GHG emission for projects with high levels of emissions[①] and submit a summary of the ESIA.

International Finance Corporation (IFC) Sustainability Framework

IFC's Sustainability Framework, approved in 2009, stems from the WB's ESF with modifications to reflect the private sector focus of IFC. It details the company's strategic commitment to sustainable development and takes environmental issues as a key part of its risk management. The *Sustainability Framework* is composed of *IFC Performance Standards for Environmental and Social Sustainability*, *IFC Policy for Information Use* and *IFC Performance Standards*. The *Performance Standards* define the requirements that customers need to meet throughout the project cycle of an IFC investment, covering eight areas; assessment and management of environmental and social risks and impacts; workforce and working conditions; resource efficiency and pollution prevention; community health, safety and security; land acquisition and involuntary migration; biodiversity conservation and sustainable management of biological natural resources; aboriginal and cultural heritage.

---

① Over 100,000 tons of CO_2.

The OECD Common Approach

In response to civil society pressure in the 1980s and 1990s, Export Credit Agencies (ECAs) have moved toward setting environmental and sustainable development standards for export credit support. With the auspices of the OECD, in 1998 ECAs made a statement of intent to develop such standards. In 1999, they agreed to "*disclose environmental information for big projects*." In the face of further scrutiny on ECAs from industrialized countries, a statement of voluntary common approaches was drafted in 2001 and became mandatory in 2003. The latest review of the Common Approaches was undertaken in 2012. The new standards emerging from that process are benchmarked against the WB Safeguard Policy and IFC Performance Standards and apply to projects that are officially granted export credits with a payment period of more than two years. "*The objectives of the Common Approaches are to increase environmental and social awareness in the buyer countries and to harmonize the environmental and social assessment procedure to be applied by all Export Credit Agencies in order to avoid any distortion of competition*."[①] In 2015, the *Arrangement on Officially Supported Export Credits* of the OECD limited the ability of participating nations to finance low-efficiency coal-fired power plants.[②]

The global focus on environmental and socially responsible investment practices has led to several important frameworks for standards for overseas operations.

5.1.3 ESF monitoring and evaluation mechanisms

The impact of ESSs will ultimately depend not only on their design but also on how they are operationalized. A broader, consistently implemented definition of standards, and greater indicator coverage helps identify, prevent and minimize risks and negative impacts of projects. The MDBs have M&E mechanisms in place to assess the performance of projects and environmental and social issues, and the level of reporting varies across institutions. Table 5.7 outlines the M&E frameworks of the environmental and social frameworks for the MDBs presented before. The key aspects of each M&E mechanism are outlined in Annex 1.

---

① Organization for Economic Cooperation and Development (2012, June 28). Recommendations of the Council on common approaches for officially supported export credits and environmental and social due diligence (the "Common Approaches"). Paris: OECD.

② Organization for Economic Cooperation and Development (2018, January 16). Arrangement on officially supported export credits. Paris: OECD.

Table 5.7 MDB M&E frameworks

WB	Environmental and Social Commitment Plan
IDB	Environmental Assessment
ADB	Safeguards Assessment
EBRD	Environmental and Social Policy
EIB	Environmental and Social Management Plan
AIIB	Environmental and Social Assessment

Source: MDB policy documents

Common features associated with strong implementation of ESFs includes engagement, awareness of the host country's limitations and capacities, and provision of necessary support. Greater country ownership stems from increased use of country systems and understanding of environmental and social considerations. A comprehensive ESF on paper with a one-size-fits-all, inflexible approach will not ensure that environmental and social impacts are mitigated.

Table 5.8 shows that procedurally there is little variation across overseas development finance institutions. All banks apply an *ex-ante* project review of environmental impact assessments at the pre-lending stage and establish links between compliance with environmental regulations and disbursement. Regarding environmental standards, host countries' environmental regulations are the bottom line for all banks, and the WB, IDB, EIB and KfW require clients to comply with international standards and procedures as well. Put another way, the WB, IDB, EIB and KfW have mandated safeguard systems, whereas the rest of the sample defer or partially defer to country systems.

Table 5.8 Common procedures for common standards

Procedures	MDBs	NDBs
Ex-ante environmental impact assessments	✓	✓
Industry-specific social and environmental standards	✓	–
Require compliance with host country environmental regulations	✓	✓
Require compliance with international environmental regulations	✓	✓
Public consultations with affected communities	✓	✓
Grievance mechanism	✓	–
Independent monitoring and review	✓	–
Establishing covenants linked to compliance	✓	✓
Ex-post environmental impact assessments	✓	–

Source: Gallagher and Yuan 2017①

① Gallagher, K. P. and Yuan, F. (2017). Standardizing sustainable development: a comparison of development banks in Latin America. Journal of Environment and Development, 26(3): 243-271.

All the banks include public consultations with affected communities in their environmental assessments. For disputes on environmental issues, only the WB and EIB have project-level grievance mechanisms. Only the WB requires independent monitoring and review of environmental compliance during the project cycle. IDB, AIIB, and KfW do not require ex-post assessment while the rest do have this requirement.

While there are common sets of themes and procedures, the general approach of different actors varies significantly. As mentioned earlier, many MDBs have a "conditional" approach to ESRM, whereas some NDBs such as those from China defer to host country standards.① Some banks such as KfW, and now the World Bank and IDB are more "capability enhancing". These institutions recognize that many actors in a project (bank financiers, local firms, foreign firms, local and foreign governments, workers, etc.) have very different capabilities to meet standards and require support to do so.

5.2 Debt sustainability frameworks

Sustainable development relies on three pillars: economic, social, and environmental sustainability. This section focuses on debt sustainability, a critical element of economic sustainability of international investment and financing.

There is a general consensus that taking on debt allows borrowers to fund investment in productive capacity and infrastructure as well as to build human capital and institutions, which holds the promise of enhanced economic growth. But to ensure positive net benefits in the long run, risks involved in borrowing must be managed effectively.② A prerequisite for this is that the financial returns to the investment need to suffice for covering the running and maintenance costs of the investment asset, as well as the resulting debt service obligations.

5.2.1 UNCTAD Principles for responsible sovereign lending and borrowing

The UN has consistently stressed the need for creditors and debtors to share responsibility in avoiding unsustainable debt situations. UNCTAD has developed, through a transparent, multi-stakeholder and inclusive process, a set of principles to promote responsible sovereign lending and borrowing and a platform to provide lenders and borrowers

---

① Klooster, D. (2010). Standardizing sustainable development? The Forest Stewardship Council's plantation policy review process as neoliberal environmental governance. Geoforum, 41 (1): 117-129.

② Chudik, A., et al. (2018, April 3). When is debt a drag on economic growth? Economic Research Forum.

a space to share and discuss responsible practices. The Principles are presented in Annex 3. The purpose of the UNCTAD platform is to help avoid negligent financing of sovereign borrowers by assigning specific responsibilities to both borrowers and lenders.① A key principle is that sovereign borrowers that are fully transparent and provide full information when they incur debt will be in a better position to convince creditors to participate in debt service restructuring, if it is needed at a later stage.

Responsibilities allocated to lenders include making sure "*that government officials involved in sovereign lending and borrowing transactions are protecting the public interest* (*of the State and its citizens for which they are acting as agents*)" when they enter into borrowing agreements. Lenders are also responsible for determining, "to the best of their ability, whether the financing has been appropriately authorized and whether the resulting credit agreements are valid and enforceable under relevant jurisdiction/s". They should make sure that all necessary information is disclosed to understand the risks and benefits of the loan or financial product, a responsibility that increases when the borrowing country lacks experience and debt-servicing capacity. Lenders also need to take into account the expected financial return from the project when agreeing on the terms of lending. Further, lenders need to avoid engaging in financial transactions with countries on which UN sanctions have been imposed.

Maintaining sustainable levels of debt is a shared responsibility for lenders and borrowers. Lenders should assess the borrower's capacity to repay the debt, given already existing debt, and irrespective of the desire to carry out a financial transaction. Burdening a country's capacity to repay could jeopardize not only the financial position of the creditor but also the relations of the debtor with other creditors. If a debt restructuring is needed, it should be done in a transparent way, informing other affected lenders, and sharing the losses equitably between lenders and borrower.

Monitoring systems should be put in place but monitoring by the lender should not interfere with the borrower's autonomy to decide on its priorities. Borrowers should have in place debt sustainability and management strategies. Furthermore, when deciding on incurring new debt, the two sides should use a comprehensive framework that assesses (i) the financial viability of the specific project, including whether financial returns will be sufficient to cover running costs as well as debt service obligations; (ii) the sustainability of aggregate debt service obligations after contracting this new debt; and (iii) if a government guarantee is involved, the ability of the budget to carry the additional debt service obligations in case the guarantee is called. The debt

① Li, Y. and Panizza, U. (2012, January 10). The economic rationale for the principles on promoting responsible sovereign lending and borrowing. Sovereign Financing and International Law, 15-37.

management framework should clearly define procedures, responsibilities for both contracting and guaranteeing new debt, for timely debt service and accountabilities.

The UNCTAD Principles cover a wide range of aspects, including social and environmental impacts, debt sustainability, transparency and stakeholder engagement. Such comprehensive considerations are a first step to minimizing negative impacts and the debt servicing risks of the project. However, the voluntary nature of the principles may reduce their impact. The UNCTAD initiative has been gaining increasing support from developed and developing countries, as recurrent public debt difficulties around the world have highlighted the need for careful management of public and publicly guaranteed debt.

5.2.2 World Bank-International Monetary Fund Debt Sustainability Framework (DSF)

In order to help countries mobilize resources while reducing the risks of accumulating excessive or unsustainable debt and its severe fiscal and/or external economic consequences, the International Monetary Fund (IMF) and the WB have jointly developed the Debt Sustainability Framework (DSF).[①] Debt Sustainability Analysis (DSA) is a key part of the framework (Box 5.3).

The DSF, operational since 2002, consists of two complementary components: the analysis of the sustainability of total public debt and that of total external debt. Each component includes:

i. A baseline scenario, based on macroeconomic projections that articulate the government's intended policies, with the main assumptions and parameters clearly laid out;

ii. A series of sensitivity tests applied to the baseline scenario, providing a probabilistic upper bound for the debt dynamics under various assumptions regarding policy variables, macroeconomic developments, and financing costs.

The methodology has been periodically revised and re-designed to allow for greater complexity and nuances. It helps "*clients to balance their needs for funds with the ability to repay*" their debts.[②] To help lower income countries (LICs) achieve their development goals while avoiding future debt problems, the joint WB-IMF DSF specifically aims to "*keep countries that have received debt relief under the (G7) Heavily Indebted Poor Countries (HPIC) Initiative and the (Multilateral Debt Relief Initiative) MDRI on a sustainable track.*"[③]

---

① International Monetary Fund (2018, July 13). The debt sustainability framework for low-income countries: introduction.

② World Bank (2018, Dec 11), Debt Sustainability Analysis.

③ International Monetary Fund (2018, March 18). Factsheet - Debt relief under the Heavily Indebted Poor Countries (HIPC) Initiative.

Box 5.3 IMF-WB Debt Sustainability Analysis (DSA)

The DSA is a "structured examination" of a country's debt conducted regularly by debt experts from the IMF and WB in low-income and middle-income countries. The three main objectives of the IMF-WB's DSA are:

1. Assessing the current debt situation: its maturity structure, whether it has fixed or floating rates, whether it is indexed, and by whom it is held;

2. Identifying vulnerabilities in the debt structure or the policy framework far enough in advance so that policy corrections can be introduced before payment difficulties arise;

3. In cases where such difficulties have emerged, or are about to, examining the impact of alternative debt-stabilizing policy paths.

The DSA consists of:

1. An analysis of a country's projected debt burden over the next 20 years and its vulnerability to external and policy shocks;

2. An assessment of the risk of external debt distress in that time, based on indicative debt burden thresholds that depend on the quality of the country's policies and institutions. The thresholds set for each level of debt capacity are presented in Table I in Annex 3;

3. Recommendations for a borrowing (and lending) strategy that limits the risk of debt distress.

The IMF differentiates its approach to debt sustainability for Low Income Countries (LICs), which usually have access to concessional financing, and for Market-Access Countries (MACs), which have to rely on international capital markets. For MACs, if economic indicators and the primary fiscal balance are in a reasonable range,[①] and do not have a negative impact on the country's potential growth or on the risk of carrying the debt, the debt is considered sustainable.

Source: World Bank (2018), Debt sustainability analysis; IMF (2017), Debt sustainability analysis: introduction

The IMF-WB DSF provides a basis for financing decisions for the International Development Association (IDA), a branch of the World Bank Group that provides financing for the world's poorest countries. The framework helps determine the grant-loan mix of assistance and the decision is linked directly to the country's debt distress rating under

① Under baseline and realistic shock scenarios.

the DSA. For LICs, the DSF advises donors on the mix of their concessional loans, grant allocations, and debt relief decisions.

The IMF has stated that DSAs should not be conducted in a mechanistic or rigid fashion. Their results must be assessed against relevant country-specific circumstances, including the particular features of a given country's debt as well as its policy track record and policy space. The use of two separate types of framework for MACs and LICs ensures greater responsiveness to the specific needs of different country groups in a changing economic and financial environment.

Although the DSF assists governments in answering the question of whether they can or should take on additional debt, it does not analyse critical additional impacts that taking on new debt may impose on a country, including on poverty, inequality, employment, access to public services, environment, and social peace.

5.2.3 Debt restructuring: The Paris Club

The Paris Club is an informal setting created by a group of creditor governments that conducts debt-rescheduling negotiations for government and government guaranteed debt with their sovereign debtors.① Debt rescheduling consists of either payment postponement or a reduction in debt service obligations for debtor countries in a period of macroeconomic and financial instability. Since its origin in 1956, the Paris Club has restructured USD 583 billion of debt, signing 433 agreements with 90 different countries.②

The IMF, WB, OECD, UNCTAD, EC, AfDB, ADB, EBRD and IDB are observers of the Paris Club. Representatives of permanent members who have no claims concerned by a debt treatment can also be observers, as well as representatives of non-members of the Paris Club who have claims on the concerned debtor country. Observers participate in negotiation meetings providing information and advice to the members.

Members adhere to the Six Principles of the Paris Club, and accept the general terms of all agreements.③ Specifically, the members agree to solidarity, consensus, information sharing, case by case approach, conditionality and comparability of treatment (e.g., requiring debtors to not accept less favourable conditions from non-member creditors than those agreed

① Cheng, G., Díaz-Cassou, J. and Erce, A. (2016). From debt collection to relief provision: 60 years of official debt restructurings through the Paris Club. European Stability Mechanism.

② Club de Paris. Key numbers.

③ Club de Paris. The six principles.

with Paris Club members).[①]

Paris Club debt restructuring has contributed to reallocating considerable amounts of resources to development priorities. However, the global creditor structure has undergone important changes, in recent years, which has reduced the relevance of the Paris Club. In particular, China, India and Saudi Arabia do not participate in Paris Club rescheduling, and as these countries have become increasingly important bilateral creditors, the share of Paris Club members' lending has been declining.[②]

Several initiatives have taken place to strengthen communication and coordination among official creditors, such as the Paris Forum in 2013 where the Paris Club and members of the G20 met for the first time to discuss the international financing and debt servicing landscape. However, no further dialogue or action was agreed.

The London Club, created in the 1970s when commercial banks emerged as the main source of financing for developing countries, is a similar informal group of creditors. It is a privately led initiative with no permanent members or formal structure that coordinates the rescheduling of commercial (non-government) direct debt of borrower countries. The London Club has also experienced declining relevance due to the aforementioned shifts in global lending.

5.3 Main global procurement principles

The manner in which procurement contracts related to BRI financing and investment are awarded is a critical element in determining the overall financial viability of these projects. These practices also directly influence the extent to which a project will have favourable impacts on local suppliers and employment. The total amount of such procurement under the BRI exceeds hundreds of billion dollars. For all these reasons, procurement modalities are key to sustainable development as well as national ownership of BRI projects. This section provides an overview of relevant standards and rules in this area.

5.3.1 World Tradc Organization (WTO) Government Procurement Agreement (GPA)

The Government Procurement Agreement (GPA) is a multilateral agreement of the World

① Which include sovereign creditors, multilateral banks and private creditors.

② Viterbo, A. (2014). The role of the Paris and London Clubs: is it under threat? In: Waibel, M and Bastid-Burdeau, G. (eds.) Legal implications of global financial crises, colloques/workshops. Law Books of the Hague Academy of International Law.

Trade Organization (WTO) that aims to promote a more open and competitive government procurement market and expand international trade among members who voluntarily sign the GPA. At present, around 48 countries and regions have signed the Agreement. GPA provisions aim to ensure open and equal processes for domestic and foreign bidders, and encourage open and fair procedures through measures including information disclosure. GPA Signatories undertake the legal obligation of amending domestic laws to make them consistent with the GPA principles. GPA 2012 preserves the basic principles of GPA 2007 and 1994 while adding anti-corruption, anti-bribery, conflict of interest and corruption provisions.

5.3.2 World Bank procurement rules

World Bank procurement policy is based on a set of clear objectives. It requires strict supervision on the use of loans and calls for fair competition and openness for loan-based procurements. Accordingly, the WB has developed, for the use and supervision of project loans, four components of its procurement rules: implementation efficiency of a project, including the procurement of goods and civil works required for the project; fair chances to participate for all WB member bidders; support for borrowing countries to develop their industries and consulting services; publicly available procurement procedures.

5.3.3 European Union public procurement

EU government procurement is a prominent example of transparent public procurement. Government procurement systems of all EU member states follow several EU directives:

○ Any procurement project whose value exceeds a certain threshold (updated every two years) shall be conducted by the government subject to the EU Public Procurement Directive series.①

○ The EU Public Procurement Directive enables members to implement national procurement policies, which is an important tool to achieve member country economic and social goals and contribute widely to the development of middle and small-sized enterprises.

○ The principles of government procurement process selection are uniform. Procurement methods are required to embody the principles of full competition, national treatment and non-discrimination. At present, three procurement processes are the most common ones among EU member states: "*Open Procedure*", "*Restricted Procedure*" and "*Negotiated Procedure*". In 2004,

① The limits announced in January 2004 are: goods and services over EUR 154,000 shall be included in the central government procurement project, goods and services over EUR 236,000 shall be included in the local government procurement project, and engineering contracts over EUR 5,923,000 shall be included in the procurement project of either government.

the EU incorporated the "*Competitive Dialogue*" into the Public Procurement Directive revision, applicable for complex government projects.

○ Information disclosure is required. For projects that follow a restricted procedure process, participating bidders and the awarded are also made public.

○ All procurement methods shall follow the prescribed time and procedures. In the case where an EU member supplier does not comply with the Directive, other suppliers may file a lawsuit to the European Court of Justice.

5.3.4 The Swiss challenge system

The "Switzerland Challenge System", mainly used for public-private partnerships, is a public procurement method that aims to identify the most financially efficient offer in several stages. When a public authority receives an unsolicited bid for a project, it publishes the details and requirements for the project and evaluation, and invites third parties to submit offers for the project during a designated period. If there is a superior offer from a third party, then the originally selected bidder gets a chance to counter-match the offer. The government publicly announces the requirements and procedures for the third parties' proposals. Legal questions regarding the validity of this method have been raised when a third party's proposal contains different specifications from the original proposal. Information asymmetries in the process are also a concern, affecting the transparency and the fair and equal treatment of bidders.

5.4 Alignment with national priorities and systems

Multilateral development financial institutions, state-level development financial institutions, commercial institutions, equity funds, private capital and other financial institutions all contribute to BRI financing and investment. Communication and coordination among participating institutions can contribute to maximizing the impact of sustainable investments and finance along the BRI, as they help reduce the burden of compliance on national partners and enhance global governance and international macroeconomic policy coordination in critical issues such as climate change.

Harmonized BRI standards need to structure financing and investment requirements uniformly. They can draw on the experience of national planning of developed countries such as the United States, France, Germany, and major emerging economies including Russian Federation, China, and India. BRI-wide standards need to be aligned with national development priorities and also cover governance issues. The EU and Japan are an example of strengthened and sophisticated evaluation mechanisms, which enhance independent and objective performance assessments that include timely submission of results' assessment and public disclosure.

To the extent possible, harmonized BRI standards should be consistent with existing national systems of BRI partner countries in order to gain acceptance and minimize compliance costs for all stakeholders. The latter is crucial because developing country recipients often face different, specific and sometimes ill-coordinated borrowing and investment requirements set by international investors and lenders. The different requirements present BRI partner governments with excessive coordination and prioritization challenges and impose an additional burden on their already limited capacities and resources. It is, however, important to avoid harmonization at the "lowest common denominator" level (see Chapters 7 and 8).

The World Bank development framework and country assistance strategies

Since 1999, the World Bank has helped national governments to define national goals and formulate national development strategies. It has proposed a *Comprehensive Development Framework* that is aligned with members' long-term national development vision. For low-income countries, the World Bank develops a *Poverty Reduction Strategy Paper* (*PRSP*) in consultation with local communities and includes the expected development goals supported by solid analysis of the country's economic and social context. The PRSP consultation process with different stakeholders targets a nationally owned strategy and an open decision-making process. This strategy guides the World Bank and other agencies in tailoring assistance to the country's needs and priorities and aligning it with existing national policies and strategies.

5.5 Sustainable risk assessment and management frameworks

International investment and financing encounter common risks related to economic, political, legal, cultural, and environmental settings, as well as to conflict and debt sustainability issues.

As presented earlier in this chapter, there is a wide range of safeguard commonalities among MDBs, NDBs and other institutions. This common core of safeguards represents the distilled wisdom from decades of past development financing experience, and it therefore serves a very useful starting point for establishing risk prevention and mitigation frameworks.

Some BRI participants are not politically stable; they may encounter recurrent turbulence, conflict, and unpredictable political and security situations. The economic systems of some of these countries are incomplete and lack openness, and they can experience high fiscal and current account deficits or a large foreign debt burden. Policies and laws governing direct foreign investment differ significantly across the breadth of BRI partner countries and, in some cases, differ significantly from international norms. In addition, some BRI partner countries face ethnic, racial, and religious issues that are unpredictable, diverse, and complex. The outbreak of tensions along these lines could result in spillover impact on the development of both these countries and neighbouring ones.

Therefore, risk management strategies based on accurate assessment of project risks and coordinated at the macroeconomic level are crucial to ensure the successful implementation and sustainability of BRI projects and to maximize the benefits of sustainable investment for investors, host countries, and the global community.

5.5.1 The Economist Intelligence Unit risk identification system

The Economist Intelligence Unit formulated an operational risk model and an assessment method for country borrowing risk.

The assessment method for country risk, the Country Risk Model, measures and compares credit risk across countries. It uses quantitative and qualitative indexes to assess risks related to the sovereign, currency, banking industry, politics, economic structures, and the overall country risk.

The operational risk analysis, or Risk Briefing, covers 10 major aspects: security, political stability, government effectiveness, legal and regulatory environment, macroeconomic risk, foreign trade and settlement issues, labour markets, financial risk, tax policies, and local infrastructure levels. Macroeconomic risks mainly focus on exchange rate fluctuation, recession risk, price fluctuation, crowding-out effect and interest rate fluctuation. For foreign trade and settlement, the emphasis is on discriminating duties, current account convertibility, capital control risks, currency depreciation risks, local market access, trade embargoes, financial risks, and the depth and health of the banking system. *The EIU* Risk Briefing provides background studies and data covering all risk categories mentioned above, as well as relevant forecasts. The 66 indicators of the model are updated continuously and major events that may affect countries' operating risks.[①] *The EIU*'s Risk Tracker provides weighted risk ratings for 28 industry sub-sectors, spread across the automotive, energy, consumer goods, healthcare, financial services,

① The Economist Intelligence Unit (2016). Risk Briefing.

technology, travel and tourism sectors.

5.5.2 The Multilateral Insurance Agency (MIGA) political risk insurance

Founded in 1988, MIGA is one of the five international organizations that constitute the World Bank Group.① It encourages investment among member states, especially in developing countries. MIGA offers Political Risk Insurance, a tool to mitigate and manage risks that may arise from the adverse actions of governments. Political risk insurance contributes to providing developing countries a stable environment to attract and retain investment, and to unlock better access to finance. Investors frequently face difficulties from lenders, who often make provisions for country risk, and political risk insurance can play a helpful role in reducing provision requirements from lenders. MIGA prevents potential claims from escalating through pre-claim management, helping investors and governments to deal with potential political adverse issues that may jeopardize the project. MIGA adopts a series of innovative measures, including supporting political risk insurance through liquidity and enhancing government credit through swap transactions.

5.6 Implementation of global standards and best practices

5.6.1 MDBs best practices

The country that receives an investment holds ultimate responsibility for project implementation. However, financiers also have a responsibility to put in place mechanisms and tools to ensure transparency, accountability, stakeholder engagement, and compliance with environmental and social standards.

Complying with environmental and social standards along the BRI and putting in place effective monitoring and reporting mechanisms can help align investments with the SDGs, strengthen transparency, and increase stakeholders' accountability. MDBs are therefore steadily increasing the sophistication of their ESFs to more fully reflect global sustainable development challenges and experience. Below are some examples of best practice in complying with and promoting environmental and social standards in development financing.

---

① The World Bank Group includes the International Bank for Reconstruction and Development (IBRD), the International Development Association (IDA), the International Finance Corporation (IFC), the Multilateral Investment Guarantee Agency (MIGA) and the International Centre for Settlement of Investment Disputes (ICSID).

Shadow carbon pricing

MDBs are increasingly "greening" their investment portfolios and taking action to address climate change. Shadow carbon pricing, adding a hypothetical surcharge to the prices of inputs that generate large greenhouse gas emissions, is regularly used in financial appraisals of proposals in order to factor in the likelihood of future increases in the prices of such inputs and reduce the risk of projects becoming unviable when those increases are realized. This has resulted in increased scrutiny, and the "weeding out" of high-emission project proposals. As a first step toward internationally coordinated action, six MDBs agreed in 2014 to use projected shadow carbon prices in their project appraisals "in appropriate cases".

Figure 5.2 Change in LCOE for Solar PV/Coal, 2009-2018

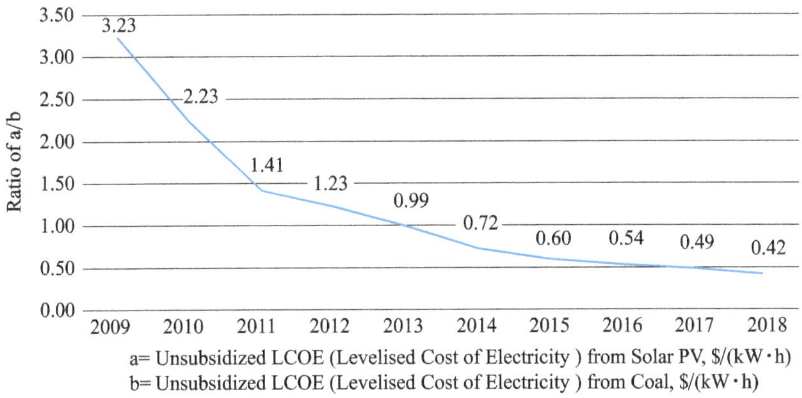

Source: Calculated based on Lazard, "Levelized Cost of Energy Analysis", 2018

ADB and EBRD have the lowest prices: EBRD's prices are at the bottom of the range of recommended levels by the High-Level Commission on Carbon Prices.[①] In December 2018, EBRD announced a strong de-carbonization strategy (see below), which is functionally close to a high shadow carbon price. ADB's prices do not reach the minimum price recommended. The WB and EIB have a broad range of prices with high, central and low prices defined. While the central EIB price remains below the recommended central price, it is the highest among participating MDBs (Figure 5.3).

The ratio of the levelized cost of energy (LCOE) of Solar PV to Coal has been declining throughout 2009 to 2018. It is likely that carbon prices will reflect all costs (implying elimination of fossil fuel subsidies and full internalization of externalities) within the long

① Carbon Pricing Leadership Coalition. High-level commission on carbon prices.

horizon of financing investments to create coal and fossil fuel-based assets. If current investments are based on today's carbon prices, these assets are likely to turn non-profitable well before the associated loans are repaid. This will substantially reduce not only debtor countries' ability to repay, but also their future willingness to do so. This is a key argument for assuming full carbon prices when assessing the financial viability of new projects; and for financial institutions to reconsider supporting such loans today to help avoid a future surge in nonperforming loans in their portfolio.

Figure 5.3 Carbon prices used by development banks compared to High-Level Commission recommendations

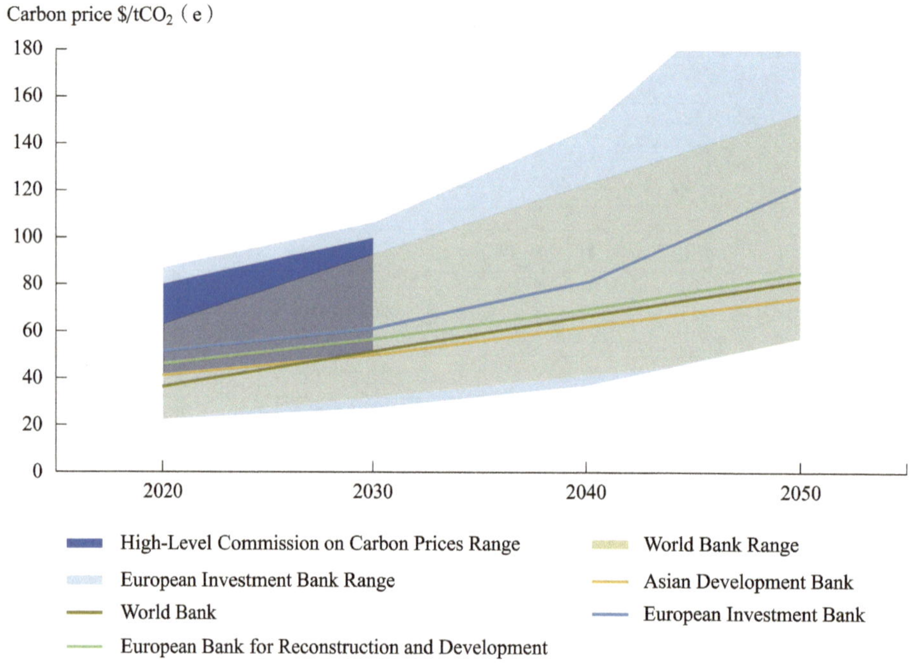

Source: Hawkins, J. and Wright, H. (2018)[1]

Active policy and regulatory steps coordinated along the Belt and Road through harmonized standards, including on carbon pricing could facilitate a rapid transition toward a low-carbon BRI while also creating the fiscal space to effectively support it.

Shadow carbon pricing aligns investment incentives with the goal of reducing GHG emissions. Since it affects a large number of power generation and other infrastructure investment proposals, it can encourage countries to avoid locking themselves into decades

① Hawkins, J. and Wright, H. (2018, January 14). How are development banks performing on shadow carbon pricing? E3G: Third Generation Environmentalism Blog.

of high-carbon emissions, and thereby to support the attainment of the Paris Agreement's objectives and of the SDGs.

EBRD's de-carbonization strategy

In December 2018, EBRD approved an energy sector strategy for the next five years that is intended to deliver clean, secure and affordable energy.① The strategy includes a strong policy shift away from the most polluting energy sources to renewables. EBRD no longer finances coal power plants. It will not support the building of new, or the upgrading of existing thermal coal mining or coal-fired electricity generation plants. It no longer finances upstream oil development projects, except for those that can contribute to the reduction of GHG emissions.

AIIB - air quality improvement in China

China has made rapid progress in reducing pollution and improving the quality of air. AIIB President, Jin Liqun, emphasized China's commitment to reducing its consumption of coal and to improving the environment. In December 2017, AIIB announced a USD 250-million project to connect over 500 rural villages to the natural gas distribution network, which is expected to reduce China's annual coal use by about 650,000 tons.② Furthermore, the project will not entail any land acquisition or population displacement, and the Environment and Social Management Plan for the project has been published on the Beijing Gas (project implementer) and AIIB websites.③

ADB - biodiversity conservation

ADB supports biodiversity in Cambodia, Lao People's Democratic Republic, and Viet Nam through the Greater Mekong sub-region Biodiversity Conservation Corridors Project. These areas are vulnerable to environmental degradation, and there is a need to safeguard investments in energy, transport, water, and food security, in order to protect and improve local livelihoods. The project aims to prevent and mitigate the fragmentation of biodiverse forests.

ADB and AIIB - accountability mechanism

ADB monitors compliance with the safeguard policies throughout a project cycle. Operations departments ensure that safeguard requirements are met and specific review missions are undertaken during the implementation of a project to monitor compliance with

---

① European Bank for Reconstruction and Development (2018, December 12). Energy Sector Strategy 2019-2023.

② Asian Infrastructure Investment Bank (2017, December 11). AIIB invests to reduce coal use and improve air quality in Beijing.

③ Asian Infrastructure Investment Bank (2017). Environmental social management plan.

safeguard provisions in the legal agreements between the bank and the client. If there is a risk of non-compliance, they take appropriate actions to address it.

Additionally, ADB has set up an *Accountability Mechanism* through which people affected by ADB projects can raise complaints. The mechanism allows affected people to report non-compliance with ADB's operational policies and procedures, including safeguard policies. It provides a process for affected people to file grievances and requests for compliance review by ADB's Compliance Review Panel while it provides a platform for a consultation, led by an ADB facilitator, where affected people can seek solutions to the raised concerns.

The AIIB's ESF places emphasis on the leading role of the client. It requires the client to establish a suitable grievance mechanism in accordance with the Environmental and Social Policies (ESP) and applicable ESSs.

Further in December 2018, AIIB's Board of Directors approved its Policy on the Project-affected People's Mechanism (PPM), which takes effect on March 31, 2019, together with a PPM Directive and PPM Rules of Procedure. This marks the bank's incorporation of its own accountability mechanism that enables project-affected people to raise their concerns directly to AIIB.

5.6.2 NDBs and other financial institutions' best practices

The initiatives that have been detailed are non-mandatory, but a growing number of governments, central banks and regulators are moving towards integrating sustainability standards into laws and regulations for enterprises and financial market actors. Furthermore, national development banks and private institutions are increasingly complying with sustainable practices and adhering to initiatives that encourage sustainable practices. Below are some examples of best practices for implementing environmental and social standards by national development banks and private sector-led initiatives.

DBSA - building a resilient and resource-efficient Johannesburg

DBSA has partnered with the Global Environment Facility (GEF) in the framework of the Sustainable Cities Program. A USD 132 million DBSA project, *Building a Resilient and Resource-efficient Johannesburg*, aims to foster city level resilience, efficient management of resources, and reduce carbon emissions. The project has 4 components:

i. Ensure sustainability in the development and implementation of the city's physical plans;

ii. Improve urban food security in Johannesburg by increasing the efficiency of food flows and improving agricultural practices;

iii. Adopt evidence-based biodegradable waste management strategies;

iv. Improve evidence-based planning in South Africa.

KfW - moving to a green and low-carbon loan portfolio

KfW investments are overwhelmingly green due to the German government's preference for green projects. KfW no longer funds coal projects and rarely provides financing for gas projects. KfW has shifted to financing renewable energy and climate change mitigation projects. For example, the German development bank has provided more than EUR 500 million for tropical forest conservation projects,[①] and EUR 2 billion for renewable energy and energy efficiency projects in Brazil.

JBIC - guidelines for measurement, reporting and verification of greenhouse gas emission

The Guidelines establish JBIC's criteria and procedures for the measurement, reporting and verification of GHG emission reductions. Based on the Guidelines, the bank publishes a list of GHG emission reductions that have been achieved by its renewable energy projects.

The United Nations Framework Convention on Climate Change (UNFCCC) has long recognized the need to reduce GHG emissions, and the 2015 Paris Climate Change Agreement acknowledges the need for activities to reduce emissions.

The measurement and reporting of GHG emissions can impact directly on a country's climate change strategies. Countries are increasingly asking for support to build their capacity to measure and report on GHG emissions. The Equator Principles also require reporting on GHG emission for projects with over 100,000 tons of with high levels of CO_2.

The GRI standards

The Global Reporting Initiative (GRI) is a global database that monitors progress in environmental, social and governance reporting and in the number of reports disclosed in each country (Figure 5.4).

The implementation of harmonized financial, environmental and social standards by national banks and the private sector can have a significant impact on the BRI, especially as the next phase of the BRI will bring in more private enterprises and a greater variety of international investors and financial institutions. Co-investment by different capital providers, public and private, will be essential in many projects. Ensuring financial viability and long-term sustainability are key to facilitating access to private and public international funding sources.

---

① KfW Development Bank (2018, November 15). Shaping the global transport transition.

Figure 5.4 Number of GRI sustainability reports from 1999-2016

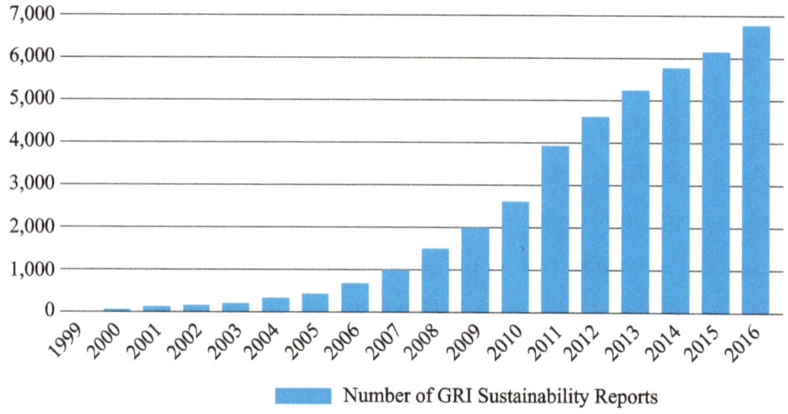

Source: GRI Sustainability disclosure database (2018)

Chapter 6 Chinese investment and financing standards for sustainable development along the Belt and Road

The Belt and Road Initiative offers China significant opportunities to contribute to transformations that can facilitate sustainable development both at the domestic level and across BRI partner countries. To capitalize on these opportunities, China has not only aligned the implementation of the BRI with the SDGs, but has also been actively participating in reforming the international development governance system by pursuing new global development partnerships and strengthening South-South cooperation.

On 19 April 2016, the Chinese government issued a position paper on the 2030 Agenda to highlight the importance of building global development partnerships, development financing, global economic governance, and subsequent implementation and regulatory commitments.[①] In this position paper, the Chinese leadership showed awareness of the responsibilities that come with its rising international status, and reaffirmed China's commitment to leading global development and SDG attainment efforts.

Investment in technology is one of the keys to support SDGs implementation, and it is also an area in which China is driving significant changes. China accounts for 36%, 40% and 36% of global investments in hydropower, wind, and solar energy respectively, with USD 360 billion in renewable energy investments planned for the 2017-2020 period.[②] China invested USD 409 billion in research and development (R&D) in 2015 alone,[③] surpassing Europe and nearly catching up to the volume of R&D investment in the US. The massive scale of Chinese investment, which is likely to increase further in the future, has so far created room for rapid advances in technological innovation that can foster sustainable development.

---

① Ministry of Foreign Affairs of the People's Republic of China (2013, September 22). China's position paper on the post-2015 development agenda.

② Institute for Energy Economics and Financial Analysis (2017, January). China's Global Renewable Energy Expansion, 2.

③ OECD, (2017, November 22) OECD Science, Technology and Industry Scoreboard 2017.

6.1 Sustainable investment development in China

The first domestic policy initiatives aimed at environmental evaluation and planning were introduced on Decmber 1989, when the Standing Committee of National People's Congress issued the *Environmental Protection Law of the People's Republic of China*. This law, last amended in April 2014, included provisions that guaranteed, for the first time in China, public access to information to communities affected by projects considered to be environmentally harmful. In 2003, the *Law on Evaluation of Environmental Impact Studies of the People's Republic of China* was enacted. So far, as Table 6.1 shows, the majority of China's key policies and regulations related to sustainable development have seen their status elevated to that of "Guidelines" or "Directives".

Table 6.1 Policies for sustainable investment and financing in China

Year	Issuing authority	Document and policy	Objective
1981	State Council	Decision on Strengthening Environmental Protection Work during the National Economic Adjustment Period	Links credit and environmental protection with economic transformation; limits the flow of loans to industries with high pollution, high-risk and overcapacity.
2005	State Council	Decision on Implementing the Scientific Outlook on Development and Strengthening Environmental Protection	Connects economic development to environmental protection; establishes a sound policy system to support it; prohibits new loans to projects that fail to meet environmental protection requirements.
2007	SEPA PBOC CBRC CSRC CIRC	1. Opinions on Implementing Environmental Protection Policies and Rules and Preventing Credit Risks 2. Guiding Opinions on Further Supporting the Restructuring and Revitalization of Key Industries and Curbing Overcapacity in Some Industries through Financial Services 3. Green Credit Guidelines	Guides financial institutions in promoting green credit and financial transformation for sustainable development to help China's financial industry gradually meet international standards.

Table 6.1 (Continued)

Year	Issuing authority	Document and policy	Objective
2008	National People's Congress	Circular Economy Promotion Law of the People's Republic of China	Advocates credit policy to be conducive to developing the circular economy, strengthens the social responsibility of financial institutions, obliges financial institutions to consider environmental protection in their activities, and restricting credit for sectors included in the "elimination class".
2010	State Council	Opinions on Further Strengthening Energy Saving and Emission Reduction to Accelerate Structural Adjustment of the Iron and Steel Industry	Points out that financial institutions should strictly control loans to the steel industry and promote mergers and acquisitions within the industry.
2011	State Council	Opinions on Strengthening Key Environmental Protection Work	Clarifies seven outstanding issues that affect scientific development and damage to the health of people, including heavy metal pollution.
2016	PBOC MOF NDRC MEE CBRC CSRC CIRC	Guidelines for Establishing the Green Financial System	Aims to attract more private capital into green sectors and stem investments that might pollute the environment by proposing a mandatory environmental information disclosure system.
2015 (updated in 2017)	PBOC CSRC	Green Bond Guidelines	Clarifies in a detailed manner what projects are considered green.
2016	CBRC	Guidelines on Comprehensive Risk Management of Banking Institutions	Aims to guide the banking sector in increasing the awareness, governance framework, and capacity of risk management.

Table 6.1 (Continued)

Year	Issuing authority	Document and policy	Objective
2017	PBOC SAC CBRC CSRC CIRC	Standardization of Green Finance	Includes harmonization of standards defining the "greenness" of projects, commercial activities and assets, standardization of green certification and information disclosure, and alignment with global green finance standards.

Source: Official websites of the State Council of China, the National People's Congress of China, CBRC, CSRC, PBOC, and SEPA

Building on national "green goals", Chinese financial regulators have formulated specific policies to help achieve them. The People's Bank of China (PBOC) has included the development of green finance into the Macro Prudential Assessment (MPA) of the banking system, and identified green credits and green bonds as criteria for granting commercial banks access to Medium-term Lending Facilities. These two policies provide substantial direct incentives for banks and bank managers to develop the green credit market.

6.1.1 Guidelines and best practices in China

The environmental standards of Chinese banks are less detailed than those of multilateral financial institutions such as the WB, IFC, or IDB. However, Chinese banks have solid overarching regulations.

In 2012, the China Banking Regulatory Commission (CBRC) introduced its Green Credit Guidelines, a relatively comprehensive green credit policy framework built on a green credit statistics and evaluation system, showing clear institutional support for green credit and investment activity in 12 major industry sectors.

In 2016, PBOC, MOF, NDRC, MEE, CBRC, CSRC and CIRC together issued the *Guidelines for Establishing the Green Financial System*. These guidelines made China a pioneer in establishing a green financing mechanism to facilitate the economy's transition to sustainable growth.① Through a series of supportive policies, such as offering government interest subsidies, professional guarantees, and establishing green development as a national priority, the Guidelines help investors reduce financing costs and encouraged private capital to flow into green sectors. The Guidelines propose the establishment of a mandatory environmental information disclosure system

① Xinhua (2016, September 2). China to help cultivate green financing sector. China Daily.

for listed companies and bond issuers. They also require strengthened international cooperation on green finance, continued promotion of global collective action under the G20 framework, the gradual opening of the green securities market, and the enhancement of the level of "greenness" of China's outbound investment.① Such high-level policy guidance helped give rise to more concrete policy incentives for green finance and institutional innovation.

At the end of 2015, PBOC issued its *Green Bond Guidelines*, which provides further clarity on other aspects of green financing. The Guidelines were later updated by the China Securities Regulatory Commission (CSRC) for listed companies in March 2017.

In June 2017, PBOC, CBRC, CSRC, CIRC and the Standardization Administration of China (SAC) announced a development plan to standardize the financial sector during the 13th Five-Year Plan period (2016-2020). The "standardization of green finance" was designated as one of five priority projects in the plan.

In November 2018, the Asset Management Association of China (AMAC) released the *Guidelines for Green Investment* (Trial Version). This document serves as an important guide for promoting ESG investment in the fund industry by specifying the content, objectives and principles, and basic methods of green investments, as well as evaluation and monitoring requirements. It also constituted a concrete step in the overall development of ESG investment in China.

In March 2019, the *Green Industry Guiding Catalogue* (2019 Revision) and the explanatory documents (hereinafter referred to as the "*Catalogue*") jointly issued by the NDRC, Ministry of Industry and Information Technology (MIIT), Ministry of Natural Resources (MNR), MEP, Ministry of Housing and Urban-Rural Development (MOHURD), PBOC, and National Energy Administration (NEA) are the most comprehensive and detailed guidelines for defining green industries and projects in China. The *Catalogue* belongs to the category of "green financial common standards" in the green financial standard system, providing unified basis and reference for other standards such as green credit standards, green bond standards, green enterprise standards and local green financial standards.

In May 2019, PBOC issued the *Notice by the People's Bank of China of Supporting the Issuance of Green Debt Financing Instruments in Green Finance Reform and Innovation Pilot Zones* (hereinafter referred to as the "*Notice*"). The *Notice* issued a number of regulatory incentives for the development of green debt financing instruments, supporting its issuance in green finance reform and innovation pilot zones, and contributing to the overall strengthening of China's green finance market.

---

① People's Bank of China (2016, September 1). The People's Bank of China and six other agencies jointly issue "Guidelines for Establishing the Green Financial System".

Box 6.1 China Banking Industry Joint Commitment to Green Credit

In late 2013, 29 Chinese financial institutions signed the China Banking Industry Joint Commitment to Green Credit. While the Joint Commitment has no legal binding power, the promises the banks made touched upon a list of noteworthy topics and banking industry concerns:

1. Incorporate all aspects of green credit into the banks' processes and culture and reflect them in the whole process of banking management. Strengthen management and capacity building in green credit organizations for effective allocation of resources.

2. Accelerate innovation in green credit products and services, actively promote the development of green, recycling and low-carbon economy development in accordance with risk control and business sustainability principles; increasingly focus on strategic emerging industries and energy conservation and environmental protection projects and services; strengthen credit management for overcapacity industries. This includes identifying risk bases, controlling policy boundaries, and effectively resolving excessive credit risk.

3. Improve the classification of environmental and social risks with close attention to clients and projects, environmental protection and production safety, and social impacts. High-risk customers will be urged to formulate and implement risk response plans; The banks need to promptly respond to appeals of customers, concerns of social organizations, and the media, and take appropriate measures to deal with customers and projects that have committed major violations of laws and regulations, and exit decisively while maintaining the safety of debt. Strengthen the management of overseas financing projects to ensure that projects comply with relevant international standards and practices and with relevant local laws and regulations.

4. Accelerate the establishment of a green finance evaluation system and a reward and punishment system, regularly conduct green finance self-evaluation, implement incentive and constraint mechanisms, ensure the sustainable and effective development of green finance. Establish and strengthen green finance information-disclosure mechanism, publicize green finance strategies and policies, disclose progress in the development of green credit, strengthen the communication with relevant social organizations and media, and accept public supervision.

5. Pay attention to the environmental and social performance of projects, promote energy conservation and emission reduction as well as the concept of green finance, promote green procurement and energy conservation of office buildings, and avoid government waste.

Source: China Banking Regulatory Commission (2013)

Establishing a comprehensive Chinese domestic green credit evaluation system, however, requires more effort. More work is also needed on green credit guidance and environmental rating standards.① Table 6.2 describes best practices in place in China

Table 6.2 Best practices of Chinese financial institutions for sustainable investment

Financial institution	Strategies
China EximBank	China EximBank has set up a special department at its head office to provide low carbon transition support for foreign governments and international financial institutions. To date, China EximBank has formed the preliminary structure of new-energy lending for energy saving and environmental protection.
China Merchants Bank	In 2009, the "Green Financial Credit Policy" was issued. In 2011, the "Green Credit Plan" was formulated to clarify the implementation of six measures. The document formulated a credit policy with the core principle of "controlling two highs and promoting green" and listed "two high and one surplus" industries as industries to support, and an industry to undergo gradual compression, respectively.
Industrial Bank	In 2008, the Industrial Bank adopted the Equator Principles, implemented the Green Credit Policy as an entry point and issued a series of management methods, operational guidelines and associated supporting systems and documents related to the Equator Principles. In 2010, the relevant concepts and connotations of green credit were included in the "Development Strategic Plan for Corporate Finance Business 2011–2015", highlighting the importance of sustainable development concepts. In 2011, a new strategic system was developed, consisting of a comprehensive risk management strategy with environmental and social risk management sub-strategies included in the eight sub-strategies.
ICBC	In 2007, the "Opinions on Promoting Green Credit Construction" were issued and ICBC became the first bank in China to promote green credit. The "Implementation Outline for Green Credit Construction" clarified the relevant basic purposes and principles and defined a detailed set of requirements on the credit culture, classification management, policy system, process management, product and service innovation and assessment mechanism. A "Green Credit Development Strategy" was formulated in 2015.

① People's Bank of China, United Nations Environment Programme (2015, April). Establishing China's green financial system. Final report of the Green Finance task force, 28.

Table 6.2 (Continued)

Financial institution	Strategies
Shanghai Pudong Development Bank	In 2008, the Green Credit Integrated Financial Services Program was launched. In 2011, the Bank issued "Interim Measures for the Management of Social and Environmental Risks." In 2011, the Bank issued its 2011–2015 Development Strategic Plan", clearly focusing on the development of green financial services, building low-carbon banks, and pursuing sustained and coordinated development.
Silk Road Fund	As China's economy enters the stage of adjustment and upgrading of the industrial structure, the Silk Road Fund will strongly support projects that build China's production capacity in areas where the economy has a comparative advantage and promote adjustment of the domestic industrial structure.

Source: Official websites of the listed financial institutions

6.1.2 Green bond development in China

Since the launch of China's green bond market in 2016, the scale and quantity of green bond issuances in China have grown steadily. The green bond market has become more standardized, providing a powerful driving force for green industrial transformation and green economic development.

○ In December 2015, NDRC issued the *Guidelines for the Issue of Green Bonds* and proposed relevant policies to support bond variety innovation; supporting qualifying equity and green investment funds to issue green bonds; encouraging green projects to adopt a mix of special construction funds and green bonds.

○ In March 2017, CSRC issued the *Guiding Opinions on Supporting the Development of Green Bonds* to listed companies in China. The guidance encourages financial institutions such as brokerage firms, fund management companies and banks to invest in green bonds, and encourages the Shanghai Stock Exchange and the Shenzhen Stock Exchange to develop special green corporate bond blocks, indices and other tools to promote green bond investment.

○ In November 2017, the Green Finance Committee (GFC) of the China Society for Finance and Banking and the European Investment Bank (EIB) issued a White Paper that provides an international comparison of several green bond standards. The paper provided consistency of definitions for green finance, and of standards between China and the EU.

○ In December 2017, PBOC and the CSRC jointly released new guidelines for green bond verification activities and verifiers in China.① The new guidelines are supervised by a new Green Bonds Standards Committee. Verifiers must follow either domestic or international standards as recognized by the Green Bonds Standards Committee.

As green finance in China becomes a strategic component, there has been a gradual promotion of a vision for green development, green investment and financing. Furthermore, the attitude of enterprises towards green bond financing has greatly improved. In 2018, China's domestic and foreign green bond issuance totalled RMB 268.6 billion, accounting for 23.98% of the global issuance scale in the same period, making China the second largest green bond issuer in the world. In 2018, a total of 128 green bonds were issued in China, with a total value of RMB 221.9 billion, an increase of 12.3% and 8.3% respectively over 2017.

By directly issuing green financial bonds in the banking market, financial institutions can obtain stable medium- and long-term funds, which help to alleviate the problem of maturity mismatches in financial institutions. Energy-saving and environmental protection projects in China have relatively simple financing channels, mainly relying on green bank loans. The average liability period is quite short, just 6 months, while the financing needs of a number of green projects are large, with a long maturity. This should necessitate financial support in both the medium and long term. The issuance of green financial bonds is conducive for financial institutions to obtain stable medium- and long-term funds. Matching and supporting medium and long-term green funding for projects would greatly improve the ability of financial institutions to provide green loans with appropriate maturity. Therefore, green financial bonds, by the number and size of issuance, occupy a dominant position in the domestic green bond market.

In October 2015, the Agricultural Bank of China (ABC) issued China's first overseas green financial bonds in the London Stock Exchange. This was a dual tranche RMB/USD bond with an interest rate of 2.125% for three-year maturity and 2.773% for five-year maturity, raising USD 400 million and USD 500 million respectively. The bond was more than four times oversubscribed. Along with this bond ABC also issued a 2-year RMB 600 million bond with a 4.15% interest rate, which was more than eight times oversubscribed. Three-quarters of the subscription was from banks, with the remainder mostly fund managers, private banks, and other investors. The funds raised from these bonds were for the financing

---

① People's Bank of China (2017, December 27). Improve the green bond certification system and promote the sustainable and healthy development of the green bond market (link in Chinese, see references).

of green projects—including clean transportation, renewable energy, biomass power generation, urban waste and sewage treatment. These projects fit the requirements of the Green Bond Principles and were approved by a qualified third-party authority.

In 2016, ten financial institutions in China issued 22 domestically-labelled green financial bonds worth a total of RMB 158 billion, accounting for 80% of the total green bonds issued that year. Smaller issuers of these bonds include joint-stock commercial banks, city commercial banks, rural commercial banks, and financial leasing companies. The average size of green financial bond issuance was about RMB 7.2 billion. By 2017, 25 financial institutions in China issued 44 green financial bonds worth a total of RMB 123.4 billion, accounting for 39% and 60% of all bond issuance by number and size respectively. In 2016, compared with large-scale commercial banks, the number of local small- and medium-size banks has grown significantly. In addition, after the issuance of green financial bonds by commercial banks and policy banks, two financial leasing companies issued 6 financial bonds for the first time in 2017. As the types of issue entities further diversified, in 2018, 38 green financial bonds were issued worth a total of RMB 129.9 billion.

In addition, green bonds for non-financial purpose such as green company bonds and green corporate bonds are developing rapidly. The number of non-financial green bonds increased from 55 in 2017 to 90 in 2018, representing a 63.6% year-on-year increase; their total worth increased from RMB 83.4 billion in 2017 to RMB 91.4 billion in 2019, representing a 9.7% year-on-year increase.

6.2 Chinese sustainable investment and financing along the Belt and Road

China has issued several high-level declarations on greening the Belt and Road. President Xi has repeatedly put forward the vision and initiative for building a green "Belt and Road" on international occasions. China's suggestions of focusing on the concept of "ecological civilization", promoting eco-friendly development, and strengthening eco-environmental protection along the Belt and Road are as follows: (i) the Chinese government will share both the concept and practice of "ecological civilization" and "green development" with countries and regions along the route through existing multi/bilateral cooperation mechanisms; (ii) the construction of a "Green Silk Road" will provide developing countries with a Chinese alternative to the old pattern of "pollution first, remedy later".

In May 2017, the Ministry of Ecology and Environment, the Ministry of Foreign Affairs, the National Development and Reform Commission, and the Ministry of Commerce of China jointly issued the *Guidance on Promoting Green Belt and Road.* They also jointly published a *Cooperation Plan for ecological environmental protection along the Belt and Road.* These documents defined the overall green development requirements of the Initiative, formulating a series of eco-environmental cooperation goals, projects and tasks, and further promoting the interaction and cooperation of environmental protection policies and regulations, technological standards and industries. In the process of infrastructure construction under the BRI, Chinese enterprises emphasize the improvement of low-carbon construction performance as well as awareness of environmental protection and social responsibility.

The Chinese environmental guidelines that apply to Chinese foreign investments appeared in the first decade of this century, coinciding with the start of large-scale Chinese lending to Latin America and Africa. Various Chinese guidelines encourage banks and firms to use additional Chinese legislation and international best practices, especially when these offer standards more stringent than those of the host country. Further, the Chinese guidelines emphasize that Chinese banks and firms should "strictly" respect the legal framework of the country in which they operate.

When investing in BRI partner countries, Chinese investors are required to follow the fundamental laws and policies governing overseas investment, as well as special principles and standards for investment and financing along the Belt and Road.

6.2.1 China's fundamental laws and regulations on overseas investment and financing

The Chinese government has issued a series of policies and guidance documents to promote sustainability in the outbound investment of Chinese companies. Table 6.3 lists the key sustainable development-focused policies and regulations promulgated since 2007 that relate to Chinese investment overseas.

Table 6.3 Regulations on overseas investment and financing

Year issued	Issuing authority	Document and policy
2009	SFGA, MOFCOM	Guide on Sustainable Management and Utilization of Overseas Forests by Chinese Enterprises
2008	State Council	Administrative Regulations on Contracting Foreign Projects
2010	MOFCOM	Notice of the Ministry of Commerce on the Overseas Security Risk Early Warning and Information Release System of Foreign Investment Cooperation

Table 6.3 (Continued)

Year issued	Issuing authority	Document and policy
2011	SASAC	Interim Measures for the Supervision and Administration of Overseas State-owned Assets of Central Enterprises
2012	CBRC	Green Credit Guidelines
2013	MOFCOM, MEP	Environmental Protection Work of Foreign Investment Cooperation Enterprises
2014	MOFCOM	Measures for Overseas Investment Management
2015	NDRC, MFA, MOFCOM	Vision and Actions on Jointly Building Silk Road Economic Belt and 21st-Century Maritime Silk Road
2016	State Council	Several Opinions of the State Council on Promoting Sustainable and Sound Development of Venture Capital
2017	NDRC	Measures for the Administration of Overseas Investment of Enterprises

Source: Official websites of listed government authorities

China has vowed to deepen economic reforms and further open its market. As part of this broad policy, China has refined its regulations to encourage investment overseas to not only create economic value, but to also achieve sustainable development. This strategic direction is reflected in the *Outbound Investment Regulations* issued by the NDRC in 2017. For instance, Article 41 states that:

"*Investors are encouraged to innovate in the modes of overseas investment, adhere to the principle of operation in good faith, abstain from acts of unfair competition, protect the lawful rights and interests of their employees, respect local public order and good morals, fulfil necessary social responsibilities, pay attention to environmental protection, and build a good image of Chinese investors*".

6.2.2 China's special policies, principles, and standards for investment and financing along the Belt and Road

With rapid advances in industrialization, urbanization, and globalization, developing countries are facing common challenges related to environmental pollution, climate change, and resource shortages. To place development on a sustainable basis, there is a need for coordination and cooperation among a range of countries, organizations, and companies. Green finance, energy conservation and environmental protection have increasingly become priorities for the international cooperation initiatives established by China and countries along the Belt and Road. AIIB, the SRF, and ADB have also reaffirmed their commitment to promoting infrastructure investment and SDG attainment in the context of Asia-Pacific financial cooperation.

The BRI, with its core focus on promoting economic growth and infrastructure connectivity across and within countries in Asia, Europe and Africa, has been envisioned from the outset as supporting the principle of balanced and sustainable development (Box 6.2).

Box 6.2 Guiding Principles on Financing the Development of the Belt and Road①

"The Belt and Road Initiative aims to promote policy coordination and facilitate connectivity, unimpeded trade, financial integration and people-to-people exchange among the countries along the Belt and Road (hereinafter referred to as "countries involved"), promote orderly and free flows of economic factors, efficient allocation of resources and deep integration of markets, and jointly create an open, inclusive, and balanced regional economic cooperation framework that benefits all.

Financial Integration is an important underpinning for implementing the Belt and Road Initiative. Therefore, we, Finance Ministers of Argentina, Belarus, Cambodia, Chile, China, Czech Republic, Ethiopia, Fiji, Georgia, Greece, Hungary, Indonesia, Iran (Islamic Republic of), Kenya, Lao PDR, Malaysia, Mongolia, Myanmar, Pakistan, Qatar, Russian Federation, Serbia, Sudan, Switzerland, Thailand, Turkey, United Kingdom, call upon the governments, financial institutions and companies from countries involved to follow the principles of equal-footed participation, mutual benefits and risk sharing as they work together to build a long-term, stable, sustainable financing system that is well-placed to manage risks."

In 2015, *The Vision and proposed actions outlined on jointly building Silk Road Economic Belt and 21st-Century Martitime Silk Road* released by China emphasized that countries along the Belt and Road should strengthen green, low-carbon construction and operation of infrastructure, fully consider the climate change factors in the construction process, and actively promote cooperation in environmental protection. At the same time, it should highlight the concept of ecological civilization in finance and investment, strengthen cooperation over ecology, environmental protection, biodiversity and climate change.

---

① Belt and Road Portal, Official Documents.

In 2017, MEE, MOFA, NDRC, and MOFCOM jointly issued two government directives, the *BRI Ecological Environmental Protection Cooperation Plan* and the *Guiding Opinions on Promoting Green BRI Construction*, which further developed the idea of "greening" the BRI. In the same year, the MEE established the BRI Green Development International Alliance. Open for multilateral organizations, government agencies, companies and think tanks around the world to join, the Alliance allows stakeholders to share good practices and policy solutions for sustainable development.

The *Guidance on Promoting the Green Belt and Road* jointly issued in 2017 by the NDRC, MOFA, MOFCOM and MEP highlighted the principles of "ecological civilization", "eco-environmental protection" and "green development" in BRI implementation.① The Guidance calls on entities participating in the BRI to formulate environmental protection standards and codes, to share good practices in green transport, green building and clean energy, and to increase their environmental protection services and support in construction projects. The Guidance also calls for using the unique advantages of policy-based financial institutions to help channel funds into a green BRI.②

In May 2017, MEP released the *Belt and Road Ecological and Environmental Cooperation Plan* to promote the green transformation of the regional economy, and to support the 2030 Agenda. The Plan identified targets for 2025 and 2030, as well as key tasks including strengthening eco-environmental policy communications, promoting green efforts in international cooperation on production capacity and infrastructure development, facilitating green trade, expediting green investment, launching eco-environmental protection projects and activities, promoting people-to-people connectivity and enhancing capacitybuilding.③

In April 2019, the BRI International Green Development Coalition was formally established at the Belt and Road Forum, and the "big-data service platform for BRI eco-environment protection" was launched with three initiatives, namely the "Green Efficient Refrigeration Initiative", the "Green Lighting Initiative", and the "Green Go Global Initiative". The coalition is open to multilateral organizations, government agencies, global businesses and think tanks, allowing stakeholders to share experiences and policy solutions for sustainable development. It aims to integrate sustainable development (environmental

---

① Belt and Road Portal (2017, May 8). Guidance on promoting Green Belt and Road.

② Columbia University Center on Global Energy Policy and Renmin University of China Center for International Energy and Environment Strategy Studies (2017, November 19-21). Belt and Road Initiative green development conference.

③ Belt and Road Portal (2017, May). The Belt and Road ecological and environmental cooperation plan.

sustainability in particular), international standards and best practices into the BRI. For now, however, the application of these standards and practices in BRI partner countries whose own national standards are less strict remains voluntary. By the end of August 2019, more than 130 institutions have become partners in the coalition, including the Ministries of the Environment of 25 BRI cooperation countries.

Over the years, various government departments and industry associations in China have issued voluntary guidelines for corporate social responsibility pertaining to the overseas investments of Chinese companies. The *Guidelines for Environmental Protection in Foreign Investment and Cooperation* jointly issued by MOFCOM and MEE in 2013 requires enterprises to conduct environmental impact assessments on their development, construction, production and operation activities in accordance with the laws and regulations of the host country, and take reasonable measures based on the results of environmental impact assessment to reduce any possible adverse impact.

The latest internationally coordinated initiative to which several leading Chinese banks, including CDB and ICBC, have already signed up has led to the formulation of the Green Investment Principles (Box 6.3).

Box 6.3 Green Investment Principles for the Belt and Road

Published in London on November 30, 2018, the seven Principles are a joint effort by the Green Finance Committee (GFC) of the China Society for Finance and Banking and the City of London's Green Finance Initiative (GFI). The Principles aim to ensure that investments along the Belt and Road are channelled into low-carbon, sustainable, and inclusive development through effective strategies, policies, and implementation.

Principles 1 and 2 call for financial institutions to embed sustainability into all levels of corporate governance and to pay full attention to environmental, social and governance risks. Principle 3 requires banks to conduct environmental stress tests on investment decisions and to improve their environmental information disclosure. Principles 5 and 6, respectively, call for the utilization of green financial instruments such as green bonds and green asset backed securities (ABS), and the adoption of green supply chain management to accelerate the "greening" of both upstream and downstream industries.

There is a growing consensus among many governments and financial institutions on the "greening" of construction and investment along the Belt and Road. By the end of March 2019, twenty financial institutions from countries and regions along the Belt and Road such as China, Britain, Pakistan and the United Arab Emirates signed the *Green Investment Principles* initiated by China and the United Kingdom.

At present, a huge gap in green finance exists between the countries along the Belt and Road. The rapid development and continuous innovation of green finance in China has created favourable conditions for Chinese financial institutions to participate in Belt and Road green investment and further fill the gap in green finance. In addition, government agencies and international financial institutions in partner countries can issue green bonds in China to directly fund their green projects. China's accumulated experience in building its green financial system and developing the green financial market can provide references for partner countries and regions to build their own green financial systems.

At the same time, China attaches great importance to the local conditions and development needs of low-income countries along the Belt and Road, and maintains an open and positive attitude to the issue of debt sustainability. In April 2019, during the 2nd Belt and Road Forum for International Cooperation, the Ministry of Finance officially released the Debt Sustainability Analysis Framework for the Belt and Road (Box 6.4), demonstrating the Chinese side's commitment to the promotion of a sustainable financing system for the BRI.

Box 6.4 Debt Sustainability Analysis Framework for the Belt and Road

Drawing on the IMF and World Bank Debt Sustainability Framework for Low-Income Countries, the Debt Sustainability Analysis Framework for the Belt and Road aims to strengthen the debt management capabilities of relevant countries and the ability of BRI stakeholders to improve their financing decisions. The framework reduces sovereign debt risk along the Belt and Road while promoting the development of a long-term, stable, sustainable and risk-controlled financing system in the Belt and Road.

The debt sustainability analysis process includes the following nine steps: specifying the scope of debt, predicting macroeconomic trends, verifying the accuracy of forecasts, determining country groupings, conducting stress tests, judging risk signals, correcting model results, determining risk ratings, and producing debt sustainability analyses and reports to which the framework provides a template.

Overall, the framework can be applied to assess the debt sustainability of BRI partner countries. As a non-mandatory policy tool for financial institutions along the Belt and Road, this Debt Sustainability Analysis framework can be used voluntarily.

6.3 Chinese best practice in sustainable investment

6.3.1 Industrial and Commercial Bank of China

Green finance

Cognizant of voluntary international standards like the Equator Principles and the IFC Performance Standards and Guidelines, ICBC went one step further by making its environmental standards mandatory. This was achieved by implementing a "green credit veto" system under which no loans will be issued to any borrower or project that does not pass an environmental impact test. The Bank also formulated specific requirements for monitoring, identifying, controlling, and mitigating environmental and social risks. ICBC's new standards also called for issuing timely warnings to companies that violate environmental or safe production regulations, and including environmental and safety incidents in its risk management models.

In 2018, the size of ICBC's green credit portfolio exceeded RMB 1.24 trillion, having grown by 12.6% year on year. The growth rate of green credit exceeded the average growth rate of loans by 6.6 percentage points. ICBC limits lending to companies with high energy consumption and high pollution and supports resource allocation to green industries and enterprises. Most importantly, ICBC fully integrates environmental and green factors into its entire institutional system and operating process, with each department playing a specific role in it.

Since 2003, ICBC has been gradually formulating and improving its policies on green credit, implementing green credit policies for different industries, and supporting the business development of green credit in priority sector areas. ICBC has been actively giving financial support to green industries, establishing a relationship between industrial classification and economic capital, and encouraging and guiding the credit business in the green economy. Combining international standards and domestic green credit classification standards, ICBC has meaningfully improved its management of environmental and social risks. Lastly, ICBC has formulated specific policies to guide credit supply toward key fields of the green economy, such as the policy to support five green finance pilot zones, and the policy to support the greening of the Belt and Road.

Given the significance of green finance in supporting the green economy, ICBC has incorporated these aspects into the bank's development strategy. ICBC established the goal of becoming an internationally leading green commercial bank, and formulated specific policies to achieve it, such as integrating industry-specific green standards and energy conservation requirements into its credit policies for more than 60 industries.

Green bonds

ICBC's green bonds have marked several milestones in the industry, notably on size, investment theme, and structure. The "One Belt One Road Green Climate Bond" listed on the Luxembourg Stock Exchange in September 2017 was ICBC's inaugural green bond issuance. This USD 2.15 billion issue has won five major international honours, including Finance Asia's Best ESG Deal, IFR Asia's 2017 Best Socially Responsible Investment (SRI) Bond, The Asset's 2017 Regional and Deals Award: Best Green Bond, Environmental Finance's 2017 Bond of the Year for Innovation in Use of Proceeds, and Global Capital's 2017 Asia Pacific Green/SRI Bond.[①] Both the fixed and floating rate tranches of the bond, in U.S. dollar and euro, respectively, were the best in their class. The bond is the first climate bond under the BRI and the first green bond issued by a China-funded financial institution qualified according to the International Capital Market Association (ICMA) *Green Bond Principles and the People's Bank Green Bond Support Project Catalogue.*

In June 2018, ICBC listed a USD 1.58 billion Triple-Tranche floating rate bond on the London Stock Exchange, the largest green bond listed in London. The funds raised will be used to finance green asset projects in low-carbon transportation, renewable energy, and offshore wind power under the Belt and Road Initiative. Offshore windfarms demonstrate ICBC's commitment to embedding green credit services into local markets. In the same month, ICBC issued a USD 730 million green bond on the Hong Kong Stock Exchange, the first green bond issued by a bank registered in Hong Kong SAR, and the first green bond issue certified by a Hong Kong SAR subsidiary agency.

Technical aspects of sustainable investment

Working with the Shanghai China Securities Index Corporation, ICBC launched the "ESG Green Index" in 2017, which is the first ESG index of a financial institution in China.

Traditional credit rating systems do not take the environmental risk of a company's operation into account, since environmental factors of credit risks are hard to quantify. ICBC has been working on creating an Environmental Risk Stress Test to quantify the impact of environmental factors on bank credit risk, to effectively improve environmental risk prevention and control capabilities, and to optimize the corporate green credit structure.

---

① Industrial and Commercial Bank of China Ltd. (2017). Annual green bond report.

Sustainable investment along the Belt and Road

As the organizer of the Belt and Road Bankers Roundtable and the initiator of the BRI Green Index (which will be published in April 2019), ICBC has supported projects including Chinese companies' foreign investment, external supply contracting, and export of equipment. The main financing models include export buyer credit, cross-border mergers and acquisitions, international syndicated loans, aircraft contract financing, and support for financing. ICBC has provided loans for over half of the important projects of the China-Pakistan Economic Corridor in the first half of 2018. Further important green projects include wind and solar farms across different provinces in China and in Pakistan, and the Three Gorges acquisition of a Peruvian hydropower station.

6.3.2 China Development Bank

CDB's achievements in promoting green finance

As China's leading bank supporting green finance and largest lender of green credit in China, CDB put forward the Bank's approach to the development of green finance in 2017. It has built a comprehensive green financial product system to actively promote green and sustainable development, environmental protection, and energy saving and emission reduction, while managing environmental and social risks during the entire credit process. This allowed for the development of the Bank's green corporate culture.

According to the annual report of CDB, the Bank's total lending for alternative energy, such as wind, solar, and biomass energy, was around RMB 39.3 billion (USD 5.8 billion) in 2017. By the end of 2017, CDB's green credit portfolio was RMB 1.6 trillion (USD 245 billion), with annual savings of 53 million tons of coal and 226 million m^3 of water. It also helped reduce the emissions of carbon dioxide by 133 million tons, sulphur dioxide by 1.7 million tons, nitrogen oxide by 840 thousand tons, and ammonia nitrogen by 50 thousand tons. Actively broadening the sources of green development funds, CDB has issued over RMB 25 billion worth of green bonds, China's first USD 500 million and EUR 1 billion quasi-sovereign international green bonds, and has been exploring innovative issuing mechanisms of green bonds. In 2018, CDB issued RMB 342.8 billion of green loans, with total outstanding loans totalling RMB 1.9 trillion.

To further extend support for green economy, low-carbon economy, and circular economy, CDB has also formulated relevant management measures to manage potential environmental and social hazards and related risks that its customers and relevant stakeholders may bring to the environment and society during construction, production and business operation. Such risks can be related to energy consumption, pollution, land, health, safety, resettlement, ecological protection, and climate change.

Building a sustainable investment and financing system

CDB's environmental and social risk management system has included specific requirements into the pre-approval, approval, and post-approval management of loans. The system identifies relevant requirements and mechanisms throughout the process of project planning and development, due diligence, credit review, fund payment, post-loan management, etc. There are four categories in the system: environmentally friendly, compliant, requiring rectification, and high-risk.

Risk management for sustainable investment

In the planning and development stage of a project, CDB performs a preliminarily review whether the project conforms to national and regional policies related to environmental and social risks. During due diligence, CDB has formulated industry-specific standards for investigation risks associated with labour and working conditions, explosives and chemicals management, pollution prevention and control, community health and safety, land expropriation and involuntary migration, biodiversity conservation, sustainable natural resource management, etc. Through project and compliance reviews, CDB identifies environmental and social risks faced by projects and clients, including but not limited to industrial policy and market access rules, environmental impact assessment approval, energy conservation assessment, and energy conservation inspection of national and provincial key energy-saving enterprises, etc. During the compliance review, CDB ensures that the submitted documents and procedures are compliant, effective and complete, and the client has sufficient attention and effective dynamic control over relevant risks; for projects categorized as high social and environmental risks, requiring rectification and compliant, a written review opinion will be provided. Projects receiving any negative review opinion are not allowed to enter the stage of credit review. Meanwhile, a "one-vote veto system" is applied to high-risk customers and projects that violate national environmental protection, safety supervision, quality inspection, and land and immigration policies. CDB also suspends loans for projects whose environmental protection facilities are not operating reliably or projects that are causing environmental destruction. In the post-approval management phase, special post-approval management measures are developed for projects and clients with high environmental and social risks.

In the management of environmental and social risks of overseas projects, a due diligence checklist of environmental and social risks is be drawn up, relevant international and national good practices followed, and qualified independent third parties hired to evaluate and inspect projects under dispute.

6.4 Opportunities and challenges for Chinese investors for harmonizing investment and financing standards along the BRI

6.4.1 Opportunities for Chinese financial institutions

Harmonizing financing and investment standards not only brings environmental and social benefits, but also enhances the probability of achieving other related SDGs. These standards would also substantially reduce the likelihood of assets funded by China becoming stranded, thereby rendering the associated loan non-performing. Finally, such standards can be an effective instrument for managing and reducing reputational risks for Chinese banks-an increasingly important focus both within China and along the Belt and Road-as they enter foreign markets and invest in overseas projects and companies.

Government policies and green consumer choices are conducive to both sustainable development and new business opportunities for financial institutions in China. In recent years, traditional industries have been increasing their investment in the circular economy, environmental protection, and energy conservation and emission reduction technologies. Banks can integrate environmental and social standards into their traditional products to benefit from this shift and to avoid potential losses. Conversely, if banks provide loans to companies that fail to address environmental and social issues, they could incur serious reputational damage. Banks could also explore new products to help prevent or address environmental and social problems such as climate change and water shortages.

The construction industry is a notable example-among many others-of new business opportunities for green banking. As the government and the public increasingly demand green buildings and energy-efficient renovations of existing buildings, the willingness to pay premia for green products and services has raised the profitability of developing green real estate projects. More broadly, industries such as eco-environmental protection, e-commerce, new materials and new energy applications are emerging and becoming a new growth engine with considerable market potential. Such changes are also broadening business models for financial institutions, which increasingly provide financial services through green loans, sustainable development funds, environmental leasing, environmental consulting, and environmental insurance.

Financial institutions, when providing financing and investment services, could inadvertently cause or exacerbate long-term environmental issues such as water and air pollution and climate change, as well as social problems such as inequality, social tensions and human rights violations. Financial institutions can contribute to reducing negative environmental and social impacts. For instance, Credit Suisse and UBS have considerably reduced their resource consumption, while other banks have used renewable energy sources such as solar energy to reduce greenhouse gas and air pollutant emissions. Increasingly, such actions are seen to transcend the area of corporate social responsibility, and are mainstreamed into banks' overall operations and processes.

6.4.2 Challenges faced by Chinese financial institutions

Like their counterparts abroad, Chinese companies and banks face limitations in appraising the impact of different political, economic, cultural, and legal environments, and the unique business, social, and environmental risks in host countries. In addition, Chinese companies may have valuable experience operating in some countries, but less in others.

With regard to loans, a central challenge for banks is to reduce the risk of future debt repayment difficulties. Problems can occur in the design of a project, with the underlying assets created using borrowed funds not able to generate sufficient cash-flow to cover the operating costs as well as accruing debt service. These problems need to be minimized with careful debt sustainability analysis that needs to take into account economic, financial, and environmental pressure points, as well as expected future developments, so that the project's ability to carry the debt service burden is ensured throughout the lifetime of the asset. In addition, macro-level risks need to be considered. This could imply that even a well-designed project could tip total debt service obligations into unserviceable territory-e.g., if the debt level is already very high. Finally, a realistic assessment is needed of assurances from various contingency mechanisms-notably government guarantees, collateralization by assets financed, and escrow arrangements.

With regards to investment, Chinese banks are increasingly devoting attention to preventing risks related to environmental protection, land, occupational health and safety and other environmental and social issues. They have recognized the importance of minimizing these risks in order to avoid escalation into frictions and conflicts with local stakeholders. A related risk that requires careful analysis is conflict risk, which can be high in areas already dealing with severe social challenges. This calls for a deep understanding of the social and security landscape, and on this basis, for conflict-sensitive project design.

In recent years, Chinese companies have gained considerable experience in anticipating and managing environmental and social challenges that arise in the course of their overseas operations. As a result, they have recognized the need for:

- Greater environmental and social awareness for businesses. Some Chinese companies have focused on the growth of business while neglecting the importance of environmental and social issues for host countries. For example, in the development of hydropower projects in environmentally sensitive and ecologically fragile areas, there is a need to ensure that lenders and investors undertake sufficient research on environmental and social issues as well as effective early consultations with the local community, in order to avoid opposition from local residents, NGOs, or local governments. Without this preparation, the company could face additional obstacles and costs, and even the risk of project failure.
- Deeper knowledge and understanding of the host country's laws, regulations, customs and values. Companies are not always familiar with these aspects. This could lead Chinese companies to attempt to replicate their domestic management practices in other countries without having a "localization strategy", and ignoring cultural differences between China and host countries. Labour relations management after international mergers and acquisitions is one example. Chinese corporations often bring in Chinese management models, characterized by a strong Paternalistic hierarchical system and emphasis on personal loyalty and group identity, which can be different from the local corporate culture.①
- Enhanced engagement with local media and public opinion. In the process of investing, Chinese companies often adopt a low-key or even silent approach to the local media and public opinion in the host country. When they encounter environmental and social issues and are questioned or criticized by local or international media, Chinese companies are reticent in answering questions. In some cases, this approach can turn small and manageable problems into bigger and more challenging ones. Companies have also lost good opportunities to promote themselves to the world.
- Greater information disclosure and transparency. The guarded approach to communicating with local media and civil society has obscured the good practices of Chinese enterprises. For example, contrary to popular perception, many Chinese companies do hire locals on a large scale. These points suggest the importance of disclosing more information to the public to mitigate the perception that Chinese companies are supporting corruption and conducting black-box operations.

---

① Shougang Corporation acquired a Peruvian iron ore company in 1992. Troubled labour relations caused strikes in the subsequent 20 years because of problems in handling cultural and labour differences.

China has made remarkable progress and is one of the world's leaders in green finance within its borders. It has also made strong commitments to promote sustainable development in its financing and investment activities around the globe, and has taken a number of steps toward realizing those commitments. As the BRI continues to grow, and as global awareness of the importance of the 2030 Sustainable Development Agenda continues to intensify, the experience of recent years provides a very useful foundation for integrating China's commitments into a harmonized set of financing and investment standards to guide its economic engagement with other countries.

Chapter 7 Toward harmonized standards for the BRI

While earlier chapters of the report have identified a set of common norms for development financing and investment among MDBs, NDBs, and Chinese entities operating globally, there is still a need to develop a clear, comprehensive set of underlying principles and an operational process for effective harmonization of standards along the Belt and Road. The resulting harmonized standards will need to apply throughout the entire project life-cycle, and cover all three pillars of sustainability, as well as monitoring, implementation and evaluation.

Based on research presented in earlier parts of this report, the present chapter further elaborates on the case for the introduction and implementation of harmonized standards. Section 7.1 identifies linkages between China's investment policies and the Environmental and Social Standards (ESS) implemented by NDBs and MDBs. Section 7.2 illustrates how establishing a harmonized set of standards around these common norms on investment and financing and also building on further considerations—notably forward-looking ones to safeguard against newly emerging risks as well as consistency with China's own standards—can reduce the risks and maximize benefits for both China and BRI partner countries, strengthen the credibility of the BRI as a program for enhancing global governance and providing global public goods. Section 7.3 presents a case study of Bangladesh that highlights some challenges that the introduction of harmonized BRI-wide standards may entail. Lastly, section 7.4 presents five fundamental considerations for the future standards harmonization process.

7.1 Taking stock of common norms for investment and financing

As presented in Chapters 5 and 6, China, MDBs and NDBs have a diverse, yet overlapping set of norms that they uphold in overseas development financing and investments. Those two chapters provide in-depth analyses of each of these norms for the various actors operating in the international development finance landscape and provide a picture of their shared features and remaining critical gaps.

MDBs and NDBs present their environmental and social provisions in a similar way, broadly following the standards of the World Bank's Environmental and Social Framework, which eases the comparison of norms across these institutions as presented in Table 7.1. As described in Chapter 5, although several MDBs have provisions for the same standards, the level of coverage varies. Health and Safety considerations are an example: although all MDB ESFs include them and most of the MDBs include provisions for infrastructure and equipment safety, security management or community exposure to diseases, IDB's Health and Safety standard only includes provisions regarding exposure to hazardous materials. Not all MDBs have established standards for labour and employment—e.g., IDB and ADB have not yet done so. However, ADB has publicly acknowledged this gap in its Safeguard Policy and the need to include labour and employment safeguards, as well as those related to gender equality.

With respect to NDBs, they do not always have completed Environmental and Social frameworks in place. For instance, JBIC does not have specific labour, pollution prevention or climate change safeguards. Thus, the list of NDBs that can be included in our study for having a framework in place is considerably shorter than that of MDBs.

Table 7.1 MDB and NDB norms in international development finance and investment

Indicators	MDBs	NDBs
1. Environmental and social impacts	√	√
2. Labour and employment	–	–
3. Pollution prevention	√	–
4. Health and safety	√	√
5. Land use and resettlement	√	√
6. Biodiversity conservation and natural resource management	√	√
7. Indigenous communities	√	√
8. Cultural heritage	√	√
9. Financial intermediaries	√	–
10. Stakeholder engagement	√	–
MDBs include: WB, IDB, ADB, EBRD, EIB and AIIB. *NDBs include: KfW, DBSA and JBIC.*		

Source: Chapter 5

Pollution prevention is not one of the common norms across all MDBs and NDBs. Still, it is a priority area for institutions participating in development finance, and one where significant progress is being made. As presented in Chapter 5, MDBs and NDBs are shifting practices toward GHG emission reduction, such as the elimination of financing for coal projects by KfW and EBRD, pollution reduction and air quality improvement projects by

AIIB or EIB's shadow carbon pricing. Even JBIC which, as noted earlier, does not explicitly include pollution prevention provisions in its Environmental and Social guidelines, has established procedures for measuring, reporting and verifying GHG emission reductions and publishes the GHG emission reductions achieved by its renewable energy projects.

Chapter 6 presented Chinese norms and regulations for environmental and social sustainability. Although Chinese actors have similar environmental and social norms in place, there is no overall framework like the one MDBs and some NDBs have. A similar comparison is, therefore, harder to perform across the three groups of Chinese institutions participating in the BRI. Table 7.2 presents examples of Chinese norms and regulations categorizing them according to the World Bank's ESS. This allows to clearly showcase that China also safeguards environmental and social impacts.

These regulations and guidelines are examples of existing Chinese environmental and social norms and regulations. They highlight that China's institutional framework clearly calls for safeguards to prevent and mitigate against negative social and environmental impacts.

MDBs, NDBs and Chinese development banks and institutions thus incorporate many common norms into their projects when operating abroad. While the exact form that these standards take varies, there are significant similarities and overlaps between the ESS of the various MDBs, NDBs and Chinese investors and financiers. Assessments of environmental and social impacts, health and safety, land use and resettlement, biodiversity conservation and the protection of indigenous peoples' rights as well as cultural heritage are priorities for all.

Earlier chapters showed that in terms of procedures there is little variation across MDBs and NDBs. Chinese policy banks follow a similar pattern in standards procedures, although not as closely. They also share several practices with MDBs, such as: compliance with host country environmental regulations, *ex-ante* environmental impact assessments, project review of environmental impact assessments, public consultations with affected communities and establishing protocols regarding compliance.[①] Therefore, a broad finding of the research for this report is that most of the institutions involved in investment and financing activities along the Belt and Road already share a considerable body of norms regarding environmental and social considerations.[②] As presented in Tables 7.1 and 7.2, the commonalities listed below exist across most MDBs, NDBs, and China; in many cases, they exist across all of them. They include the following:

---

① See: Irwin, A. and Gallagher, K. P. (2013). Chinese mining in Latin America: a comparative perspective. The Journal of Environment & Development 22 (2): 207–234; Ray, R., Gallagher, K. P. Lopez, A. and Sanborn, C. (2015, April). China in Latin America: lessons for South–South cooperation and sustainable development. Global Economic Governance Initiative, Boston University.

② Ibid.

Table 7.2 Chinese norms and regulations linked to ESS

WB ESS	Guideline/ Regulation	Relevant article	Issuing authority	Executive authority
ESS 1: Environmental and Social Impacts	Guidance on Implementing Environmental Protection Policies and Rules and Preventing Credit Risks (2007)	Provision 2: "*Strengthen environmental supervision*"	SEPA PBOC CBRC	Policy banks, state-owned commercial banks, and joint-stock commercial banks
ESS 2: Labour and Employment	Further Enhancement of Environmental Protection Work of Foreign Investment Cooperation Enterprises (2013)	Provision 3: "*Provide training for employees*"	State Council MOFCOM	Commerce Departments of all provinces, Economic and Commercial Counsellors' Offices abroad, and all central enterprises
ESS 3: Pollution Prevention	Guidance on Strengthening Key Environmental Protection Work (2011)	Provision 1: "*Reduce of major pollutants.*"	State Council	Ministries and commissions of the State Council and institutions directly under the State Council
ESS 4: Health and Safety	Guidance on Strengthening Key Environmental Protection Work (2011)	Provision 2: "*Focus on reducing impacts that can harm people's health*"	State Council	The people's governments of all provinces and institutions directly under the State Council
ESS 5: Land Use and Resettlement	Measures for the Administration of Overseas Investment of Enterprises (2017)	Provision 2: "*Guide land use for investment overseas*"	State Council NDRC	–

Table 7.2 (Continued)

WB ESS	Guideline/ Regulation	Relevant article	Issuing authority	Executive authority
ESS 6: Biodiversity Conservation and Resource Management	A Guide on Sustainable Management and Utilization of Overseas Forest by Chinese Enterprises (2009)	Provision 5: "*Guidance for biodiversity conservation*"	SFA MOFCOM	SFA, MOFCOM
ESS 7: Indigenous Communities	Guide for Countries and Regions on Outward Investment and Cooperation (2018)	Provision 6 of different country chapters: "*Advising the avoidance to hurt interest of any indigenous people*"	MOFCOM	MOFCOM
ESS 8: Cultural Heritage	Measures for the Supervision and Administration of Overseas Investments (2017)	Provision 1: "*Respect local laws and culture*"	State Council	SASAC
ESS 9: Financial Intermediaries	Guiding Opinions on Regulating Banking Services for Enterprises Heading Overseas and Strengthening Risk Prevention and Control (2017)	Provision 2: "*Investigate, coordinate, and supervise third parties involved in the contract overseas*"	State Council CBRC	All local offices of the China Banking Regulatory Commission; all policy banks, large-scale banks
ESS 10: Stakeholder Engagement	Guide on Social Responsibility for Chinese International Contractors (2012)	All chapters: guiding effective stakeholder engagement	MOFCOM China International Contractors Association	MOFCOM, China International Contractors Association

Source: Official websites of listed issuing authorities

- Encouraging effective stakeholder engagement;
- Promoting the mainstreaming of environmental, social and governance aspects from the early stage of a project to avoid or mitigate potential liabilities from climate change and other environmental and social risks in investments;
- Developing the capacity of borrowers to identify issues of social and environmental sustainability and effectively address them;
- Devising mechanisms to address emergency events at an early stage of a project;
- Introducing prevention/management systems to avoid or mitigate pollution;
- Encouraging the financing of green projects;
- Ensuring biodiversity conservation and ecosystem protection;
- Providing safe and decent working conditions;
- Ensuring the health and safety of the population involved in or affected by projects;
- Preventing or minimizing negative impacts for vulnerable communities and compensating for impacts that are not possible to avoid;
- Avoiding involuntarily resettlement, and providing assistance to affected populations;
- Engaging and consulting with indigenous people and formulating projects taking into consideration adverse impacts on them;
- Protecting cultural heritage;
- Establishing grievance and resolution mechanisms for disputes or conflicts.

Furthermore, economic development is fundamental for human development and progress. It creates growing resources to address human needs at improving levels, and also strengthens society and the social fabric. Improved protection of the environment needs to go hand in hand with economic development. Instead of stifling economic growth, environmental protection enables it to continue in the medium and long run—in other words, it helps make development sustainable. Edward B. Barbier, in his landmark book *Economics, Natural Resources, Scarcity and Development*, defines this aspect of sustainable development as: "maximizing the net benefits of economic development, subject to maintaining the services and quality of natural resources over time".

With regards to rules and concepts guiding sustainable economic growth, MDBs, NDBs, and Chinese financial institutions follow some common investment and financing principles, international financial regulatory rules and risk management regulations. These reflect the lessons from decades of economic and financial development, and are widely accepted. This chapter will focus on comparing and analysing the main aspects of sustainability, without going over all relevant information in detail point-by-point. The common core of standards and related considerations will be presented in Chapter 8, such as the shared conviction that:

- Borrowers and lenders share the responsibility to avoid unsustainable debt situations. Transparency and information disclosure are encouraged to facilitate the ability of lenders to assess borrowers' capacity to repay the debt—taking into account already existing debt- and to assist borrowers in coveying the need for a debt restructuring, if needed. The UNCTAD *Principles for Responsible Sovereign Borrowing and Lending* (Chapter 5 and Annex 3) urge lenders and borrowers to share this responsibility and support clearly assigning specific responsibilities to each party to avoid unsustainable financing agreements.
- A transparent and fair procurement process is needed, as seen in the WTO's, the WB's, and the EU's procurement rules as well as in the 2015 *Regulation on the Government Procurement Law of the People's Republic of China* issued by the State Council.
- An accurate assessment of project risks and strong risk management strategies are needed to prevent and mitigate the negative impact of projects. Examples are MIGA's Risk Insurance, *the EIU*'s Risk Identification System and the 2015 *Chinese Guidelines on Comprehensive Risk Management of Banking Institutions* issued by CBRC.

These commonalities reflect long-accumulated experience in international development finance and investment and constitute an excellent basis for further progress.

Remaining gaps that need to be addressed mostly pertain to risks to sustainable development due to considerations that require foresight, rather than hindsight. They involve looming future risks, for which past experience may not provide solutions or sufficient guidance—such as climate change, the risk of eroding the rules-based international trade and financial system, and a dramatic escalation in inequality or a global pandemic. These looming issues can become binding constraints in the future, greatly impacting sustainability, and thus require prompt and decisive collective action. Incorporating these considerations effectively into the standards that apply along the Belt and Road should also be a key part of the policy agenda.

7.2 The benefits of harmonizing standards for financing and investment practices along the Belt and Road

Despite the commonalities noted above, there is a variety of financing and investment standards across the BRI region. Some have been made legally binding under certain treaties, some are adopted at the discretion of individual institutions and apply only under certain conditions, while others are followed by multilateral development banks such as the World Bank. Adding a further layer of complexity to the present situation is the fact that national laws, policies and regulations of BRI partner countries may not fully comply with stringent industry standards and social responsibility systems, which can have a direct impact on project execution. In 2018, in an effort to streamline the variety of international financing and investment rules and standards, the G20 Eminent Persons Group put forward its *Report on the Reform of the International Financial System,* encouraging institutions to adopt a series of "core standards". This idea is similar to the set of common norms shared across different BRI stakeholders outlined in the previous section.

Table 7.3 summarizes the potential benefits of introducing harmonized investment and financing standards across the BRI. Such harmonization will not only serve Chinese actors by increasing business opportunities and reducing risks, but also benefit host countries and their local communities economically, socially, and environmentally. Equally important is for the appropriate harmonization of these common norms and standards to align the BRI and its objectives to the 2030 Agenda and specifically to the SDGs.

Table 7.3 Benefits of harmonizing standards along the Belt and Road

Chinese actors	Chinese government	- Prevention and mitigation of reputational risk; - Prevention and mitigation of environmental and social risks.
	Financial institutions	- Prevention of default risk; - More innovative and competitive financial services.
	Business entities	- Expansion of markets; - Greater returns and effectiveness of projects; - Improved competitiveness and risk management.
Partner countries	Partner governments	- Economic growth and poverty alleviation; - Improved management of fiscal resources; - Improved management of natural resources; - Strengthening of institutional capacities; - Prevention and mitigation of environmental and social risks; - Reduction of compliance costs.
	Business entities	- Expansion of domestic markets and linkage to international value chains; - Increased opportunities for participation in BRI-related procurement; - Improved compliance and risk management.

Table 7.3 (Continued)

Local communities	– Improved livelihoods, decent jobs; – Reduced likelihood of social conflict; – Enhanced voice and ownership of projects; – Reduced vulnerability against potential negative impacts.
Global community	– More equitable use of resources and growth; – Enhanced interconnectivity and cooperation; – Provision of global public goods; – Improved global governance.

First, harmonized standards can help Chinese banks and enterprises maintain and expand market share overseas. China's experience in Peru is a case in point. Because of a lack of strong Environmental and Social Risk Management (ESRM) on the part of Chinese investors, they encountered disputes with workers and local communities over occupational health and safety issues, emergency preparedness, and environmental impacts. Though some of the issues can be attributed to the relatively weak enforcement of regulations and standards in the host country, Chinese investors suffered reputational damage that affected their business performance. In some cases, for example, the perception that Chinese firms and financiers do not have proper risk management strategies in place made it more difficult for them to win local contracts for mining and exploration.

For instance, with harmonized standards and proper implementation mechanisms in place, Chinese copper firms can devise substantive ESRMs through meaningful stakeholder consultations at the project design stage. This could potentially enhance the reputation of Chinese firms and investors and help them gain further market access as well as political and community support. In case of an accident, ESRM plans that follow harmonized high standards would allow both the company and the host country to respond effectively and mitigate against potential damage.[①]

According to the World Bank, the typical cost of safeguard programs ranges from USD 116,000 to USD 225,000 per large-scale project, accounting for 3.3% to 7.6% of project preparation and supervision costs. For borrowing countries, the average cost of compliance is USD 6 million, or 3% of the total project cost.

① See: Irwin, A. and Gallagher, K. P. (2013). Chinese mining in Latin America: a comparative perspective. The Journal of Environment & Development 22 (2): 207–234; Ray, R., Gallagher, K. P. Lopez, A. and Sanborn, C. (2015, April). China in Latin America: lessons for South-South cooperation and sustainable development. Global Economic Governance Initiative, Boston University.

While full assessments of the costs and benefits of ESRM are hard to quantify, a 2010 assessment by the World Bank Independent Evaluation Group (IEG) concluded that benefits from environmental safeguards far outweigh their incremental costs, even though in some cases measured benefits fell short of the costs, since many types of social benefits are not directly quantifiable. Weighing risks and benefits from a sample of projects, the World Bank found that most projects yielded "low cost—low benefits," or "high cost—high benefits" for recipient countries (although this does not take into account compliance costs to borrowing countries in terms of staff time and efforts). The World Bank also found that over half of the team leaders surveyed reported that "the Bank's safeguards increased the acceptability of the project among beneficiaries", and that the safeguard policies increased acceptability among nearly 30% of co-financiers.[①]

Second, a harmonization of standards could help reduce compliance costs, structuring requirements uniformly and thereby maximizing the benefits of managing social and environmental risks. This is critical as developing countries can be overwhelmed by the highly specific and uncoordinated requirements from the different international standards and financing sources. This presents government ministries in partner countries with coordination and prioritization challenges and with a highly resource-intensive workload that requires a large portion of their already limited resources to be devoted to complying with these requirements.

Third, harmonizing standards can help promote risk identification with respect to social and environmental conflict and debt sustainability. This not only generates economic dividends for host countries and profit for firms, but also helps maintain a healthy relationship between investors and host country governments, or lenders and borrowers. For example, in the case of Ecuador, which carefully analyses debt sustainability when seeking foreign loans, international credit rating agencies have pointed out that Chinese loans have helped the country improve its fiscal position. Credit rating agencies have in fact upgraded Ecuador's credit rating based on the country's ability to pay back China—allowing Ecuador to access more funds at a lower cost.[②]

Fourth, harmonized standards can help strengthen the protection of local communities affected by new projects. Applying standards that require engaging with local communities prior to project implementation across the BRI region can help identify concerns that could

---

① World Bank (2010). Safeguards and sustainability policies in a changing world: an independent evaluation of World Bank Group experience. IEG Study Series, 47.

② Lin, J. Y. and Wang, Y. (2017). Going beyond aid: development cooperation for structural transformation. Cambridge: Cambridge University Press.

otherwise evolve into conflicts if not adequately addressed. In Bolivia, for instance, Chinese tin companies took part in a "prior informed consent" engagement with local communities that rejected newly designated locations for the tin companies. These later found a better-suited and better-equipped location, confirming the effectiveness of the local engagement process in averting social conflicts that would have otherwise hurt both the welfare of local communities and the business prospects and reputation of Chinese tin companies.①

Strong BRI-wide standards can enhance project performance and profitability, thereby boosting the host country's economic growth, and also serve the provision of global public goods, bringing global benefits. The International Finance Corporation (IFC) found that the establishment of shared standards in accordance with each of the previously mentioned common norms were correlated with stronger financial performance (measured by return on assets and return on equity), and better financial risk ratings in 656 IFC projects worth USD 37 billion. Harmonized standards could contribute to leveraging private financing from international markets and therefore expand the available funds for BRI projects.

Meanwhile, financing terms based on thorough debt sustainability analysis that meets best-practice standards can help minimize default risk on projects for both lenders and borrowers. In addition, increased interconnectivity through BRI infrastructure projects that conform to social and environmental sustainability standards will boost trade and investment in the BRI region, promote the inclusiveness of economic growth, as well as increase welfare,② and protect the cultural heritage of local communities. Finally, BRI-wide standards carefully aligned with SDGs, including the ambitions pertaining to environmental protection, social governance, and global partnership, can become effective tools to advance global efforts towards sustainable development.

7.3 Potential challenges ahead in harmonizing standards

This section discusses the challenges that get in the way of implementing harmonized standards for financing and investment of BRI projects. It presents a case study that focuses on the implementation of harmonized standards for environmental and social risk management in Bangladesh. Harmonized standards would have to come to terms with existing national conditions of BRI participating countries, including but not limited to

① Ray, R., Gallagher, K. P., Sarmiento, R. (2016). China-Latin America economic bulletin 2016 edition. Discussion Paper 2016-3. Global Economic Governance Initiative, Boston University.

② De Soyres, F. (2018). The growth and welfare effects of the Belt and Road Initiative on East Asia Pacific countries. Washington, DC: World Bank.

the legal, social, cultural and political characteristics of the country in question, the local taxation regime, regulatory conditions, investment environment, as well as the country's debt sustainability situation. Additional challenges could also arise due to variations in actual national conditions, notably in data and procedural transparency, and in how standards are implemented.

There is a multitude of policy and regulatory areas where discrepancies and gaps can emerge, which can all pose challenges to the harmonization process and to the implementation of BRI-wide standards. The expansion of a coal power plant and an adjoining coal mine that was already operating in B district in the north-eastern part of Bangladesh is a useful case study through which we can examine some gaps and inconsistencies in practices and rules on environmental and social risk management. The B district case highlighted several critical gaps pertaining to ESRM relating to (i) official processes and procedures for the screening of environmental and social risks; (ii) public consultation and grievance arrangements; (iii) environment management planning; (iv) resettlement policy; and (v) monitoring. Importantly, these by no means represent the entire landscape of gaps that need to be addressed for the effective implementation of BRI-wide standards in Bangladesh or elsewhere. Conversely, several of them may have been addressed in the years since the period covered by the case study.

In addition, it is worth noting that gaps and inconsistencies in policies and practices are not necessarily the main hindrance to the harmonization of standards valid across the BRI. For example, there may be several national or international public consultation and grievance resolution standards available and readily applicable for a particular BRI project. Insufficient resources, a lack in capabilities for implementing relevant measures, or a lack of willingness, efficiency or transparency in adopting more stringent standards or in making them binding can all prevent investors and governments involved in the project from effectively handling complaints or providing remedies. While this report does not go into the details of such challenges, finding practical ways to address them will be a necessary next step.

Case study: Bangladesh

The present case study highlights issues which emerged from a recent power plant expansion project in Bangladesh. It covers only national standards related to this single project. More in-country fieldwork research and updates would be needed on how stringent the core principles currently upheld by the Bangladesh Department of Environment (DOE) are compared to those of other countries, including China.

For benchmarking purposes, the policies of ADB are also introduced, as ADB is active in the power generation sector in Bangladesh and across the region. Further, since the Government of Bangladesh has expressed its intention to attract more private financing for future power plants, the Equator Principles were also considered as a comparative benchmark.

Background and context

During 2009 to 2019, the real GDP of Bangladesh has grown at an annual average rate of 6.2%. The size of the national economy has nearly doubled, and per capita GDP has increased by over 80%. Since 2016, the country's GDP growth rate has reached 7%, driven by double-digit growth in manufacturing and construction.① The government has reinforced its commitment to continuing along this development path, aiming to turn the country from a Least Developed Country (LDC) into a developing country by the year 2024.

Despite this notable progress, Bangladesh is a largely agrarian economy, still has a high poverty rate and faces infrastructure challenges. In 2013, the World Bank estimated that the country would need to invest 7.4%-10% of GDP per year in infrastructure financing for a decade.② While a 2017 World Economic Forum comparison on infrastructure ranked Bangladesh second-last among developing countries in Asia.③ Bangladesh faces particular challenges in its power supply sector. Due to the country's low household-level access to electricity and low energy use in the public sector and in production, Bangladesh ranks among the countries with the lowest per capita consumption of electricity in the world in the International Energy Agency's Energy Development Index (EDI).

To sustain its economic growth, Bangladesh is striving to transform its energy system. In its latest *Poverty Reduction Strategy Paper* (PRSP 2015) and *Power System Master Plan* (PSMP 2016), the government has planned to increase access to electricity. This involves an estimated average increase in annual energy use by 6% for the next decade, which requires the country's power generation to nearly double by 2030. Traditionally, the fuel mix of Bangladesh's power plants has relied on natural gas; yet, the country's domestic reserves may run out by 2025. The government thus plans to meet growing energy demands by dramatically increasing coal-fired power generation from the current 2% to 50% of the nation's total mix

① World Bank (2018, April). Bangladesh development update: building on resilience.

② Andrés, L., Biller, D., Herrera Dappe, M. (2014). Infrastructure gap in South Asia: infrastructure needs, prioritization, and financing. World Bank Policy Research Working Paper 7032.

③ Schwab, K., Sala-i-Martin, X. (2017). Global competitiveness report 2017-2018. World Economic Forum Insight Report.

by 2041, building on the country's large coal reserves.①

The Government of Bangladesh is seeking to finance the construction of new coal-fired power plants through foreign loans, especially multilateral and bilateral ones, as domestic sources of long-term financing are limited by the country's national fiscal capacity, a shallow domestic financial market, and relatively high costs of raising domestic funding. Although infrastructure funding around the world has traditionally been dominated by Western-led banks, emerging Asian financial institutions, particularly from China, have provided increasing amounts of financing to developing countries since the 2008–2009 global financial crisis. In the case of Bangladesh, China has become one of its main development partners over the past decade, as well as its largest energy partner in 2017. Chinese companies and banks are offering financing, investment, technologies and skills to develop information, communication, and power infrastructure, while assisting with water management in the country's industrial zones.② Bangladesh and China have also signed an MoU on strengthening investment and production capacity cooperation, with China pledging USD 24.5 billion in bilateral assistance for 34 projects and programs across Bangladesh.

Given its national infrastructure and energy development needs, its medium-term national energy plan, and the recent MoU signed with China, Bangladesh is well placed to take advantage of the BRI and receive greater development funds from China. The expansion of the Barapukuria coal power plant was undertaken by a Chinese company.

Gaps between rules, policies, implementation and outcomes

According to available information, the coal mine and power plant use relatively advanced technology and focus on safe production. The projects helped with the training of hundreds of engineers and thousands of skilled workers in Bangladesh, contributing to Bangladesh's economy and employment. The analysis in this section reviews the problems and risks in terms of rulemaking and implementation, showing that even well-developed policies could face potential risks in implementation. This highlights the types of important gaps that will need to be bridged in order to effectively define and implement harmonized standards along the Belt and Road.

The Government of Bangladesh has a number of policies that apply to the construction and operation of coal power plants. These cover screening, scoping out the impacts to be

① Sustainable and Renewable Energy Development Authority, Power Division, Ministry of Power, Energy and Mineral Resources, Government of the People's Republic of Bangladesh (2015, October). Scaling up renewable energy in low-income countries (SREP)-Investment plan for Bangladesh.

② Basu, M., et al., (2017). Determinants of water consumption: a cross-sectional household study in drought-prone rural India. International Journal of Disaster Risk Reduction 24, 373-382.

considered and their scale, specific requirements in terms of social and environmental impact assessments or management plans, health and safety requirements, resettlement planning, monitoring policies including provisions or requirements for independent reviews, information disclosure, and public consultation—including the frequency of consultation and for establishing channels of communication with affected parties.

Bangladesh is also a signatory party to a number of major environmental agreements, such as the UN Convention on Biological Diversity,the UN Convention to Combat Desertification, and the UN Framework Convention on Climate Change. Over the past decades, the Government of Bangladesh has adopted or amended existing domestic legislation including the 1992 Environment Policy, the 1995 National Environment Management Action Plan (NEMAP), and a series of sectoral policies to address the country's environment and development issues.①

In 1995, the Bangladesh DOE updated project screening criteria, and in 2009, the Parliament of Bangladesh enacted the "Right to Information Act". The DOE has issued screening criteria to categorize projects, dividing them into "Green", "Orange A", "Orange B", and "Red" in order of increasing severity of environmental impact, each of which triggers a requirement for a corresponding level of Environmental Impact Assessment (EIA). Projects that fall under "Orange B" and "Red" categories do require a full-scale EIA.② The aforementioned EIA report covers "Occupational and Community Health and Safety" aspects, "Exclusions and Sensitivities" and "Identification and Assessment of Alternatives" (to sites, routes, process, raw materials) as part of mitigation measures. Bangladesh has also defined eight locations as "Environmentally Critical Areas".

The DOE issues and updates the emission and ambient standards, which are generally comparable with international standards. the DOE recommends that a technical summary be prepared, which includes an "Environmental Management Plan" (EMP) as one of the outcomes of the EIA. The EMP requires risk analysis when hazardous or toxic substances are stored or handled; "Compensatory Afforestation" when over 5 hectares of land are deforested; plans for "Resettlement and Rehabilitation" when more than 1,000 people are displaced. The EMP includes an implementation schedule and monitoring requirements. Workplace and

---

① These include the Forest Policy (1994), the New Agriculture Extension Policy (1995), the Energy Policy (1995), the Fisheries Policy and the Water Policy (1998). See: Aminuzzaman, S. M. (2010, July 5-9). Environment policy of Bangladesh: a case study of an ambitious policy with implementation snag. Paper presented at the South Asia Climate Change Forum, Monash University, Australia.

② Bangladesh Centre for Advanced Studies (2011, June). Draft Environmental Impact Assessment. BAN: Bibiyana I and II Gas Power project.

occupational standards are covered under the "Factories Act".

EIA "Guidelines for Industrial Projects" recommend a "Post-Project Monitoring Program". However, the EIA guidelines have no formal provisions to conduct independent assessments of EIA reports or an independent audit of approved projects. Third-party monitoring through approved laboratories is recommended by EIA guidelines, but is not required. The DOE is responsible for monitoring and making compliance reports available to the public. Under DOE Guidelines, public consultation and participation, fixed time frames for prior disclosure of EIA reports to the public and grievance mechanisms are also recommended but not mandatory.[①]

The points above are a summary of the policies, rules and guidelines of the Government of Bangladesh in 2011, which played a role in moderating the environmental impacts of the projects. However, the case of B district demonstrates that there are problems in the implementation of these policies, rules and guidelines. We analyse the application to the B district Power plant of five categories of these policies and guidelines, in each of which some gaps were identified: screening, public consultation and grievance mechanisms, environmental management planning, resettlement and monitoring.

1. *Screening*: The B district coal plant falls under the "Red" category for government screening. Yet, there are indications that the screening process may not have taken into consideration scale or location when the B district expansion was screened. Although the DOE has listed "Environmentally Critical Areas", this consideration may not have been factored into the screening criteria and process.

According to Bangladesh DOE rules, EIAs are only required for Categories "Orange B" and "Red". This reflects a significant gap between the country's domestic legislation, the Equator Principles,[②] and the common core principles and standards valid across ADB countries ("Environmental Assessment" rules). Seen within the context of the growing presence of BRI projects across South Asia, the domestic legislation of Bangladesh also appears to be less stringent than NDRC and MOFCOM's 2017 *Regulations on Outbound Investment and Business Activities of Private Enterprises.*

***2. Public consultation and grievance mechanisms*:** The B district case shows the importance of transparency and procedural clarity, as well as the need for open and readily

---

① Bangladesh Centre for Advanced Studies (2011, June). Draft Environmental Impact Assessment. BAN: Bibiyana I and II Gas Power project.

② To which Bangladesh was a non-Designated Country in 2018, given that it is not "deemed to have robust environmental and social governance, legislation systems and institutional capacity designed to protect their people and the natural environment". See: Equator Principles (2018, April 4). Designated Countries.

accessible public consultation and grievance mechanisms, and for follow-through remedial measures. The EIA "Guidelines" of the Government of Bangladesh could be improved by having stronger requirements on public consultation and participation, fixed time-frames for prior disclosure to the public of the EIA, and the establishment of a grievance mechanism, which could be guided by ADB policies and transparency norms.

Community members in the B district plant area and NGO activists noted that there was prior public consultation before the expansion of the operations, but the degree of potential risks regarding water depletion and water pollution were not adequately addressed in the EIA process. For the power plant, an online portal for complaints was also created, but a similar online portal was not created for new proposed projects at the plant. After problems arose, there was clear government policy support, as outlined in the policies of the Power Development Board (PDB), for filing a complaint with the PDB, the power generation and distribution entity under the Ministry of Power, Energy and Mineral Resources, and the main national owner and operator of the plant. NGOs, however, noted that insufficient follow-up action was taken, even after the necessary consultation procedures were undertaken, and the obligatory forms were filled out by the communities and activists to highlight the breaches and negative impacts to the authorities. NGOs also noted that the communities organized protests after their complaints were not handled effectively.

Eventually the authorities responded, and for the coalmine, provisions were made for a grievance mechanism, and complaints that were filed were also posted on an online portal that could be accessed by the public. PDB officials maintained that the necessary policies and procedures were followed. NGOs suggested that the positive modifications that were eventually made in terms of lessening environmental impacts, such as increasing the chimney height of the power plant, and increased power availability in the locality only occurred in this second round.

3. *Environmental management planning*: An EMP is required as an outcome of the EIA, covering aspects such as risk analyses if hazardous or toxic substances are stored or handled. In the case of Barapukuria, an EMP was completed, which explicitly mentioned mitigating risks related to an ash pond, but risk management measures were not followed up. In contrast, ADB follows a "polluter pays" principle, and for B district, such a practice would help surrounding communities to buy water and deal with the water depletion and pollution caused by the coal plant and mine.

4. *Resettlement policy*: A "Resettlement and Rehabilitation Plan" is required when more than 1,000 people are displaced, according to Bangladeshi government policy.

The EIA for the B district expansion would have benefited from having a more exact definition for the scope of impacted individuals, including not only "titleholders" of the land on which the power plant was built, but also those who lost land due to coal extraction.[①] In brief, the government of Bangladesh did compensate and resettle titleholders, but the resettlement land plot may not have been sufficient to accommodate the number of persons that were relocated. Moreover, the Social Impact Assessment (SIA) and Management Plan for B district did not include non-title holders, sharecroppers, nor the indigenous communities whose access to the land could have been reduced due to the plant expansion. Affected households that are not provided with feasible livelihood alternatives could face great difficulty in finding alternatives in land-constrained Bangladesh. This includes an ethnic minority group, the life of which is rooted in agricultural labour (rice production).

ADB and the Equator Principles explicitly mention the protection of indigenous communities and livelihood impacts. ADB policies are especially detailed in terms of the scope of direct and indirect impacts considered.

5. *Monitoring*: The EMP applied in the projects required a monitoring plan and scheduling of monitoring, but independent audits or third-party monitoring were not a stated requirement. However, there is no information on whether the Bangladeshi or Chinese partners required this monitoring during the expansion of the Barapukuria plant area.

Community members and university researchers recommend institutionalizing independent third-party monitoring of air and water quality in Barapukuria.

It should be noted that this case only focuses on one specific project. The Government of Bangladesh and relevant departments are constantly working to improve policymaking and policy implementation mechanisms. The enterprises joining these projects are also paying more attention to the needs of local communities and to the role each project plays in the promotion of local economic and social development.

7.4 Fundamental considerations for the harmonization of standards along the Belt and Road, and the Capability Enhancement approach

Amid the wide range of general considerations guiding the harmonization of financing and investment standards, some stand out as fundamental. To the greatest extent possible, harmonization needs to lift standards across the BRI to a high level (rather than to the "lowest common denominator"), enabling the resulting standards to bolster SDG attainment. Such

---

① Bangladesh Center for Advanced Studies (June 2011). Draft Environmental Impact Assessment. BAN: Bibiyana I and II Gas Power Project, 26-37.

harmonization, if accepted and made consistently binding by all BRI partner countries, could inspire the setting of standards in countries beyond the BRI. This section identifies five fundamental considerations.

7.4.1 Fundamental considerations

Consideration 1: Respect partner countries' right to development and national priorities

Economic development serves as an important foundation for national strength, social stability and the overall welfare of society. It is a key driver for reducing and eliminating poverty, which can both cause and result in greater environmental degradation, especially in developing countries. The harmonized BRI-wide investment and financing standards need to facilitate economic, social and environmental sustainability, as well as respect the right to development in lower-income countries. Specifically, they can contribute to achieving sustainable economic growth and realize greater economic benefits for all parts of society by complementing sound economic policies and measures to maintain social peace and protect the environment. To do so, support needs to be provided for the adoption of sustainable development ideas and models to alleviate social and environmental pressures caused by economic activities.

There is also a need to carefully consider each country's domestic development goals, investment and legal environment, and their respective political systems, as well as their religious traditions and cultural heritage. In addition to respecting local contexts and national planning, harmonized BRI-wide standards need to facilitate effective policy coordination among participating countries and globally, ensuring that the respective needs and goals of different parties are well expressed, assessed, and balanced.

Consideration 2: Align with the 2030 Agenda for Sustainable Development and comply with international conventions

Legally binding or not, international conventions and protocols represent generally accepted rules to which signatory countries agree to abide by, or practices and principles they follow when conducting certain activities. They play a pivotal role in highlighting global concerns, establishing common goals, and guiding economic and social activities. Aligning BRI-wide standards and rules with UN-led international conventions and protocols will help ensure that, when national and international rules do not match, the stringent rules are respected and applied. A detailed list of international conventions and declarations relevant to the BRI is presented in Annex 8.

Harmonized rules and standards across BRI partner countries should be closely aligned with the 2030 Agenda for Sustainable Development. The BRI and 2030 Agenda both propose long-term visions for sustainable economic, social, and environmental development, creating momentum for development and opportunities for synergy. The underlying rationale of the BRI, as well as its goals, can therefore be seen as complementary to SDG attainment. Harmonized BRI-wide standards, consequently, should also be built in resonance with the abovementioned three pillars of sustainable development. The eight principles on a proposed framework for BRI investment and financing standards introduced in the next chapter should also have clear linkages with the 2030 Agenda and reflect the sustainable development ambitions set by the international community.

Consideration 3: Refer to the common norms of international standards on investment and financing

The harmonization process should build on the common core of the standards of MDBs and NDBs, incorporating key elements of them that can be made compatible with national and local rules and standards. This will ensure the broad compatibility of harmonized BRI-wide standards while also identifying aspects where national standards need to improve to best contribute to greater inclusiveness of financing and development and to promote the welfare of all stakeholders.

Consideration 4: Ensure feasibility of implementation

In harmonizing BRI-wide standards, full consideration needs to be given to implementation feasibility. Existing definitional, coverage, and capacity gaps as well as differences in the level of stringency between national standards and international ones need to be identified, together with the feasibility and costs versus benefits of converging at the national or international level. This approach would ensure that support needs for attaining more ambitious standards are made clear from the early stages of the harmonization, and that resources can be assigned to help BRI partner countries consent to such standards, which would better serve their (and the world's) sustainable development needs.

Consideration 5: Apply BRI-wide standards equally

It is critical that harmonized BRI standards are (and are seen to be) fairly and equally applied and made binding in all BRI partner countries, including China, to avoid creating arbitrage opportunities across countries that could undermine sustainability. Clear and robust criteria are needed on sustainable development and on financing and investment risk mitigation and prevention to ensure that BRI projects not only meet short-term objectives of the investing entity and the host country, but also serve the long-term interest of all stakeholders. Vital to this is the availability of timely and relevant information on the terms of financing and on the specifications of the assets created in BRI projects to enable monitoring and evaluation of projects. The lessons learnt over the entire project cycle and the lifetime of the project asset created need to be fed back into the design and financing of new BRI projects to make them more effective, efficient and sustainable.

In short, BRI-related finance and investment should support infrastructure projects only if aligned with financial and social sustainability and the environmental protection strategies laid out by BRI participating countries as part of their commitment to sustainable development and to climate change mitigation. Harmonized standards could also crucially underpin legislation or general criteria for sustainability of large-scale infrastructure projects; and increased transfer of best-in-class technologies that rely on renewable energy sources and environmentally-friendly materials in the context of such projects, placing China and BRI partner countries firmly on a low-carbon development path.

This context offers China the opportunity to play a leading role in protecting the environment and mitigate climate change by not merely adopting and implementing rigorous, forward-looking rules and standards at the domestic level, but also by introducing and respecting the same set of harmonized standards and rules valid across the BRI.

7.4.2 Practice in harmonizing standards: the Capability Enhancement approach

The path toward attaining harmonization of standards is also important. In general, the standardization process has either followed a "conditional" approach whereby financing is provided on condition that a set of standards designed and executed by an MDB are met, or a "deferential" approach whereby the project is expected to simply comply with host-country standards, without assessing those standards or the national capacity to enforce them. The weaknesses in both of these approaches have been clearly demonstrated in recent years. The "conditional" approach is often seen as imposing, and lacking a spirit of cooperation, and can lead to long delays in project implementation. On the other hand, the "deferential" approach can be costly—notably by giving rise to sizable cost overruns—especially when the host country lacks the capability to enforce its own standards, or lacks them altogether. Unintended consequences to host countries and communities under either approach implemented rigidly can accentuate social and environmental conflict and also trigger reputational risks for the financier. Alternative approaches to the application of standards need to be considered.

The capability enhancement approach is a critical instrument to help the harmonization process move along in the direction of agreeing on, installing and enforcing best-practice standards in all BRI partner countries. In case a capacity gap precluding the implementation of SDG-conforming or otherwise mutually desired standards is identified—in terms of human or institutional capacities—then funds would be needed to bridge this gap in a lasting manner.

Applied by some NDBs and by South-South MDBs, the capability enhancement approach was originally defined as allowing a financing body to bring its own set of standards while taking into account host country standards in a cooperative manner. The development bank examined the extent to which host country standards met the bank's own standards, and worked with the host country to ensure that a particular project was in compliance with local laws and norms. If country-system standards and capabilities were deemed to be inadequate relative to sustainable development needs of the country or to the financier's standards, then the development bank provided technical assistance and financial support for the borrower country to improve the latter's standards and for the project, in turn, to meet the development bank's.①

Some NDBs, such as KfW, and some MDBs, such as the Development Bank of Latin America (CAF), are more "capabiliby enhancing" than others. These institutions recognize that projects have many actors—bank financiers, local and foreign firms, local and foreign governments, workers, etc.—with very different capabilities to meet a given standard. In the BRI context, it is important to note that Chinese standards would in some cases be more stringent than those found in a particular host country, such as Bangladesh. The introduction of a capability enhancing approach would therefore require China to work with some host country actors to enable them to meet more stringent standards. In countries where social and environmental standards are relatively more stringent than in China, the Chinese standards would be the ones in need of further enhancement. These two examples highlight an inclusive process for harmonization that would need to be put in place that examines the standards of development banks, host countries, and globally inspired standards; and would fund and enable the development bank, host country officials and foreign contractors to work together to align all parties to a set of standards and oversee implementation accordingly.

Some South-South development banks like the Caribbean Development Bank (CaDB) are already adopting an approach similar to "capability enhancing" that is flexible with respect to effectively incorporating standards into the project cycle. As Box 7.1 shows, CaDB takes a largely deferential approach to host country standards but also brings in some international standards. Moreover, if CaDB determines that the borrowing country is lacking capacity to

---

① Gallagher, K. P., Yuan, F. (2017). Standardizing sustainable development: a comparison of development banks in Latin America. Journal of Environment and Development, 26(3), 243-271.

enforce its own standards for the project, CaDB provides technical and sometimes financial assistance to upgrade the performance of the project and build capacity in the host state.

Box 7.1 CaDB's Approach to Applying Loan Standards

> All operation activities of the Caribbean Development Bank must comply with the ESRP directives and with other relevant World Bank policies and operational guidelines. Projects are also required to demonstrate compliance with the Borrower's national legislation and regulations for environment and social requirements, pollution abatement and control, and health and safety issues.
>
> If an appropriate legislative or regulatory framework is weak or absent, the Bank will work with the Borrower to determine the most appropriate requirements to be used given the nature of the project, the national context and internationally accepted norms and practices. CDB will assist in strengthening BMC's capacity to manage environment and social issues, either through discrete technical assistance or the inclusion of specific capacity building components in the design of programs or projects.[①]

Regarding DSAs, there is no one-size-fits-all approach to this task. The main idea of IMF-World Bank DSAs—that technical specialists examine in a structured way low-income and middle-income countries' debt and debt service obligations—is a very useful starting point for identifying common or shared standards for DSAs for the BRI.[②] In particular, a proper DSA needs to analyse the country's projected debt and debt service burden over the coming 20 years and its vulnerability to external and policy shocks, assessment of the risk of external debt distress in that time, based on indicative debt burden thresholds that depend on the quality of the country's policies and institutions, and recommendations for a borrowing (and lending) strategy that limits the risk of debt distress.[③] All these need to incorporate contingent liabilities and constraints imposed by future income streams committed as loan collateral. Another key element of the World Bank-IMF DSF that could serve as a foundation for DSA standards for the BRI would be to have differentiated DSFs/DSAs for middle-income versus low-income countries owing to disparate levels of access to international financial markets. But the national context—such as debt service history, and the level of debt service

---

① Gallagher, K. P. and Yuan, F. (2017). Standardizing sustainable development: a comparison of development banks in Latin America. Journal of Environment and Development, 26(3), 243-271.

② World Bank (2018, December 11), Debt Sustainability Analysis.

③ Ibid.

obligations the country's budget is able to tolerate, given expected volatility in Gross National Income and in fiscal space—also needs to be taken into account. Very importantly, there is a need for using a development perspective to evaluate debt issues and debt sustainability by taking into account the purpose of debt and national development prospects. At the 2nd Belt and Road Forum (BRF) for International Cooperation, the Ministry of Finance, with reference to the World Bank-IMF DSF framework and the characteristics of Belt and Road partner countries, compiled and released the Debt Sustainability Analysis Framework for the Belt and Road, and obtained the attention and recognition of all parties involved.

For the BRI to be successful along the lines discussed in the first two sections of this chapter, a capability enhancing approach could be adopted to help compare and align host country and investing country standards with a common set of BRI standards (which would also build in forward-looking considerations to ensure provision of an adequate level of global public goods). When either a host country or a foreign lender/investor lacks the capacity to meet a BRI-wide standard, a BRI entity would assess where the gaps in their respective capabilities lie and devise a package of capability-enhancing instruments, including training, financial support, and monitoring assistance. The BRI entity would then partner with the host government to enable the latter to adhere to standards shared by all BRI participating countries. This, of course, would require assigning some funds to cover the costs of this approach—but the benefits accruing to all BRI partner countries would far outweigh these costs, making this course of action optimal from the point of view of BRI partner countries (including China) as a group.

In light of the approach, government agencies and financial institutions could work together to form a capability assessment unit for each new project along the Belt and Road, which could:

- Assess the extent to which host country standards align with BRI standards that are based on the best-practice norms;
- Defer to the host country on standards that are already aligned with best-practice standards, but work with the host country to boost implementation, compliance and monitoring capability on other ones;
- Identify which host countries lack the capabilities to implement standards, and which ones lack standards altogether, relative to those of the designated BRI entity;
- Work with host countries and foreign investors/companies to enhance the institutional and human resource capabilities of these actors to meet BRI-wide standards.

Efforts to enhance capabilities may come in the form of technical support and monitoring, or modest grant financing to host country entities or Chinese companies. This approach could help ensure partner country ownership in applying and enforcing the BRI-wide standards in line with China's core standards or SDG-conforming ones. At the same time, it would allow room for the development of a more inclusive, cooperative, capability enhancing approach that could substitute practices received with limited enthusiasm, such as imposing conditionality or outsourcing due diligence altogether.

Harmonizing BRI investment and financing standards is aimed at promoting global cooperation, relieving constraints on the efficiency of capital flows into development, and providing key momentum for SDG attainment. Given these objectives, the last chapter of this report outlines a set of principles that can help the BRI put in place a set of harmonized and "capability enhancing" standards in a way that minimizes risk, maximizes benefits, and could strengthen the legitimacy of the BRI. These principles will help ensure that future harmonized standards are high quality and forward-looking while still feasible, and are based on comprehensive considerations of regional differences and national gaps.

Chapter 8 Summary and key recommendations for formulating the framework of investment and financing standards along the Belt and Road

This report has demonstrated that the Belt and Road Initiative has made significant achievements since 2013. In a relatively short period of time, the initiative has mobilized billions of dollars toward infrastructure, integration, and connectivity, helping meet the infrastructure needs of BRI partner countries and contributing to global economic growth. The report has also highlighted that the appealing opportunities stemming from such a large-scale and rapid process of resource mobilization have also brought with them several challenges and risks.

Those risks are common to all development finance and investment, and a number of tools have been created over the years to manage them. This report has identified a core set of norms and standards that development finance institutions are employing at present to ensure the sustainability of their financing and investment. The application of these standards has gained further impetus since 2015 from the global commitments to the SDGs and the Paris Agreement. These two critically important agendas will only be realized if strong action is taken to more closely align global finance and investment criteria with the principles of sustainable development. Given the scale and scope of the BRI, it markedly impacts global flows. Thus, the modalities of BRI flows are critical on a global scale, elevating the importance of the standards guiding them.

This final chapter builds on the analysis and insights described in earlier parts of the report. It recommends a set of eight Principles that—taken together—lay the foundation for devising a suitable framework for investment and financing along the Belt and Road that bolsters sustainable development. The list includes the common wisdom that international development institutions have acquired over decades of experience in development finance, as well as a forward-looking approach that protects against foreseeable mounting risks. The Principles also emphasize the need to balance the existing context of participating countries with the need to implement stringent standards that ensure the BRI's alignment to the SDGs. Each Principle presented includes several specific policy recommendations regarding crucial aspects of calibration of the BRI toward the SDGs.

Principle 1: Respecting BRI partner countries' existing constraints and legal setting, harmonize environmental assessment standards in line with the United Nations' environmental requirements for sustainable development

The environmental protection principle is considered a priority of the BRI's Investment and Financing Standards Framework. This principle encourages all stakeholders to embrace the "green" development concept, respect natural resource endowments, adopt sustainable development laws and regulations, strengthen environmental capacities, and harmonize management mechanisms. This principle encourages stakeholders to mainstream environmental considerations in the development of the BRI and promotes sustainable economic growth in partner countries. It involves the following key aspects:

- **Harmonize the definition of "green" investment along the Belt and Road.** A harmonized definition of "green" can help stakeholders efficiently allocate capital for environmentally sustainable projects, enabling them to make well-informed decisions for the development of a sustainable BRI.

- **Mainstream environmental sustainability in all BRI projects.** Harmonize environmental assessment and management systems and set up a comprehensive governance system for all stakeholders engaged in the BRI. Screen, evaluate, monitor, and disclose environmental risk factors in the design phase of the project and provide financial institutions with binding environmental guidelines to avoid or mitigate potential liabilities deriving from climate change and other environmental risks.

- **Promote organizational capacity and commitment.** Strengthen capacity development of stakeholders in BRI partner countries to support the mainstreaming of environmental sustainability in all BRI projects.

- **Develop an early dialogue mechanism for all stakeholders.** Encourage actors in BRI partner countries to engage in effective two-way consultations, green investments, and comply with international environmental conventions, and respect national and regional requirements on climate change. Ensure consultation and communication with stakeholders are carried out from the initial stage of the project, and leave enough time for necessary adjustments on the basis of feedback received.

- **Ensure biodiversity conservation.** Promote the protection and restoration of environmental systems, preserve biodiversity and protect against alien species in ecosystems, manage forests sustainably, strengthen the protection of the marine environment, and build ecological security barriers.

- **Strengthen pollution prevention and pollution management measures** to improve air, water and land quality and prevent the catastrophic impact of climate change. Promote shadow carbon pricing, carbon permit trading and carbon taxes—using the fiscal space created to facilitate the transition to a low-carbon BRI and to support renewable energy.

- **Ensure emergency preparedness.** Identify measures to address emerging needs and constraints in the BRI partner country at an early stage of each project.

- **Promote the incorporation of environmental, social, and governance aspects into the decision-making process of the private sector.** Increase the engagement of the private sector for SDGs attainment, adhere to international environmental conventions and promote the use of independent third-party supervision and evaluations. Encourage the private sector to engage in research and development in the field of ecological and environmental protection.

- **Promote the financing of green investments.** Promote policy actions in BRI partner countries to incentivize capital to finance green projects such as low-emission, environmentally friendly and climate resilient projects. Put forward appropriate preferential policies[①] to encourage the private sector to implement responsible business practices throughout the project's life-cycle.

- **Promote international exchanges, communication and cooperation among BRI partner countries on environmental issues.** Strengthen communication and policy coordination in critical areas such as pollution prevention, environmental governance, biodiversity conservation, and green growth.

Principle 2: Support shared prosperity and promote employment in participating countries to support poverty alleviation and balanced development

The BRI aims to strengthen the economic and social development of BRI partner countries and improve the livelihoods of their populations. The long-term objective of

① Ref: the Policy Framework for Investment of the Organization for Economic Cooperation and Development sets out Responsible Business Conduct guidelines for multinational enterprises. These include provisions on information disclosure, human rights, labour, environment, revenue, anti-commercial bribery, consumer rights, competition policy and other responsible business practices.

the Initiative is to promote economic growth, foster employment, alleviate and eradicate poverty, guarantee equitable benefit sharing (win-win cooperation), allow countries to fulfil their development aspirations, improve the livelihoods of local populations (especially women, youth, and vulnerable groups) and to reduce inequality, thereby supporting global SDG attainment. Standards and procedures are needed for project selection, design and implementation as consistent as possible with these goals, by ensuring decent working conditions, avoiding negative impacts for vulnerable groups and putting compensation mechanisms in place. Specific recommendations include:

- **Reduce inequality and promote inclusive economic growth.** Support social cohesion and an inclusive development and economic growth in BRI partner countries. Promote productive employment to increase opportunities for income generation.

- **Target efforts to increase growth, specifically among poor and vulnerable populations and promote pro-poor growth. Promote balanced rural and urban development.** Revitalize rural areas and—constructively aligning with ongoing urbanization trends—support the comprehensive and coordinated development of both urban and rural areas in order to reduce the rural-urban income gap.

- **Ensure safe and decent conditions for workers.** Ensure safe and decent labour conditions for workers in accordance with national laws and regulations of BRI partner countries to increase the development benefits brought by BRI projects. Encourage transparency and communication with workers by informing them of their working conditions at the start of their employment. Child and forced labour will be avoided in all projects across the BRI.

- **Ensure health and safety of workers and population involved in or affected by BRI projects.** Develop procedures for a safe working environment. Guarantee the safety and security of workers and populations exposed to BRI projects by keeping workplaces, machinery, equipment and processes safe and avoiding the exposure of workers to health risks.

- **Establish effective dispute and conflict resolution mechanisms.** Ensure that workers are able to raise concerns regarding the workplace and their working conditions, and for transparently managing the measures taken in response. Develop measures to ensure all workers are granted access to a grievance mechanism.

- **Incorporate gender equality, youth and disabilities considerations into project design and implementation.** Encourage the participation of women, youth, and vulnerable groups along the Belt and Road by avoiding any discriminatory practice. Devise capability-development mechanisms to increase the access of these groups to employment opportunities.

- **Avoid or minimize negative impacts for vulnerable communities.** Reduce economic inequality and work towards promoting inclusive economic growth not only by avoiding the negative impacts that BRI projects can have on vulnerable groups but also by enabling these groups to seize the opportunities that result from BRI projects.
- **Compensate vulnerable communities negatively affected.** Channel host country's financial resources into compensatory programs for populations negatively affected by BRI projects, with risk compensation mechanisms for populations in high-poverty areas.
- **Avoid involuntary resettlement.** Avoid economic, social and environmental risks stemming from involuntary resettlement by obtaining prior informed consent from affected populations. Where involuntary resettlement is unavoidable, develop and implement appropriate measures to mitigate the impacts of resettlement on displaced persons, such as providing resettlement assistance to affected populations.
- **Engage with indigenous peoples and formulate projects to avoid adverse impacts on indigenous peoples.** Promote projects that enhance opportunities for indigenous people and their participation in BRI projects. Encourage early consultation with indigenous people to improve project design and implementation and promote local support to projects.
- **Protect cultural heritage throughout the entire project life-cycle.** Consider the overall and project-specific risks and impacts of BRI projects on cultural heritage. Protect cultural heritage from the negative impacts of BRI projects and support its preservation as an integral part of the identities and traditions of local populations. Promote early consultations with stakeholders to identify and protect cultural heritage.

Principle 3: Promote strategic alignment with national development priorities and plans and ensure economic and social benefits of projects

The BRI encourages openness and inclusiveness for "win-win" cooperation, and strategic alignment of BRI projects with the sustainable development needs of partner countries while also promoting consistency with their macroeconomic characteristics and development stage. There is no one-size-fits-all approach for the harmonization of standards along the Belt and Road. Instead, these will need to consider the existing context of partner countries, their institutional and human capacities, and promote the implementation of the highest available standards, providing technical assistance and financial resources when needed. This approach allows for the attainment of harmonization of best-practice standards, also enabling partner countries to implement standards in line with the future expected (rather than current) development levels of partner countries. In particular, the recommendations are:

- **Encourage global coordination to move away from conditional funding in order to improve the efficiency of the funding and ensure alignment with partner countries' needs and development goals.** Align projects with the national needs and development goals of partner countries, contributing to a substantial improvement in the effectiveness and efficiency of development financing and providing a critical impetus in ensuring the social and economic benefits of projects. Enable the use of existing country systems, including channelling funds through the national budget, whenever possible.

- **Support local development and respect local contexts.** Respect and value the process of development, enhance the local capabilities and self-sufficiency of partner countries. Provide capacity-building for partner countries: training, policy seminars, and in-country expert technical assistance to support countries' efforts to increase their revenues from tax collection, create employment opportunities and attract capital for investment. Provide early technical assistance to address identified capacity-enhancing needs to enable the application and implementation of SDG-conforming harmonized standards for financing and investment along the Belt and Road.

- **Promote BRI-wide policy coordination and resource mobilization.** Encourage BRI partner country governments to devise coordinated BRI-wide policies and participating organizations to coordinate stakeholders in BRI projects to align the BRI with the 2030 Agenda and the low-carbon priorities included in BRI partner countries' Nationally Determined Contributions (NDCs) under the Paris Agreement. Encourage standards calling for conducive regulatory changes and increased financing of projects that are aligned with sustainable development and inclusive growth. Secure funding to ensure that partner countries receive support to apply stringent standards along the Belt and Road for the promotion of sustainable development when these differ from the ones currently in place.

- **Align financial allocations of BRI partner countries with their national planning.** Promote the study of successful sustainable development cases and replicable international development experiences to guide medium- and long-term national and regional development plans and strategies. Support the development of feasible and inclusive financing plans for BRI projects, and encourage public investments that will maximize the economic and social benefits for partner countries.

- **Support sound macroeconomic policies in BRI partner countries and strengthen communication and coordination among them.** Promote adopting stability-inducing macroeconomic policies in BRI partner countries, ensure transparent project implementation and hedge against negative spill-over effects. Establish clear and transparent communication among BRI partner countries and engaged stakeholders. Encourage international organizations to support partner countries by conducting country needs assessments to ensure early and accurate identification of needs.

- **Establish a strategic framework for public investments.** Carefully consider the existing priorities of partner countries and the need for greater provision of global public goods. In BRI projects, develop medium- and long-term policy and strategy frameworks for public investment, establish a standardized mechanism for revision of project plans and allocation of national resources to promote SDG attainment. These frameworks need to include: a comprehensive assessment and monitoring system that involves governments, industries, and third parties; a full life-cycle management system with clearly defined responsibilities for relevant stakeholders; and an assessment of local capacity to ensure effective project implementation.
- **Establish mechanisms to ensure institutional coordination in partner countries.** Set up joint institutions to promote national coordination at all administrative levels. Ensure nationally coordinated public investments, carry out coordinated management of projects, and establish effective governance systems for the sustainable and inclusive development of partner countries.

Principle 4: Harmonize programmes and management systems for debt sustainability assessments in BRI partner countries; strengthen debt management to ensure that it is carried out in an effective manner

BRI partner countries need to strike the right balance between their financing needs and their debt sustainability, at the same time implementing effective debt sustainability management and assessment systems. Several key factors need to be considered when assessing debt sustainability, including already existing sovereign debt service obligations (duly considering the potential impact of contingent liabilities that may materialize as a result of called government guarantees), the overall debt structure, and debt service profile, and debt repayment situation, and the likely ability of the proposed individual project to generate sufficient financial returns to cover its full running costs and the debt service obligations created. This will help evaluate the country's debt sustainability level more objectively and highlight the positive economic impacts of debt financing for productive investment. Specific recommendations include:

- **Develop debt management capacities of BRI partner countries.** Develop the capabilities of BRI partner to develop and implement legislation and policies on national debt management and governance. Raise awareness and knowledge of debt sustainability assessment processes across BRI partner countries. Encourage international agencies to continuously support BRI partner countries and provide them with technical assistance to optimize their financing options, strengthen their resilience to shocks, and safeguard their use of public funds.
- **Promote lending under the BRI that is fully oriented toward bolstering sustainable growth.** Assess the relationship between incurred debt and its expected impact on economic growth, and factor into debt management decisions a realistic assessment of the extent to which it is conducive to the country's long-term, sustainable economic development.
- **Set up management frameworks that clearly define procedures and all parties' responsibilities when contracting or guaranteeing new debt.** Establish a rigorous market-based auditing system when debt is contracted or guaranteed that sets out the responsibilities of all parties and procedures for identifying risks and resolving problems that may arise.
- **Consider existing domestic and foreign debt, contingent liabilities, and private sector debt of BRI partner countries when assessing debt sustainability, as well as the expected financial return of the project being considered.** Both at the individual loan level and at the aggregate level, debt sustainability assessments should take into account both domestic and foreign debt, covering total sovereign debt service obligations, as well as sovereign contingent liabilities, such as those arising from government guarantees. Assessment of the project's expected financial returns should be realistic and deemed sufficient to cover the full operating and debt service costs.
- **Disclose the terms and conditions of BRI financing without breaking national laws and commercial confidentiality.** Transparency will be maintained, to enable accurate overall assessment of borrowing countries' debt sustainability. This will also support mutual trust and increase the legitimacy of the BRI.
- **Establish an inclusive BRI debt sustainability analysis framework.** Establish a BRI debt sustainability analysis framework that builds on and strengthens existing international assessment systems and supports the assessment of the debt carrying capacity of partner countries. In the analysis, encourage the inclusion not only of the country's ability to pay but also the impact that debt repayment will have on the country's sustainable

development.

- **Ensure the borrower's autonomy to decide over its development priorities.** Respect and value the right to sustainable development of partner countries, strive to enhance local capabilities and self-sufficiency, introduce capacity-building programs for partner countries to enhance their human capital and create tax revenue, employment, and investment opportunities.

Principle 5: Ensure full-cycle sustainability of the financing and investment for BRI projects, and establish an effective, multi-level financial and investment system

BRI infrastructure projects are typically long-term and capital intensive. For these to be sustainable, they need to adhere to principles such as sustainable returns, efficiency, and controlled risks. They should be financed through a diversified portfolio of instruments offering overall terms that are fully compatible with the financial returns expected to be generated to ensure financial sustainability over the full project life-cycle. To this end, the recommendations are:

- **Improve the efficiency of BRI project funding.** Reduce project costs by taking into account the characteristics of each project. Evaluate financing options according to best practices that ensure economic, social and environmental sustainability. Encourage and promote knowledge sharing while providing technical assistance and financial support to develop the local capacities of BRI partner countries. Consider steps toward creating a BRI asset class that would facilitate international private financing flows to supplement existing sources of financing for the BRI.
- **Encourage increased diversification of financing sources along the Belt and Road.** Adhere to the principle of productive investment and risk sharing. Diversify BRI financing sources and mechanisms to promote sustainable development, leveraging private capital. Financing instruments to consider include international syndicated lending, green bonds, infrastructure asset securitization products, PPPs, and private or public sector equity.
- **Encourage collaboration of the national financial institutions of partner countries.** Encourage trilateral cooperation among relevant countries and organizations; design BRI cooperation standards with reference to the experiences of leading international financing and development assistance arrangements; share information among parties and

clearly define responsibilities and implementation plans through the drafting of joint roadmaps.

- **Enhance the capacity of BRI partner countries to build a business environment conducive to attracting and leveraging private capital.** Establish a cross-border financial cooperation mechanism for infrastructure and information and communications technology connectivity; deepen financial regulatory communication and dialogues. Strengthen mutual trust among financial regulatory agencies. Promote cooperation among multilateral financial institutions across various fields.

Principle 6: Adhere to openness and transparency in procurement, standardizing, and internationalizing the flow of goods

A standardized harmonized procurement system could significantly contribute to ensuring the fairness and transparency of procurement processes. Harmonized procurement standards adopting efficient, fair and transparent procurement practices can contribute to reducing corruption, ensuring the successful completion of projects, and optimizing the projects' impact and the efficiency of using financial resources. Standards and procedures should take into account factors such as the domestic context and level of development of partner countries, and the financing mechanism of the project that is being tendered. Specific recommendations include:

- **Ensure the transparent disclosure of critical information and encourage parties to voluntarily adopt principles conducive to this.** Publicly disclose information regarding the bidding process through designated channels, including informing about the requirements of the project for which bids are invited, the winning bidder, the ability to fulfil the requirements of the project and the steps of the evaluation process applied. Encourage parties to adopt global initiatives that allow for a coordinated monitoring of environmental, social and governance reporting.
- **Include provisions for the fight against corruption, bribery, and conflicts of interest.** Define clear provisions and procedures to prevent corruption, bribery and conflicts of interest in the procurement process and throughout the entire project life-cycle. Set high standards of conduct for public officials, especially for the identification and management of conflicts of interest. Set up effective mechanisms for the reporting of misconduct.
- **Ensure open and equal procurement processes for all qualified domestic and foreign BRI bidders.** Ensure fair competition by implementing transparent and open procurement processes. Safeguard the quality of projects and encourage the best value for

money. Apply a standardized procurement process open to all bidders that promotes open competition, non-discrimination and objective evaluation.

- **Encourage participation of local bidders in BRI projects and provide support for borrowing countries to develop their industries and consulting services.** Create effective channels for the participation of the private sector through nationally accepted forms of PPP, and level the playing field for public and private, national and international, and small and large enterprises.

- **Promote the use of national procurement policies.** Enable BRI partner countries to implement national procurement policies—an important tool to achieve their economic and social development objectives and contribute to the development of the local private sector, creating employment opportunities and increasing access to income generating activities.

Principle 7: Adhere to general international financial risk management requirements and establish a framework for the identification and reduction of risk throughout the entire project

BRI participating countries have different economic, political, legal and regional characteristics, as well as different cultures and traditions. This increases the exposure of BRI projects to further potential risks. A strengthened framework for risk identification and assessment and full life-cycle risk management can assist investors and borrowers in mitigating and diversifying risks. Key recommendations in this regard include the following.

- **Establish a categorization system for risks.** Identify from an early stage of the project environmental, social, financial sustainability, political and other risks for partner countries, and also those for China.

- **Support the early establishment of a risk management framework.** Establish risk management frameworks from an early stage of the project to maximize the benefits of BRI-supported sustainable investment for China, host countries and the global community.

- **Ensure that risk management frameworks consider all critical aspects, including security, political, governance, macroeconomic, financial and other factors.** Incorporate risk identification, assessment, management and control processes into the operations of all organizations engaged in project design and finance. Ensure that risk management frameworks allow comparisons within and across countries, and over time.

- **Develop a reasonable and practically applicable risk management toolkit.**

Integrate the specific features of BRI project risks into the existing risk assessment frameworks of international rating agencies. Explore the idea of setting up a BRI-specific risk assessment model that includes a full life-cycle risk management framework.

- **Increase the accountability of borrowers based on transparency.** Borrowers should be expected to adhere to the principle of business integrity and transparency to reduce the risks that stem from unfair competition, failure to comply with socially and environmentally responsible practices or other malpractices.
- **Establish a monitoring and accountability mechanism for the conduct of investors along the Belt and Road.** A mechanism is needed to hold those guilty of misconduct accountable. This will send a positive signal about the way the BRI is implemented.
- **Carry out cross-border financial regulation and supervision to ensure financial safety.** Encourage coordinated cross-border financial regulation and supervision along the Belt and Road to ensure stakeholders comply with rules and their responsibilities. Encourage international organizations to support BRI partner countries in developing their capacities in financial risk management, compliance with global standards for anti-money laundering and counter-terrorism financing, and therefore contribute to creating a fair, efficient, and stable environment for financing.

Principle 8: Implement rigorous and objective project evaluation procedures through the establishment of an evaluation mechanism that monitors progress throughout the project financing and implementation process

A comprehensive full cycle performance evaluation mechanism is essential for the implementation of harmonized standards and the alignment of the BRI with the SDGs and the Paris Agreement. It will bolster the credibility of the BRI as an initiative that is promoting sustainable development in partner countries and globally, and it will strengthen investment transparency. These actions will also make a great contribution to the capacity-building process required to build an environment that enables high-quality investments. Recommendations in this area include the following.

- **Establish a comprehensive performance evaluation mechanism.** Support the establishment of a comprehensive full life-cycle performance evaluation mechanism that promotes best practices and set up an information and experience sharing platform for BRI partner countries. These will ensure that standards are included in projects from the decision-making stage and compliance during the implementation phase. They will also increase the resilience of projects to unforeseen shocks.

- **Maintain ongoing project reporting, monitoring and evaluation.** Monitor on an ongoing basis, report against defined indicators, baselines, and targets as well as the requirements included in the legal agreement. The depth of reporting and monitoring of environmental and social performance should be proportionate to the expected risks and impacts of the project. It is critical to establish post-project evaluation systems that enable learning, with results feeding into future project design.

- **Encourage the optimal delivery of projects based on rigorous external and self-assessments.** Promote objective and independent project quality evaluation and compliance with standards. Ensure the allocation of funds for carrying out performance evaluation as part of the project's life-cycle. Define binding principles that can be assessed, encourage stakeholders to strengthen self-assessment practices, and carry out independent and objective external evaluations. These can serve as an incentive for lenders to support projects.

- **Conduct effective participatory assessments and evaluations.** Ensure that project performance evaluation is managed and reviewed by industry-specific regulatory agencies or relevant departments stipulated in the contract, and that participatory assessments are included. Relevant stakeholders should be expected to collaborate on performance evaluation. Promote the sharing of resources (data, information) among them throughout the project life-cycle to maximize the transparency and effectiveness of the process.

- **Implement environmental, social and governance standards throughout the project life-cycle and promote cross-sectoral coordination to capture all dimensions of project activities.** Promote cooperation among stakeholders and government departments in partner countries to effectively and promptly respond to emerging challenges in large-scale BRI infrastructure projects, particularly those relating to environmental, social and governance aspects. Introduce an incentive system to encourage stakeholders to comply with sustainability norms. Clearly define stakeholder responsibilities and establish an accountability mechanism that allows for the prompt notification of violations to relevant authorities.

- **Promote information and experience sharing among BRI partner countries to encourage best practice.** Rigorous project evaluations will generate a great deal of valuable information regarding design and implementation of projects that promote sustainable development. Encourage collaboration among BRI partner countries and support the establishment of knowledge sharing platforms to foster sharing of that information and experience, to facilitate learning and to promote best practices to enhance the attractiveness of the BRI to investors.

Conclusion

This report encourages the adoption of harmonized financing and investment standards along the Belt and Road as a key tool to integrate and manage the economic, environmental and social risks of BRI projects focused on connectivity in a general sense. These standards cannot be taken "off the shelf". They need to be developed in coordination with BRI partner countries over a period of time, taking guidance from SDGs, the distilled wisdom from international practice, from China's own vast development experience, and also from forward-looking considerations. This chapter provided a set of Principles to guide this process that can lead to harmonized standards that can safeguard fair and equitable treatment of all participating countries with the same processes and implementation requirements for all.

Given the scale and scope of the Belt and Road Initiative, agreeing on, applying, and implementing such harmonized standards in China and all along the Belt and Road can critically contribute to sustainable development, in particular, to the attainment of the SDGs. The large number of countries that would sign up for standards compatible with global ones—many of which are voluntary and thus so far less taken up—could bring the world close to a tipping point in applying lending and investment standards that firmly promote sustainable development.

The eight Principles set out above reflect the fundamental considerations for harmonized standards along the Belt and Road that (i) respect partner countries' national priorities and conditions; (ii) Align with the 2030 Agenda for Sustainable Development and comply with international conventions; (iii) refer to the common core of international standards on investment and financing; (iv) ensure feasibility of implementation; and (v) apply BRI-wide standards equally.

In the course of finalizing and implementing these harmonized standards there will be frequent need to reconcile differences in existing practices among BRI participants. This challenge is also an opportunity. Operationalization of these principles will require further consultations within and among all BRI stakeholders, including China and partner countries. In addition to serving as a means to build a shared understanding of and commitment to sustainable development across diverse BRI partner countries, they can strengthen the unity and identity of the BRI as a major source of support to SDG achievement, and further underscore China's positive role in that global effort. The capability-enhancing approach to standard setting that this report proposes highlights the need to choose the higher, tougher standards more conducive for facilitating sustainable development and support their consistent implementation when these differences are encountered. The report also recommends matching these with concrete enabling support for strengthening related national capacities in the participating countries.

Importantly, this would be consistent with two core principles of Chinese development finance: respect for the specific conditions of BRI partner countries, and the desire for development finance to not only fund projects, but to also promote development more broadly. The capability-enhancing approach allows for some flexibility in the details of standards in different settings, but ensures that the overall goals of economically, environmentally and socially sustainable development are consistently advanced—to the benefit of China, BRI partner countries, and the global community.

*Annex 1 Summary and Mapping of Environmental and Social Frameworks of Multilateral Institutions

This Annex provides a detailed description of the World Bank's Environmental and Social Framework, then discusses the Framework of other MDBs in a much more succinct way, given the significant overlaps among them.

WB-Environmental and Social Framework (ESF)

The World Bank Safeguard Policies provide a mechanism to address environmental and social issues throughout the project life-cycle.① They provide a framework for consultation with communities and for public disclosure.②

The ESF was developed in August 2016 to provide a coherent and consistent set of requirements.③ The ESF defines policy statements, borrower requirements, and procedural phases. Although it is mandatory for all WB investment projects since October 2018, some of the running projects still apply the Safeguard Policies.④

The new ESF has made important progress in transparency and accountability, non-discrimination and public participation, and harmonizes the WB's environmental and social policies with those of other multilateral development institutions. It represents a shift from a system based on the Bank's safeguards to a system focused on implementing the borrower's own laws and policies. It promotes the borrower's ownership of projects and strengthens capacity and institutions in the long term, eases the upward harmonization of laws, policies

* In order to provide access to a wider variety of original sources, we have included more information in the English version of the report's Annex for ease of reference.

① Comprising 10 operational policies since 1997 (6 environmental, 2 social, and 2 legal policies) to support compliance during project preparation and implementation. These were reviewed and updated in 2012 to meet borrowers' new and heterogeneous needs in a world with new social and environmental challenges.

② World Bank. Environmental and social policies.

③ World Bank (2005, July). Chapter 1, Table A1, Environmental and social safeguard policies-policy objectives and operational principles, 57.

④ World Bank. Environmental and social policies.

and standards, and provides opportunities for collaboration and learning.

The capacity to manage social and environmental risks and impacts varies across countries. To overcome this challenge, the ESF allows for Financial Intermediaries (FIs) to take charge of risk management, which has raised concerns regarding the process of consultation and engagement of local communities and through which affected population are granted compensation for harm.[①]

The ESF includes mandatory procedures for borrowers and non-mandatory advisory practices. It differentiates the Bank's and the borrower's obligations and is comprised of the following:

- Vision for Sustainable Development;
- Environmental and Social Policy for Investment Project Financing (IPF), which sets out the requirements that apply to the Bank;
- Bank Directive on Addressing Risks and Impacts on Disadvantaged or Vulnerable Individuals or Groups;[②]
- Non-mandatory Environmental and Social Standards that set out requirements that apply to the borrower, and to the project throughout its life-cycle, as follows:[③]

IDB-Environment and Safeguards Compliance

The IDB's Sustainability Framework (SF) reflects the Bank's mandate to reduce poverty and inequality and achieve sustainable growth in Latin America and the Caribbean. It includes sector strategies, sector frameworks and Safeguards Policies and Guidelines which follow best practices with a two-pronged approach to sustainability.

The safeguard policies have assigned guidelines for the following six areas:[④] (i) Environment and Safeguards Compliance; (ii) Natural Disaster Risk Management; (iii) Involuntary Resettlement; (iv) Indigenous Peoples; (v) Gender Equality in Development; and (vi) Access to Information Policy.

ADB-Safeguard Policy Statement

The ADB safeguard policies include the Involuntary Resettlement Policy (1995), the Policy on Indigenous Peoples (1998), and the Environment Policy (2002). In

---

① Sinani, N. (2016, July 26). World Bank updated safeguards a missed opportunity to raise the bar for development policy. Huffington Post.

② World Bank. Policies and procedures.

③ World Bank (2017). The World Bank Environmental and Social Framework.

④ Inter-American Development Bank. Safeguards and sustainability.

2010, the updated Safeguard Policy Statement became effective. It consolidates the previous policies into a single policy framework that applies to all ADB-supported projects and their components, including investment projects financed by loans, grants, equity and/or guarantees. An Operations Manual contains sections covering the three areas.①

The goal of the Safeguard Policy Statement (SPS) (see Table Ⅰ) is to promote "the sustainability of project outcomes by protecting the environment and people from potential adverse impacts of projects."②

Table Ⅰ Extracts from ADB's key safeguard areas and principles③

Key safeguard areas	Principles & requirements
ENVIRONMENTAL SAFEGUARDS	• Conduct an environmental assessment and prepare an environmental management plan (EMP); • Assess potential transboundary and global impacts, including climate change; • Avoid, and where avoidance is not possible, minimize, mitigate, and/or offset adverse impacts and enhance positive impacts by means of environmental planning and management; • Biodiversity protection and sustainable natural resources management; • Carry out meaningful consultation with affected people and facilitate their informed participation; • Do not implement project activities in areas of critical habitats; • Apply pollution prevention and control technologies and practices; • Provide workers with safe and healthy working conditions and prevent accidents, injuries, and disease; • Conserve physical cultural resources.

① Asian Development Bank (2009, June). Safeguard policy statement.

② Asian Development Bank (2013, October). Operations manual bank policies (BP).

③ Asian Development Bank (2009, June). Safeguard policy statement.

Table Ⅰ (Continued)

Key safeguard areas	Principles & requirements
INVOLUNTARY RESETTLEMENT SAFEGUARDS	Policy Principles: • Improve, or at least restore, the livelihoods of all displaced persons; • Provide physically and economically displaced persons with needed assistance; • Improve the standards of living of the displaced poor and other vulnerable groups, including women, to at least national minimum standards; • Provide displaced persons without titles to land with resettlement assistance and compensation for loss of nonland assets; • Prepare and disclose a resettlement plan; • Pay compensation and provide other resettlement entitlements before physical or economic displacement. Eligibility (three types of displaced persons): (i) Owners of land/assets with titles; (ii) Land users with customary claims; and (iii) Occupants without titles or customary claims.
INDIGENOUS PEOPLES SAFEGUARDS	• Undertake a culturally appropriate and gender-sensitive social impact assessment to assess potential project impacts, both positive and adverse, on Indigenous Peoples; • Ascertain the consent of affected Indigenous Peoples communities, if a project involves: ✓ Commercial development of cultural resources; ✓ Physical displacement from customary lands; ✓ Commercial development of natural resources within customary lands. • Avoid, to the maximum extent possible, any restricted access to and physical displacement from protected areas and natural resources; • If not possible, ensure affected Indigenous Peoclces communities participate in design, implementation, monitoring and evaluation of management arrangements for such areas and natural resources; • Ensure equitable sharing of benefits; • Prepare and disclose an Indigenous People's plan (IPP); • Prepare an action plan for legal recognition of customary rights to lands and territories or ancestral domains.

The are several requirements common to the all policy principles in all three areas:

- Project Screening;
- Impact Assessment;
- Planning / Management Plan (EMP, RP, IPP);
- Information Disclosure;
- Meaningful Consultations;
- Grievance Redress Mechanism;
- Monitoring and Reporting.

EBRD-Environmental and Social Policy (ESP)

The Environmental and Social Policy (ESP) outlines how EBRD addresses its projects' environmental and social impacts.① All projects are structured to meet a set of ES Performance Requirements (PR).

EIB-Environmental and Social Standards

The EIB Statement on Environmental and Social Principles and Standards lays out the policies for environment and human well-being protection. The EIB relies to a large extent on its clients: borrowers and project promoters to achieve sustainability objectives.② The standards emphasize their responsibilities regarding a project's social and environmental risks and impacts, which should be considered at the earliest stage possible. All projects financed by EIB must comply with national legislation and international conventions and agreements ratified by host countries and best international practice in assessing and managing environmental and social risks and impacts.

AIIB-Environmental and Social Framework

In 2016, the Asian Infrastructure Investment Bank (AIIB) adopted its own Environmental and Social Standards (ESS).③ Three mandatory ESS set out detailed requirements in the following areas: (i) Environmental and Social Assessment and Management; (ii) Involuntary Resettlement; and (iii) Indigenous Peoples Social Framework.

The ESS are part of the AIIB broader Environmental and Social Framework (ESF) that defines the Bank's vision statement regarding environmental and social sustainability and

① European Bank for Reconstruction and Development (2014, May 7). Environmental and social policy.

② European Investment Bank (2018, August 10). Environmental and Social Standards.

③ Basu, S. (2016, September 20-22). AIIB Environmental and Social Framework.

the role of AIIB in Asia's sustainable development. The AIIB ESF includes the following elements in Figure Ⅰ:[①]

Figure Ⅰ AIIB ESF elements

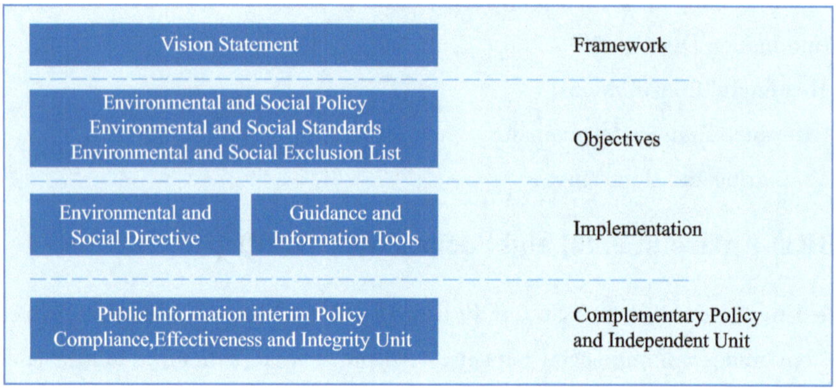

Source: AIIB Environmental and Social Framework. Basu, S. (2016, September 20-22). DFI Social Experts Meeting hosted by ADB in Manila, Philippines.

AIIB publishes project descriptions including environmental and social assessments on its website. Since most of the early lending operations of AIIB were co-financed with other multilateral development banks (WB, ADB, EBRD), the assessments of those institutions were used. AIIB is in the process of building capacity to carry out its own assessments and support countries in building their respective capacities. AIIB places emphasis on the leading role of the client and does not have its own grievance mechanism. It provides technical and specialized advice and oversight to support its clients to integrate environmental and social considerations into projects.

ESF Monitoring & Evaluation Mechanisms

WB-Environmental and Social Commitment Plan

The WB's ESF is measured through a Monitoring & Evaluation Program that documents and assesses the delivery of the project outcomes relating to the ESF. The expected result is to strengthen sustainable outcomes, protect people and the environment, reinforce the institutional capacity of borrowers in environmental and social management good practice, and increase the efficiency and effectiveness of environmental and social risk

① Basu, S. (2016, September 20-22). AIIB Environmental and Social Framework.

management.[①]

The Environmental and Social Commitment Plan (ESCP) is the tool used by the WB to monitor and report on the progress of the ESS. It is agreed between the borrower and the WB and it facilitates the early identification of potential environmental and social risks and impacts, mitigation measures and actions required. The specific content of the ESCP is tailored to the scope and nature of a project, and in each case the project requirements and timeframes are outlined, focusing on aspects of the national framework. In particular, the ESCP defines the project's timeframe and assigns Key Performance Indicators (KPI) to help measure and assess its impact.

IDB-Environmental Assessment

The IDB Environmental Assessment (EA) is carried out by the borrower and IDB may advise and assist as required. The borrower produces an Environmental Impact Assessment report (EIA)[②] that describes the project, and the Policy, Legal and Regulatory Framework outlines the different possible scenarios under which the project can evolve, the potential impacts associated to each scenario and the best ways to address them.

The EA starts at an early stage of project identification, where the purpose of the assessment is defined. The EA takes place through a consultative process with stakeholders and is required to share information in a timely manner to ensure informed opinions from affected actors are obtained.

The different scenarios contemplated in an EIA and identified at an early stage allow for several alternatives and their analysis to inform the decision making and to contemplate possible changes over time, which can mitigate their potential negative impacts. The EIA includes mitigation measures which must include the actions required to prevent or reduce potential negative environmental and social impacts identified earlier.

The EIA includes monitoring the borrower's activities and evaluating key environmental impacts caused by the project. It complies with the project's Environmental and Social Management Plan.

---

① World Bank (2016, August 4). Review and update of the World Bank's safeguard policies. Environmental and Social Framework (proposed third draft).

② Inter-American Development Bank (2007, May). Implementation guidelines for the environment and safeguards compliance policy. Sustainable Development Department Sector Strategy and Policy Paper Series. Washington, D.C.: Inter-American Development Bank.

ADB-Safeguards Assessment

ADB has an internal review and compliance monitoring system for its SPS that assesses performance at the bank and project level. The Bank monitors and evaluates its SPS against the objectives set in the policy.①

ADB's SPS are divided into three key areas: environmental safeguards, involuntary resettlement safeguanrds and Indigenous Peoples safeguanrds. Integrated monitoring against these three areas are required for each project.

Environmental safeguards: The assessment of environmental issues starts at an early stage of the project preparation, where potential risks and impacts associated with the project are identified. Depending on the scale of the impacts identified, an EIA or an Initial Environmental Examination is done during the project cycle. The scope of the EIA is broader, with a report that identifies the baseline data, defines anticipated environmental impacts and mitigation measures, and provides an analysis of alternatives. The EIA also discusses consultation, participation and information disclosure, as well as grievance redress mechanisms.

Following the identification of impacts, the borrower prepares the EMP, where mitigation measures, monitoring and reporting requirements and procedures, capacity development and training measures, timing and cost estimates, and trackable performance indicators or targets need to be included. Progress and performance against the expected outcomes are tracked on a semi-annual basis (quarterly in the case of complex and sensitive projects). If necessary, the EMP leaves space for corrective actions.

Involuntary resettlement safeguards: In addition to the EIA report, the borrower prepares a Resettlement Plan (RP) that seeks to guarantee livelihoods and standards of living of affected, displaced and vulnerable people by improving those or at least restoring them to levels before the project. The RP must ensure that affected people are informed and consulted about their options and choices and provided with alternatives. The RP identifies a grievance mechanism, a resettlement budget and financing plan, institutional arrangements, and an implementation schedule together with resettlement indicators.

The monitoring reports of the RP are submitted semi-annually. They present progress in compensation payments and other resettlement activities and track the expected outcomes as well as a corrective action plan, if necessary. Project components with identified resettlement impacts will not be implemented until the RP has been presented and approved.

---

① Asian Development Bank (2009, June). Safeguard policy statement.

Indigenous Peoples safeguards: When a project's Social Impact Assessment (SIA) identifies potential impacts for Indigenous Peoples, an Indigenous Peoples plan (IPP) is prepared with an associated budget and financing including for capacity building, grievance redress mechanisms and corrective actions. The borrower monitors the IPP on a semi-annual basis, with inspections and audits to verify requirements are being met and progress is made toward expected outcomes. The borrower is responsible for establishing conflict resolution mechanisms to address concerns, complaints and grievances on environmental, involuntary resettlement and social issues related to the project.

EBRD-Environmental and Social Policy (ESP)

EBRD borrowers/clients are responsible for monitoring the environmental and social performance of the project. They submit Annual Environmental and Social Reports on projects to be reviewed by EBRD, who may also carry out site visits to verify the assessment of the client.

EBRD reports on projects' environmental and social issues in the Project Summary Documents, which are then captured in an annual report on environmental and social sustainability. This report outlines EBRD environmental and social activities and the implementation of the ESP.

The Bank has established a Project Complaint Mechanism (PCM) to solve problems raised by local individuals and organizations. The PCM also serves as an accountability mechanism for the ESP and the Public Information Policy (PIP).

The PCM provides a channel for feedback from stakeholders who perceive harm from a Bank project, a means of raising complaints and seeking assistance with problem solving independently from banking operations. It can also be used by individuals or groups to file a complaint if they believe that the Bank has not complied with this Policy or project-specific components of the PIP.

EIB-Environmental and Social Management Plan

EIB promotes an integrated approach to the management of environmental and social impacts and risks by requiring Environmental and Social Management Plans (ESMP) that cover environmental and social impacts and risks, and the identified measures to be taken to address them adequately. The ESMP aims to enhance the positive impacts and opportunities to achieve additional environmental and social benefits, to avoid preventable negative impacts, and to mitigate and adequately compensate for those that cannot be prevented.

The ESMP needs to include appropriate qualitative and quantitative indicators to monitor the resources and responsibilities within the timeframe allocated for its implementation. It takes into account the consultation and engagement process with relevant stakeholders and suggests improvements to the project design to make sure the evolving needs and changes in circumstances of affected people and other project factors are considered.

AIIB-Environmental and Social Assessment

When a project identifies environmental and social risks and impacts, AIIB requires the borrower to prepare an environmental and social assessment identifying these risks and impacts and to design adequate measures to prevent, mitigate and offset or compensate for them when unavoidable. AIIB generally requires an integrated environmental and social assessment. However, in some cases countries' legislation and procedures require separate documents.

Involuntary resettlement and Indigenous People impacts, if necessary, are addressed in the social aspect of the assessment and complemented by a Resettlement Planning Framework and an Indigenous Peoples Planning Framework, respectively.

The Environmental and Social Assessment report includes a description and scope of the projects and its framework, an analysis of alternatives with baseline data, information on the consultation processes carried out and an evaluation of the risks and impacts identified, including an Environmental and Social Management Plan (ESMP) with monitoring, management and mitigating actions. The borrower must integrate the ESMP into the project's overall planning, design, budget and implementation timetable; and to include information disclosure and consultation provisions; capacity development and training requirements; and measurable outcomes and indicators.

The following comparative tables summarize the coverage of the main areas across the MDBs.

Table Ⅱ Environmental and social impacts

ESS 1	WB	IDB	ADB	EBRD	EIB	AIIB
Environmental and social assessment (ESA)	✓	✓	✓	✓	✓	✓
Use of borrower's environmental and social framework	✓	✓	✓	–	–	✓
Risk categorization	✓	✓	✓	✓	–	✓

Table Ⅱ (Continued)

ESS 1	WB	IDB	ADB	EBRD	EIB	AIIB
Environmental and Social Commitment Plan (ESCP)	✓	✓	✓	✓	✓	✓
Project monitoring and reporting	✓	✓	✓	✓	✓	✓
Stakeholder engagement and information disclosure	✓	✓	✓	–	✓	✓
Detailed breakdown of ESA and ESCP	✓	✓	✓	–	–	✓
Organizational capacity and commitment	✓	✓	✓	✓	✓	✓
Supply chain management	✓	✓	–	✓	✓	–
Emergency preparedness	✓	–	–	✓	✓	✓

Table Ⅲ Labour and employment

ESS 2	WB	IDB*	ADB**	EBRD	EIB	AIIB
Direct workers and indirect workers	✓	–	–	✓	✓	✓
Labour management procedures	✓	–	–	✓	✓	✓
Terms of employment	✓	–	–	✓	✓	✓
Termination conditions	✓	–	–	✓	–	✓
Non-discrimination	✓	–	–	✓	✓	✓
Right to unionize	✓	–	–	✓	✓	✓
Child labour and forced labour	✓	–	–	✓	✓	✓
Occupational health and safety	✓	–	–	✓	✓	✓
Feedback on unsafe environments	✓	–	–	–	–	✓
Contracted workers and third parties	✓	–	–	✓	✓	–
Worker accommodation	✓***	–	–	✓	✓	–
Collective dismissals	–	–	–	✓	✓	–

*Although IDB has an Operational Policy on Labour sector, it does not address labour and employment considerations in the Environment and Safeguards compliance policy for the Bank's operations.

**Labour considerations are included in ADB's *Social Protection Strategy* (2001), however they are not specific to the Bank's operations.

***Covered under ESS 4.

Table Ⅳ Pollution prevention

ESS 3	WB	IDB	ADB	EBRD	EIB	AIIB
Resource efficiency	✓	✓	✓	✓	✓	✓
Resource efficiency distinction for water, energy, raw materials	✓	✓*	–	✓	–	✓
Pollution prevention and management	✓	✓	✓	✓	✓	✓
Management of air pollution	✓	✓	–	✓	✓	✓
Management of hazardous and non-hazardous wastes	✓	✓	✓	✓	✓	✓
Management of chemicals and hazardous materials	✓	✓	✓	✓	✓	✓
Management of pesticides	✓	✓	✓	✓	✓	✓
Noise emission management	–	–	–	–	✓	✓

* No distinction of raw materials.

Table Ⅴ Health and safety

ESS 4	WB	IDB	ADB	EBRD	EIB	AIIB
Universal access	✓	–	–	✓	✓	✓
Infrastructure and equipment safety	✓	–	✓	✓	✓	✓
Services quality management	✓	–	–	✓	✓	–
Road safety	✓	–	–	✓	✓	✓
Vehicle safety	✓	–	–	✓	–	✓
Community exposure to diseases	✓	–	✓	✓	✓	–
Diseases introduced by project labour	✓	–	✓	✓	✓	–
Exposure to hazardous materials	✓	✓	✓	✓	✓	–
Dam safety	✓	–	✓	✓	✓	–
Security management	✓	–	✓	✓	✓	✓

Table Ⅵ Land use and resettlement

ESS 5	WB	IDB	ADB	EBRD	EIB	AIIB
Involuntary land resettlement	✓	✓	✓	✓	✓	✓
Conditions for forced evictions	✓	–	✓	✓	✓	✓
Compensation for affected persons	✓	✓	✓	✓	✓	✓
Community engagement	✓	✓	✓	✓	✓	✓
Resettlement assistance	✓	✓	✓	✓	✓	✓
Grievance mechanism	✓	–	✓	✓	✓	✓
Conditions for replacement locations	✓	✓	–	✓	✓	–
Procedures for economic displacement	✓	✓	✓	✓	✓	✓
Collaboration with other agencies	✓	–	–	✓	✓	✓
Involuntary resettlement instruments	✓	–	–	✓	–	–

Table Ⅶ Biodiversity conservation and natural resource management

ESS 6	WB	IDB	ADB	EBRD	EIB	AIIB
Impact on biodiversity	✓	✓	✓	✓	✓	✓
Legally protected areas	✓	✓	✓	✓	✓	✓
Distinction between critical, natural and modified habitat	✓	–	✓	✓*	✓	✓
Introduction of alien species	✓	✓	✓	✓	✓	✓
Management of living natural resources	✓	–	✓	✓	✓	✓
No unnecessary land clearing	✓	✓	✓	–	–	✓
Sustainable primary suppliers	✓	–	–	✓	✓	–
Distinction between fishery, forestry, livestock, etc.	✓	–	–	✓	–	–
Genetically Modified Organisms	–	–	–	✓	–	–

* Distinction between natural and critical habitat but not modified habitats.

Table Ⅷ Indigenous communities

ESS 7	WB	IDB	ADB	EBRD	EIB	AIIB
Adverse impacts on Indigenous Peoples	✓	✓	✓	✓	✓	✓
Engagement with Indigenous Peoples	✓	✓	✓	✓	✓	✓
Free, prior and informed consent	✓	✓	✓	✓	✓	✓
Cultural heritage	✓	✓	✓	✓	✓	✓
Grievance mechanism	✓	✓	✓	✓	✓	✓
No involuntary resettlement	✓	✓	✓	✓	–	✓

Table Ⅸ Cultural heritage

ESS 8	WB	IDB	ADB	EBRD	EIB	AIIB
Definition of cultural heritage	✓	✓	✓	✓	✓	✓
Integration of cultural heritage into ESMP	✓	✓	✓	✓	–	✓
Chance find procedures	✓	✓	✓	✓	✓	✓
Procedure for archaeological site	✓	✓	–	–	✓	–
Mitigation for built heritage	✓	–	✓	–	–	–
Mitigation for movable cultural heritage	✓	–	✓	–	–	–
Mitigation for natural features with cultural significance	✓	–	✓	–	–	–

Table Ⅹ Financial intermediaries

ESS 9	WB	IDB	ADB	EBRD	EIB	AIIB
FI category①	✓	✓	✓	✓	✓	✓
ESMS	✓	✓	✓	✓	–	–
Environmental and social policy	✓	–	✓	✓	–	✓
Environmental and social procedures	✓	✓	✓	✓	–	✓
Organizational capacity and competency	✓	✓	✓	✓	–	–
Monitoring and reporting	✓	–	✓	✓	–	✓
Stakeholder engagement	✓	–	–	✓	–	–

① A project will be categorized as "FI" if the financing structure involves the provision of funds through financial intermediaries (FI) whereby the FI undertakes the task of sub-project appraisal and monitoring.

Table XI Stakeholder engagement

ESS 10	WB	IDB	ADB	EBRD	EIB	AIIB
Stakeholder identification and analysis	✓	–	–	✓	✓	✓
Stakeholder Engagement Plan	✓	–	–	✓	✓	✓
Information disclosure	✓	✓	✓	✓	✓	✓
Meaningful consultation	✓	✓	✓	✓	✓	✓
Engagement during project implementation and external reporting	✓	✓	✓	✓	✓	✓
Organizational capacity and commitment	✓	–	–	✓	–	–
Grievance mechanism	✓	✓	✓	✓	✓	–
Third party performance	–	✓	✓	✓	–	–

Annex 2 Environmental and Social Frameworks of Selected National Development Banks

KfW Development Bank (German Development Bank)

The German Development Bank has principles① based on national and international legal, mandatory, and non-mandatory guidelines and declarations. These principles are similar to the standards of the WB, IFC and ILO (Figure Ⅱ), and form the basis for project approval processes. KfW carries out Environmental and Social Impact Assessments for all investments and projects in emerging and developing countries, as well as for project and export financing operations.

Figure Ⅱ KfW Development Bank's sustainability framework

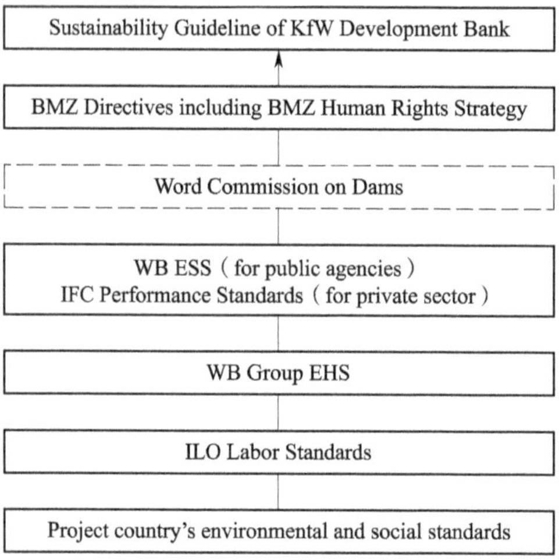

Source: KfW

Korea Development Bank (KDB)

KDB has an integrated Environmental and Social (E&S) Framework, which is based on WB and IFC standards. Within the E&S Framework, KDB formally adopted the Equator Principles② in 2017. The objectives of the E&S Framework are to:

① KfW Development Bank. Our Principles, 5.

② Equator Principles (2013, June). The Equator Principles: a financial industry benchmark for determining, assessing and managing environmental and social risk in projects.

i. Enhance the predictability, transparency and accountability of its actions and decision-making, manage E&S risks and impacts, improve performance, and enhance positive development outcomes on the ground;

ii. Promote the sustainability of project outcomes by protecting the environment and people from the project's potentially adverse impacts;

iii. Comply with internationally recognized environmental and social standards;

iv. Govern substantial and procedural rules and guidance in respect of E&S impact risk.

Japan Bank for International Cooperation (JBIC)

JBIC established its non-mandatory "Guidelines for Confirmation of Environmental and Social Considerations" (the Guidelines) in 2009. The Guidelines were reviewed in 2012, and again in 2015. They aim to encourage the implementation of appropriate environmental and social considerations by clarifying the relevant procedures, decision-making processes and requirements. JBIC aims to ensure transparency, predictability, and accountability regarding environmental and social issues.

JBIC explicitly refers to the WB's ESF, the IFC's performance standards, and it promotes awareness of the OECD Guidelines for Multinational Enterprises.[①] JBIC publishes the results of project environmental assessments on its website.

Development Bank of Southern Africa (DBSA)

DBSA has developed Environmental and Social Safeguards which are similar to KfW's standards, and which are based on the ESS of AfDB and IFC. The safeguards include financial and economic sustainability, and address sustainability aspects of investment, with a specific focus on potential impacts on the environment and communities, and sustainable human capital and procurement practices.

The actions taken to meet the requirements of DBSA safeguards are managed through the Environmental and Social Management System (ESMS). They are periodically assessed (but are not published on the Bank's website). Assessments include an Environmental Impact Assessment and a Social and Institutional Impact Assessment—with the latter accompanying the environmental appraisal (Figure Ⅲ):

① Organization for Economic Cooperation and Development. Annual reports on the OECD guidelines for multinational enterprises.

Figure Ⅲ DBSA's Environmental, social and institutional appraisal process

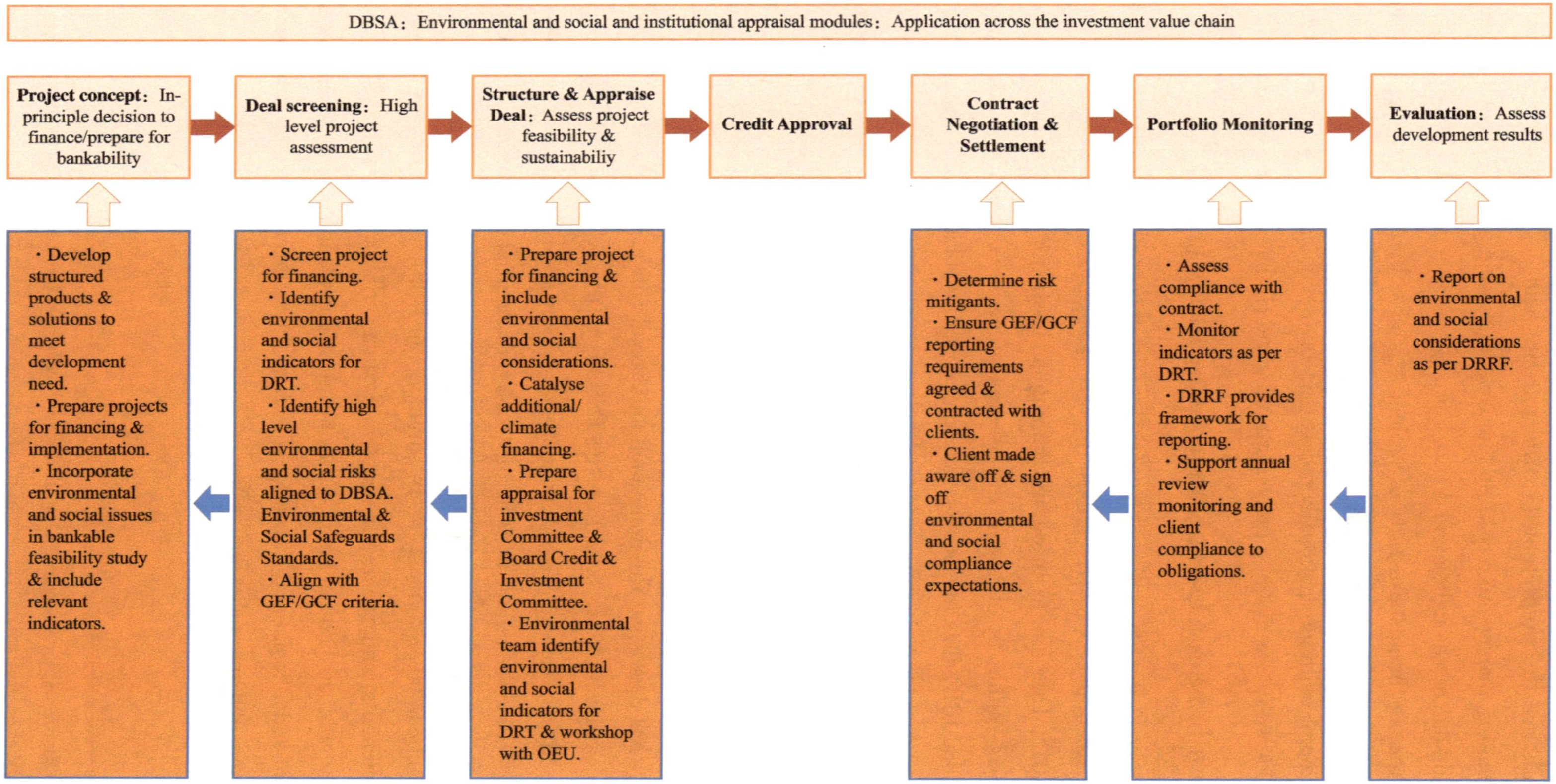

Source: DBSA's Environmental and Social Management Framework

Annex 3 International Debt Sustainability Frameworks

World Bank-IMF Debt Sustainability Framework (DSF)

Table Ⅻ DSF debt burden thresholds and benchmarks①

Indicator/ Degree	Present value (PV) of external debt in % of		External debt service in % of		PV of total public debt in % of
	GDP	Exports	Exports	Revenue	GDP
Weak	30	140	10	14	35
Medium	40	180	15	18	55
Strong	50	240	21	23	70

Source: Joint World Bank-IMF, The debt sustainability framework for low-income countries

UNCTAD Principles for responsible sovereign lending and borrowing②

1. Responsibilities for lenders

i. Lenders should recognize that government officials involved in sovereign lending and borrowing transactions are responsible for protecting public interest.

ii. Lenders have a responsibility to provide information to their sovereign customers to assist borrowers in making informed credit decisions.

iii. Lenders have a responsibility to determine, to the best of their ability, whether the financing has been appropriately authorized and whether the resulting credit agreements are valid and enforceable under relevant jurisdiction/s.

iv. A lender is responsible to make a realistic assessment of the sovereign borrower's capacity to service a loan based on the best available information and following

① International Monetary Fund (2018, July 13). The debt-sustainability framework for low-income countries.

② United Nations Conference on Trade and Development (2012, January 10). Principles on promoting responsible sovereign lending and borrowing.

objective and agreed technical rules on due diligence and national accounts.

v. Lenders financing a project in the debtor country have a responsibility to perform their own ex ante investigation into and, when applicable, post-disbursement monitoring of, the likely effects of the project, including its financial, operational, civil, social, cultural, and environmental implications. This responsibility should be proportional to the technical expertise of the lender and the amount of funds to be lent.

vi. All lenders have a duty to comply with United Nations sanctions imposed against a governmental regime.

vii. In circumstances where a sovereign is manifestly unable to service its debts, all lenders have a duty to behave in good faith and with cooperative spirit to reach a consensual rearrangement of those obligations. Creditors should seek a speedy and orderly resolution to the problem.

2. Responsibilities of Sovereign Borrowers

viii. Governments are agents of the State and, as such, when they contract debt obligations, they have a responsibility to protect the interests of their citizens. Where applicable, borrowers should also consider the responsibility of lenders' agents toward their organizations.

ix. A sovereign debt contract is a binding obligation and should be honored. Exceptional cases nonetheless can arise. A state of economic necessity can prevent the borrower's full and/or timely repayment. Also, a competent judicial authority may rule that circumstances giving rise to legal defense have occurred. When, due to the state of economic necessity of the borrower, changes to the original contractual conditions of the loan are unavoidable, Principles 7 and 15 should be followed.

x. The process for obtaining financing and assuming sovereign debt obligations and liabilities should be transparent. Governments have a responsibility to put in place and implement a comprehensive legal framework that clearly defines procedures, responsibilities and accountabilities. They should particularly put in place arrangements to ensure the proper approval and oversight of official borrowings and other forms of financing, including guarantees made by State-related entities.

xi. Relevant terms and conditions of a financing agreement should be disclosed by the sovereign borrower, be universally available, and be freely accessible in a timely manner through online means to all stakeholders, including citizens. Sovereign debtors have a responsibility to disclose complete and accurate information on their economic and financial situation that conforms to standardized reporting requirements and is relevant to their debt situation. Governments should respond openly to requests for related information from relevant parties. Legal restrictions to disclosing information should be based on evident public interest and to be used reasonably.

xii. In the context of project financing, sovereign borrowers have a responsibility to conduct a thorough ex ante investigation into the financial, operational, civil, social, cultural and environmental implications of the project and its funding. Borrowers should make public the results of the project evaluation studies.

xiii. Debtors should design and implement a debt sustainability and management strategy and to ensure that their debt management is adequate. Debtor countries have a responsibility to put in place effective monitoring systems, including at the sub-national level, that also capture contingent liabilities. An audit institution should conduct independent, objective, professional, timely and periodic audits of their debt portfolios to assess quantitatively and qualitatively the recently incurred obligations. The findings of such audits should be publicized to ensure transparency and accountability in debt management. Audits should also be undertaken at sub-national levels.

xiv. Governments have a responsibility to weigh costs and benefits when seeking sovereign loans. They should seek a sovereign loan if it would permit additional public or private investment, with a prospective social return at least equal to the likely interest rate.

xv. If a restructuring of sovereign debt obligations becomes unavoidable, it should be undertaken promptly, efficiently and fairly.

Annex 4 BRI investment risk questionnaire, 2018

Jointly conducted by UNDP and CDB in late 2018, the survey has three sections: basic information, innovation and investment models, and investment risk and obstacles, and has collected responses from 50 Chinese companies. Among them, 26 are state-owned enterprises (SOEs), 14 are private enterprises, 3 are joint venture companies, and the rest are other types of companies. The average registered capital of the 50 companies surveyed is USD 227,029,934 (lowest: USD 194,500; highest: USD 2,072,633,700). They have a wide variety of investment approaches, with the most common types being representative offices, subsidiary companies, sole proprietary company, transnational M&A, joint venture, and cooperative operation. Almost all of the 50 companies surveyed have used loans to finance their projects, project-based loans being the most common type. Half of them have loans larger than USD 100 million, 30% of them have loans between USD 10 million and USD 50 million and the remaining 20% have loans of less than USD 10 million. The average size of investments of these companies tends to be very large, with almost half of them investing over USD 100 million on a project on average.

In responding to questions on the purpose of their overseas investment in the BRI region, 85% of the companies chose "(to fulfil) the need of companies' long-term development strategy", and 58% mentioned "to explore international markets for their products". 38 companies further expressed their willingness to expand investment in the BRI region, indicating the attractiveness and business potential of the region. While more than half of the companies regarded 1-2 years as the best duration for an investment project, many other companies preferred long-term investments of over 10 years.

High debt ratio and low credit ratings were selected by the companies as the two most important obstacles in getting loans from domestic financial institutions. As for possible motivations for seeking financing overseas, almost all companies mentioned "lower interest rates". Many companies also highlight "more convenient environment for financing and investment" and "strength of international financial institutions" as important advantages of getting loans abroad.

In the section that deals with investment risks and obstacles, 62% of all respondents assigned the highest risk level to "political risks of the host country", followed by "overly restricted environmental and labour protection conditions in host countries". On the other hand, "undeveloped laws and regulations in emerging financial markets along the Belt and Road" and "exchange rate risks" were assigned a risk level of 4 or lower by most respondents. Last but not least, two-thirds of the companies identified "active promoting by the Chinese government" and "participation and support from the host country" as the most critical factors in the success of a BRI project, which matches another common opinion from the survey that having a government background and being favoured by current policies are key in getting support from financial institutions.

Table XIII Main risks and obstacles along the Belt and Road identified in the survey

Risk rating (1-5)*	Disputes over investment and financing standards	Political risks	Environmental and labour conditions	Cost for local employees
1	11%	0	6%	19%
2	19%	8%	9%	19%
3	23%	11%	25%	34%
4	19%	19%	43%	26%
5	26%	62%	17%	2%
–	2%	0	0	0

* 1 is the lowest, 5 is the highest.

Annex 5 Financing the 2030 Agenda: The Addis Ababa Action Agenda

The AAAA defined a new global framework for financing sustainable development in July 2015. It aligns various forms of financing and related policies with the economic, social and environmental priorities expressed in the SDGs. It aims to hold governments accountable for sound policies, as a prerequisite to financing the global goals. Governments need to provide public funding, set the framework for financial stability and place sustainability as their core priority, and that of the global financial system.

The Agenda contains the following provisions related to sustainable financing and investment:

- Adhering to social and environmental safeguards for financing sustainable infrastructure by development banks, particularly where commercial banks are not engaged.
- Standards to encourage measured risk taking and robust risk control in long term investments.
- Improved recipient-country policies to reduce the financing gap to attain the SDGs by enlarging fiscal space, strengthening private sector incentives and addressing market failures. Embedding resilient and quality infrastructure investment plans in national sustainable development strategies.
- Encouraging the private sector to pursue sustainable corporate practices, including reporting on environmental, social and governance (ESG) standards and considering their impact.
- Collaboration of creditors and debtors to avoid and resolve unsustainable debts: "*Maintaining sustainable debt levels is the responsibility of the borrowing countries, however, lenders also have a responsibility to lend in a way that does not undermine a country's debt sustainability.*"

The implementation of the AAAA is regularly monitored by a Task Force commissioned by the UN. The latest report, April 2018, identifies weaknesses regarding progress in sustainable investment and finance. The report highlights the lack of clear: (i) definitions of investment criteria as well as adequate monitoring and reporting mechanisms; (ii) definition of SDG targets that can be translated into private investment criteria; and (iii) rules for ESG disclosures to facilitate reporting, benchmarking, and comparison of the impact of such investing.

Annex 6 SINOSURE 2018 Handbook of Country Risk

In 2018, SINOSURE (China Export and Credit Insurance Corporation), China's state policy-oriented insurer, published a country risk report of 65 countries along the Belt and Road.① The risks included four types: political, economic, business environment, and legal, using 17 primary indicators and 53 secondary indicators. Political risks were highlighted as the most severe forms of risk. Table XIV below summarizes the country risk rankings in the SINOSURE Report. Syrian Arab Republic and Afghanistan were ranked as the highest risk countries for Chinese investment.

Table XIV Country risk rankings in the SINOSURE 2018 Handbook

Ranking	Countries	Risk level
1	Singapore	Relatively low
3	3 countries including United Arab Emirates	Medium low
4	11 countries including Kuwait	Medium high
5	20 countries including Russian Federation and Kazakhstan	Relatively high
6	16 countries including Iran (Islamic Republic of), Egypt, Maldives, Viet Nam	Relatively high
7	4 countries including Iran (Islamic Republic of) Bangladesh, Cambodia	Approaching high
8	7 countries including Myanmar, Yemen, Nepal, Ukraine	Very high
9	Syrian Arab Republic and Afghanistan	Highest

Source: SINOSURE (2018). Handbook of Country Risk.

① China Export & Credit Insurance Corporation. SINOSURE released the Handbook of Country Risk in 2018.

Annex 7 China's Outbound Mergers and Acquisitions (M&A) and Grant-based Funds

China's Outbound Mergers and Acquisitions (M&A)

Chinese firms still trail significantly behind European and American counterparts in their share of global M&As. European companies account for around one-third of global M&As, and US companies for over 20%. The share of Chinese companies hovered between 5 to 9% between 2008 and 2018, only surpassing 10% during the 2016 peak, although there is an overall upward trend.

In terms of M&A as a share of GDP, China is moving closer to the US share, but still trails Europe. Again, with the exception of 2016 (1.8%), Chinese companies have typically spent around 0.6% of GDP on outbound acquisitions, with the figure closer to 0.9% in recent years. In contrast, EU companies spent 2% and US companies 1.3% of GDP on M&A in 2015.[①]

The sectoral composition of Chinese outbound M&As has shifted away from energy, mining, and utilities in the years prior to the BRI toward high technology and real estate after the launch of the BRI. Industrials have remained a top sector in the number of deals, still accounting for 16% of M&A operations in 2017.

---

① Cogman, D., Gao, P. and Leung, N. (2017, July). Making sense of Chinese outbound M&A. McKinsey & Company.

Figure Ⅳ China's outbound M&A by sector in million USD, 2017

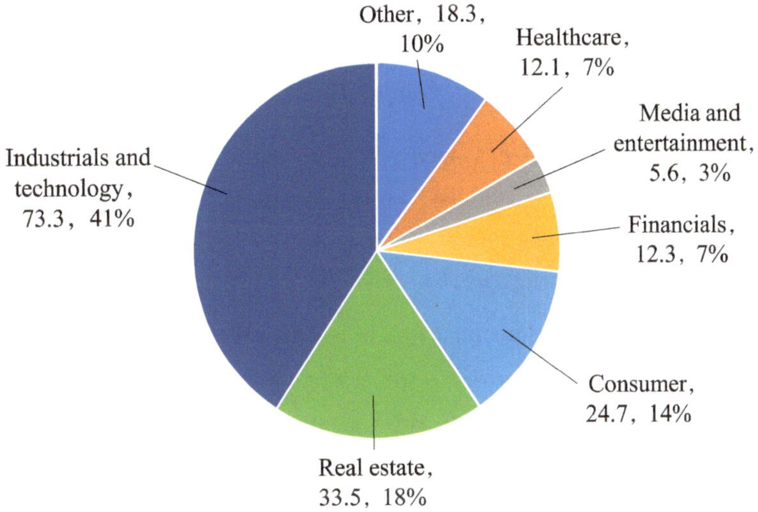

Source: M&A Review and 2018 Outlook.

Figure Ⅴ China's outbound M&A by sector in million USD, 2005-2010

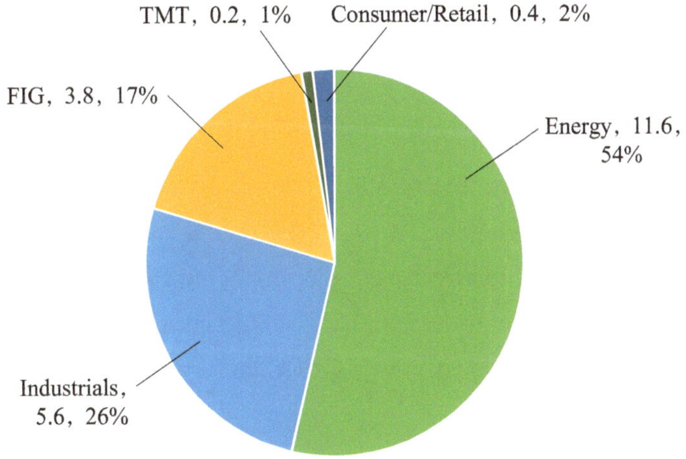

TMT: Technology, Media and Telecommunications

FIG: Financial Institutions Group

Source: J.P. Morgan (2017): China's Increasing Outbound M&A and PwC (2017)

Although M&A trends show congruence with stated policy priorities, the Chinese state is not the only, or even necessarily the main, player in financing Chinese firms' M&A activities. Chinese firms looking to acquire overseas counterparts can readily access financing from both domestic and international commercial financial entities and investment funds (although it should be noted that the former are predominantly state-owned). Chinese firms have shown a willingness to incur debt in order to finance acquisitions, and this has been well matched with an appetite by domestic and foreign private equity funds and banks to provide the financing, often in consortium with one another or with state-owned enterprises and other strategic partners.[①]

There is significant potential for state-backed financing for Chinese M&A activities, although the degree to which it has been actively sought varies considerably. With the relaxation of rules and guidelines in 2015 on the loan-to-value and other requirements on financing for acquisitions by the China Bank Regulatory Commission,[②] Chinese commercial banks are in a better position to offer M&A financing to domestic buyers. There is also important support coming from state banks and investment funds, which have in some cases provided 50% or more of the required funding to close multi-billion-dollar deals. Capital that could potentially be used to finance M&A also exists in investment funds managed by the central government, such as the China-Africa Development Fund, China Investment Corporation (CIC), and the SRF.

In practice, however, the government rarely uses these funds to co-invest with corporations for mergers and acquisitions. The SRF, for example, has, to date, only invested in one company for this purpose, compared with dozens of project-financing deals. The only government-linked fund that has financed numerous M&A investments in foreign companies is CIC. However, these deals are motivated by CIC's mission to maximize returns on China's sovereign assets rather than by policy.

China's outbound M&A was historically dominated by state-owned enterprises with a focus on energy and natural resources. The recent wave of M&As has been characterized by a broader range of buyers, including companies looking to expand beyond their initial sector focus, domestic private equity firms, and A-share listed companies. In the first half of 2016, privately owned enterprises accounted for over 60% of the largest outbound acquisitions.

Grant-based funds

Examples of environmentally focused funds that, although they are not specific to the BRI, provide grants (and sometimes loans) to BRI partner countries:

- Clean Technology Fund (CTF) is an indispensable part of the Climate Investment Funds, serving as a large-scale financing source for low carbon technologies and industries in developing countries. As of May 2017, CTF has funded 16 projects

---

① Cogman, D., Gao, P. and Leung, N. (2017, July). Making sense of Chinese outbound M&A. McKinsey & Company.

② Ibid.

from 15 countries and leveraged USD 5 billion for clean technology, renewable and affordable energy, and efficient transportation projects.

- International: Green Climate Fund (GCF) is a financial mechanism established by the United Nations Framework Convention on Climate Change (UNFCCC) to support and sustain low-carbon footprint projects. The fund underscores five major investment priorities that can effectively contribute to the course of climate change mitigation and adaptation, including transforming energy generation and access, creating climate-compatible cities, encouraging low-emission and climate-resilient agriculture, scaling up finance for forests and climate change, and enhancing resilience in Small Island Developing States (SIDS).①
- Global Environment Facility (GEF) provides grants and concessional funding to empower the transformation from traditional projects into eco-friendly ones. Since 2002, an aggregate of more than 120 projects covering 55 countries has been funded by the GEF, with a total grant investment value of USD 466 million. In an effort to address pressing environmental challenges, the GEF mainly concentrates on biodiversity, chemicals and waste, climate change, forests, international waters, ozone protection and land degradation.

① African Development Bank Group. Green climate fund.

Annex 8 International conventions, agreements and principles relevant to the BRI

Sector	Convention/Agreement
Environment and Health	Rio Declaration of Environment and Development
	Kyoto Protocol
	Paris Agreement on Climate Change
	UNECE Conventions, Protocols, particularly Espoo Convention on Environmental Impact Assessment and Protocol on Strategic Environmental Assessment
	UN Guidelines on Consumer Policy
	International Health Regulations (WHO, 2005)
	ISO 14001
Social and Labour Issues	ILO 1998 Declaration of Fundamental Principles and Rights at Work
	8 ILO fundamental Conventions
	UN Guiding Principles on Business and Human Rights
	International Bill of Human Rights
	UN Global Compact
	FAO/IFAD/UNCTAD/WB Principles on Responsible Agricultural Investment
	CFS Principles for Responsible Investment in Agriculture and Food Systems
	UN Global Compact for Safe, Orderly and Regular Migration
	1995 World Conference on Women, Beijing Declaration and Platform for Action
	SA 8000 and ISO 26000
Transparency	Paris Declaration on Aid Effectiveness
	International Aid Transparency Initiative standards
Procurement	WTO GPA
	UNCITRAL Model Law on Public Procurement
	UN Convention Against Corruption
	Paris Declaration on Aid Effectiveness

(Continued)

Sector	Convention/Agreement
Investment and Dispute Settlements	Finance for Development Addis Ababa Agenda for Action
	Convention on the Settlement of Investment Disputes Between States and Nationals of Another State
	WTO Dispute Settlement
	International Centre for Settlement of Investment Disputes Convention, Regulations and Rules
	UNCITRAL Arbitration Rules
	New York Convention on Recognition and Enforcement of Foreign Arbitral Awards
	UNCITRAL Conciliation Rules
	UN Convention Against Corruption
	UN Guiding Principles on Business and Human Rights
	FAO/IFAD/UNCTAD/WB Principles on Responsible Agricultural Investment
	Voluntary Corporate Responsibility Codes
	UN Global Compact
	G20 Guiding Principles on Global Investment Policymaking
	International Bill of Human Rights
Infrastructure	UNOPS Evidence-Based Infrastructure (EBI) approach
	Cost-Benefit Analysis and Economy-wide Impact Assessment
	UNECE Conventions, Agreements including Unified Rail Law; OTIF, OSJD standards
Trade	WTO-GATT, GATS, TRIPS
	WTO Trade Facilitation Agreement
	WCO Conventions
	Regional Agreements, FTAs, BTAs
	UN Convention on the Law of the Sea
	Transports Internationaux Routiers (TIR) Convention
	UNECE Conventions and Recommendations
	European Agreement on the International Carriage of Dangerous Goods by Road
	International Convention on the Harmonization of Frontier Controls of Goods
	IMO, ICAO and ITU standards

References

1. African Development Bank Group. Green climate fund. Retrieved from https://www.afdb.org/en/topics-and-sectors/initiatives-partnerships/green-climate-fund/.

2. Agricultural Bank of China (2017). Joint dedication to build a beautiful China. 2017 Annual Report, 53. Retrieved from http://www.abchina.com/en/investor-relations/performance-reports/annual-reports/201803/P020180428379127252057.pdf.

3. American Enterprise Institute. China global investment tracker. Retrieved from http://www.aei.org/china-global-investment-tracker/.

4. Aminuzzaman, S.M. (2010, July 5–9). Environment policy of Bangladesh: a case study of an ambitious policy with implementation snag. Paper presented at South Asia Climate Change Forum, Monash University, Australia.

5. Andrés, L., Biller, D., Herrera Dappe, M. (2014). Infrastructure gap in South Asia: infrastructure needs, prioritization, and financing. World Bank Policy Research Working Paper 7032. Retrieved from: http://documents.worldbank.org/curated/en/504061468307152462/pdf/WPS7032.pdf.

6. Ariffin, E. (2018, October 30). Thailand paves the way for renewables. The ASEAN Post. Retrieved from https://theaseanpost.com/article/thailand-paves-way-renewables.

7. Asian Development Bank (2013, October). Operations manual bank policies (BP). Retrieved from https://www.adb.org/sites/default/files/institutional-document/31483/om-f1-20131001.pdf.

8. Asian Development Bank (2017, February). Meeting Asia's infrastructure needs, 45. Retrieved from https://www.adb.org/publications/asia-infrastructure-needs.

9. Asian Infrastructure Investment Bank. Approved projects overview. Retrieved from https://www.aiib.org/en/projects/approved/.

10. Asian Infrastructure Investment Bank (2017). Environmental social management plan.

11. Asian Infrastructure Investment Bank (2017, December 11). AIIB invests to reduce coal use and improve air quality in Beijing. Retrieved from https://www.aiib.org/en/news-events/news/2017/20171211_001.html.

12. Asian Infrastructure Investment Bank (2018). Project Summary Information: Andhra Pradesh urban water supply & septage management improvement project. Retrieved from https://www.aiib.org/en/projects/approved/2018/_download/india-andhra/urban-water.pdf.

13. Asian Infrastructure Investment Bank (2018, June 24). Turkey: Tuz Golu gas storage expansion project. Retrieved from https://www.aiib.org/en/projects/approved/2018/turkey-gas-storage-expansion-project.pdf.

14. Asian Infrastructure Investment Bank (2018, December 7). Indonesia: Mandalika urban and tourism infrastructure. Retrieved from https://www.aiib.org/en/projects/approved/2018//indonesia-mandalika-urban-tourism-infrastructure.pdf.

15. Aufderheide, P., and Rich, B. (1998). Environmental reform and the multilateral banks. World Policy Journal 5 (2), 301-321.

16. Babb, S. (2009). Behind the Development Banks: Washington politics, world poverty, and the wealth of nations. Chicago: The University of Chicago Press.

17. Bangladesh Centre for Advanced Studies (2011, June). Draft Environmental Impact Assessment. BAN: Bibiyana Ⅰ and Ⅱ gas power project. Retrieved from https://www.adb.org/sites/default/files/project-document/61391/44951-01-ban-eia-draft.pdf.

18. Bank of China (2018, April 11). "中国银行成功发行 32 亿美元《一带一路》主题债券" [Bank of China successfully issues a USD 3.2 billion "Belt and Road" theme bond]. Retrieved from http://www.bankofchina.com/aboutboc/bi1/201804/t20180411_11961564.html.

19. Basu, M., Hoshino, S., Hashimoto, S., DasGupta, R., (2017). Determinants of water consumption: a cross-sectional household study in drought-prone rural India. International Journal of Disaster Risk Reduction 24, 373-382.

20. Basu, S. (2016, September 20-22). Asian Infrastructure Investment Bank Environmental and Social Framework. DFI Social Experts Meeting hosted by ADB in Manila, Philippines AIIB Environmental and Social Framework. Retrieved from http://countrysafeguardsystems.net/sites/default/files/0.%201%20AIIB%27s%20Environmental%20and%20Social%20Framework.pdf.

21. Bayraktar, N., and Wang, Y. (2006, October). Banking sector openness and economic growth. World Bank Policy Research Working Paper 4019. Retrieved from https://openknowledge.worldbank.org/bitstream/handle/10986/9273/wps4019.pdf?sequence=1&isAllowed=y.

22. Beijing Gas Group Co., Ltd. (2017, August). Environmental and social management plan for rural "coal-to-gas" program during the 13th Five-year Plan period in Beijing. Asian Infrastructure Investment Bank. Retrieved from https://www.aiib.org/en/projects/approved/2017/_download/beijing/environment-social-management-plan.pdf.

23. Belt and Road Portal. Official Documents. Retrieved from https://eng.yidaiyilu.gov.cn/info/iList.jsp?cat_id=10059.

24. Belt and Road Portal (2016, September 23). "PPP 助力《一带一路》建设加速

发展 ” [PPP helps accelerate the development of the Belt and Road]. Retrieved from https://www.yidaiyilu.gov.cn/jcsj/sjyw/776.htm.

25. Belt and Road Portal (2017, May). The Belt and Road ecological and environmental cooperation plan. Retrieved from https://www.yidaiyilu.gov.cn/wcm.files/upload/CMSydylgw/201705/201705140543014.pdf.

26. Belt and Road Portal (2017, May 8). Guidance on promoting Green Belt and Road. Retrieved from https://eng.yidaiyilu.gov.cn/zchj/qwfb/12479.htm.

27. Belt and Road Portal (2017, November 2). “ 中国已成全球最大 PPP 市场 总投资超 10 万亿元 ” [China has already become the world's largest PPP marked: total investment value over RMB 10 trillion]. Retrieved from https://www.yidaiyilu.gov.cn/xwzx/gnxw/32629.htm.

28. Belt and Road Portal (2018, March 5): Companies allowed to issue B&R bonds. Retrieved from https://eng.yidaiyilu.gov.cn/home/rolling/49459.htm.

29. Belt and Road Portal (2018, October 6). “《一带一路》这五年：互联互通交出亮丽成绩单 ” [Five years of Belt and Road Initiative: interconnectedness and interoperability paint a bright picture]. Retrieved from https://www.yidaiyilu.gov.cn/xwzx/gnxw/67936.htm.

30. Belt and Road Portal, (2018, November 21). Joint statement between the People's Republic of China and the Republic of the Philippines. Retrieved from https://eng.yidaiyilu.gov.cn/zchj/sbwj/72453.htm.

31. Belt and Road Portal (2019, April 9). “ 中国信保为共建《一带一路》承保超 7 000 亿美元 ” [SINOSURE has covered more than USD 700 billion for the joint construction of the “Belt and Road”]. Retrieved from https://www.yidaiyilu.gov.cn/xwzx/gnxw/85199.htm.

32. Belt and Road Portal (2019, September 9). “ 图解：《一带一路》倡议六年成绩单 ” [The picture of the six years of Belt and Road Initiative]. Retrieved from https://www.yidaiyilu.gov.cn/xwzx/gnxw/102792.htm.

33. Berger, M. O. (2010, October 12). World Bank pressured over record fossil fuel lending. International Press Service News Agency. Retrieved from http://www.ipsnews.net/2010/10/world-bank-pressured-over-record-fossil-fuels-lending/.

34. Bermingham, F. (2018, July 25). Commerzbank and ICBC to work together on Belt and Road. Global Trade Review. Retrieved from https://www.gtreview.com/news/asia/commerzbank-and-icbc-to-work-together-on-belt-and-road/.

35. Bhattacharya, A, Meltzer, J. P., Oppenheim, J., Qureshi, Z. and Stern, N. (2016, December 23). Delivering on sustainable infrastructure for better development and better climate. Brookings Institution. Retrieved from: https://www.brookings.edu/research/delivering-on-sustainable-infrastructure-for-better-development-and-better-climate/.

36. Boston University Global Development Policy Center. China's global energy finance. Retrieved from https://www.bu.edu/cgef/#/all/Country.

37. Briggs, S. L. K. (1998, October 12). Brookhaven National Laboratory environmental management system: project management plan.

38. Cao, Y. (2017, May 22). "农行新疆分行发行首单《一带一路》债券 [ABC Xinjiang branch successfully issues its first "Belt and Road" bond]. China Financial News. Retrieved from http://www.financialnews.com.cn/yh/yw/201705/t20170522_117882.html.

39. Carbon Pricing Leadership Coalition. High-level Commission on carbon prices. Retrieved from https://www.carbonpricingleadership.org/highlevel-economic-commission-1/.

40. CEIC Data (2018, 20 September). Singapore external debt (% of GDP) 2013-2018. Retrieved from https://www.ceicdata.com/en/indicator/singapore/external-debt--of-nominal-gdp.

41. Chan, R. (2017, May 18). The 21st Century Silk Road-China's Belt & Road Initiative. Lexology. Retrieved from https://www.lexology.com/library/detail.aspx?g=d08eb482-4367-4375-a155-3f6c70e5d286.

42. Chen, J. (2018, July 16). Silk Road Fund, European Investment Fund sign MOU. China Daily. Retrieved from http://www.chinadaily.com.cn/a/201807/16/WS5b4c7b2ea310796df4df6ba6.html.

43. Chen, Y., Chou, R. K., Li, J. (2015, August). Financial liberalization via market openness and corporate cash policy. Retrieved from https://shanghai.nyu.edu/sites/default/files/webform/Liberalization%20and%20Cash-201508-NYU%20Shanghai.pdf.

44. Cheng, G., Díaz-Cassou, J., and Erce, A. (2016, December 22). From debt collection to relief provision: 60 years of official debt restructurings through the Paris Club. European Stability Mechanism. Retrieved from https://www.esm.europa.eu/publications/debt-collection-relief-provision-60-years-official-debt-restructurings-through-paris.

45. China Construction Bank (2017, May 15). "《中国经营报》: 金融支持《一带一路》建设银行履行大行担当" [China Business: China Construction Bank gives the most financial support to the Belt and Road Initiative]. Retrieved from http://www.ccb.com/cn/ccbtoday/media/20170515_1494833079.html.

46. China Development Bank. About CDB. Retrieved from http://www.cdb.com.cn/ywgl/xdyw/gjhzyw/.

47. China Development Bank (2017). Annual report. Retrieved from http://www.cdb.com.cn/English/bgxz/ndbg/ndbg2017/.

48. China Development Bank. "国际合作业务" [International business services]. Retrieved from http://www.cdb.com.cn/ywgl/xdyw/gjhzyw/.

49. China Export & Credit Insurance Corporation (2018). SINOSURE released the Handbook of Country Risk.

50. China International Contractors Association (2017, July 13). Guidelines of sustainable infrastructure for Chinese international contractors. Retrieved from http://images.mofcom.gov.cn/csr2/201707/20170713103213247.pdf.

51. China Merchants Bank. "跨 境 金 融" [Cross-border finance]. Retrieved from https://www.cmbchina.com/corporate/international/.

52. China Minsheng Bank (2019, April 3). "金融科技助力银行业务《一带一路》建设的策略分析" [Strategic analysis of the construction of the Belt and Road served by banking under the support of financial technology]. Minsheng Think Tank.

53. Chudik, A., Mohaddes K., Hashem Pesaran, M., and Raissi, M. (2018, April 3). When is debt a drag on economic growth? Economic Research Forum. Retrieved from https://theforum.erf.org.eg/2018/04/03/debt-drag-economic-growth/.

54. CIKD (2018). Silk Road Forum 2018 Background Report. Green BRI and the Environment Standards of Chinese Infrastructure Investors.

55. Citigroup. Enabling growth and progress along the Belt and Road. Institutional Clients Group. Retrieved from https://citibank.com/icg/sa/belt-and-road/overview.html.

56. Climate Action in Financial Institutions. The Initiative. Retrieved from https://www.mainstreamingclimate.org/initiative/.

57. Climate Bonds Initiative and China Central Depository & Clearing Company. (2017) China green bond market: a USD 37.1 bn Chinese green bond market. Retrieved from https://www.climatebonds.net/files/files/China_Annual_Report_2017_English.pdf.

58. Club de Paris. Key numbers. Retrieved from http://www.clubdeparis.org/en/communications/page/key-numbers.

59. Club de Paris. The six principles. Retrieved from https://www.clubdeparis.org/en/communications/page/the-six-principles.

60. Cogman, D., Gao, P. and Leung, N. (2017, July). Making sense of Chinese outbound M&A. McKinsey & Company. Retrieved from: https://www.mckinsey.com/business-functions/strategy-and-corporate-finance/our-insights/making-sense-of-chinese-outbound-m-and-a.

61. Columbia University Center on Global Energy Policy and Renmin University of China Center for International Energy and Environment Strategy Studies (2017, November 19-21). Belt and Road Initiative green development conference. Retrieved from https://energypolicy.columbia.edu/sites/default/files/pictures/CGEP_BRIGreenDevelopmentConference.pdf.

62. De Soyres, F. (2018), The growth and welfare effects of the Belt and Road Initiative on East Asia Pacific countries. Washington, DC: World Bank.

63. Deutsche Bank (2017, May 31). China Development Bank and Deutsche Bank sign 3 billion US dollar cooperation agreement. DB Media Release. Retrieved from https://www.db.com/newsroom_news/2017/medien/china-development-bank-and-deutsche-bank-sign-3-billion-us-dollar-cooperation-agreement-en-11549.htm.

64. Development Bank of Southern Africa. Environmental appraisal framework executive summary. Retrieved from https://www.dbsa.org/EN/InvestorRelations/Environmental%20Appraisal%20Documents/DBSA%20Environmental%20Appraisal%20Framework%20Summary.pdf.

65. Economic and Commercial Counsellor's Office of the Embassy of the People's Republic of China in Singapore. (2018, April 20). "中国银行新加坡分行成功发行 15 亿美元《一带一路》主题债券" [Bank of China Singapore branch successfully issues a "Belt and Road" theme bond of USD 1.5 million]. Retrieved from http://sg.mofcom.gov.cn/article/dtxx/201804/20180402734793.shtml.

66. The Economist Intelligence Unit (2016). Risk Briefing. Retrieved from https://www.eiu.com/handlers/PublicDownload.ashx?mode=m&fi=risk-section/risk-briefing.pdf.

67. Embassy of the People's Republic of China in the Islamic Republic of Pakistan (2018b, December 29). Statement from Chinese Embassy. Retrieved from http://pk.chineseembassy.org/eng/zbgx/CPEC/t1625941.htm.

68. The Energy Transitions Commission (2018, November). Mission possible: reaching netzero carbon emission from harder-to-abate sectors by mid-century. Retrieved from http://energy-transitions.org/sites/default/files/ETC_MissionPossible_FullReport.pdf.

69. Eom, J., Brautigam, D., and Benabdallah, L. (2018, August). The Path Ahead: The 7th Forum on China-Africa Cooperation. Working Paper No. 2018/1. China Africa Research Initiative, School of Advanced International Studies, Johns Hopkins University, Washington, DC. Retrieved from http://www.sais-cari.org/publications-briefing-papers-bulletins.

70. Equator Principles (2013, June). The Equator Principles: a financial industry benchmark for determining, assessing and managing environmental and social risk in projects. Retrieved from http://www.equator-principles.com/wp-content/uploads/2017/03/equator_principles_III.pdf.

71. Equator Principles (2017, January). Korea Development Bank: The First Korean Bank to Adopt the Equator Principles. Retrieved from https://equator-principles.com/adoption-news/kdb-adopts-the-equator-principles/.

72. Equator Principles (2018, April 4). Designated Countries. Retrieved from https://equator–principles.com/designated-countries/.

73. The Eurasian Press Agency (2016, 16 December). 10% stake purchase in SIBUR

named China's largest investment in Russian Federation in 2016. Retrieved from http://eurasiatx.com/10-stake-purchase-in-sibur-named-chinas-largest-investment-in-russia-in-2016/.

74. European Bank for Reconstruction and Development (2018, December 12). Energy Sector Strategy 2019-2023. Retrieved from http://euea-energyagency.org/en/news-and-events/market-news/1637-the-new-ebrd-energy-sector-strategy-2019-2023.

75. European Bank for Reconstruction and Development (2014, May 7). Environmental and social policy. Retrieved from https://www.ebrd.com/downloads/research/policies/esp-final.pdf.

76. European Investment Bank (2018, August 10). Environmental and Social Standards. Retrieved from https://www.eib.org/attachments/strategies/environmental_and_social_practices_handbook_en.pdf.

77. European Investment Bank (2018, October 18), Environmental and social practices handbook. Retrieved from http://www.eib.org/attachments/strategies/environmental_and_social_practices_handbook_en.pdf.

78. Executive board of the International Monetary Fund (2018). List of recent Article Ⅳ consultations. Retrieved from https://www.imf.org/external/np/sec/aiv/index.aspx?listby=c.

79. Financial Times (2018, July 29). China's Belt and Road Initiative is falling short. The FT View. Retrieved from https://www.ft.com/content/47d63fec-9185-11e8-b639-7680cedcc421.

80. Five Years Transcript of BRI (2018). Retrieved from https://www.yidaiyilu.gov.cn/xwzx/gnxw/67936.htm#p=13.

81. Fox, J. A. and Brown, L. D. (eds.) (1998). The struggle for accountability: the World Bank, NGOs, and grassroots movements. Boston, MA: Massachusetts Institute of Technology Press.

82. Gallagher, K. P. (2017, March). China's global energy finance: a new interactive database. Boston University Global Economic Governance Initiative. GEGI Policy Brief 002. Retrieved from https://www.bu.edu/pardeeschool/files/2017/03/China-Global-Energy.-Gallagher.Finaldraft-1.pdf.

83. Gallagher, K. P. and Yuan, F. (2017). Standardizing sustainable development: a comparison of development banks in Latin America. Journal of Environment and Development, 26(3), 243-271.

84. Gallagher, K. P., Rohini, K., Chen, Y., Ma, X., Jin, J., Wong, Y. (2018, November). Energizing development finance? The benefits and risks of China's development finance in the global energy sector. Energy Policy 122, 313-321.

85. Garzon, P. (2015). Manual legal sobre regulaciones ambientales y sociales chinas para los prestamos e inversiones en el exterior [Legal manual on Chinese environmental and

social regulations for loans and investments abroad], Quito: Centro de Derechos Económicos y Sociales.

86. Global Infrastructure Hub, 4th China Public Private Partnership Financing Forum (2018, November). Shanghai, China.

87. Global Times (2018, March 3), China to allow bond issuance to fund Belt & Road projects. Retrieved from http://www.globaltimes.cn/content/1091615.shtml.

88. Hale, T. (2018, September 25). Western banks gather to catch the Chinese investment crumbs. Financial Times. Retrieved from https://www.ft.com/content/d076f548-805b-11e8-af48-190d103e32a4.

89. He, L. (2017, September 19). Moody's highlights fears over Belt and Road's credit risks. South China Morning Post. Retrieved from https://www.scmp.com/business/companies/article/2111894/moodys-highlights-fears-over-belt-and-roads-credit-risks.

90. Hicks, R., Parks, B., Timmons Roberts, J., and Tierney, M. (2008). Greening aid? Oxford: Oxford University Press.

91. Hillman, J. E. (2019, February 21). China's Belt and Road Initiative: five years later. Center for Strategic and International Studies. Retrieved from https://www.csis.org/analysis/chinas-belt-and-road-initiative-five-years-later-0.

92. HKTDC Belt and Road (2018, May 17). "中国工商银行—金融服务覆盖《一带一路》区域最广的中资银行" [Industrial and Commercial Bank of China-the Chinese investment bank the financial services of which cover the largest part of the Belt and Road region]. Retrieved from http://beltandroad.zaobao.com/beltandroad/corporate/story20180517-859785.

93. HKTDC Belt and Road (2018, September 20). Expert insights: infrastructure investment trends on the Belt and Road. Retrieved from https://beltandroad.hktdc.com/en/insights/expert-insights-infrastructure-investment-trends-belt-and-road.

94. Hong, P. (2016). Jointly building the "Belt and Road" towards the Sustainable Development Goals, 14. Retrieved from https://papers.ssrn.com/sol3/papers2.cfm?abstract_id=2812893.

95. Horberry, J. (1985). The accountability of development assistance agencies: the case of environmental policy, Ecology Law Quarterly, 12, 817-869.

96. ICBC (2017). Annual green bond report. Retrieved from http://v.icbc.com.cn/userfiles/Resources/ICBCLTD/download/2018/2017lvzhainiandubaogao_en.pdf.

97. Institute for Energy Economies and Financial Analysis (2017, January). China's global cenewable energy expansion, 2.

98. Inter-American Development Bank. Safeguards and sustainability. Retrieved from

https://www.iadb.org/en/topics/sustainability/about-us.

99. Inter-American Development Bank (2007, May). Implementation guidelines for the environment and safeguards compliance policy. Sustainable Development Department Sector Strategy and Policy Paper Series. Washington, D.C.: Inter-American Development Bank. Retrieved from http://idbdocs.iadb.org/wsdocs/getdocument.aspx?docnum=35597106.

100. International Development Finance Club (2018, December). Position paper aligning with the Paris Agreement. IDFC Position Paper. Retrieved from https://www.idfc.org/wp-content/uploads/2018/12/idfc_alignment-with-paris-agreement_position-paper_12_2018.pdf.

101. International Monetary Fund (2017, July 29). Debt sustainability analysis-Introduction. Retrieved from https://www.imf.org/external/pubs/ft/dsa/.

102. International Monetary Fund (2018, March 18). Factsheet-Debt relief under the Heavily Indebted Poor Countries (HIPC) initiative Retrieved from https://www.imf.org/en/About/Factsheets/Sheets/2016/08/01/16/11/Debt-Relief-Under-the-Heavily-Indebted-Poor-Countries-Initiative.

103. International Monetary Fund (2018, July 13). The debt sustainability framework for low-income countries: introduction. Retrieved from https://www.imf.org/external/pubs/ft/dsa/lic.htm.

104. International Monetary Fund (2018, August 15). Joint World Bank-IMF debt sustainability framework for low-income countries. Retrieved from http://www.imf.org/en/About/Factsheets/Sheets/2016/08/01/16/39/Debt-Sustainability-Framework-for-Low-Income-Countries.

105. International Monetary Fund (2019). General government gross debt as a percentage of GDP. Retrieved from https://www.imf.org/external/datamapper/GGXWDG_NGDP@WEO/OEMDC/ADVEC/WEOWORLD.

106. Irwin, A. and Gallagher, K. P. (2013). Chinese mining in Latin America: a comparative perspective, The Journal of Environment & Development 22 (2): 207-234.

107. Ji, J. and Liang, H. (2018). Annual report on investment security of China's "the Belt and Road" construction. Blue Book of Investment Security of "the Belt and Road" Construction No. 2. Beijing: Social Sciences Academic Press (China).

108. Jiang, X. (2018, April 12). M&A deals in Belt & Road economies increase by 81%. China Daily. Retrieved from http://www.chinadaily.com.cn/a/201804/12/WS5acebb7ca3105cdcf6517c7d.html.

109. Kamal, R. (2018, September). Burning for development: a case study on socioeconomic, environmental, & climate change impacts of the Barapukuria coal plant.

GCI Working Paper 002. Retrieved from http://www.bu.edu/gdp/files/2018/12/Kamal-Rohini.-2018.pdf.

110. KfW Development Bank. Brazil: an important country and partner in climate protection. Retrieved from https://www.kfw-entwicklungsbank.de/International-financing/KfW-Development-Bank/Local-presence/Latin-America-and-the-Caribbean/Brazil/.

111. KfW Development Bank (2018, November 15). Shaping the global transport transition. Retrieved from https://www.kfw-entwicklungsbank.de/International-financing/KfW-Development-Bank/News/News-Details_494208.html.

112. KfW Development Bank (2016, April). Sustainability guideline. Assessment of Environmental, Social, and Climate Performance: Principles and Process. Retrieved from https://www.kfw-entwicklungsbank.de/PDF/Download-Center/PDF-Dokumente-Richtlinien/Nachhaltigkeitsrichtlinie_EN.pdf.

113. Klooster, D. (2010). Standardizing sustainable development? The Forest Stewardship Council's plantation policy review process as neoliberal environmental governance. Geoforum, 41 (1): 117-129.

114. Lee, S. (2017, September 4). China's Belt & Road Initiative-risks and opportunities abound. Global Trade Review, sponsored article by DBS Corporate Banking. Retrieved from https://www.dbs.com.sg/corporate/wc-articles/china-opportunities.page.

115. Li, Y. and Panizza, U. (2012, January 10). The economic rationale for the principles on promoting responsible sovereign lending and borrowing. Sovereign Financing and International Law, 15-37.

116. Lin, J. Y. and Wang, Y. (2017). Going beyond aid: development cooperation for structural transformation. Cambridge: Cambridge University Press.

117. Mikesell, R. F. and Williams, L. (1992). International banks and the environment-from growth to sustainability: an unfinished agenda. San Francisco, CA: Sierra Club Books.

118. Ministry of Commerce Investment Promotion Agency and China Service Outsourcing Research Center (2017). "《一带一路》战略下的投资促进研究" [Research on investment promotion along the Belt and Road]. Retrieved from https://www.yidaiyilu.gov.cn/wcm.files/upload/CMSydylgw/201706/201706131116055.pdf.

119. Ministry of Commerce of the People's Republic of China (2017, January 19). "2016年对《一带一路》沿线国家投资合作情况" [Investment and cooperation in the countries along the《Belt and Road》in 2016]. Retrieved from http://www.mofcom.gov.cn/article/tongjiziliao/dgzz/201701/20170102504429.shtml.

120. Ministry of Commerce of the People's Republic of China (2018). Global laws and regulations database. Retrieved from http://policy.mofcom.gov.cn/law/index.shtml.

121. Ministry of Commerce of the People's Republic of China (2018, January 16). "2017 年我对《一带一路》沿线国家投资合作情况" [China's investment and cooperation with countries along the《Belt and Road》in 2017]. Retrieved from: http://www.mofcom.gov.cn/article/tongjiziliao/dgzz/201801/20180102699459.shtml.

122. Ministry of Commerce of the People's Republic of China (2019). "中国对外贸易形势报告 (2019 年春季)" [Report on the status of China's foreign trade, spring 2019]. Retrieved from http://images.mofcom.gov.cn/zhs/201905/20190524182054485.pdf.

123. Ministry of Commerce of the People's Republic of China, Department of Outward Investment and Economic Cooperation (2019, January 22). "2018 年 1-12 月 我 对 "一带一路"沿线国家投资合作情况" [From January to December 2018, China's investment cooperation with countries along the Belt and Road Initiative]. Retrieved from: http://hzs.mofcom.gov.cn/article/date/201901/20190102829086.shtml.

124. Ministry of Commerce of the People's Republic of China, Department of Outward Investment and Economic Cooperation (2016, January 15). "商务部合作司负责人谈 2015 年我国对外投资合作情况" [The head of the cooperation department of the Ministry of Commerce talks about China's foreign investment cooperation in 2015]. Retrieved from http://www.mofcom.gov.cn/article/ae/ai/201601/20160101235603.shtml.

125. Ministry of Commerce of the People's Republic of China, National Bureau of Statistics, and State Administration of Foreign Exchange (2018). 2017 Statistical Bulletin of China's Outward Foreign Direct Investment. Beijing: China Statistics Press.

126. Ministry of Finance of the People's Republic of China (2017, May 16). Guiding principles on financing the development of the Belt and Road. Belt and Road Portal. Retrieved from https://eng.yidaiyilu.gov.cn/zchj/qwfb/13757.htm.

127. Ministry of Foreign Affairs of the People's Republic of China (2013, September 22). China's position paper on the post-2015 development agenda. Retrieved from http://www.china-un.org/eng/hyyfy/t1264867.htm.

128. Ministry of Foreign Affairs of the People's Republic of China (2016, April 22). China's position Paper on the implementation of the 2030 Agenda for sustainable development. Retrieved from: https://www.fmprc.gov.cn/mfa_eng/topics_665678/xjpdmgjxgsfwbcxlhgcl70znxlfh/t1357701.shtml.

129. Mookerjee, I. (2017, May 16). DBS Bank signs MOU to tap Belt and Road initiative. Citywire Asia. Retrieved from https://citywireasia.com/news/dbs-bank-signs-mou-to-tap-belt-and-road-initiative/a1016558.

130. Mueller, Sven-Uwe; Li, Fan; Xiang, Zhang; Shengping, Shang; Tianyi, Zhang (2016), Sustainable Infrastructure: New Chapter for China-LAC Infrastructure Cooperation,

Washington, Inter-American Development Bank.

131. Muñoz Cabré, M., Gallagher, K. P. and Li, Z. (2018, November 13). Renewable energy: the trillion dollar opportunity for Chinese overseas investment. China & World Economy, 26 (6), 27-49. Retrieved from. https://onlinelibrary.wiley.com/doi/abs/10.1111/cwe.12260.

132. Mutethya, E. (2018, October 17). Standard Chartered Bank pledges continued support to Belt and Road. China Daily. Retrieved from http://www.chinadaily.com.cn/a/201810/17/WS5bc6f90ca310eff303282f0e.html.

133. Nauman, T. (2014, June 4). Oaxaca's wind farm surge produces clean power-and protests. Thomson Reuters. Retrieved from http://www.trust.org/item/20140605124619-k9pav/.

134. New Development Bank (2016, March). Environment and Social Framework. Retrieved from https://www.ndb.int/wp-content/uploads/2017/02/ndb-environment-social-framework-20160330.pdf.

135. New Development Bank. List of all projects. Retrieved from https://www.ndb.int/projects/list-of-all-projects/page/3/.

136. Nielson, S. and Lima, M. S. (2013, June 6). Protests over Brazil hydro drives delay and boosts costs, Bloomberg BusinessWeek.

137. Office of the Commissioner of the Ministry of Foreign Affairs of the People's Republic of China in the Hong Kong Special Administrative Region (2016, July 21). Full text: action plan on the Belt and Road Initiative. Retrieved from http://www.fmcoprc.gov.hk/eng/Topics/ydyl/t1383426.htm.

138. One Belt One Road Europe. The Silk Road Fund. Retrieved from http://www.oboreurope.com/en/beltandroad/silk-road-fund/.

139. Organization for Economic Cooperation and Development. Annual reports on the OECD Guidelines for multinational enterprises. Retrieved from http://www.oecd.org/corporate/mne/.

140. Organization for Economic Cooperation and Development (2012, June 28). Recommendations of the Council on common approaches for officially supported export credits and environmental and social due diligence (the "Common Approaches"). Paris: OECD. Retrieved from http://www.oecd.org/officialdocuments/publicdisplaydocumentpdf/?cote=TAD/ECG%282012%295&doclanguage=en.

141. Organization for Economic Cooperation and Development (2017, November 22). OECD Science. Technology and Indushry Suoreboond 2017.

142. Organization for Economic Cooperation and Development (2018, January 16).

Arrangement on officially supported export credits. Paris: OECD. Retrieved from http://www.oecd.org/officialdocuments/publicdisplaydocumentpdf/?doclanguage=en&cote=tad/pg(2018)1.

143. People's Bank of China (2016, September 1). The People's Bank of China and six other agencies jointly issue "Guidelines for Establishing the Green Financial System". Retrieved from http://www.pbc.gov.cn/english/130721/3131759/index.html.

144. People's Bank of China (2017, December 27). "完善绿色债券认证制度 推动绿色债券市场持续健康发展" [Improve the green bond certification system and promote the sustainable and healthy development of the green bond market]. Retrieved from http://www.pbc.gov.cn/goutongjiaoliu/113456/113469/3449947/index.html.

145. People's Bank of China, United Nations Environment Programme (2015, April). Establishing China's green financial system. Final report of the Green Finance task force, 28. Retrieved from https://www.cbd.int/financial/privatesector/china-Green%20Task%20Force%20Report.pdf.

146. Pike, J. The silk Belt and Road Initiative. Global Security. Retrieved from https://www.globalsecurity.org/military/world/china/silk-road-initiative.htm.

147. Quadir, S. (2018, April 4). China to develop Bangladesh Industrial Zone as part of South Asia push. Reuters. Retrieved from https://www.reuters.com/article/us-bagnladesh-china/china-to-develop-bangladesh-industrial-zone-as-part-of-south-asia-push-idUSKCN1HB1M2.

148. Ramasamy, M. (2013, February 5). China, Malaysia plan $3.4 Billion Industrial Park in Kuantan. Bloomberg. Retrieved from https://www.bloomberg.com/news/articles/2013-02-05/china-malaysia-plan-3-4-billion-industrial-park-in-kuantan.

149. Ramos, G., and Reed, J. (2018, November 19). Chinese group to invest $2bn in former US outpost in Philippines. Financial Times. Retrieved from https://www.ft.com/content/9dead564-eae5-11e8-89c8-d36339d835c0.

150. Ray, R., Gallagher, K. P., López, A., and Sanborn, C. (eds.). (2017). China and sustainable development in Latin America: the social and environmental dimension. London: Anthem Press.

151. Ray, R., Gallagher, K. P., López, A. and Sanborn, C. (2015, April). China in Latin America: lessons for South-South cooperation and sustainable development, Global Economic Governance Initiative, Boston University.

152. Ray, R., Gallagher, K. P. and Sarmiento, R. (2016). China-Latin America economic bulletin 2016 edition. Discussion Paper 2016-3. Global Economic Governance Initiative, Boston University.

153. Rosales, E.F. (2018, November 28). China, PHL eyeing $8.4-billion Industrial Park Investments. Business Mirror. Retrieved from https://businessmirror.com.ph/2018/11/28/china-phl-eyeing-8-4-billion-industrial-park-investments/.

154. Ruta, M. (2018, May 4). Three opportunities and three risks of the Belt and Road Initiative. World Bank, Trade Post Blog. Retrieved from http://blogs.worldbank.org/trade/three-opportunities-and-three-risks-belt-and-road-initiative.

155. Schwab, K., and Sala-i-Martin, X. (2017). Global competitiveness report 2017-2018. World Economic Forum Insight Report. Retrieved from http://www3.weforum.org/docs/GCR2017-2018/05FullReport/TheGlobalCompetitivenessReport2017%E2%80%932018.pdf.

156. Shi, T. (2017, May 23). Chinese firms wary of political risks on Xi's Belt and Road. Bloomberg News. Retrieved from https://www.bloomberg.com/news/articles/2017-05-22/chinese-companies-wary-of-political-risks-on-xi-s-belt-and-road.

157. Silk Road Fund (2017, November 10). Silk Road Fund establishes energy infrastructure co-investment platform with General Electric. News and Press Releases. Retrieved from http://www.silkroadfund.com.cn/enweb/23809/23812/36001/index.html.

158. Silk Road Fund (2018, November 7). Silk Road Fund entered into a Participation Agreement with Asian Infrastructure Investment Bank (AIIB) for Oman's national fiber optic broadband network project. Company News. Retrieved from http://www.silkroadfund.com.cn/enwap/27389/27391/37556/index.html.

159. Sinani, N. (2016, July 26). World Bank updated safeguards a missed opportunity to raise the bar for development policy. Huffington Post. Retrieved from https://www.huffingtonpost.com/nezir-sinani/world-banks-updated-safeg_b_11110340.html.

160. Song, S., and Wang, Y. (2018, May 30). "中国对《一带一路》建设金融支持的特征、挑战与对策". [The characteristics, challenges and policies of China's financial support to the construction of the Belt and Road Initiative]. Institute of World Economics and Politics, Chinese Academy of Social Sciences. Retrieved from http://www.iwep.org.cn/xscg/xscg_lwybg/201805/W020180530541293014255.pdf.

161. Standard Chartered Bank. One Belt, One Road, One Bank. Retrieved from https://www.sc.com/en/banking/belt-and-road/.

162. The State Council Information Office of the People's Republic of China (2017, May 11). "进出口银行支持《一带一路》项目 1 200 多个 签约金额逾 7 000 亿元".[EximBank supporting over 1,200 BRI projects]. Retrieved from http://www.scio.gov.cn/xwfbh/xwbfbh/wqfbh/35861/36645/zy36649/Document/1551512/1551512.htm.

163. State Information Center, ed. Big Data Report of Trade Cooperation under the Belt

and Road Initiative. Sinoimex, 2017.

164. Sugden, C. (2017, June 13). Belt and Road PPPs: opportunities and pitfalls. The Interpreter. Lowy Institute. Retrieved from https://www.lowyinstitute.org/the-interpreter/belt-and-road-PPPs-opportunities-pitfalls.

165. Sustainable and Renewable Energy Development Authority, Power Division, Ministry of Power, Energy and Mineral Resources, Government of the People's Republic of Bangladesh (2015, October). Scaling up renewable energy in low-income countries (SREP)-Investment plan for Bangladesh. Retrieved from https://www.climateinvestmentfunds.org/sites/cif_enc/files/bangladesh_srep_ip_final.pdf.

166. Sykes, A. O. (1995). *Product Standards for Internationally Integrated Goods Markets*, The Brookings Institution, Washington D.C.

167. Tan, C. (2018, March 7). China to step up financing for Belt and Road projects. Nikkei Asian Review. Retrieved from https://asia.nikkei.com/Spotlight/China-People-s-Congress-2018/China-to-step-up-financing-for-Belt-and-Road-projects.

168. United Nations Conference on Trade and Development (2012, January 10). Principles on promoting responsible sovereign lending and borrowing. Retrieved from https://unctad.org/en/PublicationsLibrary/gdsddf2012misc1_en.pdf.

169. United Nations Conference on Trade and Development (2018). Regional trends. In: World Investment Report 2018: Investment and New Industrial Policies. Retrieved from https://unctad.org/en/PublicationsLibrary/wir2018_en.pdf.

170. United Nations Conference on Trade and Development (2019). Annex table 1, FDI inflows by region and economy, 1990-2018. Retrieved from https://unctad.org/en/Pages/DIAE/World%20Investment%20Report/Annex-Tables.aspx.

171. United Nations Development Programme (2016). Human Development Report 2016: Human development for everyone. Retrieved from http://hdr.undp.org/sites/default/files/2016_human_development_report.pdf.

172. United Nations Inter-agency Task Force on Financing for Development. MDB Safeguards. Retrieved from https://developmentfinance.un.org/sub-cluster/829/812.

173. Viterbo, A. (2014). The role of the Paris and London Clubs: is it under threat? In: Waibel, M and Bastid-Burdeau, G. (eds.) Legal implications of global financial crises, colloques/workshops. Law Books of the Hague Academy of International Law.

174. Wade, R. H. (1997). Greening the Bank: the struggle over the environment, 1970-95. In: The World Bank: its first half century. Washington, DC: Brookings Institution, 611-734.

175. Wade, R. H. (2016). Boulevard to broken dreams, part 1: the Polonoroeste road

project in the Brazilian Amazon, and the World Bank's environmental and indigenous peoples' norms. Brazilian Journal of Political Economy, 36 (1): 214-230.

176. White & Case. M&A activity by value Q4 2015-Q4 2018. Retrieved from https://mergers.whitecase.com.

177. World Bank. Environmental and social policies. Retrieved from https://www.worldbank.org/en/projects-operations/environmental-and-social-policies.

178. World Bank. Policies and procedures. Retrieved from https://policies.worldbank.org/sites/ppf3/PPFDocuments/Forms/DispPage.aspx?

179. World Bank (2010). Safeguards and sustainability policies in a changing world: an independent evaluation of World Bank Group experience. IEG Study Series, 47. Retrieved from https://openknowledge.worldbank.org/bitstream/handle/10986/2571/638960PUB0Safe00Box0361531B0PUBLIC0.pdf?sequence=1&isAllowed=y.

180. World Bank (2018, April). Bangladesh development update: building on resilience. Retrieved from https://openknowledge.worldbank.org/bitstream/handle/10986/29678/125061-WP-PUBLIC-Bangladesh-Development-Update-April-2018.pdf?sequence=1&isAllowed=y.

181. World Bank (2018, December 11). Debt Sustainability Analysis. Retrieved from: http://www.worldbank.org/en/topic/debt/brief/dsa.

182. World Bank (2019). Doing business and measuring business regulations, Historical data. Retrieved from https://www.doingbusiness.org/en/doingbusiness.

183. World Bank Data (2018). External debt stocks (% of GNI). International Debt Statistics. Retrieved from https://data.worldbank.org/indicator/DT.DOD.DECT.GN.ZS?view=chart.

184. World Wildlife Fund (2017, May). The Belt and Road Initiative: WWF recommendations and spatial analysis. WWF Briefing Paper.

185. Wu, Y., Li, L., Xu, R., Chen, K., Hu, Y., Lin, X. (2017, September 10). Risk assessment in straw-based power generation public-private partnership projects in China: a fuzzy synthetic evaluation analysis. Journal of Cleaner Production, 161: 977-990. Retrieved from https://www.sciencedirect.com/science/article/pii/S0959652617311770.

186. Xinhua (2016, September 2). China to help cultivate green financing sector. China Daily. Retrieved from: https://www.chinadaily.com.cn/kindle/2016-09/02/content_26679910.htm.

187. Xinhua (2017, May 15). "兴业银行差异化服务输血《一带一路》金融大动脉" [The service differentiation of industrial banks bolsters up the Belt and Road's financial flows] Retrieved from http://www.xinhuanet.com//money/2017-05/15/c_129604913.htm.

188. Xinhua (2018, August 28). "一带一路五年贸易额超五万亿美元" [Trade volume along the Belt and Road exceeds the value of USD 5 trillion]. Retrieved from http://

www.xinhuanet.com/world/2018-08/28/c_129941310.htm.

189. Xinhua (2018, September 1). China-Africa Development Fund reaches 10 bln USD. Retrieved from http://www.xinhuanet.com/english/2018-09/01/c_137437000.htm.

190. Yuan, Y. (2018, September 10). "【聚焦《一带一路》五周年】资金融通：形式多样 成果斐然" [Fifth anniversary of the Belt and Road launch special: a variety of forms, brilliant results]. People's Daily. Retrieved from http://finance.people.com.cn/n1/2018/0910/c1004-30284474.html.

191. Zhou, L., Gilbert, S., Wang, Y., Muñoz Cabré, M., Gallagher, K. P. (2018, November). Moving the green Belt and Road Initiative: from words to actions. World Resources Institute and Boston University Global Development Policy Center Working Paper. Retrieved from https://www.wri.org/publication/moving-green-belt-and-road-initiative-from-words-to-actions.

192. Zhou, Y., Xie, A., Lu, F. and Zhang, K. (2018, March). The Belt and Road Initiative: an inclusive and symbiotic approach to shared global prosperity. The Boston Consulting Group and China Development and Research Foundation, 4. Retrieved from http://image-src.bcg.com/Images/BCG-CDRF_The-Belt-and-Road-Initiative_Mar-2018_ENG_tcm9-192950.pdf.